厉以宁经济史论文选

厉以宁 著

2013年·北京

图书在版编目(CIP)数据

厉以宁经济史论文选/厉以宁著.—北京:商务印书馆,2013
ISBN 978-7-100-09434-4

Ⅰ.①厉… Ⅱ.①厉… Ⅲ.①经济史—文集 Ⅳ.①F1-53

中国版本图书馆 CIP 数据核字(2012)第 217404 号

所有权利保留。
未经许可,不得以任何方式使用。

厉以宁经济史论文选
厉以宁 著

商 务 印 书 馆 出 版
(北京王府井大街36号 邮政编码 100710)
商 务 印 书 馆 发 行
北京瑞古冠中印刷厂印刷
ISBN 978-7-100-09434-4

2013年6月第1版　　开本 850×1168　1/32
2013年6月北京第1次印刷　印张 19¾
定价:58.00元

目 录

前言 ··· 1

第一部分　美国经济史

两次世界大战期间美国农业危机与工业周期波动之间
　关系的探讨 ··· 3
1933年以前美国政府反农业危机措施的演变 ············· 39
美国"新政"时期的反农业危机措施···························· 64
美国边疆学派的"安全活塞"理论······························· 98

第二部分　创新理论、人力资本理论和经济史研究

技术创新理论和经济史研究(上)······························ 151
技术创新理论和经济史研究(下)······························ 167
制度创新理论和经济史研究(上)······························ 183
制度创新理论和经济史研究(下)······························ 204
人力资本理论和经济史研究(上)······························ 241
人力资本理论和经济史研究(下)······························ 268

第三部分　西方经济史学

西方比较经济史研究简论·· 303

论"经济史学革命" ································· 332
论"新经济史学"中的反事实度量法 ················· 350
西方经济史研究者关于起飞的争论 ················· 369
罗斯托关于起飞的答辩 ··························· 390
罗斯托关于追求生活质量阶段的论述 ··············· 416
希克斯的经济史研究 ····························· 444
现代化研究与人的研究
　　——从贝尔和舒马赫的观点谈起 ················· 452

第四部分　经济发展和制度调整

技术教育和资本主义工业化
　　——西欧和美国技术力量形成问题研究 ··········· 465
论资本密集型经济和劳动密集型经济在发展中国家现代化
　过程中的作用 ································· 486
关于农业中资本主义发展的古典式道路和非古典式
　道路 ··· 508
评都留重人关于资本主义"变质"问题的研究 ········ 526
对殖民主义历史作用的非伦理判断 ················· 550
比较经济史研究与中国的现代化 ··················· 556
市场经济文化建设观念转变 ······················· 581
论制度调整
　　——从封建社会的刚性体制和弹性体制说起 ······· 589
论社会主义的制度调整(上):思想解放、理论创新、
　经济改革 ····································· 599
论社会主义的制度调整(中):关于改革的两个问题 ··· 612

论社会主义的制度调整(下)：中国的实践为制度创新理论
　　提供了新的内容……………………………………… 618
后记……………………………………………………… 623

前　言

这本《厉以宁经济史论文选》包括四个部分。

第一部分是有关美国经济史的四篇文章,其中三篇(《1933年以前美国政府反农业危机措施的演变》、《美国"新政"时期的反农业危机措施》、《美国边疆学派的"安全活塞"理论》)先后发表于1962—1964年的《北京大学学报(人文科学版)》,另一篇《两次世界大战期间美国农业危机与工业周期波动之间关系的探讨》,是1983年为北京大学经济学院研究生比较经济史讨论班上的报告稿,曾收入《厉以宁经济论文选(西方经济部分)》,河北人民出版社1986年版。

第二部分是有关当代西方经济理论和经济史研究之间关系的六篇文章,它们都来自20世纪80年代中后期我同我的老师陈振汉先生合开的北京大学经济学院研究生课程《西方经济史学》的讲稿。当时我和陈振汉先生的分工是:他讲授19世纪至20世纪初期的西方史学,我讲授20世纪中期和后期的西方经济史学。收集在本论文选第二部分的六篇文章,实际上就是我撰写的《西方经济史学》课程讲稿中的六章。

第三部分一共有八篇有关西方经济史学的文章。它们也全都和我在北京大学经济学院的教学工作有关。其中,《西方比较经济史研究简论》一文,是我1987年年终为北京大学经济学院研究生所做的学术报告,后来发表在《鄂西大学学报(社会科学版)》1988年第3期上。《论"经济史学革命"》、《论"新经济史学"中的反事实度量法》、《西方经济史研究者关于起飞的争论》、《罗斯托关于起飞的答辩》、《罗斯托关于追求生活质量阶段的论述》五篇文章,同样来自20世纪80年代中后期我与陈振汉先生合开的北京大学经济学院研究生课程《西方经济史学》讲稿中的五章,它们都由我撰写。其余的两篇文章中,一篇是《希克斯的经济史研究》,是我1988年11月在北京大学经济学院研究生讨论会上的发言,后来摘要发表于《读书》1989年第3期;另一篇是《现代化研究与人的研究》,是我1988年4月在北京大学经济学院研究生讨论会上的发言,后来摘要发表于《现代化》1988年第10期。

第四部分的标题是"经济发展和制度调整",共收集了我的十一篇文章。可以把它们分为两组:一组是讨论经济发展的,也就是讨论工业化和现代化的;另一组是讨论制度调整的。

讨论经济发展、工业化和现代化的,有六篇,它们是《技术教育和资本主义工业化》、《论资本密集型经济和劳动密集型经济在发展中国家现代化过程中的作用》、《关于农业中资本主义发展的古典式道路和非古典式道路》、《对殖民主义历史作用的非伦理判断》、《比较经济史研究与中国的现代化》、《市场经济文化建设观念转变》。

讨论制度调整的有五篇。其中,《论制度调整——从封建社会的刚性体制和弹性体制说起》一文,在我看来是最重要的。这原是2004年2月我在北京大学光华管理学院2003级硕士生班上的发言,后收入《厉以宁经济评论集》(经济科学出版社2005年版)一书中。由于这只是一篇简短的讲话,不可能有详细的分析和论述,但却清楚地表达了我在《资本主义的起源——比较经济史研究》和《工业化和制度调整——西欧经济史研究》两部著作中的基本观点。至于第四部分中的《评都留重人关于资本主义"变质"问题的研究》一文,则是我1983年12月为北京大学经济系研究生比较经济史讨论班的报告稿。这个报告提出了资本主义在20世纪30年代以后,尤其是在第二次世界大战结束以后是否发生变化的问题。都留重人和一些西方经济学家(他们都被认为是左派经济学家)之间也有分歧,有些认为资本主义仍是资本主义,实质上没有变化,有些则认为资本主义已经不再是18—19世纪和20世纪初期的资本主义了。实际上,他们都没有从制度调整的角度把这个问题说清楚。我个人的看法是:资本主义正在进行制度调整,资本主义制度依然存在,但通过制度调整之后,今天的资本主义在体制上已经不同于20世纪初期的资本主义。

关于制度调整的另外三篇文章《论社会主义的制度调整(上):思想解放、理论创新、经济改革》《论社会主义的制度调整(中):关于改革的两个问题》《论社会主义的制度调整(下):中国的实践为制度创新理论提供了新的内容》,探讨的是改革开放30年的当代中国经济史,即中国是如何一步步摆脱传统的计划经济体制,转向社会主义市场经济体制的。这一制度调整过程至今并未结束,但我们对改革的前景满怀希望,我们正在做前人没有做过的事情:使社会主义制度调整不断取得成就。

第一部分

美国经济史

两次世界大战期间美国农业危机与工业周期波动之间关系的探讨

一、问题的提出

在第二次世界大战以前的美国历史上,资本主义农业危机一共发生过两次。第一次是从19世纪70年代到90年代中期,第二次是从1920年到第二次世界大战开始时(1939年)。第一次农业危机本身是非典型的,因为在危机开始时期,美国西部空闲土地仍在继续开发之中。这时,西部生产的农产品能以比较低廉的价格销售于国外市场和美国东部,因此农产品生产过剩危机对美国西部和东部的影响是不同的。其次,19世纪末期美国工业垄断对农业的统治还在开始确立之中,工农业之间的矛盾不像以后那样明显地暴露出来。加之,美国资本主义工业化的过程仍在进行,当时西部的开发、城市人口的增加、技术的并发和国内市场的扩大使美国工业获得迅速发展的良好机会,因此,这一时期美国工农业之间的相互关系,并不能充分说明工农业危机相互交织的特点。

至于从1920年开始的美国第二次农业危机,情况与此不同。一方面,垄断资本在美国经济中的地位已巩固地确立,工农业之间的矛盾充分暴露出来了;另一方面,美国的资本主义工业化过程已经结束，土地私有制垄断也已形成，19世纪内曾使美国西部农业不同于西欧和美国东部农业的经济条件不再存在了。这些都便于对资本主义工农业危机之间的关系进行分析。

从1920年开始的美国农业危机一共延续了20年。如果以1933年美国实行罗斯福新政为界限，那么农业危机持续了13年。这13年内，工业经历了两次危机。工业周期的各个阶段的交替是明显的：危机（1920—1921年）——萧条（1921—1922年）——复苏（1922—1923年）——高涨（1924—1929年）——危机（1929—1932年）。与此同时，美国农业则一直处于长期危机阶段。即使在工业高涨的年代里，也只呈现农业危机的缓和，而农业危机却始终不曾消除。这13年的历史表明：美国农业危机曾经两度和工业危机交织在一起，但又不以工业周期的波动为转移，工农业周期的变动是不完全一致的。1920—1932年间美国工农业周期的不完全一致性为我们提出了三个可以研究的方面：农业危机怎样受到工业危机的影响？为什么在工业繁荣时期不曾出现农业的繁荣？农业危机又怎样影响工业危机？

二、工业危机对农业的不利影响

第一次世界大战期间，美国工业和农业的生产曾有较大的增长，从1913到1920年间，美国加工工业产量增加了19.7%，采矿业增加了22.9%，农业增加了13.4%。① 这种增长是建立在战争

---

① 参看诺尔斯（E. G. Nourse）等：《美国的生产能力》（*America's Capacity to Produce*），华盛顿特区，布鲁金斯学会（The Brookings Institution），1934年，第547页。

时期政府订货增加、出口扩大和投机猖獗的基础之上的,它并不和人民有支付能力的需求相适应。战争期间的物价提高、赋税加重和通货膨胀,降低了劳动人民的购买力。因此战争结束后,由于引起经济高涨的因素(政府订货、出口扩大等等)相继消逝,生产增长和人民购买力缩小之间的矛盾充分暴露出来,自1920年起,同时爆发了美国工业和农业生产过剩危机。

和工业危机同时爆发的农业危机使农业生产者处于特别困难的境地,因为农业作为国民经济的重要部门,受到了工业危机的深刻影响。农业的处境这时更加复杂化了。在资本主义制度下,工业危机对农业的影响是多方面的。要了解这种影响,首先应当分析农业对工业的产品供应关系。这是我们考察美国农业危机和工业危机相互影响的出发点。

作为国民经济的重要部门,农业向工业部门和城市人口提供产品,农业和工业之间有着密切的联系。据1919年的资料,除用于城市人口消费的部分外,美国整个农产品有35%进入工业生产部门。其中进入食品工业的为27.5%,纺织工业——5.0%,化学工业——1.4%,烟草工业——1.0%,其他工业部门——0.1%。[①]进入工业部门的农产品作为原料被消费掉。对食品工业和纺织工业而言,农产品尤其具有重要意义。一方面,这两个工业部门(特别是食品工业)在美国工业中有重要的地位;另一方面,由于轻工业生产的特点,原料价值在其生产总值中大约占据了60%—80%的比重。由此可以了解到,在受到工业危机袭击时,这些需要农产

[①] 参看里昂惕夫(Wassily W. Leontief):《美国经济结构:1919—1939》(*The Structure of American Economy, 1919-1939*),纽约,牛津大学出版社,1953年,附表5,第22—23、224—225页。

品作为主要原料的轻工业部门将因生产过剩而减产,并会相应地减少原料的消费额。在农产品供应量不变的条件下,这将引起有关农产品价格的下降。所以在 1920 年危机期间,我们看到了轻工业减产和有关农产品价格下跌的基本一致的趋势。

可以拿棉花消费额和棉花价格的波动为例。据统计,由于工业危机的侵袭,1921 年美国的 10 872 家纺织公司中,有 5 560 家亏本,其余 5 312 家只有少量的赢利;6 161 家服装企业中,有 3 342 家亏本,只有 2 819 家有少量的赢利。[①] 工业的危机在棉纺织业生产方面反映为棉纺锭实际开工率的下降,即由 1919 年的 88.5% 减为 1921 年的 77.2%。[②] 这就不能不影响到棉花消费额和棉花价格的下降。

农业不仅向工业供应原料,而且向工业和城市人口供应生活资料。作为生活资料的农产品的消费额也受到了工业危机的影响。要了解这种影响,应当着手分析美国工业人口,特别是工资劳动者的购买力及其消费构成。

美国工业人口的购买力主要由工资、薪水、各种津贴、个人的非农业企业的收入,以及利息和租金构成。其中第一项(工资)占有尤其重要的地位。而受到工业危机影响最大的也正是第一项(工资),因为危机期间工资总额的下降和失业工人人数的增加是

---

① 参看维莱(C. A. Wiley):《1920 年以来的农业和商业循环:战后价格失衡的研究》(*Agriculture and the Business Cycle Since 1920: A Study in the Post-War Disparity of Prices*),麦迪逊,威斯康辛大学出版社,1930 年,第 9 页。

② 参看诺尔斯等:《美国的生产能力》,华盛顿特区,布鲁金斯学会,1934 年,第 575 页。

明显的。据统计,1920年危机时期工业人口收入的变动如下①:

(单位:百万美元)

年份	工资	薪水	各种津贴	个人的非农业企业的收入	利息和租金收入	合计
1920	29 540	11 727	1 016	7 525	8 310	58 118
1921	23 353	11 855	1 006	7 239	7 946	51 399
1922	24 553	12 050	1 097	7 422	8 133	53 255

工业人口的购买力和农业的直接关系首先反映于食物的支出。看一看非危机年份内美国工资劳动者的家庭消费构成,可以了解食物支出在家庭支出中所占的比重。

美国工资劳动者家庭消费构成② （1918年调查）

家庭按年收入分组	平均年生活支出（美元）	平均年食物支出（美元）	食物支出所占比重（%）
900美元以下	817	372	45.5
1 200—1 500美元	1 261	516	40.9
1 800—2 100美元	1 703	627	36.8
2 500美元以上	2 398	860	35.9

可见,当时即使在收入2 500美元以上的非农业家庭中,食物支出也占生活费的三分之一以上。随着工业危机期间工资收入的减少,食物支出也将会相应下降,而食品包括两部分,一部分是农业直接供应给居民的食品,另一部分是农业供应给食品工业,由食品工业再供应给居民的食品。前一部分食品支出的减少,直接影

---

① 参看列文(M. Leven)等:《美国的消费能力》(America's Capacity to Consume),华盛顿特区,布鲁金斯学会,1934年,第155—157页。

② 参看同上书,第246—247页。

响农业;后一部分食品支出的减少,通过影响食品工业而影响农业。总之,无论哪一部分食品支出的减少,都不利于农产品销售。

食品支出的变动量最显著地表现于肉类食品方面。美国肉类加工垄断组织阿莫尔公司的一本出版物承认道:"在普遍繁荣的高工资的充分就业时期,对肉类产品的需求增长着,而在萧条时期,公众却有寻找较廉价的代用品的趋势。"①

1920—1921年,牛肉和小牛肉的消费量的变动可以说明这一点。②

年份	牛肉			小牛肉		
	屠宰量(百万磅)	总消费量(百万磅)	平均每人消费量(磅)	屠宰量(百万磅)	总消费量(百万磅)	平均每人消费量(磅)
1920	6 463	6 498	1.16	936	944	8.9
1921	6 194	6 223	7.75	888	892	8.3

其他肉类食品消费量也是有变动的。关于猪肉(消费者心目中比较经济的肉食),美国农业部农业经济局的调查结果也表明:"如果美国消费者收入没有变化,猪肉产品国内销售额可能固定不变。但由于消费者收入不是不变的,美国消费的猪肉产品总零售价值同消费者收入的改变发生大致呈正比例的波动。"③

肉类食品消费量对农业的影响不仅限于对家畜饲养者的影

---

① 恩伯格(Russell C. Engberg):《工业繁荣和农场主》(*Industrial Prosperity and the Farmer*),纽约,麦克米伦公司(The Macmillan Company),1927年,第203页。
② 席兹(Earl W. Sheets)等:"我国的牛肉供应"(Our Beef Supply),载美国农业部:《1921年农业年鉴》(*Yearbook of Agriculture, 1921*),华盛顿特区,美国政府印刷局(U. S. Govt. Print. Off.),1922年,第316页。
③ 汤姆生(F. L. Thomsen):《农产品价格》(*Agricultural Price*),纽约,麦格劳—希尔公司(McGraw-Hill Book Company),1936年,第333页。

响。这一变动也对饲料种植者,尤其是玉蜀黍种植者发生影响。暂且以猪肉和玉蜀黍之间的关系为例。1919年,美国645万个农场中有494万个农场种植了玉蜀黍,种植面积达8 777万英亩,平均每个农场有玉蜀黍田18英亩,玉蜀黍总产量达6 800万吨,"无论在面积或产值方面,玉蜀黍都是美国最重要的作物"。① 另据1920年调查,美国有70.8％的农场屠宰猪;②1921年美国玉蜀黍的40％用于猪饲料,③而猪的生产费用的48.5％是玉蜀黍。④ 正因为家畜同饲料生产和消费之间有着如此密切的关系,所以"玉蜀黍的未来需求依靠着许多因素,而其中最重要的因素就是对肉食的需求"。⑤

至于工业危机期间粮食消费数额的减少,也是不可否认的,虽然这种变动不像肉食的变动那样明显。例如,以面粉消费额来说,1919年平均每人消费额为4.7蒲式耳,自1921年以来每人的消费额只有4.25蒲式耳。⑥ 当然,即使考虑到粮食需求一般缺乏弹

---

① 莱迪(Clyde E. Leighty)等:"玉蜀黍作物"(The Corn Crop),载美国农业部:《1921年农业年鉴》,华盛顿特区,美国政府印刷局,1922年,第161页。
② 参看恩伯格:《工业繁荣和农场主》,纽约,麦克米伦公司,1927年,第201页。
③ 参看莱迪等:"玉蜀黍作物",载美国农业部:《1921年农业年鉴》,华盛顿特区,美国政府印刷局,1922年,第165页。
④ 据美国农业部农业经济局在爱荷华州和伊利诺伊州农场调查数字,每100磅猪的生产费用为5.4美元,再加上投资利息和运销费共为6.08美元。每100磅猪需玉蜀黍413.6磅。[罗塞尔(E. Z. Russell)等:"猪的产销"(Hog Production and Marketing),载美国农业部:《1922年农业年鉴》(*Yearbook*, 1922),华盛顿特区,美国政府印刷局,1923年,第221—222页。]
⑤ 莱迪等:"玉蜀黍作物",载美国农业部:《1921年农业年鉴》,华盛顿特区,美国政府印刷局,1922年,第225页。
⑥ 参看比恩(L. H. Bean):"美国面粉消费的下降"(The Decline of American Flour Consumption),载美国农业部:《1926年农业年鉴》(*Yearbook of Agriculture*, *1926*),华盛顿特区,美国政府印刷局,1927年,第369—370页。

性以及粮食和肉食之间有某种替代作用,但如果从较长的历史时期来考察,那么仍可以发现粮食和肉食消费额有同时下降的趋势。下表在一定程度上说明了这一点:

每年美国城乡居民每人食物消费水平①

按食物支出水平分组(按1935年食物零售价格水平,每人每周美元数)	时　期	粮　食（磅）	肉　食（磅）
1.25—1.87	1885—1914 1915—1924	276 174	123 84
1.88—2.49	1885—1914 1915—1924	228 178	165 87
2.50—3.12	1885—1914 1915—1924	218 204	204 115

三、工业危机对农业不利影响的进一步分析

但美国工业危机对农业的不利影响不仅限于工业对原料和工业人口对食物的消费额的变动,实际问题比这复杂得多。工业对农业的剥削和垄断组织对农业的压榨,正是美国工农业之间关系的实质所在。

美国工业和农业不是立足于同等的基础之上的。工业的高度

---

① 参看斯泰贝林(Hazel K. Stiebeling)、康恩斯(Callie Mae Coons):"当前美国的食物",(Present-Day Diets in the United States),载美国农业部:《1939年农业年鉴》(*Yearbook of Agriculture*, 1939),华盛顿特区,美国政府印刷局,1939年,第313页。

垄断化是农业无法抵抗工业的压迫的重要原因。根据第二次世界大战前夕的资料，可以看出若干和农业有直接联系的工业部门的垄断化程度均较高。据统计（按各部门就业人数计算），在向农业供应生产资料的工业部门中 64％的农具制造业掌握于 4 家公司手中；63％的汽车工业掌握于 3 家公司手中；62％的轮胎工业掌握于 3 家公司手中；32％的炼油工业掌握于 3 家公司手中；25％的肥料工业掌握于 3 家公司手中。而在农产品加工部门中，99％的卷烟工业掌握于 4 家公司手中；44％的批发肉类罐头业掌握于 4 家公司手中；44％的炼乳工业掌握于 4 家公司手中；33％的棉籽油饼和麦片工业掌握于 4 家公司手中；将近 33％的家禽屠宰业掌握于 4 家公司手中；27％的腊肠制造业掌握于 4 家公司手中；24％的乳酪制造业掌握于 4 家公司手中。①

农业中的经济单位则要多得多、小得多。1920 年美国农场总数约 645 万个，其中一千英亩以上的大农场有 67 000 个。"1929 年，总收入达 2 万美元或 2 万美元以上的农场将近 25 000 个，其产量只占美国农业总产量的 9.7％。同样地，查一下 1935 年农业调整局奖金支付单可以看出，小麦、棉花和猪的 8 个最大的生产者加在一起所生产的，还远远不及其中每一种商品的年产量的百分之一。这同卷烟业和汽车生产这样一些工业部门形成显著的对照，因为这两个部门中，8 个最大的公司几乎制造了全部产品。"②

---

① 参看比恩等：“原因：价格关系和经济不稳定性”(The Causes: Price Relations and Economic Instability)，载美国农业部：《1938 年农业年鉴》(Yearbook of Agriculture, 1938)，华盛顿特区，美国政府印刷局，1938 年，第 194—195 页。

② 施米特(C. T. Schmidt)：《世界危机中的美国农场主》(American Farmers in the World Crisis)，纽约，牛津大学出版社，1941 年，第 76 页。

当然,个别最大的种植园或农业公司确实拥有大片土地。例如,三角洲松林地产公司就是当时最大的棉花种植园之一。它的土地约35 000英亩。但应当注意的是,这家公司的土地是由1 000个分成佃农和租户耕种的,这1 000户在国情普查中表现为1 000个小农场。① 可见,经营仍是分散的。即使把这家公司当做一个单位来看,它在全国农场土地中所占的比重还不到三万分之一。与此同时,单单在7个植棉州至少还有大大小小34 000个种植园,②它又怎么能起到垄断生产的作用呢?

从这里可以清楚地看出:美国农业的集中程度与工业比起来还是相当低的。③ 农业中还没有形成足以与工业相抗衡的力量。

这种情况不能不反映于农产品价格问题上,农产品价格是一面镜子,通过它能如实地反映出农业在美国工农业关系中所处的不利地位。

农产品绝对价格水平变动对农业生产者的打击主要表现在两个方面:第一,农业生产者得到的价格下降的幅度大于农产品零售价格的下降幅度;第二,在农业生产者得到的价格下降的同时,地租、利息和赋税的比重提高了。

农场的分散和经济力量的薄弱,使收购和进行农产品加工的工商业部门能够控制人数众多的小农场主。农场唯有通过一系列

---

① 参看施米特(C. T. Schmidt):《世界危机中的美国农场主》,纽约,牛津大学出版社,1941年,第10页。

② 同上。

③ 在这里,我们只是想说明美国农业的集中程度远远低于工业的集中程度。我们并不否认在美国农业本身,大农场比小农场占有优势,因为在1920年,67 000个占地1 000英亩以上的大农场,仅占美国农场总数的1%,但其农场面积为221百万英亩,占美国农场总面积的23.1%。50英亩以下的小农场,占农场数35.7%,其农场面积只占美国农场总面积的5.9%。

中介环节才能使农牧产品到达消费者手中。在消费者付出的价格和农产品生产者得到的价格之间存在着很大的差价。攫取了消费者付出价格的大部分的工商业垄断组织,既剥削了农场,又剥削了消费者。据美国农业部调查,当时农场主一般只能得到消费者付出的价格的50%左右,而有些农产品生产者得到的份额比这少得多,例如水果、蔬菜等等(参看下表)①。

(单位:%)

销售者\品名市场	马铃薯 1923年波士顿市场	苹果 1922年纽约市场	洋葱 1923年波士顿市场
农场主	48.0	23.6	28.0
收购商或合作运销组织	4.0	5.4	8.0
铁路	17.0	16.0	7.0
批发商或转卖商	5.0	7.8	1.0
经纪人	5.0	9.8	2.0
零售商	21.0	37.4	54.0
合计	100.0	100.0	100.0

在由农产品加工而生产出来的食品的零售价格中,农业生产者得到的比例也是很小的,可以以面包为例:

消费者为面包支付的价格的分配(1921年)如下②:

农场主:28.1%;小麦运输储藏:5.4%;磨粉和面粉运输:5%;工厂主:42.9%;零售商:18.6%。

在农产品价格不变的条件下,农业生产者所得到的价格和消费者

---

① 参看波义耳(James E. Boyle):《农产品运销》(Marketing of Agricultural Products),纽约,麦格劳—希尔公司,1925年,第85页。

② 参看汤姆生:《农产品价格》,纽约,麦格劳—希尔公司,1936年,第62页。

付出的价格的悬殊已经使农业生产者处于很不利的地位了。问题是：到了危机时期，这种悬殊将会增大，农业生产者得到的价格更为减少。例如，1921年美国消费者为橘子付出的价格是这样分配的[①]：农场主：30.6%；收获与包装：12.3%；运输商：21.5%；批发商：8.3%；零售商：27.3%。

当危机继续发展，需求减少，而使橘子零售价格下降10%时，占垄断地位的运输商、批发商所取的绝对额并不下降，"因此价格下降的10%将由生产者负担，从生产者所得到的30%中扣除。这就是说，生产者得到的价格下降33%"。[②] 这表明农业生产者在农产品价格下降中处于极其不利的地位。

随着危机的发展，农场主在消费者付出的价格中所占的份额呈现下降的趋势。据美国农业部农业经济局调查，一个典型工人家庭每年购买的58种食品合计的价格如下：

58种食品合计的零售价格和农场价格[③]

时期	零售价格（美元）	农场价格（美元）	农场主在消费者付出数额中的比重（%）	差价（美元）	差价所占比重（%）
1913—1917	285	157	55	128	45
1918—1922	437	227	52	210	48
1923—1927	400	187	47	213	53
1928—1932	361	154	43	207	57

---

① 参看汤姆生：《农产品价格》，纽约，麦格劳—希尔公司，1936年，第62页。
② 同上书，第63页。
③ 参看霍夫曼(Andrew C. Hoffman)、渥夫(Frederick V. Waugh)："降低食物分配的费用"(Reducing the Costs of Food Distribution)，载美国农业部：《1940年农业年鉴》(*Yearbook of Agriculture*, *1940*)，华盛顿特区，美国政府印刷局，1940年，第628页。

由此可以看出差价所占的百分比是在不断扩大中。

这就是农产品绝对价格水平下降对农业生产者不利影响的第一方面。这种不利影响的第二方面表现于：构成农业固定费用的地租、利息和赋税并不随着农产品绝对价格水平的下降而下降，换言之，在每一单位农产品价格构成中，固定费用提高了，地主、银行和国家机关所得到的份额增大了。

地租是土地占有垄断的产物，它成为农业中特有的固定费用。一切租佃农必须为租用土地支付地租，半租佃农（部分所有者）也要支付地租。① 这两类农户的数目是相当多的。据 1920 年调查，美国租佃农场共 245 万个，占农场总数 38.1%，部分所有者的农场 56 万个，占农场总数 8.6%。② 至于完全所有主（自耕农场），虽然不必缴纳地租，但他们购买土地的费用主要是以长期抵押贷款方式从银行、保险公司或私人那里借来的。为购买土地（以及添置农场设备）的贷款所支付的农场抵押债务利息，尽管其性质和地租有所不同，但二者在农业中所起的作用是相似的。债权人和地主都从农场主那里得到大量收入。据 1920 年调查的数字，农场抵押债务总数达到 85.568 亿美元之多，按年利率 6.1% 估算，利息总数额约为 5.6 亿美元。此外，无论是自耕的农场或租佃的农场，由于农业生产和日常生活的需要，欠下了大量短期债务。短期贷款

---

① 佩克在对美国小麦成本研究后得到这样的结论："在冬小麦区，利用土地的费用略小于总成本的三分之一，……在春小麦区，地租约占总成本的四分之一。"[佩克(F. W. Peck)："一蒲式耳小麦的成本"(The Cost of a Bushel of Wheat)，载美国农业部：《1920 年农业年鉴》(*Yearbook of Agriculture*, *1920*)，华盛顿特区，美国政府印刷局，1921 年，第 303、305 页。]

② 参看美国商务部国情调查局(Bureau of the Census, US Department of Commerce)：《美国历史统计，1789—1945》(*Historical Statistics of the United States*, *1789-1945*)，华盛顿特区，美国政府印刷局，1949 年，第 96 页。

的提供者主要是银行和商人。据1921年数字,银行放给农业的短期贷款总数约为38.6989亿美元。商人提供的短期贷款无确切数字,估计在10亿—30亿美元之间。前者的平均利息率估计为7.95%(1921年),后者的平均利息率估计为11%—15%。这样,可以对1920—1921年美国农业债务和利息作出如下的推算:

信用种类	约债务总额(亿美元)	约年利率(%)	约年利息总额(亿美元)
农场抵押贷款	85.6	6.1	5.6
银行短期贷款	38.7	7.95	3.1
商人短期贷款	10—30	11—15	1.1—4.5
合计	134.3—164.3		9.8—13.2

可见利息和地租一样,是十分沉重的负担。

在农产品绝对价格水平不变的条件下,地租和利息已经使农场主遭到严重的损失了。危机期间,由于农产品绝对价格水平的下降,地租和利息将给予农场主致命的打击。

首先考察地租的变动。地租的资本化就是地价。在利息率不变的条件下,地租的上涨引起了地价的上涨。到了危机时期,地租和地价并不是完全不变的。由于破产农场被迫拍卖土地和短期租约的到期改订,土地和地价都有所下降。但明显的是:首先,地租和地价的开始下降时期晚于农产品价格下降,这一点在危机时期是最不利于农场主的;其次,地租和地价下降的幅度小于农产品价格的下降幅度,从而地租的比重是增大了。可以举玉蜀黍地带的爱荷华州情况为例,爱荷华州地租(每英亩):1919年——5.53美元,1921年——8.34美元,1923年——5.27美元。爱荷华州地价(每英亩):1919年——191美元,1921年——236美元,1923年——

170美元；全美农民得到的玉蜀黍价格（每蒲式耳）：1919年——1.57美元，1921年——0.58美元，1923年——0.80美元。①

危机期间利息变动不同于地租。如果说地租在危机深入发展时还多少有所下降，那么农业生产者积欠的债务在这一时期却继续增长，因为他们不得不依靠举借更多的债务来应付危机时的困境。

赋税的情况与此相似。在农产品价格下跌和农业收入减少条件下，税率一般并不下降，从而赋税负担实际上是加重了。据俄亥俄、印第安纳和威斯康辛州调查，1918年，虽然赋税很重，还只占农业净收入的6.7%，到了1921年，由于农产品价格下降，赋税竟占到净收入的33%。②

再从农产品相对价格水平（即工农业产品比价）的变动来看，同样可以清楚地看出农场主在危机时期的不利地位。在美国，工业中的垄断价格追随着垄断的确立而早已形成，农产品则由工商业垄断组织按照自己的利益以低价收购。工业垄断组织为了尽量降低工业生产费用，增加本身的利润和增强工业品在国际市场上的竞争能力，竭力加紧压榨农业生产者，压低农产品的价格。因此在工业危机和农业危机同时爆发时期，尽管工业品价格并非不发生变动，但农场主不可能从这种变动中得到任何好处。可以从以

---

① 参看《1938年农业年鉴》第122页和瓦伦（G. F. Warren）、皮尔逊（F. A. Pearson）：《农业情况，价格波动的经济后果》(*The Agricultural Situation: Economic Effects of Fluctuating Prices*)，纽约，约翰威立公司（John Wiley & Sons Inc.），1924年，第91、142、143页。

② 参看华莱士（H. C. Wallace）："华莱士部长1922年11月15日给总统的农业报告"（The Secretary's Report to the President, November 15th, 1922），载美国农业部：《1922年农业年鉴》，华盛顿特区，美国政府印刷局，1923年，第7页。

下四个方面来考察。

第一，农场主出售的农产品价格的下降是迅速的，而农场主购买的商品(工业品或经过加工的食品)价格的下降则是缓慢的。例如，1920年危机一爆发，玉蜀黍、猪、乳牛、牛奶、牛肉、绵羊、羊毛、羊肉、马、亚麻籽、蚕豆、棉籽、高粱、苜蓿籽等农产品的1920年全年平均价格就立刻低于1919年全年平均价格。全部农产品价格也比1919年降低。但农场主所购买的86种商品中，有74种商品价格，1920年仍比1919年上升，其中只有12种商品的价格，1920年比1919年有所下降，而且除硫黄外，几乎全是利用农产品加工的产品。① 这12种商品是：扫帚(－4％)、印花布(－1.3％)、咖啡(－7.6％)、面粉(－4.5％)、猪油(－17.7％)、亚麻籽油(－11.6％)、细棉布(－6.59/5)、麻绳(－2.8％)、麻袋(－6.7％)、被单料子(－6.9％)、硫黄(－1.7％)和麻线(－22.5％)。农场主购买的工业品价格下降时期晚于农产品这一点，使农场主在危机初期的处境特别困难。

第二，在危机深入发展而使工农业产品都有较显著下降时，工业品下降的幅度总是小于农业品下降的幅度，这就是说，同等数量的农产品所能换到的工业品数量大大减少了。堪萨斯州参议员卡贝曾以玉蜀黍的相对价格水平的下降为例，说明了这个问题。②

---

① 这86种商品的价格指数1920年比1919年平均上升5％，参看美国农业部：《1920年农业年鉴》，华盛顿特区，美国政府印刷局，1921年，第817—818页。

② 参看维莱：《1920年以来的农业和商业循环：战后价格失衡的研究》，麦迪逊，威斯康辛大学出版社，1930年，第20页。

按农场价格计算的玉蜀黍购买力

年份 项目	1919	1920	1921
1蒲式耳玉蜀黍能买到的汽油数（加仑）	5	1	0.5
1吨煤值玉蜀黍数（蒲式耳）	6	40	60
一套60美元衣服值玉蜀黍数（蒲式耳）	40	200	300

其他各种农产品和工业品的交换比率也发生类似的变化。前面所提到的农场主购买的86种商品的价格，1921年的平均价格都比1920年降低了，但下降的幅度不一。多数商品价格下跌10%—20%，只有少数商品下跌在25%以上，有些为农场主迫切需要的商品（搅奶器、大缸、铅桶、磨刀器、斧等等）价格只是极轻微的下降。① 但农产品价格下降的幅度却猛烈得多。

农场主得到的价格，1921年比1920年下降幅度②

小麦	−47.1%	玉蜀黍	−60.1%	燕麦	−55.0%
棉花	−61.4%	牛油	−29.9%	大麦	−57.9%
马铃薯	−58.3%	羊毛	−55.6%	裸麦	−35.9%
猪	−40.0%	牛	−35.0%	烟草	−45.6%

---

① 参看美国农业部：《1922年农业年鉴》，华盛顿特区，美国政府印刷局，1923年，第994—995页。

② 参看瓦伦、皮尔逊：《农业情况，价格波动的经济后果》，纽约，约翰威立公司，1924年，第97、120、130、143、160、172、178、206、207、208、214页。

农产品价格下降幅度大大超过工业品价格下降幅度这一事实,表明垄断组织力图加强对农业人口的剥削,把工业危机中的损失转嫁给农业,以及力图通过压低农产品价格,有利于向国外倾销工业品,把美国的危机转嫁到国外。

第三,危机期间工农业两个部门价格和生产量之间的变动情况是不同的,这对于两个部门有着不同的影响。对工业来说,危机时期既有工业品价格的下降,又有工业生产量的减退,二者的变动基本上是一致的。除了工业有着不同于农业的特点(生产过程的连续性和生产周期长度不同)而外,工业中占统治地位的垄断组织一般都用停止生产或强制破坏生产的办法来缓和生产过剩,防止价格继续下降。然而农业情况与此相反。大多数农产品价格变动和生产量之间没有密切的联系。① 危机期间,小农场主为了保持

---

① 以下数据可供参考:

农作物价格变动与下一年播种面积之间的相互关系

作物	相关系数	概率误差	所包括的时期
马铃薯	+0.21	±0.110	1879—1913
玉蜀黍	+0.223	±0.105	1879—1916
燕麦	+0.021 86	±0.111	1879—1916
大麦	+0.051 7	±0.110 6	1879—1916
烟草	−0.067 5	±0.173 3	1901—1916
亚麻	+0.421 6	±0.154 0	1903—1916
棉花	+0.62	±0.08	1883—1913

引自白拉克(J. D. Black):"农产品的供给弹性"(Elasticity of Supply of Farm Products),见白拉克:《农业经济学》(Economics for Agriculture),麻省剑桥,哈佛大学出版社,1959年,第330页。

自己的地位,弥补农产品价格下跌所带来的损失,以及为了支付地租、利息和赋税,不惜提高劳动强度来扩大生产,至少企图保持原来的产量。农业中生产和价格变动的不一致,将使农业的生产过剩持续较长的时期。

这样,在工农业危机同时发生的情况下,即使工农业产品价格同时开始下降,并且以同等的幅度下降,使农产品的相对价格水平保持不变(这纯粹是一种假定,实际情况不可能这样),但由于危机开始以后工农业两个部门产品供给量的变动不一致,从而工业中有可能出现因生产减退而引起的生产过剩的缓和,农业则因产量不变而使价格保持于危机时期很低的水平。于是农产品的相对价格水平(工农业产品的比价)仍然是会下降的,农场主仍会处于不利地位。

第四,农业危机往往是和农业技术改造过程相伴而行的。农场主为了摆脱危机,总是竭力设法购买农业机器和化学肥料,以降低单位产品的成本,所以在美国,正是在20年代表现出农业机械化的巨大进展。但这一时期工农业产品比价的变动恰恰最不利于农业,因为农产品相对价格水平正是在农业迫切需要工业提供生产资料的情况下急剧下降的。危机时期,农场主不得不用更多的农产品去换取他们迫切需要用来提高劳动生产率的农业机器设备。

如果再考虑一下马价的变动和由此引起的经济后果,是很有意义的,因为当时美国农业机械化的进展使机器代替了马在农业中原有的地位。

农具和马价的变动①

年份		1913	1920	1921	1922	1923	1924
农具价格指数		100	175	176	153	165	186
马	马价指数	100	86	75	64	63	58
	马对农具的购买力	100	37	45	46	40	38
	每头马的价格(美元)	110.77	96.51	84.31	70.54	69.75	64.41

因此到1924年,马价已经低于以往六十年的任何一个时期。这种情形是和对马的需求的急剧减少联系在一起的。②

机器代替了马匹。农业机械虽然昂贵,但农场主不得不购买它们,农业中所使用的机器数量不断增加;马匹不仅跌价,而且农业中马匹的数量不断减少,马匹受到机器的排挤。这对于向来以马匹为重要资产和以马匹繁殖为重要收入来源之一的农场主无疑是十分沉重的打击。如果再考虑到由此引起的饲料需求的减少,那么这种打击将更为沉重。

综上所述,无论危机期间农产品绝对价格水平的变动或其相对水平的变动,都是不利于农场主的。工农业危机尽管同时爆发,但工农业二者在危机中的处境却截然不同。垄断组织的压榨使农业危机复杂化,这是美国农业危机持久化、农业难以摆脱危机以及农业周期和工业周期波动不一致性的一个重要原因。

---

① 参看沙尔(C. F. Shell):"美国马匹生产的迅速减退"(Horse Production Falling Fast in US),载美国农业部:《1926年农业年鉴》,华盛顿特区,美国政府印刷局,1927年,第437页。

② 同上。

四、应付工业危机的措施对
农业的消极作用

在谈到垄断组织的压迫使农业危机持久化和复杂化的问题时,还应当注意到这样一点,即在美国经济生活中,若干被垄断组织或代表垄断组织的国家机器用来缓和工业危机和刺激工业高涨的因素(工业品倾销和反倾销,增加资本输出,更新固定资本等),对于农业却起着相反的作用。由于这些因素的作用,在工业生产暂时摆脱危机,获得一定出路的同时,农业生产过剩却加剧了。这一点充分反映了美国资本主义制度下工业和农业的矛盾,说明了美国农业危机和工业周期波动之间的复杂关系。

工业品的倾销和反倾销是20年代以来美国缓和国内工业危机和促使工业走上繁荣的重要手段之一。这种手段无法从根本上解决国内工业生产过剩问题,本是毋庸赘言的。但从较短的时期来看,它对于美国工业的扩大市场并非完全不起作用。它是资本主义相对稳定时期美国工业暂时高涨的一个因素。然而对于美国农业而言,它却加剧了持续中的农业生产过剩危机。其原因在于:工业的倾销和反倾销从不同的方面削弱了美国农产品的国外市场。

让我们着手考察农产品国外市场所受到的不利影响。美国一直是一个重要的农产品出口国家。美国的棉花和烟草种植业是在国外市场扩大的刺激之下发展起来的。美国西部农业的发展同西欧市场有很大关系,到20世纪初年,尽管农业品出口占产量的比重比19世纪有所下降,但国外市场对美国农业仍有不容忽视的意义。据1910—1919年统计,主要农产量出口占产量的百分比如下:棉花占52.5%,烟草占33.8%,小麦占22.9%,肉类占9.7%。[①] 如果农产品的国外市场的容量紧缩,将加剧美国农业的生产过剩。至于国外市场究竟能够容纳多少美国农产品,这依存于许多条件,其中首先依存于美国农产品输入国人民的有支付能力的需求、该国农业生产量、美国农产品价格和该国农产品价格的比较、其他农产品输出国同美国的竞争等条件。除此以外,这也与各农产品输入国对美国农产品进口的政策以及对美国农产品的实际支付能力有关。当美国1920—1921年发生工业危机时,受垄断资本控制的美国政府为了保护工业垄断的利益和缓和工业危机,采取了普遍提高进口税和其他限制外国工业品进口的反倾销措施。反倾销对于有大量农产品出口的美国农业是没有什么好处的。反之,它却影响了美国农产品的输出,因为反倾销措施一方面提高了国内工业品价格,增加了单位农产品的生产费用,削弱了美国农产品在国外市场的竞争能力;[②]另一方面,它将引起其他资本主义国家对美国商品(包括农产品)采取相应的抵制手段作为报复,于是将阻碍美国农产品在国外市场的销售。至于说到美国工业品的加紧对外倾销,那么其结果将使其他资本主义国家深受美国工业品倾销之害,使经济状况恶化,从而有碍于美国农产品的输

---

① 参看伯恩斯(Arthur F. Burns):《1870年以来美国的生产趋势》(*Production Trends in the United States Since 1870*),纽约,美国国民经济研究局(National Bureau of Economic Research),1934年,第149页。

② 据美国农务公所联合会1923年估计,现在的农业进口关税给若干生产甜菜、羊毛、亚麻和含蛋白质成分高的小麦之类的农场主每年以3 000万美元的补充收入。另一方面,对非农产品的关税使美国农场主增添了每年3亿3 100万美元的负担。(参看施米特:《世界危机中的美国农场主》,纽约,牛津大学出版社,1941年,第49—50页。)

出。要知道,美国农产品最重要的、传统的国外市场是西欧,但西欧所以能购买大量美国农产品,是以西欧本身工业的繁荣为前提的。① 如果西欧工业受到了美国工业品倾销的打击,经济恶化,它又怎能购买美国的农产品呢?

分析一下 1919 年和 1929 年美国出口贸易构成,有助于说明这个问题,因为在 1929 年,在出口总值比 1919 年减少 34% 的条件下,农产品和一切农产品加工制成的商品(尤其是食品)的出口减少得更多,从而它们在出口贸易中所占的比重显著地下降。

1919 年与 1929 年美国出口贸易的比较②

产品 \ 年份数值	1919 年 出口值(百万美元)	占出口总值的百分比(%)	1929 年 出口值(百万美元)	占出口总值的百分比(%)
农业提供的产品	2 100	27.3	1 194	23.5
食品加工业提供的产品	1 916	24.8	468	9.2
纺织、服装业提供的产品	404	5.3	209	4.1
皮革工业提供的产品	311	4.6	61	1.2
烟草工业提供的产品	47	0.6	10	0.2
其他工业提供的产品	2 921	38.0	3 133	61.6
合计	7 699	100	5 084	100

扩大资本输出也是被用来缓和美国工业危机和刺激美国工业繁荣的重要手段。姑且不谈 20 年代以后美国加紧资本输出所引

---

① 按 19 世纪末到 20 世纪初的统计资料计算,美国出口总额变动同英、法两国商业活动指数的相互关系分别为 +0.700 和 +0.643。(恩伯格:《工业繁荣和农场主》,纽约,麦克米伦公司,1927 年,第 78 页。)

② 参看里昂惕夫:《美国经济结构:1919—1939》,纽约,牛津大学出版社,1953 年,附表 5、6,第 224—230 页。

起的资本主义各国之间矛盾的尖锐化,不谈扩大资本输出准备着未来的、更严重的工业危机的爆发,这里所要着重说明的只是:资本输出对美国农产品的出口有着直接的不利影响。

整个 19 世纪,甚至直到第一次世界大战前夕,美国是一个资本输入国。输入的资本来自西欧,这样就为美国农产品向西欧的出口造成了有利条件,因为西欧得到的投资收入使它有可能向美国购买它所需要的美国商品——主要是农产品。当时美国国际收支情况如下[①]:

1896—1914 年平均

出超(包括商品和银)	5.53 亿美元
资本输入利息净支付额	1.60 亿美元
旅行	1.70 亿美元
移民汇款	1.50 亿美元
海运保险等	0.64 亿美元
金进口	0.09 亿美元

同资本输出有联系的农产品向西欧的输出,从 20 年代起遭到了困难。第一次世界大战期间,美国已经从资本输入国转变为资本输出国。美国资本输出的地区主要是西欧,西欧成为美国的债务国。1920—1921 年危机以后,美国更加扩大了资本输出,企图借此缓和危机时期资本过剩和工业生产过剩问题。20 年代内,美国资本

[①] 参看霍姆斯(C. L. Holmes):"我国农业的经济前途"(The Economic Future of Our Agriculture),见施米特(L. B. Schmidt)、罗斯(E. D. Ross)编:《美国农业经济史文选》(Readings in the Economic History of American Agriculture),纽约,麦克米伦出版公司,1925 年,第 535 页。

输出的收入超过外国在美国投资收入的数额显著地增大了①:

年份 \ 项目	1 资本输出收入 （百万美元）	2 资本输入收入 （百万美元）	1—2 资本输出净收入 （百万美元）
1922	670	105	565
1923	840	130	710
1924	762	140	622
1925	912	170	742
1926	953	200	753
1927	981	240	741
1928	1 080	275	805
1929	1 139	330	809

其结果势必削弱了美国资本输入国（主要是西欧）对美国农产品的实际支付能力。美元荒使它们难以接受大量的进口农产品。即使它们以信贷方式向美国购买一部分农产品，这无非是在旧债之上增添新债，使美国的国外市场问题更为尖锐。这一切都反映于美国两院农业调查委员会的报告中："随着欧洲各国政府在我国的信用的耗竭，欧洲在我国市场上的购买力开始衰退。这就引起了出口，特别是农产品出口的尖锐下降。与出口减退交织在一起的信用和资本的耗竭，首先影响价格的下降。"②不仅如此，这些美国资本输入国唯有增加本国农产品的出口或贱价抛售本国可以出

---

① 参看中国科学院经济研究所世界经济研究室编：《主要资本主义国家经济统计集：1848—1960》，北京，世界知识出版社，1962年，第152—155页。
② 维莱：《1920年以来的农业和商业循环：战后价格失衡的研究》，麦迪逊，威斯康辛大学出版社，1930年，第183—184页。

口的农产品,才能偿付欠美国的债务和利息,抵消本国的贸易差额和国际收支差额。美国的扩大资本输出促使自己的农业危机更加复杂化了。

第一次世界大战以后,美国垄断组织依靠大规模的固定资本更新和与之有联系的所谓资本主义"生产合理化",来渡过战后爆发的1920—1921年工业危机。垄断组织实行这一措施的目的首先在于降低工业的生产费用,提高劳动生产率,使企业能在价格已经下跌的时期获取利润。同时,通过企业的固定资本的更新,有助于刺激生产机器装备的部门恢复和扩大生产,带动整个工业部门摆脱生产的停滞状态。虽然这一措施从较长的时期看来,加剧了生产能力增长和有支付能力的需求之间的矛盾,但对于工业暂时从危机转向复苏却有推动作用。然而农产品的特点在于:它一般只作为生活资料和劳动对象,而不作为劳动资料。按周转的性质来说,固定资本是由劳动资料构成的。因此,农产品本身与生产中的固定资本更新没有直接联系。更新设备,甚至农业中采用的新机器,都只是对生产劳动资料的部门(重工业)提出要求,要求供给更多的机器设备等等,而不能直接推动农业或以农产品为原料的轻工业恢复和扩大生产。

正因为工业本身需要固定资本更新,农业也需要工业提供劳动资料,所以1920—1921年工业危机以后,工业的复苏首先表现于钢铁和采矿工业的复苏[1]:

---

[1] 参看美国商务部国情调查局:《美国历史统计,1789—1945》,华盛顿特区,美国政府印刷局,1949年,第186页;瓦尔加编:《世界经济危机(1848—1935)》,北京,世界知识出版社,1958年,第322、352页;诺克斯等:《美国的生产能力》,华盛顿特区,布鲁金斯学会,1934年,第585页。

年份 项目	1920	1921	1922	1923
钢产量(百万长吨)	42.1	19.8	35.6	44.9
钢材产量(百万长吨)	32.3	14.8	26.5	33.3
采矿业生产指数 (1923—1925＝100)	87.0	70.0	76.0	105.0
炼铁生产能力 实际使用率(%)	86.8	38.5	62.0	91.9

至于农业，不仅不可能因固定资本的更新而直接缓和本身的生产过剩，反之，垄断组织在工业中所实行的这一缓和工业危机和刺激工业高涨的措施对农业具有直接的不利作用。由于更新设备、采用新技术和实施所谓"生产合理化"，扩大了失业和半失业工人的队伍，这怎能不引起作为生活资料的农产品的消费额的相应减少呢？由于大规模固定资本更新而引起的生产生产资料的工业部门的片面发展，使资本主义制度下固有的轻重工业之间不协调现象日益严重，使以农产品为原料的轻工业部门越来越落后，这怎能不影响国内轻工业部门对农产品的消费额呢？①

只有了解这些暂时有利于工业发展的措施对农业的不利作用，才能够正确地解释美国农业危机和工业周期波动的相互关系的复杂内容，才能够揭示美国农业和工业发展的不平衡性。

---

① 以面粉工业为例，1920—1929 年美国面粉工业生产能力实际使用率平均为 37.76%，其中实际使用率最高的年份(1929 年)也只有 44.1%。(诺尔斯等：《美国的生产能力》，华盛顿特区，布鲁金斯学会，1934 年，第 572 页。)

五、农业危机对工业的影响

在工业危机和农业危机同时发生之后,工业危机破坏了工业的生产能力,工业中的垄断组织依靠固定资本更新和其他一系列缓和工业危机的措施,并采取向农业转嫁危机的办法,使工业过渡到复苏和暂时高涨的阶段。但在造成农业生产过剩的原因继续存在的时候,在垄断组织加紧对农场主进行压榨的时候,在各种不利于农业的反工业危机措施仍然起作用的时候,工业的繁荣至多只能导致农业危机逐渐趋于缓和,而不能直接促成农业的繁荣。

什么是长期的、慢性的农业危机的标志?这一标志在于:农产品绝对价格水平(农产品批发价格)、农产品相对价格水平(工农业产品比价)、农业生产者的收入这三个主要指标在渡过危机的尖锐阶段的最低点之后,长期停滞在很低的水平,远远不及危机前曾经达到的最高点。在农产品价格和收入低落的情况下,农业中劳动生产率则提高了,因而经济和技术力量薄弱的小生产者在这一过程中处于最不利的地位。[①] 同时,在慢性农业危机期间,由于农产品价格低落和工农业产品价格剪刀差扩大,几乎所有的低收入的农场都入不敷出。据若干农家生活调查,所调查地区的美国小农

---

① 大小农场主的生产成本十分悬殊。例如,在爱荷华州帕洛·阿尔托县,1928年14个生产者生产一蒲式耳玉蜀黍的平均成本是0.49美元。但效率最高的生产者只需0.28美元,效率最低的则需1.18美元。参看谢发德(G. S. Shepherd):《农产品价格分析》(*Agricultural Price Analysis*),第2版,爱荷华,爱荷华州立大学出版社,1947年,第162页。

场主的家庭收支情况如下①:

分组	地区	年份	调查家庭数	平均年收入(美元)	平均年生活费(美元)	储蓄或负债(美元)
平均年收入400美元左右	俄亥俄(3县)	1926	59	485	665	−180
	肯塔基(2县)	1928—1929	115	469	529	−60
	威斯康辛(7县)	1929	521	394	650	−256
	阿巴拉契亚山区(2县)	1930	167	470	618	−148
平均年收入800美元左右	俄亥俄(3县)	1926	83	751	820	−69
	肯塔基(2县)	1928—1929	89	746	676	+70
	威斯康辛(7县)	1929	109	873	1 118	−245
	阿巴拉契亚山区(2县)	1930	142	729	840	−111
	阿肯色(1县)	1924	123	784	764	+20
	纽约(1县)	1927—1928	72	882	1071	−189

生产上的不利地位和家庭生活收支的不敷,使农业中破产的人数增多起来。1922年,对美国工业来说,已经是开始走上复苏道路的一年。然而农业中破产农场数继续增多。从1922年到1929年这八年内,破产的农场数共达49 503个,每年平均数相当于1920—1921年平均数的524%。② 除破产者被迫出卖农场而外,还有大量农场因经营无利而自愿出售。农业中农场总数减少了,而租佃农场的绝对数和相对数都提高了③:

---

① 参看列文等:《美国的消费能力》,华盛顿特区,布鲁金斯学会,1934年,第250—251页。有关农业人口家庭生活费的统计表是根据美国农业经济学工作者的调查结果编制的。

② 参看美国商务部国情调查局:《美国历史统计,1789—1945》,华盛顿特区,美国政府印刷局,1949年,第111页。

③ 参看同上书,第96页。

年　份	农场数(万个)	租佃农场数(万个)	租佃农场比重(%)
1920	645	245	38.1
1930	629	266	42.4

在农业危机延续并深入发展的情况下,尽管美国工业在渡过1920—1921危机以后不久就进入了高涨阶段,但农业情况的长期恶化不能不对工业产生一定的消极影响。

农业危机对工业的影响究竟有多大呢?要说明这种影响,并判断它的重要程度,就应当考察一下农业作为工业的市场的作用,分析一下工业对农业的产品供应关系。工业是农业的生产资料和农业人口的部分生活资料的供应者。让我们从这两个方面着手探讨。

首先,工业是农业的物质消耗的重要来源。许多工业部门向农业提供生产资料。据统计,1919 年美国农业生产的物质总消耗中有 17.2%(20.66 亿美元)是来自工业的。其中来自矿冶机电工业的占 4.9%,来自化学工业的占 2.9%,来自木材工业的占 2.1%,来自磨粉工业的占 5.7%,来自其他工业部门的占 1.6%。[①] 就各个工业部门来考察,1919 年农业部门消耗的生产资料的数额如下:美国农业部门消耗的化工产品为 3.56 亿美元,占美国化学工业净产值的 11.5%;美国农业部门消耗的磨粉工业产品为 6.86 亿美元,占美国磨粉工业净产值的 27.9%;美国农业部门消耗的钢铁电力工业产品为 5.68 亿美元,占向农业供应有关产品的部门的净产值的 4.1%。[②]

[①] 参看里昂惕夫:《美国经济结构:1919—1939》,纽约,牛津大学出版社,1953 年,附表 5,第 22—23、224—225 页。

[②] 参看同上。

其次,农业人口是工业提供的生产资料的巨大市场。当然,我们在考察这个问题时应当注意到这样两个事实,即美国农业人口在美国人口总数中所占的比重是逐渐下降的,即由 1920 年的 29.9% 降为 1930 年的 24.6%。[①] 农业在工农业二者所创造的总收入中所占的比重也在不断减少。美国工农业部门创造的国民收入所占比重,由 1919 年工业占 62.2%,农业占 37.8%,变为 1926 年工业占 74.2%,农业占 25.8%。[②] 尽管如此,从农业人口的绝对数和农业收入总值来看,农业仍为美国工业提供了一定的国内市场。

要知道,美国的农业是高度专业化的农业,农业家庭的自给率很低,农业品商品率是相当高的。至于农业家庭所需要的食物,当时约有 1/3,甚至将近 1/2,从市场购进。

美国农产品商品率[③]

年份	品种数量	全部农产品 出售农产品收入(出售农产品收入+自给消费部分)占的比例(%)	小麦 农场出售量占生产量的比例(%)
1909		—	85.8
1919			85.9
1929		86.9	82.3

---

① 参看中国科学院经济研究所世界经济研究室编:《主要资本主义国家经济统计集:1848—1960》,北京,世界知识出版社,1962 年,第 20 页。

美国农业人口就业数

年份	总人口(千人)	农业人口(千人)	农业人口比重(%)	农业就业人数(千人)
1910	91 972	32 077	34.9	13 555
1920	105 711	31 614	29.9	13 342
1930	122 400	30 169	24.6	12 497

② 参看同上书,第 14 页。
③ 参看同上书,第 43 页。

农业家庭食品自给率①

调查地区	调查年份	家庭类型	调查家庭数	自给食物占食物支出比重（％）	购入食物占食物支出的比重（％）
新英格兰、南部、中北部11州	1922—1924	自耕农、佃农、雇工：白人家庭	2 886	66.9	33.1
肯塔基、田纳西、得克萨斯	1919	自耕农、佃农、分成佃农：白人家庭	861	60.8	39.2
同上	1919	自耕农、佃农、分成佃农：非白人家庭	154	54.7	45.3
纽约、俄亥俄	1924—1928	各种白人家庭	798	55.5	44.5

既然连农家需要的食品都有这样大的部分不由农场自给，衣着和其他生活支出之需要来自工业部门，则更不必说了。食物支出以外的其他生活费用在农家的年支出中占的比重是很高的，以威斯康辛州七个县的调查为例②：

威斯康辛州七个县部分农业家庭消费构成（1928年）

家庭按年收入（美元）分组	调查家庭数（个）	Ⅰ.平均年支出（美元）	Ⅱ.食物支出以外其他生活支出（美元）	Ⅱ占Ⅰ的百分比（％）
600以下	521	651	326	50.0
750—1 000	109	1 118	664	59.4
1 250—1 500	115	1 369	853	62.3
1 500—2 000	171	1 393	860	61.8
2 500—3 000	73	1 720	1 108	64.4
4 000—5 000	14	2 404	1 664	69.2

食物支出以外的农家生活支出项目中，与工业关系密切的是有关衣着、农具和房屋设备，家庭生活开支（包括燃料、日用品、耐

---

① 参看克帕特里克（Ellis L. Kirkpatrick）：《农场主的生活水平》（The Farmer's Standard of Living），纽约，世纪出版公司（Century Co.），1929年，第84—85页。

② 参看列文等：《美国的消费能力》，华盛顿特区，布鲁金斯学会，1934年，第250—251页。

用消费品)、个人用品(纸烟、工艺品等)的费用。据美国农业部进行的调查,农业家庭的上述支出情况如下①:

1	调查地区		11个州	纽约州1个县	纽约和俄亥俄4个县
2	调查年份		1922—1924	1921	1924—1926
3	所调查的家庭数(个)		2 886	402	798
4	每户每年平均食物以外的生活支出(美元)		696	924	396
	其中	衣着(美元)	235	276	156
		家具、房屋设备(美元)	40	43	34
		家庭生活开支(美元)	170	258	81
		个人用品(美元)	41	48	19
		四项合计(美元)	486	625	290
		四项合计占4的比重(%)	70	68	73

由此可以了解到,在美国农业家庭所需要的生活资料中,除了有一部分食物来自食品加工业而外,其余生活资料中有相当大的部分来自纺织、燃料、木材加工、耐用消费品、烟草等工业部门。

把美国农业人口所需要的来自工业部门的生活资料总值作一番粗略的估计,在20年代每年大约有30亿美元以上。②

综上所述,当时美国农业每年为工业提供了至少50亿美元的

---

① 参看寇克帕特里克:《农场主的生活水平》,纽约,世纪出版公司,1929年,第58页。
② 这是比较保守的估计值。它是这样估算出来的:1929年美国有629万个农场,在其总收入中除去雇工工资、生产支出、租税、地租和利息后,净收入为59.5亿美元,平均每个农场净收入约为950美元(列文等:《美国的消费能力》,华盛顿特区,布鲁金斯学会,1934年,第195—196页)。净收入主要用作生活支出。按较保守的估计,40%为食物支出,其中又有33%是从市场购入的加工的食品;60%为非食物支出,其中又有50%为各种工业品支出。这样,每个农场购自工业部门的生活资料为:
$$950 \times 40\% \times 33\% + 950 \times 60\% \times 50\% = 410.4 \text{ 美元}$$
629万个农场合计为629万×410.4美元=25.8亿美元,此外再加上320万农场雇佃工人在这方面的支出。无论如何,总值不会少于30亿美元。

乡村市场(生产消费20亿美元,个人消费30亿美元)。这个数额相当于1922年(工业走向复苏的年份)美国制成品出口总值的4倍左右,或相当于当时制成品总产值的18%左右。

然而农业和农业人口对工业品的购买力并不是一个固定不变的数额。农业品价格的升降关系到农业收入的增减,而农业收入的增减又影响对于工业品的购买力,影响了食品、纺织、燃料、化学、农业机械等工业部门产品的销售。

在20年代美国农业危机持久并深入发展的时期(1922—1929年),其中任何一年农业出售产品和劳务收入额都比1918—1920年间平均每年数额少23.7亿美元以上;特别是1925年已经比1919年减少了30.9亿美元,而1926年还比1925年少8.75亿美元,1927年比1925年少7.2亿美元,1928年比1925年少9.8亿美元,1929年比1925年少8.35亿美元,[①]这就不能不影响工业品的销售了。当然,工业繁荣究竟能够维持多久,新的工业危机究竟什么时候爆发,这一点并不取决于农业状况,而要受到许多因素的制约,依存于引起工业繁荣的种种条件的变化。但不管怎样,慢性的、持久的农业危机和由此引起的农业收入的减少,毕竟是使工业本身生产能力增长和需求狭隘的矛盾加速爆发的条件之一。固然工业曾经依靠固定资本更新而迅速渡过了1920—1921年危机,固然相对稳定时期美国重工业因产品销路的扩大而得到高涨,但正如列宁所说:"生产消费(生产资料的消费)归根到底总是同个人消费联系着,总是以个人消费为转移的。"[②]当时,包括3 000万农业

---

① 参看列文等:《美国的消费能力》,华盛顿特区,布鲁金斯学会,1934年,第152页。
② 列宁:"市场理论问题述评",见《列宁全集》第4卷,北京,人民出版社,1958年,第44页。

人口在内的广大居民的经济情况恶化,怎能不对美国工业的繁荣产生消极作用呢?

1929年美国工业爆发了空前严重的危机。这是相对稳定时期美国经济的不稳定性的必然结局。慢性农业危机就是构成这种经济不稳定性的若干因素中的一个因素。

新工业危机爆发后,工业危机再度和农业危机交织在一起。由于工业再一次急剧减少了对原料的消费额以及工业人口减少了对农业提供的生活资料消费额,农业危机从慢性状态转为尖锐状态,农业危机进一步深刻化了。农产品价格下跌到前所未有的水平。特别应当提出的是:在长期的、慢性的农业危机期间,由于农场主力图靠改进技术和降低生产费用来使自己摆脱困难处境,所以曾经出现对农业生产资料需求量增加的趋势。这种趋势是反常的,但当农业危机再度尖锐化的时候,连这样一种趋势也消失了。这时,除少数大农场而外,一般农场都缩减了化学肥料、机器的支出。据农场调查,这些项目的支出在1931—1932年比1928—1929年分别缩减了1/3—2/3。

平均每个农场的年支出[①] （单位:美元）

	1928	1929	1931	1932	1931—1932比1928—1929减少百分比(%)
机器和工具支出	151	159	62	34	−69
农场改进费用	126	125	57	29	−66
购入肥料	67	79	55	39	−36

（根据一部分农场报告数字计算的平均数。）

不仅这些费用的绝对值减少了,而且它们在农场总支出中的

[①] 参看美国农业部:《1935农业年鉴》(Yearbook of Agriculture, 1935),华盛顿特区,美国政府印刷局,1935年,第675页。

比重也减少了。

这必然影响工业。这种影响只有在长期农业危机基础上工农业危机再度交织时期才充分表现出来①：

	1929	1931	1932	1933
商品肥料消费量（千短吨）	8 208	6 541	4 545	5 110
农民购买肥料和石灰费用（百万美元）	293	202	125	128
农场消费的石灰（千短吨）	3 907	2 611	1 811	1 548
农场中钢材消费量（千吨）	2 250	1 700	350	650
农场购入机动车辆费用（百万美元）	393	156	96	93
农场购入机器设备费用（百万美元）	390	177	84	90

这样，工农业危机互相影响，使农业危机和工业危机在它们再度交织时达到比前一个周期内的危机阶段更加深刻的程度。

历史考察表明，尽管工农业危机的根本性质和最终原因是相同的，但它们的发展各有特点。农业危机一方面不依工业周期的波动为转移，工业危机的消逝不曾引起农业危机的消逝，工业的繁荣也不曾带来农业的繁荣。另一方面，通过工农业之间的产品交换，工农业危机彼此影响，而通过工业对农业的剥削，工业有一切可能向农业转嫁危机，加深农业危机。这就是资本主义农业危机相对独立性的表现。

（本文是厉以宁 1983 年 5 月在北京大学经济学院研究生比较经济史讨论班上的报告稿，收入《厉以宁经济论文选（西方经济部分）》，河北人民出版社，1986 年）

---

① 参看美国商务部国情调查局：《美国历史统计，1789—1945》，华盛顿特区，美国政府印刷局，1949 年，第 100 页；艾文托夫主编：《苏联与资本主义国家 1913—1917 年间国民经济发展比较统计集》，北京，统计出版社，1957 年，第 32 页。

1933年以前美国政府反农业危机措施的演变

一、美国反农业危机问题的提出

美国政府的种种反农业危机措施,都旨在缓和农产品生产过剩现象。

农业生产过剩危机的不可避免性是由资本主义基本矛盾决定的。在资本主义制度之下,大农场主为了取得尽可能多的利润,竭力扩大生产,把日益增多的农产品抛进市场。同时,资本主义国家内从事小商品生产的农民,为了应付地租、捐税、利息以及工业和运输业垄断组织的压榨,力求用过度的劳动来增加收入,维持自己的地位,从而也扩大了农产品的数量,因此资本主义农业生产是在规模不断扩大的基础上进行的。而另一方面,农产品市场不可能随着生产规模相应地扩大,因为农产品市场取决于广大人民的购买力。一旦农业生产超出了农产品市场所能容纳的限度,就不可避免地引起农业生产过剩的危机。

但作为垄断资本代理人的美国政府,不可能涉及这个根本问题。它一方面讳言资本主义生产方式的基本矛盾,同时又不得不面对资本主义农业危机的现实,竭力找寻"医治"农业生产过剩的对策。于是,现象问题——农产品价格水平——被提到了首位。例如美国农业经济学家瓦伦和皮尔逊就曾写道:"农业的衰退是一个价格问题。"①所以如何稳定或维持农产品价格,成为美国政府反农业危机政策的着眼点。

在美国,政府的这种干预趋势是从 1920 年农业危机时期开始的。

第一次世界大战期间美国农产品国内外市场的扩大为农业带来了暂时的繁荣。从 1913 年到 1920 年,美国农产品产量增加了 13.4%。② 农业增产主要依靠西部播种面积的扩大。"整个说来,从 1913 年到 1917 年,美国小麦种植面积恰好扩大 50%,而根据农业部长给总统的'小麦情况'报告,新增加的面积大部分在西部干燥和半干燥地区,……在这个地区的半干燥区域内,1919 年和 1909 年相比,小麦面积增加了两倍以上。"③

但在大战结束后的第二年,即 1920 年的下半年,促使美国农业暂时繁荣的因素已相继消失。美国国内军需物资的停止采购,首先缩小了国内市场,而欧洲各交战国家战后的萧条和农业生产的逐渐恢复,又使美国农产品的国外市场发生危机。农产品远远供过于求,价格猛烈下降。危机以前最高价格的月份是 1920 年 6 月,危机期间最低价格的月份是 1921 年 6 月,二者比较,全部农产

---

① 瓦伦(G. F. Warren)、皮尔逊(F. A. Pearson):《农业情况,价格波动的经济后果》(*The Agricultural Situation: Economic Effects of Fluctuating Prices*),纽约,约翰威立公司,1924 年,第 229 页。

② 参看诺尔斯(E. G. Nourse)等:《美国的生产能力》(*America's Capacity to Produce*),华盛顿特区,布鲁金斯学会,1934 年,附表 2,第 547 页。

③ 维莱(C. A. Wiley):《1920 年以来的农业和商业循环:战后价格失衡的研究》(*Agriculture and the Business Cycle Since 1920: A Study in the Post-War Disparity of Prices*),麦迪逊,威斯康辛大学出版社,1930 年,第 73 页。

品价格下跌了55.2%。① 大批农户因亏蚀而负债,因无法还债而破产。危机使农场主陷于困难境地。农场主的代表在国会、报刊和其他场合发出呼吁,要求政府对农业加以干预,解决农产品价格继续低落的问题。

运用政府力量来应付农业危机,这是美国政府当时面临的新问题。虽然在19世纪70至90年代的美国长期农业危机期间,由于美国农业生产过剩,农产品价格曾在二十多年内处于很低的水平,农业经营者那时已提出要求政府干预的问题。当时曾出现过由大卫·鲁滨提出的"鲁滨方案",即建议由政府给农产品以出口津贴,其数额"相等于运抵利物浦的海上运输费用"。② 但这些要求并未引起代表垄断资本利益的政府的重视。美国工业当时正处于迅速发展时期,农产品价格的长期下降还未成为美国经济发展的阻碍。垄断资本并不认为这种情形会影响自己在政治和经济上的实际利益,所以政府认为干预农产品价格是不必要的。政府声称农业经营者应通过竞争来降低费用,渡过危机。这就迫使农场主凭经验了解到,美国农业和美国农业经营者的前途问题只有依靠他们自己来解决。当时,政府的经济政策所关心的,仅仅是正在发展中的大工业。

19世纪末期的农业危机过去以后,隔了二十多年,当1920年再度爆发农业危机的时候,客观的经济条件已有显著不同了。

从农业危机的深度和广度而言,1920年农业危机是空前严重

---

① 根据瓦伦、皮尔逊《农业情况,价格波动的经济后果》一书第65页计算。
② 萨罗托斯(T. Saloutos):"农业问题和十九世纪工业文明"(The Agricultural Problem and Nineteenth-century Industrialism),见《美国经济变革:美国经济史文选》(*Economic Change in America*: *Readings in the Economic History of the United States*),哈里斯堡,斯塔克波尔公司(Stackpole Co.),1954年,第338页。

的。但问题不仅仅在于农业危机本身。1920年的农业危机和工业危机一并爆发,二者交错在一起,相互影响,进而影响到美国整个经济生活。像19世纪末期那样通过工业和城市的繁荣来扩大对农产品的需求的可能性这时已开始消失。就美国农业本身而言,从1920年左右起,美国依靠扩大新耕地来发展生产的阶段从此结束,集约经营的阶段开始了。① 于是,靠扩大耕地来降低单位产品的生产费用、在竞争中获得有利地位的途径也不再存在。集约经营需要更多的投资,这在农产品价格暴跌和工农业产品价格剪刀差增大的条件下是难以实现的。

农业危机和农业人口收入的减少威胁着美国工业市场。以20年代的美国来说,"三千万以上的人口或接近于全部人口的25%的人依靠农业为生,这个农业人口(不但包括农场主及其家庭,而且包括雇工和职员)获得总数82.6亿美元左右的各种来源的收入,按人口平均每人收入为273美元"。② 要使工业渡过1920年的危机,就有必要使农业危机有所缓和或减轻。这是垄断资本开始从经济上关心农业状况的出发点。此外,农业危机也影响到垄断资本在国内的政治地位。受到危机侵袭的农场主为了维护自己的利益,在国会中第一次形成了一个代表西部农场主(首先是大农场主)的利益的集团,这就是以堪萨斯州参议员卡贝等人为首的"农业集团"。这个集团当时在参议院里占22席,在众议院里占有

---

① 参看米格尔(R. L. Mighell):《美国农业,它的结构和在经济中的地位》(*American Agriculture, Its Structure and Place in the Economy*),纽约,约翰威立公司,1955年,第6页。

② 列文(M. Leven)等:《美国的消费能力》(*America's Capacity to Consume*),华盛顿特区,布鲁金斯学会,1934年,第44页。

100席左右,它"拥有相当的实力,在国会里占着一个举足轻重的地位,……国会里过去也常有一部分议员组成不固定的集团,为农民争取救济。但是真正能够起作用而结合的时间又够长的,以这个在1921年中出现的农业集团为嚆矢"。① 因此,它在国会中的一致行动,使美国政府不得不采取具体的干预措施来应付当前的农业危机,稍许满足这个集团的要求。

这一切就是美国政府在1920年农业危机时期着手制定各项应付农业危机的对策的基本的经济和政治条件。

二、1920—1932年美国政府应付农业危机的措施及其演变

美国政府稳定农产品价格的具体方式依赖不同时期的不同条件为转移。从1920年农业危机的爆发开始,到1933年罗斯福实行农业调整法为止,美国政府应付农业危机的对策曾不断演变、不断发展。在这里,可以非常清楚地看到罗斯福以前历届政府稳定农产品价格的措施经历了三个发展阶段:以反倾销保护关税为主的阶段(1920年危机时期);以农业信用为主、保护关税为辅的阶段(资本主义相对稳定时期);以政府收购为主、农业信用和保护关税为辅的阶段(1929—1932年的危机时期)。

(一) 反倾销保护关税政策和美国农业危机的复杂化

1920年农业危机爆发后,美国政府先后采取了多方面的对

---

① 明顿、司徒尔特:《繁荣与饥馑的年代》,北京,三联书店,1957年,第74—75页。

策,其中包括 1920 年实行的紧急农业短期放款措施,1921 年 8 月为扩大短期信用而授权战时金融公司向私人组织的农业银行增加贷款的措施,1922 年通过的允许农场主组织运销和加工合作的卡贝—伏尔斯戴德条例等等。但在这个时期起主要作用的则是关税政策。1920 年 12 月,国会通过紧急关税法,增加农产品进口税,它在 1921 年由哈定总统签署。1922 年又在这个基础上颁布了福特尼—麦克孔柏关税法,它除了对棉花、皮革、黄麻等少数农产品免税外,对其他农产品都征收高额的进口税(1913 年关税法规定农产品是免税进口的)。此外,1922 年关税法授权总统可以根据某种产品的国内外生产费用的差额来提高或降低 50% 以内的进口税率。

新的关税法和 19 世纪末年的保护关税法(例如 1890 年关税法)在性质上是不同的。它是保护关税政策在新条件下的运用。要知道,19 世纪末年的保护关税法对美国农产品国内市场而言,事实上是没有意义的。19 世纪内并不存在外国农产品向美国倾销的可能性和现实性。19 世纪内和美国农产品竞争的主要是俄国和印度的农产品,竞争场所是在西欧市场。俄国、印度以及西欧的农产品不可能运到美国市场来,美国国内农产品市场基本上是由美国本国的农产品独占的,因此当时对农产品征收的进口税,只不过是工业发达的东部对西部农场主施用的政治手腕,企图获得他们的支持,投票通过这些绝对有利于工业的关税法。① 但从 20 世纪初期起,特别是从第一次世界大战起,美洲国家(如加拿大)开

---

① 参看陶雪格(F. W. Taussig):《关税问题的若干方面》(*Some Aspects of the Tariff Question*),第 2 版,麻省剑桥,哈佛大学出版社,1918 年,第 29 页。

始成为美国的主要竞争者了。例如,加拿大农业自 20 世纪初年起迅速发展,它的农产品不但在西欧市场上同美国竞争,而且还大量输入美国。加之,在价格方面,加拿大小麦集散地温尼伯的小麦价格一般低于美国小麦集散地明尼阿波里斯的小麦价格。从加拿大西部小麦区到加拿大的温尼伯附近的亚塞尔港和到美国的明尼阿波里斯或明尼阿波里斯附近的杜路斯港的运费几乎是相等的。而从加拿大的亚塞尔港到纽约和从明尼阿波里斯到纽约的运费率(主要经过大湖区)比较起来,前者甚至还低些。① 这就为加拿大农产品运入美国造成有利条件。下面的统计资料说明了 1912—1919 年间历年加拿大农产品向美国倾销的情况②:

年份	加拿大输入美国的农产品价格(千美元)
1912	36 326
1913	32 037
1914	60 643
1915	52 341
1916	51 493
1917	111 617
1918	151 285
1919	131 320

在 1920 年农业危机期间,加拿大也同样发生农产品过剩。如果农产品继续免税进口或低税进口,加拿大农产品将扩大在美国国内销售的数量。何况,这时美国西部空闲土地已经开发完毕,而

---

① 参看美国关税委员会(United States Tariff Commission):《主要农产品和关税率》,华盛顿特区,1920 年,第 57、58、65 页。
② 参看同上书,第 7—9 页。

加拿大西部的大片土地正在开发,廉价的加拿大农产品之输入美国,日益成为美国农产品的威胁。① 因此,美国政府打算用新关税法防止外国农产品在美国国内市场上同美国农产品的竞争。

但外国农产品在美国国内的倾销绝不是美国农产品价格下跌的基本原因。美国是一个农产品出口量大于进口量的国家。以1922年为例,美国农产品出口额为1 917百万美元,而进口额为1 283百万美元,出超额达634百万美元。② 因此,只要美国仍有大量农产品出口,即使其他美洲国家(如加拿大)的农产品不再和美国农产品在美国国内市场上竞争,它们仍将在世界市场(主要是西欧市场)上进行竞争。

问题还不仅仅在于哈定的保护关税法对于有大量农产品出口的美国农业中的生产过剩不能发生显著影响。值得注意的是:这种政策替美国农业带来了更加严重的恶果。政府通过的关税法实质上加强了垄断组织的势力,结果,一切工业品的价格都提高了,特别是各种农业机器和化学肥料的价格提高得更为显著。这样,工农业产品的价格的剪刀差扩大了,农业经营者在购买农业生产资料和日用工业品方面不得不支出更多的金额。

1922年以后美国农业经营者的货币支出(不包括租税、债务利息和地租)变动如下③:

---

① 甚至在美国西北部春小麦产区的某些季节内,由于加拿大小麦的免税输入,也显著缓和了小麦的季节性价格的上升。参看陶雪格:《美国关税史》(*The Tariff History of the United States*),第8版,纽约,普南姆公司(G. P. Putnam's Sons),1931年,第456页。

② 参看白拉克(J. D. Black):《美国的农业改革》(*Agricultural Reform in the United States*),纽约,麦格劳—希尔公司,1929年,第186页。

③ 参看美国统计局:《美国统计摘要》(*Statistical Abstract of the U. S.*),华盛顿特区,美国政府印刷局,1941年,第706页。

1922年——3 839 百万美元
1923年——4 313 百万美元
1924年——4 548 百万美元
1925年——4 705 百万美元

在实行了1922年关税法之后,美国工业品价格的提高也表现于①:

年份	1910—1914	1922	1923	1925
农场主购买生活用品付出的价格	100	156	160	164
农场主购买生产资料付出的价格	100	139	141	147

这表明保护关税政策加强了垄断资本对农业的剥削,降低了农民的购买力,使美国的农业危机更加复杂化了。

(二)资本主义相对稳定时期美国的农业信用措施:农业危机再度尖锐化的必然性

从1923年以后,美国和其他资本主义国家一样,进入了第一次世界大战后资本主义相对的、局部的稳定阶段。由于美国此时扩大了资本输出(尤其是对德国的资本输出),以及由于美国国内"生产合理化"的推行和消费信用的膨胀,美国工业进入了暂时的高涨时期。

但与此同时,美国农业则转入慢性危机状态。农业慢性危机的重要特征在于:农产品价格在渡过危机期间的最低点之后,长期停滞于比较低,但比较稳定的水平。从1923年到1928年,每年的农产

---

① 参看美国农业部:《1932年农业年鉴》(*Yearbook of Agriculture*, *1932*),华盛顿特区,美国政府印刷局,1932年,第900页。

品价格指数一般比危机前最高水平低 30% 左右,农场的收入虽然比 1921—1922 年略有起色,但一直低于 1919 年的水平。在相对稳定时期,美国工业的繁荣是畸形的,它并未包括一切与农产品有比较密切联系的部门。例如,纺织工业就没有出现繁荣的局面,食品工业也处于停滞状态。而以促成工业暂时繁荣的各个因素来看,每一个因素对于农业都发生消极的作用:"生产合理化"的结果,增加了失业人口,削弱了社会购买力;消费信用的膨胀不仅影响居民的实际购买力,而且使部分居民的消费构成发生变化,从而影响农产品国内市场;在美国资本输入国家增加美国工业品进口量的同时,它们不仅要缩减美国农产品的进口,甚至要增加本国农产品的出口,以便清偿对美国的债务。因此,美国农业的慢性危机是必然的。

农业慢性危机的延续对工业繁荣发生消极影响。美国农业部长在报告中不得不承认:"低的小麦价格和小麦购买力直接影响大约 200 万农场主的收入。在北达科他、南达科他、堪萨斯、内布拉斯加、蒙大拿、爱达荷和华盛顿州,农场主的现金收入几乎完全依靠小麦,……低的小麦价格和小麦购买力的后果是深远的,因为它不仅影响农场主,而且几乎所有其收入依赖于小麦农场主经济繁荣的各种企业家都处于不利地位。"[①] 从工业垄断组织的利益出发,美国政府认为有必要继续干预农产品价格。

在新的条件下,美国政府除了继续运用关税政策而外(例如 1922 年关税法把小麦进口税规定为每蒲式耳 0.32 美元,1924 年 3 月 7 日调整为 0.42 美元;奶油进口税原为每磅 0.08 美元,1926

---

① 美国《农业经济学杂志》(*Journal of Agricultural Economics*),1924 年 10 月,第 337 页。

年3月6日调整为0.12美元),开始以农业信用为干预农产品价格的主要措施。在美国垄断资本和美国政府看来,作为应付慢性农业危机的对策,农业信用措施似乎不像反倾销保护关税政策那样会加剧工业品国外市场的矛盾,也不会妨碍美国资本的加紧输出。① 反之,农业信用的扩大,一方面可以使垄断资本通过设置农业信用机构进一步渗入乡村,加强对农业的利息剥削,同时可以替相对稳定时期美国国内的资本过剩开辟出路。所以农业信用便成为新环境中经常起作用的反农业危机的主要措施。

农业信用措施的基本内容就是设置中期信用机构,举办中期信用。按照1923年的农业信用法,政府成立了十二家联邦中期信用银行,由联邦中期信用银行以再贴现方式给予农业信用机构贷款的资本,再由后者贷款给农场主。1923年农业信用法的第二部分规定私人资本可以组织国民农业信用公司,它可以发行债券,向联邦中期信用请求再贴现,并放款给农场主。②

政府通过中期农业信用措施对农产品价格产生两方面的影响:

第一,农场主在获得贷款后,有储存待售的可能性,暂时不至

---

① 正如前文所述,美国在1923年以后的工业繁荣和加强资本输出有密切关系。但扩大资本输出和继续提高关税显然是有矛盾的。第一次世界大战刚结束,当时的美国总统威尔逊就已强调了这种矛盾,他在给国会的咨文中说道:"美国已变成一个大债权国,……如果我们想使欧洲还债(政府的债和私人的债),我们只得准备向它购买,并且,如果我们希望通过粮食、原料和制成品的出口来援助欧洲或我们自己,我们只有欢迎那些为我们所需要的以及欧洲可能供给我们的商品。"见理查德森(James Richardson)编:《总统咨文与文件汇编》(*A Compilation of the Messages and Papers of the Presidents*)第17卷,纽约,第8920页。

② 1923年农业信用法规定:私人组织国民农业信用公司至少有25万美元资本,此后一共成立了三家这样的公司(其中两家在1926年10月25日自动歇业)。

于在农产品价格已经低落时再贱价抛售农产品,促使价格进一步下降。当时美国总统哈定曾特别强调农业信用措施在这方面的作用。他说道:"农作物和牲畜的价格直接受到贷款便利程度的影响,……在考虑到农场主季节性需要而实施的中期信用制度之下,农场主一定能够比较有秩序地在市场上出售他们的农作物和牲畜,这一点本身就将有力地影响价格,使它更为稳定和合理。"[1]

第二,政府可以用较低的贴现率来影响私人信用机构的农贷利息(当时私人农业信用的利息率达 10%,有的地区高达 20%),从而减少农业费用中的利息支出,暂时缓和农场主因利息负担过重而被迫出售更多的廉价农产品的趋势,借此间接地稳定农产品价格。因为按照联邦中期信用银行活动的特点,它们依靠发行债券来筹集贷款的资本。1923 年农业信用法规定联邦中期信用银行的贴现率不得超过债券利息率的 1%。[2] 而向联邦中期信用银行请求再贴现的私人信用机构在放款时所取的利息率又不得超过联邦中期信用银行贴现率的 2%—2.5%。[3] 这样就多少使一部分农场主获得了较低利息的农业信用。[4]

---

[1] 哈定(W. G. Harding):"1923 年 6 月 23 日关于农业情况的演说",见理查德森编:《总统咨文与文件汇编》第 18 卷,纽约,第 9268 页。

[2] 1928 年联邦中期信用银行出售的债券平均利息率为 4.3%,1929 年为 4.91%。这就是说,联邦中期信用银行的平均贴现率在 1928 年至多是 5.3%,在 1929 年至多是 5.91%。参看斯巴克斯(E. S. Sparks):《美国农业信用的历史和理论》(*History and Theory of Agricultural Credit in the United States*),纽约,奥兰治·裘德出版公司(Orange Judd Publishing Company),1932 年,第 395 页。

[3] 1923 年农业信用法第 204 条 b 规定,接受联邦中期信用银行贴现的机构不得使自己的贷款年利息率高出联邦中期信用银行贴现率的 1.5%,但联邦农贷局有权根据情况改变这个限额。农贷局后来把畜牧业贷款率和贴现率的差额的最高限额定为 2.5%,一般农业则为 2%。

[4] 参看美国《农业经济学杂志》,1925 年 10 月,第 433 页。

但从较长的时间来考察,这种措施不但不能缓和慢性农业危机,反而加剧了危机。资本主义农业危机的特点决定了这一点。列宁在论述农业危机和农业生产的内在联系时曾论证道:"资本主义所造成的竞争和农民对世界市场的依赖,使技术革新成为必要,而粮价的跌落则更加强了这种必要性。"① 正是在 20 年代的慢性农业危机时期内,美国农业中的机械化进展得比较迅速。据统计,1920—1924 年美国农场购买拖拉机的费用为 49 900 万美元,1925—1929 年增至 57 800 万美元。1925 年 1 月 1 日美国农场中拖拉机总数为 549 000 台,1930 年 1 月 1 日增至 920 000 台,即增加 68%。在促进美国农业技术发展的因素中,农业信用显然起了重要的作用。因此,只要农业生产继续在发展,农产品没有获得真正的销路,即使暂时被"储存待售",仍然形成对市场的巨大的压力。农业信用措施促进了农业生产,从而加剧了农产品生产和消费之间的矛盾。暂时的"储存待售"包含着更严重的危机的因素。至于农业贷款的利息率,虽然稍有下降,但利息支出总额却增多了。1913—1917 年五年内美国农场利息总额为 16 亿美元,1923—1927 年五年内增到 31.3 亿美元。② 此外,通过农产品的"储存待售",垄断资本控制下的仓库、货物保险、运输等机构的利润大为增加,这些都加重了农场主的负担。

农业信用措施在实质上的无效性使农产品销售情况无法好转。农业危机一直不曾消除。

---

① 列宁:"俄国资本主义的发展",见《列宁全集》第 3 卷,北京,人民出版社,1959 年,第 196 页。
② 参看美国统计局:《美国统计摘要》,华盛顿特区,美国政府印刷局,1941 年,第 706 页。

(三)相对稳定时期围绕出口津贴方案的斗争

由于相对稳定时期保护关税和农业信用对于稳定农产品价格没有效果,代表西部农场主利益的集团要求用政府力量来扩大国外市场,实施出口津贴的办法。

诺耶斯方案是当时提出的主张实行出口津贴的方案之一。它要求政府向农场主征收小麦、玉蜀黍等农产品的消费税,然后利用这笔租税收入直接支付农产品的出口津贴,使出口津贴数额接近于进口税额。农场主由于支付了消费税,从而可以把农产品价格提高到国内市场价格加出口津贴的程度,而出口津贴的负担则落在消费者身上。

史蒂瓦特方案则是另一种主张实行出口津贴的方案,它被称为出口凭单方案。它最初于1926年内以马金莱—亚得金斯法案的形式被提到国会中,但未付表决。1928年又以开特恰姆法案形式出现,仍无结果。① 它的内容是:要求成立一个政府机构,如果任何农产品超过国内市场的需要而有过剩时,并且如果这种农产品在美国的生产费用大于国外竞争者的生产费用时,那么这个政府机构就有权给以出口津贴。出口津贴是以一种出口凭单的形式付给,凭单可以出售,而把商品输入美国的进口商可以用这种凭单来支付关税。出口津贴率小于进口税率,这样,实际上等于使政府减少关税收入,关税收入减少的数额等于发行的凭单的数额。

要求政府实施出口津贴的办法还反映于所谓均衡费方案中。

---

① 参看戴维斯(J. S. Davis):《农产品出口凭单方案》(*The Farm Export Debenture Plan*),斯坦福,斯坦福大学,1929年,第2—5页。

这个方案最早出现于 1922 年。1924 年,它第一次以麦克纳烈—霍根法案的形式被提到国会中,但在众议院投票时就遭到失败。1926 年在众议院投票时又遭受失败。1927 年,麦克纳烈—霍根法案虽然在众议院和参议院投票获得通过,但被柯立芝总统否决。1928 年,它再度被两院通过,第二次被柯立芝总统否决,结果未能成为法律。在 20 世纪 20 年代,均衡费方案是美国农产品出口津贴问题争执的焦点。

尽管麦克纳烈—霍根法案在历次提出时有所修正,但这一法案实质上始终是均衡费方案的体现。① 均衡费方案的中心思想在 1922 年它最初出现时就已被阐明,即"保证农业在享受保护关税的利益方面获得均衡的地位"。方案要求设置专门的政府机构,把超出国内需要的过剩的农产品按世界价格出售于国外市场。由于世界价格低于国内价格,其差额由上述的政府机构在专设的均衡基金中拨款予以津贴。均衡基金不由国库开支,而是靠征集均衡费的办法汇集;均衡费不由消费者直接负担,而由农产品精制者或生产者缴纳,再由消费者负担。这方案的提出者认为均衡费将加强美国农产品在世界市场上的竞争能力,引起出口量增加,减少农产品国内储存量,从而稳定国内市场的价格。

虽然农场主及其代表提出了以上各种有关出口津贴的方案,某些方案甚至以法案形式被提到国会中,但对于政府而言,出口津贴的干预方式在当时的条件下已经越过了政府干预的尺度,即垄断资本利益的尺度。在美国工业暂时的、相对的繁荣时期,工业品

---

① 参看华莱士(H. A. Wallace):《新边疆》(New Frontiers),纽约,雷诺与希区柯克公司(Reynal & Hitchcock),1934 年,第 148 页。

的国外市场构成美国当时工业高涨的重要因素之一，对农产品的任何出口津贴都将影响这个因素发挥作用，这是不利于垄断资本的。① 具体说来，出口津贴对垄断资本利益的妨碍表现如下：

第一，出口津贴将会导致美国工业品和美国农产品输入国的工业品之间竞争的尖锐化，削弱美国工业品的竞争能力。"这种理由也许最清楚地反映于梅隆部长1926年6月25日的公函中：'在这种被推荐的方案之下，国外的消费者将按低于美国水平的价格获得美国的商品。欧洲的劳动者能够按较低的价格购买美国的生产物，并能生活得比美国劳动者经济些。外国的工业费用将会降低，外国竞争者将易于在国外和我们国内市场上压倒美国商品'。"②后来，胡佛在反对出口津贴时也曾这样举例道："假定对一磅原棉给以两分的出口津贴，这意味着外国工业家将按每磅比美国工业家少两分的价格得到原棉，于是外国人就能够凭借这种好处而把他的制造品运回到美国来。"③

第二，出口津贴有可能引起农产品进口国对美国商品进行抵制，采取若干报复性的措施。例如，柯立芝就曾强调说："我们某些国外市场有它们自己的需要保护的农业，它们有一些可以用于倾销的有效的法律，我们可以预料它们会采取抵制农产品倾销的报复手段，这样甚至会更加缩小我们的国外市场。"④这里主要指的

---

① 参看白拉克：《美国的农业改革》，纽约，麦格劳—希尔公司，1929年，第309页及以后诸页。

② 同上书，第248页。

③ 戴维斯：《农产品出口凭单方案》，斯坦福，斯坦福大学，1929年，第175页。

④ 柯立芝(J. C. Coolidge)："否决麦克纳烈—霍根法案的咨文"，1927年2月25日，引自康玛格(H. S. Commager)编：《美国历史文献》(Documents of American History)，纽约，爱普顿公司(Appleton)，1943年，第393页。

是美国国外的工业品市场将会受到连累,遭受损害。

由此可见,美国垄断资本为了维持当时工业的繁荣,而不能容许政府采取出口津贴的干预方式,尽管出口津贴作为一种稳定农产品价格的措施而言,丝毫也不涉及资本主义生产关系的实质。反农业危机措施之服从美国垄断资本的利益,在这里充分表现出来了。

在这里也应当指出这一点:即使当时真的实行了上述的出口津贴方案,至多也只能暂时缓和农产品在国内的过剩,把美国的农业危机转嫁到国外,而从较长时期来看,这种措施同样是无效的,因为一方面它将刺激国内农业生产继续增长,同时又势必加剧美国同其他资本主义国家(包括美国农产品输入的国家和其他输出农产品的国家)之间的矛盾,促使危机复杂化。美国经济学家安娜·罗切斯特说过:19世纪内农场主利益的代表者"看不到价格和债务问题与我们整个经济制度的基本问题纠缠在一起。他们从不曾对农场土地的私有权表示怀疑。他们从不了解农业和银行与公司之间的内在关系"。[①] 这一段话也适用于20世纪20年代代表农场主利益而提出出口津贴方案的议员们。

(四)胡佛时期的政府收购政策及其彻底失败

从1929年年初起,美国农业危机从慢性状态转变为更尖锐、更严重的危机。这时,相对稳定时期美国工业的暂时繁荣已经达

[①] 安娜·罗切斯特(Anna Rochester):《农民为什么贫困?》(*Why Farmers Are Poor;the Agricultural Crisis in the United States*),纽约,国际出版集团(International Publishers),1940年,第258页。

到顶点,并且在某些重要的工业部门开始呈现停滞不前的现象。①农业危机的再度尖锐化使得美国垄断资本不得不考虑工业繁荣能否继续保持的问题。所以美国政府认为应当适当地加强干预农产品价格的措施,"防止"农业危机的继续加剧,以免使得"农业的不景气传染给其他产业部门"。1929年6月胡佛任内通过的农业运销法就是加强政府干预的具体表现。

农业运销法对农产品价格的干预是双重的:一方面,它继续运用前一阶段稳定农产品价格的主要方式,即运用农业信用的方式;另一方面,它提出了新的干预方式,即企图通过政府对农产品的收购,"调节"市场上的农产品数量,使农产品供过于求的情况得以缓和。

在农业信用方面,根据农业运销法组织起来的联邦农务局的活动不是单纯地承袭过去的活动。它公开宣称自己的"目的在于促进农产品在州际贸易和国际贸易中的有效销售,以便把农业和其他产业置于同等经济基础之上",因此以特别低的利息率作为标榜。据联邦农务局第一年年度报告(1930年6月30日)所载,当时它的利息率徘徊于1.625%—3.625%之间,平均年利息率约为2.9%,联邦农务局正是利用这种特别低的利息率来迷惑人,把自己装扮成救济性的农业信用机关。

正如前文所述,事实已表明降低利息率或扩大中期信用是不能稳定农产品价格的。因此美国政府这时运用了一种新的干预方式:政府收购过剩的农产品。农业运销法开宗明义便表示自己的宗旨:"通过有秩序的生产和分配,有利于防止和管理农产品的过

---

① 美国工业危机是从1929年10月股票行情猛跌之后开始的。但在这以前,建筑业从1928年11月,汽车工业从1929年5月,钢铁工业从1929年6月起都开始呈现停滞不前的现象。

剩，以便维持良好的国内市场，并预防这种过剩引起该种商品价格的不正常状态和过分波动或降落的现象。"根据农业运销法设置了价格稳定公司，它接受联邦农务局的贷款，负责在市场上收购过剩的农产品。

政府收购加强了政府的作用，因为它企图直接减少市场上现有的农产品的数量。但这里又产生了两个问题。第一，依靠政府收购造成的市场究竟是有限的市场还是无限的市场？是临时的市场还是永久的市场？政府收购量是等于过剩农产品数量还是远远低于这个数量？假定这个市场是有限的，收购量远远不及过剩农产品的总数，假定它是临时的市场，它的收购量只限于当前农产品的流通量，甚至低于这个数量，而不以未来可能进入市场的新农产品数量为对象，那么，从较长时期来看，它必然仍是毫无效果的。第二，这个市场究竟是中间的市场还是最后的市场？它是具有最终消费者的性质还是只有仓库的性质？它意味着流通过程的结束还是仅仅意味着流通过程的暂时中断？假定被收购的产品并未全部被消费掉或被运到国外，而有可能再度返回到国内市场中来，那么从较长时期来看它也必然是毫无效果的。

价格稳定公司根本不可能收购全部过剩农产品，更无法防止新的农产品源源进入市场。在价格稳定公司已经收购的农产品中，只有一小部分真正退出了流通领域，[①]或离开了国内流通过程。[②] 而

[①] 例如，1932年国会授权联邦农务局清理棉花存货。后者曾以部分存货（50万包棉花）无偿地移交给红十字会。参见《联邦农务局第三年年度报告》(*Federal Farm Board, Third Annual Report*)，1932年，第76页。

[②] 联邦农务局曾把一小部分收购来的农产品运到国外出售，还曾以2 500万蒲式耳小麦与巴西交换咖啡（参见上书，第63页及以后诸页）。

当联邦农务局把国家拨给它的资本用完以后,价格稳定公司便停止收购,并把已经收购到的农产品再投入市场出售。这样,"尽管联邦农务局有 5 亿美元开办费和原来用于维持小麦和棉花价格的基金,但它的防止价格下跌趋势的企图终于一败涂地,纽约棉花现货交易的价格几乎一直是在步步降落,从 1929 年 9 月(每磅)0.19 美元跌到 1932 年 9 月的 0.05 美元左右,同一时期,小麦价格从 1.25 美元一蒲式耳跌到 0.50 美元以下"。① 联邦农务局自己也不得不承认失败:"用这种办法是不可能在过长时期内人为地把价格保持在高度水平的。"② 胡佛的政府收购政策彻底失败之日,正是美国农业危机最严重的时刻。但与此同时,由于政府以低于收购价格的价格把农产品转售给大企业,使大企业获得了直接的利益。垄断资本还利用政府收购所引起的市场价格的自发波动,从事大规模的农产品投机贸易。这不仅使农业经营者(特别是因债务利息压迫而不得不贱价出售自己的产品的小农)受到损失,也使城市消费者遭到严重的剥削。因此联邦农务局当时被美国人民讽刺为"掠夺性的"农务局。

在 1929 年经济危机时期,除了政府收购和农业信用措施而外,③美国政府又通过了 1930 年斯莫特—霍莱关税法,以代替 1922 年的关税法。这两个关税法的性质是一样的,但对各种商品

---

① 贝克曼(J. Backman):《政府定价》(*Government Price-fixing*),纽约,皮特曼出版公司(Pitman Publishing Corp.),1938 年,第 112 页。

② 《联邦农务局第三年年度报告》,1932 年,第 61 页。

③ 在胡佛的反危机措施中应当附带提一提复兴金融公司的活动。虽然复兴金融公司并不是专门应付农业危机的信用机构,但在它贷款的对象中,除了铁路和银行组织而外,也包括地方农业信用公司在内;后者在危机时期大力扶植南部的种植园主,小农则根本得不到它们的援助(参看哈利·海伍德:《黑人的解放》,北京,世界知识社,1954 年,第 76—77 页)。

的进口税率规定得更高,反倾销的作用更加强了。以农产品而言,1922年和1930年关税法中的平均进口税率如下①:

	1922年(%)	1930年(%)
农产品及食物	19.86	33.62
糖、糖蜜及其制品	67.85	77.21
亚麻、大麻、黄麻及其制品	18.16	19.14
羊毛及毛织品	49.54	59.83

新关税法仍是普遍性的保护关税法,因此正如前文所指出的,它对于出口量很大的美国农产品的价格没有效果,而由于提高工业品关税引起的工业品价格的上升,农业经营者的实际收入反而减少了。

以上就是1933年以前美国政府实行应付农业危机的措施的具体历史过程。

根据以上的叙述,可以清楚地看出美国政府应付农业危机的措施是不断演变的。这是个值得注意的问题。

必须着重指出,每一种稳定农产品价格措施本身的无效性和它所引起的新的矛盾,正是它必然被另一种措施所代替的重要原因。

要知道,无论哪一种干预方式就其实质而言,都不可能而且事实上也不曾达到稳定农产品价格的目的。原因在于:为了不使垄断资本的利益受到损失,政府才有可能选择采取某种干预农业经济的措施。垄断资本的利益是一个尺度,美国政府的任何干预活

---

① 参看陶雪格:《美国关税史》,第8版,纽约,普南姆公司,1931年,第518—519页。

动都无法越过这个尺度。这就是美国政府各种干预措施的共同范围。

当然,我们并不否认美国政府的干预措施在开始发挥作用时,在较短的时期内可能缓和农产品价格的下降或把农产品价格暂时稳定在一定的水平上。但从较长的时期来看,正如前文已经分析的,它们是无效的。它们不可能缓和资本主义农业中生产和消费之间的对抗性矛盾。反之,就在它们暂时起着稳定农产品价格的同时,它们又造成了新的矛盾,产生了更加不利于农产品价格稳定的反作用。例如,在美国政府实行保护关税政策之后,不仅削弱了农场主的实际购买力,而且其他资本主义国家为了对付美国的关税政策,也采取了报复性的反倾销关税措施,限制美国农产品进口,使美国农产品市场更为狭隘。[①] 又如,扩大农业信用的政策不仅加重了农场主的利息负担,减少了他们的实际收入,而且增加了农业投资,刺激了农业生产的发展,增加了剩余农产品的数量。再如政府的收购政策,也同样是刺激农业生产增长的因素,而当政府一旦停止收购并抛售产品时,农产品价格的下跌更为猛烈。

三、1933年以后美国政府反农业危机措施继续演变的趋势

上文我们考察了1933年罗斯福农业调整法以前美国政府应付农业危机所实行的三种措施:保护关税、农业信用和政府收购。

[①] 试以西欧国家采取的报复手段为例。法国的小麦进口税在这期间年年提高,从1924年的140法郎,增至1927年的350法郎,再增至1930年的800法郎。德国的小麦进口税在第一次世界大战结束后到1931年间共提高400%。

这三种措施的作用基本上是相同的。

第一,它们都是在流通领域内发挥作用,它们直接或间接地影响着农产品的流通。例如,保护关税企图防止国外农产品向美国市场的倾销,防止美国国内市场上农产品流通量的增加,并使一部分在国内出售的农产品的价格达到世界价格加进口税的水平。农业信用措施则企图延缓农产品进入市场的速度,防止市场上积存过多的农产品,而为农产品的储存待售造成条件。胡佛时期的政府收购则打算直接减少流通领域内的农产品的数量。它起着"贮水池"的作用,企图通过收购和抛售的渠道来"调节"农产品的供给和需求。

第二,它们作用的对象仅限于已经进入市场或已被生产出来的农产品,而不包括未来可能进入市场的产品。在资产阶级经济学家看来,它们只是干预现状,而不是干预未来,只是消极的干预,而不是积极的干预。

第三,它们对稳定农产品价格所起的作用是非强制性的,它并未附有任何保证干预措施生效的条件。它们不可能凭借某种强制手段来达到预期的目的,也不可能用强制手段来影响价格。它们只是在自发地影响市场供给和需求的条件下发生作用,不可能强制地限制农产品的产量和进入市场的数量。

这就是1933年以前美国政府应付农业危机的措施的主要特点。从1933年罗斯福政府颁布农业调整法以后,美国政府应付农业危机的政策开始进入新的阶段。

前一阶段应付农业危机措施的失败,使得美国政府干预方式的继续演变是必然的。到1933年3月罗斯福上台时,美国的经济危机正处于最严重的阶段。美国农产品价格这时已跌到整个危机时期的最低点。

由于前一阶段美国政府各种稳定农产品价格措施的矛盾和无效性已经全盘暴露出来,胡佛的联邦农务局的活动也已经彻底失败,因此罗斯福政府认为首先必须进而干预农业生产过程:限制生产或破坏生产。这具体体现在根据1933年美国农业调整法成立的农业调整局的活动中。农业调整局不仅通过缩小耕地面积的措施来限制农业生产量,而且用直接毁灭农作物和牲畜的措施来减少收获量和牲畜的数量。当然,干预农业生产过程的问题早在罗斯福之前就已被提出来。例如20年代初年美国中西部农业报刊早就鼓吹缩小玉蜀黍种植面积。柯立芝总统也号召过限制生产。他说道:"小麦种植面积是太大了……组织起来将有助于缩小种植面积。"[①]他认为解决全部问题的办法就是减少生产。但这种建议当时只停留在号召阶段。必须指出:把它变成实际行动的,始于罗斯福政府。

其次,罗斯福根据1933年以前应付农业危机的措施实行情况,认为必须对农业的未来的情况进行所谓"积极的"干预,使政府的应付农业危机措施成为一种"计划性"的措施。1936年2月美国国会通过的《土壤保持法》正反映了罗斯福农业政策的这个特点。为了长期对农业生产过程加以干预,《土壤保持法》规定了应当遵守的土地利用制度和耕作方式。这样,在罗斯福政府看来,不仅可以"消除"当前的农业危机,甚至可以"防止"未来的农业危机。

第三,罗斯福政府还认为,要对未来的生产和市场情况进行干

---

① 柯立芝:"国会演说"(Congressional Speech),1923年12月6日,引自理查德森编:《总统咨文与文件汇编》第18卷,纽约,第9353页。

预，必须使干预措施具有强制性质，否则农业经营者是不可能"自动地"接受政府的"调整"的。例如，根据1929年农业运销法设置的联邦农务局"曾利用广播、信件和其他宣传方式，试图使植棉者相信缩小生产的必要性，以指望近年大量棉花的种植面积有所减少……但在1930年棉花种植季节内，这种打算减少种植面积的努力的成效非常有限"。① 联邦农务局第二年年度报告（1931年6月）进一步承认道："经验表明，农场主显然还不打算接受以这种方式所提出的忠告……许多农场主持有这样一种理论，说什么每当一般地建议减少种植面积时，他们的邻人多半增加自己的种植面积，为的是想利用可以期待得到的较高的价格。"罗斯福政府则使限制农业生产的措施具有某种强制性，即通过一定的物质的惩罚和奖励来达到目的。凡根据政府的政策缩小耕地面积和遵守指定的耕作方式的，可以得到奖金，否则给以农业信用或运销条件上某种差别待遇或阻挠，以促使农业经营者进一步依附于政府。

1933年以后美国政府的各种反农业危机措施不是一开始就都出现的。它们同样处于不断演变的过程中。随着农业危机的深刻化，它们不断被更新的措施所补充和代替。总的趋势表现为：美国政府对农业的干预越来越直接和广泛，国家垄断资本主义在农业中的作用越来越加强，美国的农业危机也越来越复杂化。

（原载《北京大学学报（人文科学版）》，1962年第3期）

---

① 《联邦农务局第一年年度报告》(Federal Farm Board, First Annual Report)，1930年，第41—42页。

美国"新政"时期的反农业危机措施

本文准备探讨1933年至第二次世界大战爆发时的美国政府反农业危机措施的性质及其对于美国社会经济的影响。作者认为,考察这个问题是有重要意义的。要知道,这一时期正是罗斯福政府以实行"新政"为标榜的时期。与前一历史时期比较,这时美国政府的反农业危机措施已进入了新的发展阶段,由此陆续开始实行的限制生产、商品信贷、土壤保护、价格维持等政策,第二次世界大战结束以来仍被历届美国政策继承下来,加以运用,只不过在形式上或具体方法上略有改变。所以对罗斯福"新政"时期的各项反农业危机措施的分析,有助于我们了解战后美国政府施行的农业政策的实质和内在矛盾。

一、1933年农业调整法的性质

罗斯福标榜的"新政"是一整套应付经济危机的措施,反农业危机措施是其中一个重要的组成部分。罗斯福的反农业危机措施包括了一系列政策和法令,其中尤以1933年5月颁布的农业调整法最为重要。

农业调整法是在前一阶段,即胡佛时期联邦农务局干预活动完全失败的条件下出现的。经验表明,像联邦农务局那样只采取扩大信用和收购农产品的措施,已不可能缓和当时越来越严重的农业危机了。农业调整法提出了从流通领域的干预转向生产领域的干预的基本原则。所谓生产领域的干预,就是要迫使农业生产者减少生产。农业调整法规定把棉花、小麦、玉米、猪、烟草、稻米和奶品作为基本农产品,用支付津贴以减少产品的办法来提高它们的价格,以便把这些农产品所具有的购买力恢复到1909年8月—1914年7月的工农业产品比价的水平(由于考虑到第一次世界大战期间烟草消费额曾有显著增加,所以烟草平价所依据的年份定为1919年8月—1929年7月)。选择1909—1914年作为农产品平价的依据,因为据说这是美国历史上农产品相对价格水平的"黄金时代",[①]据说如果恢复这一时期的平价,就可以使"工农业立足于相等的基础"之上,就可以完全消除农业危机了。政府限制生产的具体做法是:根据农业调整法而设置的农业调整局同基本农产品的生产者订立减少种植面积的合同,并按实际减少的种植面积发给津贴。关于当时生产过剩最为严重的棉花,农业调整法还做了特殊的规定,即规定两种津贴方式,由农业生产者任择其一。第一种方式是现金津贴,按土壤的优劣对减少每一英亩棉花种植面积给予7—20美元津贴。第二种方式除给予每英亩6—12美元津贴外,还给以按每磅6分的优待价格购买政府拥有的棉花的权利。农业调整局所发给的减少种植面积津贴的来源是开征农产品加工税,由农产品加工者缴付,例如每蒲式耳小麦加工时征收0.30美元,每磅棉花加工时征收0.042美元等等。此外,由于考虑到各种商品在消

[①] 布罗根(D. W. Brogan):《罗斯福和新政》(*Roosevelt and the New Deal*),伦敦,牛津大学出版社,1952年,第95页。

费方面的替代作用,为了不致影响基本农产品的销售,政府有权对替代商品征收补偿税,例如在对棉花征收加工税后,另对黄麻征收补偿税。以上就是1933年农业调整法的主要内容。

从这里已经能够明显看出农业调整法的经济性质了。限制生产、减少生产是它的直接目的。尽管有些资产阶级经济学者为了替罗斯福的干预生产政策辩护,说什么早在三百年前(1631年)弗吉尼亚殖民当局就有过类似的措施,所以"1933年的生产调整概念不是新东西",[①]事实上这种说法是完全站不住脚的,因为垄断资本主义时期反危机性质的限制生产措施和重商主义时期维持贸易专利的措施之间毫无共同之处。农业调整法对生产的干预的确是一个新的措施,它反映了在流通领域内干预措施的彻底失败,反映了资本主义危机的加深,从而迫使垄断资本的国家政权采取更直接、更深入的干预政策。在实施农业调整法的条件下,政府和农业生产者之间的关系已经发生了变化。在这里,政府和农业生产者以缔结减少种植面积合同的双方当事人的关系出现。政府通过发付津贴而成为农业生产的调节者和合同的监督执行者。虽然农业调整法载明缔结合同是"自愿的",但由于不愿减少种植面积的农业生产者既无法得到津贴,在向政府贷款方面也受到限制,从而在同那些得到津贴和贷款的农业生产者的竞争中处于不利的地位。缔结合同的"自愿性"只是一种形式,市场竞争的压力构成一种经济的强制。农业调整局实质上成了农业生产的强制干预者。

1933年农业调整法实施后,仅仅在一年的时间内,美国政府

---

① 哈尔克罗(H. G. Halcrow):《美国农业政策》(*Agricultural Policy of the United States*),恩格渥德崖,麦格劳—希尔公司,1956年,第287页。

就颁布了多种扩大生产干预范围和加强干预效果的条例,作为对农业调整法的补充。例如在1934年4月的修正法中,增加了基本农产品的种类,把黑麦、亚麻、大麦、芦粟、牛、花生都包括到应减少的农产品之内。1934年5月的糖业条例又增加了甜菜糖和蔗糖。对某些产品生产干预的强制性表现得更加明显。1934年4月的班克海德棉花统制法规定,对一切超过所分配的生产定额的棉花征收相当于市价50%的税款;1934年6月的烟草法规定,对超过分配生产定额的烟草征收相当于市价25%—33.3%的税款。这些税款就是变相的罚金。

1933年农业调整法所体现的限制生产措施是罗斯福整个反农业危机措施的核心,除此以外,罗斯福仍然运用了前一阶段已经出现的流通领域内的措施。罗斯福政策的特点是:把生产领域的干预同流通领域的干预结合起来,以农业信用和农产品收购作为限制农业生产的辅助工具。在这里特别应当提到的是商品信贷公司。商品信贷公司成立于1933年10月,当时是由复兴金融公司供应贷款资金的机构,按4%的利息率经营棉花、小麦、玉米等农产品的担保贷款,但只贷给同农业调整局缔结减少种植面积合同的人。在贷款时,规定了稍高于农产品市价的维持价格。如果农产品市场价格此后仍在维持价格水平以下,贷款者不必偿还现金,可以用担保的农产品抵偿;如果市场价格以后上升到维持价格水平以上,贷款者可以取回所担保的农产品,予以出售,而偿还商品信贷公司现金。这样,美国政府就把限制生产、贷款和收购(抵偿债务的农产品转归政府所有,这是收购的一种新形式)三种干预方式合而为一。

综上所述,1933年罗斯福担任美国总统后所实行的反农业危机措施具有三个基本的特点：

（一）政府深入生产领域，对生产进行干预；

（二）反农业危机措施带有强制性质，政府利用津贴或罚金等形式对农业生产者发生作用；

（三）限制生产的措施是和流通领域内的干预（贷款、收购）结合在一起的，干预的性质加强了。

罗斯福在农业方面的主要谋士和得力助手，当时的农业部长华莱士在指出1933年农业调整法干预性质加强的同时，不得不承认：这种干预性质的加强并不证明资本主义制度有生气，而仅仅反映美国政府在应付农业危机方面的无能为力。他写道：十二年来，各种办法都失败了，希望都破灭了，这时"除了试图防止剩余产品产生这一直接的和逻辑上必然的方案以外，没有别的出路"。①

但要清楚了解罗斯福反农业危机措施的性质，还必须进一步分析这些措施实行后对国内各阶级的影响，说明它们究竟对哪一个阶级有利，对哪些阶级不利。

美国农业中阶级的划分是明显的。按收入分组（1935—1936年调查），收入极少、依靠政府救济为生的农户占农户总数的8.9%，年收入在750美元以下的占32.5%，二者合计共占41.4%。年收入在2 500美元以上者占农户总数的7%，其中极少数（占农户总数的千分之三）收入在10 000美元以上。② 总之，收

---

① 华莱士（H. A. Wallace）:《新边疆》（*New Frontiers*），纽约，雷诺与希区柯克公司，1934年，第186页。

② 参看孟禄（Day Monroe）:"农家生活的型式"（Patterns of Living of Farm Families），载美国农业部:《1940年农业年鉴》（*Yearbook of Agriculture, 1940*），华盛顿特区，美国政府印刷局，1940年，第849页。

入的不同（这反映出土地、农具和耕畜数量的不同）把美国680万农户基本上分为两个极端,一端是大地主、种植园和资本主义大农场,另一端是小农场、佃农和分成制佃户,此外还有完全不占有生产资料的、靠出卖劳动力为生的农业雇佣工人。他们是美国乡村社会的最底层,受剥削最深的阶级。

罗斯福农业调整政策的实施不可避免地要同所有这些阶级发生直接的关系,它对于大农场和小农户的影响,对于地主和佃农的影响,对于农业资本家和农业雇佣工人的影响是截然不同的。

按农业调整法规定,减少种植面积后可以取得农业调整局的津贴。这对于占有大片土地的种植园和大农场说来,并没有不利之处。他们土地多,在市场价格低落的情况下可以暂时停种一部分耕地,借此取得政府发给的津贴。而且在减少种植面积的借口下,大批解雇农业雇佣工人,以减少危机期间的工资支出。同时,由于他们资本多,在停种一部分土地以后,还可以对另一部分土地增加投资,即以集约的耕作方式生产较多的产品,等待市场价格上升后获取利益。正因为这样,所以在农业危机严重的情形下,大农场是愿意接受农业调整法的。他们得到了大量津贴,据统计,1933年有348份合同的缔结者领到一万美元以上的津贴,1934年领到一万美元以上津贴的增加到564起。① 得到津贴最多的是大公司,有几家大公司甚至分别获得20万美元以上的津贴。② 但是,

---

① 施米特(C. T. Schmidt):《世界危机中的美国农场主》(American Farmers in the World Crisis),纽约,牛津大学出版社,1941年,第261页。
② 参看安娜·罗切斯特(Anna Rochester):《农民为什么贫困?》(Why Farmers Are Poor: the Agricultural Crisis in the United States),纽约,国际出版集团,1940年,第264页。

土地少、资金不足的小农场主在限制生产措施之下陷入了进退维谷的境地。如果减少种植面积,固然可以取得一笔津贴,但他们的土地本来就不多,减少以后,更无法维持生活了。他们缺少资金,缺乏机器,即使缩小种植面积,也难以实行堪与大农场相比的集约耕作方式。如果他们不减少种植面积,那么又会受到农业调整局和其他政府机构在贷款等方面的差别待遇,使他们更难以同大农场竞争。在1933年农业调整法实行期间,美国大量农场的破产和转移所有权,正反映了小农场在遭受农业调整局和大农场两头夹攻的情况下的厄运(参看下表)。

每一千个农场中转移所有权的农场数[1]

年份	因欠债欠税而强迫出卖数	在"自愿"名义下的出卖数	其他原因的转让数	合计
1932	41.7	16.2	18.8	76.7
1933	54.1	16.8	22.7	93.6
1934	39.1	17.8	21.7	78.6
1935	28.3	19.4	21.4	69.1

佃农所处的地位更加困难。他们成为农业调整政策的牺牲品。地主在减少自己的种植面积并向农业调整局领到津贴以后,往往收回了出租给佃农的土地,使原来耕种这些土地的佃农丧失了生活来源。例如,据得克萨斯州霍尔县的实地调查,该县地主在得到津贴后,购买了几百部拖拉机,然后收回出租的土地,扩大了自己的农场面积。1930年该县平均每个农场为211英亩,1935年

---

[1] 参看美国商务部国情调查局(Bureau of the Census, US Department of Commerce):《美国历史统计,1789—1945》(*Historical Statistics of the United States, 1789-1945*),华盛顿特区,美国政府印刷局,1949年,第95页。

扩大到 308 英亩。到 1936 年,该县已有 50—100 户佃农家庭被逐出家园,离开了本县。调查人根据调查结果得出的结论是:"地主和佃农之间矛盾的焦点通常在于究竟是谁获得政府的作物调整费。其所以如此,……因为这笔款项往往提供资金去购置拖拉机,以替代佃农。"① 即使地主不收回出租的土地,佃农的状况是否因农业调整法的实施而有所改善呢？答复是否定的。据阿拉巴马州十个县的调查,该县分成制佃户中得到减少种植面积津贴的不到该县分成制佃户总数的 28%。② 在其中的一个县,有 44 户分成制佃户得到了津贴,每户平均得到 57 美元。但转瞬间津贴就被地主拿走抵偿债务了。平均每户给地主的钱为 48 美元。结果,真正落到这 44 个佃户手中的平均只有 9 美元。③

至于农业雇佣工人,他们直接受到了农业调整政策的打击。种植面积的减少意味着农业工人失业人数的增加。1933 年的农场雇工人数比农业危机最严重的 1932 年减少 65 000 人,1934 年又比 1933 年减少 87 000 人。④ 失业者增加了流浪工人的人数。从 1933 年到 1937 年,有 221 000 名流浪者从西南部、中西部各州涌向加利福尼亚,但仍无法找到工作。⑤ 据调查,这些漂泊者栖居

---

① 泰勒(P. S. Taylor):"植棉地带的机械化农业和劳动力移动,1937"(Power Farming and Labor Displacement in the Cotton Belt,1937),载《每月劳工评论》(Monthly Labor Review),1938 年 3 月,第 605 页。

② 参看霍夫森默(Harold Hoffsommer):"农业调整局和分成制佃户"(The AAA and the Cropper),载《社会力量》(Social Forces),1935 年 5 月,第 499 页。

③ 参看同上。

④ 参看美国商务部国情调查局:《美国历史统计,1789—1945》,华盛顿特区,美国政府印刷局,1949 年,第 97 页。

⑤ 参看麦克威廉斯(C. McWilliams):《田野中的工厂》(Factories in the Field: The Story of Migratory Farm Labor in California),波士顿,1939 年,第 308 页。

在桥洞下、帐篷或茅屋里,靠拣拾被抛到垃圾堆上的马铃薯和烂菜叶为生。幼童侥幸能在棉田里找到临时工作,工资每天只有0.15—0.20美元。① 而在一切失业农业工人中,最痛苦的是备受种族歧视的墨西哥人、黑人、波多黎各人和亚洲人。此外,暂时还被留在农场内的雇佣工人的境况也更困难了,因为只要减少种植面积的政策继续起作用,流浪工人的队伍继续在扩大,他们的命运就继续受威胁,雇主可以随时要挟他们,加重对他们的剥削。② 1933年农业调整法实施后农业工人罢工斗争的增强,正反映了他们地位的恶化。③

最后,农业调整法的实施给那些向农村供应各种生产资料的工业企业带来很大的好处。在减少种植面积的同时,农业集约化的趋势加强起来,对农业机械、化学肥料等商品的需要扩大了。政府发出的减少种植面积津贴,通过地主和农场主之手,大部分流入了工业资本家手中。正如农业部长在给总统的报告中

---

① 参看麦克威廉斯:《田野中的工厂》,波士顿,1939年,第315页。

② 农业工人工资率,1929＝180,1932＝96,1933＝85,1934＝95,1935＝103。(1910—1914＝100)。引自美国农业部:《1940年农业年鉴》,华盛顿特区,美国政府印刷局,1940年,第355页。可见1933、1934年农业工人工资甚至低于危机最严重的1932年。

③ 关于1933年农业调整法实行后农业工人斗争加强的情况,根据《每月劳工评论》1934年7月号第77页和1936年1月号第157页所公布的数字,编制成下表:

年份	1932	1933	1934
参加斗争人数	1 412	16 032	24 099
损失劳动日数	24 587	183 994	202 177

从表内数字可以看出,1934年农业工人斗争的规模大大超过了危机最严重的年份——1932年。

所写的：" 城市的工业部门迅速获得了利益。" ①下面的统计表说明了农业调整法实行后农业所需要的生产资料销售额的成倍增长②：

(单位：百万美元)

年 份	1932	1933	1934	1935
农场购买各种汽车的费用	76	93	211	297
农场购买机器设备的费用	84	90	140	235
农场购买商品肥料、石灰的费用	125	128	158	177

总之，关于1933年农业调整法对于各阶级的影响，可以得出这样的结论：小农户、佃农和农业雇佣工人是这一政策的直接受害者，而地主、种植园主、大农场和工业垄断资本则是直接受惠者。这里充分反映了罗斯福农业政策的阶级实质。因此，究竟有什么根据认为"在一个自由主义的罗斯福政府之下，农场主们可以比较容易地靠自己努力来安排和解决自己的问题"③呢？不区分大农场和小农场，把"农场主们"当做一个整体来对待，不正是抹煞资本主义农业中的阶级差别和阶级矛盾吗？

---

① "农业部长给总统的报告，1935年12月10日"(Report of the Secretary of Agriculture to the President of the United States, December 10th, 1935)，载美国农业部：《1936年农业年鉴》(Yearbook of Agriculture, 1936)，华盛顿特区，美国政府印刷局，1936年，第2页。

② 参看美国商务部国情调查局：《美国历史统计，1789—1945》，华盛顿特区，美国政府印刷局，1949年，第100页。

③ 白劳德(E. Browder)："罗斯福获胜后将会出现什么局面？"(What Will Happen if Roosevelt Wins?)，载《斯克里普纳杂志》(Scribner's Magazine)，1936年10月，第22页。

二、农业调整政策的内在矛盾及其与"新政"其他措施的相互牵制作用

让我们再深入一步,对农业调整政策本身进行理论上的分析,考察一下它能否完成罗斯福政府所赋予它的使命——克服农业危机。

在前一篇文章①讨论流通领域内的干预措施时,作者曾经指出:每一种措施在它发挥作用的同时,立刻引起了新的矛盾,产生了足以抵消稳定农产品价格措施的作用的反作用,从而使这一措施失去效力。这个论断完全适用于以限制农业生产为主的农业调整政策。不仅如此,农业调整政策所引起的矛盾和产生的反作用远远大于以往任何反农业危机措施,这是因为它的作用范围已深入到生产领域。要知道,农业调整政策是在维护农业中固有的资本主义生产关系的前提下发挥作用的;它既要维持这种生产关系,又要干预农业生产,既要保留这种生产关系下每一个农业经营者的资本主义所有权,又要设法使每一个资本主义所有主的经营适合于政权的统一要求,既要保存资本主义经济规律在农业中起作用的基础,又企图限制这些经济规律的某些作用——这一切本身就是无法调和的矛盾。而随着干预的加强,矛盾也就越尖锐;干预越深入,矛盾就越多。

概括而言,限制农业生产的措施在执行过程中存在着以下四个矛盾。

---

① 指"1933年以前美国政府反农业危机措施的演变"。

第一,种植面积减少和单位面积产量提高之间的矛盾。这两个趋势是同时出现的。一些农场尽管订立了减少种植面积的合同,但在取得津贴和贷款之后,却把更多的资本投入留下来的耕地,加强了农业的集约化,提高了单位面积产量。例如,1933年是种植棉花的面积大大减少的一年,但这一年棉花收获总量并未减少,原因在于棉花单位面积产量达到每英亩209.4磅,比1932年增加36.1磅,比1922年到1931年这十年的平均数167.4磅则增加42磅之多。① 个别植棉州棉花单位面积产量提高的情况更加突出。② 如果我们把1932年和1933年棉花种植面积、总产量和单位面积产量作一番比较,就可以清楚看出上述矛盾了(参看下表)。

1932年与1933年棉花生产情况的比较③

项目 年份	面积		单位面积产量		总产量	
	绝对数 (千英亩)	指数	绝对数 (磅/英亩)	指数	绝对数 (千包)	指数
1932	35 891	100.0	173.3	100.0	13 003	100.0
1933	29 383	82.2	209.4	120.8	13 047	100.3

---

① 参看美国农业部:《1933年农业年鉴》(*Yearbook of Agriculture, 1933*),华盛顿特区,美国政府印刷局,1933年,第452页。

② 棉花单位面积产量提高最多的是以下几个州(资料来源于《1933年农业年鉴》):

(单位:磅/英亩)

	得克萨斯	俄克拉荷马	南卡罗林纳	乔治亚
1933年	187	210	257	247
1922—1931年平均	136	143	201	172

③ 参看美国商务部国情调查局:《美国历史统计,1789—1945》,华盛顿特区,美国政府印刷局,1949年,第108页。

1933年农业调整法实行后,玉米产量变动情况也是这样。据调查,虽然玉米面积减少了,但玉米单位面积产量的提高在很大程度上抵消了政府预期的减少玉米总产量的目的,例如在"爱荷华、伊利诺、印第安纳和俄亥俄四个主要产玉米的州,农业调整计划使玉米产量比实行计划前可能达到的产量大约减少2%"。①

第二,农产品价格水平和农产品消费量之间的矛盾。限制农业生产的措施旨在稳定和提高农产品价格水平,增加农业收入,但农产品价格的提高又势必减少了农产品的消费量,因为广大消费者的购买力在资本主义制度下是受限制的。特别是,减少种植面积的津贴取自农产品加工税,这种加工税又转嫁到消费品之上,而由消费者来承担,并且"绝大部分负担落到比较贫苦的人们的身上",②这就加剧了上述矛盾。例如,猪肉就是一个显著的例子,因为猪肉的饲料——玉米——在加工时已征收一次加工税(每蒲式耳0.05美元),猪在屠宰时又征收一次加工税(起初是每百磅0.5美元,后来陆续提高到每百磅2.25美元),③这样,消费者在支付猪肉的零售价格时,不得不付出更多的钱,换句话说,消费者对猪肉的购买力被人为地压低了。在罗斯福农业政策实行期间,我们可以看出农产品尤其是食物消费量减少的趋势(参看下页表)。

---

① "爱荷华农业实验站研究公报298号",转引自哈尔克罗:《美国农业政策》,恩格渥德崖,麦格劳—希尔公司,1956年,第297页。

② "农业部长给总统的报告,1934年12月12日"(Report of the Secretary of Agriculture to the President of the United States, December 12th, 1934),载美国农业部:《1935年农业年鉴》(Yearbook of Agriculture, 1935),华盛顿特区,美国政府印刷局,1935年,第36页。

③ 参看国际劳工局(International Labor Office):《美国的社会经济改造》(Social and Economic Reconstruction in the United States),日内瓦,1934年,第263页。

零售市场出售的食物:每人每年消费量指数[①]

年 份	1925—1929	1930—1933	1934—1937
谷 物	100.0	93.3	86.7
奶和奶品	100.0	100.9	98.5
瘦肉、鱼类	100.0	96.2	94.7
蛋	100.0	100.0	93.7
油脂(包括肥肉)	100.0	101.5	100.0

第三,"基本"农产品减少和非"基本"农产品增多之间的矛盾。1933 年农业调整法和 1934 年的修正法规定十几种农产品为"基本"农产品,农业调整局利用发放津贴的方式来减少这些"基本"农产品的种植面积。但是,农业生产者在取得津贴并减少"基本"农产品的种植以后,很少把土地荒弃不顾,而是移作他用,种植非"基本"农产品。据俄亥俄、伊利诺、印第安纳、爱荷华、内布拉斯加和密苏里州调查,停止生产玉米和小麦的土地中,实际休耕的土地只有 1/12,其余的土地都种上了牧草和其他饲料;在植棉地带的五个州,停止种植棉花的土地中有 3/4 改种饲料和供家内消费的作物;各地干草和豆科植物的种植面积都大为增加(1934 年与 1929 年相比,东南部、得克萨斯、俄克拉荷马干草、高粱的面积增加了 60%,伊利诺伊州豆类的种植面积增加了 55%)。[②] 这样立刻引起了

[①] 参看斯泰贝林(Hazel K. Stiebeling)、康恩斯(Callie Mae Coons):"当前美国的食物"(Present-Day Diets in the United States),载美国农业部:《1939 年农业年鉴》(Yearbook of Agriculture, 1939),华盛顿特区,美国政府印刷局,1939 年,第 313 页。关于这个表需要有两点说明。第一,这些食物的消费量是在油脂(包括肥肉)消费量不变的情况下减少的,因此这种减少并非由于油脂和一般食物消费量的替代作用。第二,食物消费量的减少不能完全归因于加工税使价格上升,也应当考虑到 1934 年和 1936 年自然灾害对价格和对消费者收入的影响(关于自然灾害问题,下文将会谈到)。

[②] 参看林德莱(E. K. Lindley):《罗斯福行程之半》(Halfway with Roosevelt),纽约,维京出版社(The Viking Press),1936 年,第 132 页。

两个问题:首先,在非"基本"农产品中有些是非商品性的(如农场和农家自用的饲料、牧草、豆类作物),这些非商品作物的增加意味着农业经济中自给部分的扩大,从而不利于乡村市场的恢复;①其次,干草和豆类向来有很大部分作为马匹的饲料,但由于农业的机械化,马匹数目在1920—1933年间已经减少了45%,对马匹饲料需求量的减少已相当于2 100万英亩的产量,②而1933年后饲料种植面积激增的结果更加剧了这些作物生产过剩的危机,使它们的市场价格继续低落。

第四,农业生产者减少种植面积的"自愿性"和市场价格调节作用之间的矛盾。这个矛盾反映了限制农业生产措施的局限性和根本无效性。农业生产者之所以接受农业调整局的条件,之所以减少种植面积,都以农产品市场价格的高低为转移。市场价格、产量和纯收入是他考虑的一端,津贴、贷款的优待、罚金则是他所考虑的另一端。这两端构成了他自己心中的天秤的两端。他是否愿意减少种植面积就是由这里出发的。他权衡轻重,比较得失,然后决定自己的行动步骤。如果市场价格低落,他也许情愿停种一部分土地以取得津贴;反之,如果在进行了一定时期的限制生产后,市场价格开始回升,或者增添机器设备后,单位面积产量可以指望有很大提高,于是当停种的土地上的产量乘市场价格大于津贴额的时候,他就宁肯放弃津贴,甚至甘愿缴付罚金,而在已停种的土

---

① 参看考勃(J. H. Kolb):"农业和乡村生活"(Agriculture and Rural Life),见奥格本(W. F. Ogburn):《社会变革和新政》(*Social Change and the New Deal*),芝加哥,芝加哥大学出版社,1934年,第68页。

② 参看爱兹凯尔(M. Ezekiel)、比恩(L. H. Bean):《农业调整法的经济基础》(*Economic Bases for the Agricultural Adjustment Act*),华盛顿特区,美国农业部,1933年,第35页。

地上重新播种,使政府缩小种植面积的政策失去作用,使已有的减产"成绩"化为乌有。加之,由于这块土地经过了一定时期的休耕或轮作,土地肥沃性也往往比以前提高,结果更加剧了生产过剩和价格下跌。关于这一点,在本文第四节分析1938年农业危机时再加以详述。

除了上述农业调整政策本身的四个矛盾而外,还应当指出农业调整政策和"新政"时期罗斯福政府实施的其他一系列措施处于互不协调的状态。它们往往彼此抵触,相互牵制。例如,农业调整法企图减少农业生产量以提高农产品的价格水平,但产业复兴法的主要目的之一是实现工业部门的强制卡特尔化,维持和提高某些重要的工业品的垄断价格。就工农业产品的比价而言,产业复兴法的作用恰恰抵消了农业调整法的作用。又如,农业调整法企图在提高农产品价格之后增加农业的货币收入,但政府为克服货币危机和增加出口的竞争能力而实行的通货贬值政策却限制了国内市场对农产品的购买力,并削弱了农业生产者本身的购买力。再如,在农业调整局同各个农场主签订减少种植面积的合同的同时,以"救济农村"为标榜的乡村电力局增强了农业集约生产的趋势,以"区域计划化"为标榜的田纳西流域工程局则竭力恢复南部几个植棉州的农业生产。这些就是农业调整政策受到罗斯福其他反危机措施牵制作用的一个方面。反过来说,农业调整政策在执行过程中所产生的后果又抵消了其他反危机措施的作用。例如,以"减少失业"为标榜的公共工程局、事业进步局等机构企图依靠举办公共工程来吸收失业人口,但小农户的破产、佃农被夺佃、农业工人被解雇却源源不断地补充了失业队伍。又如,农业生产量的减少所引起的价格回升以及由此造成的工业生产费用的提高,不利于为缓和国际收支逆差而采取的倾销措施。最后,尽管政府企图通过各种措施来恢复经济繁荣,而由于限制农业生产的结果,若干与利用农产品有关的部门却受到了牵累。①

由此可见,农业调整政策同"新政"其他措施的相互牵制作用使罗斯福一整套反危机政策陷于极端混乱之中。这种互相牵制作用充分反映了资本主义经济危机在工业、农业、贸易、货币流通领域内全面爆发以后,垄断资产阶级及其政府捉襟见肘、顾此失彼的忙乱状态。

三、1935—1936年农业生产过剩的缓和

正当1933年农业调整法被积极执行的过程中,1934年美国发生了19世纪60年代以来最严重的大旱灾,受灾面积达到全国耕地面积的60%,使27个州的农业生产受到沉重打击。大旱灾使农业生产量比正常年份产量减少1/3左右。大旱之后,1935年也不是一个很好的年成,有的地区雨量过多,有的地区还发生雹灾和虫灾。1936年则仍是大旱的年份,旱情的严重在近七十年美国历史上仅次于1934年,它使农业生产量减少了1/5左右。② 连续的自然灾

---

① 可以举棉花减产的影响为例。据估计,1933—1935年,棉花比可能达到的总产量少了1 340万包,"这意味着摘棉工作损失约8 300万美元,轧棉业损失6 400万美元,运输业损失4 700万美元,打包业、仓库业,商业及其他主要由劳动构成的销售费用损失约5 800万美元……还有由于棉籽产量减少了540万吨而引起棉籽加工业损失约2 900万美元",几项合计共为28 100万美元。参看科克斯(A. B. Cox)、比恩:"农业调整局,植棉业者和农业问题"(The A. A. A., the Cotton Growers, and the Agricultural Problem),载《美国统计学会杂志》(Journal of American Statistical Association),1936年6月,第297页。

② 参看《1934年农业年鉴》(Yearbook of Agriculture, 1934),第410页;《1936年农业年鉴》,第419页。

害对美国农业生产的破坏程度远远大于罗斯福限制生产政策所起的作用。

资本主义制度下经济的特征在这里暴露无遗。丰收加剧农业生产过剩,歉收反而缓和农业危机,因为进入市场的农产品数量大大减少了。在自然灾害的袭击下,再加上农业调整局的限制"基本"农产品的措施,特别是破坏养畜业生产和毁灭家畜的措施,在罗斯福农业调整政策实行的初期(1933—1934年上半年)也起过一定的(但次要的)作用,①农产品市场价格开始逐步回升(参看下表)。

美国农产品批发价格指数②(1926年=100)

	1929	1932	1933	1934	1935	1936
全部商品	95.3	64.8	65.9	74.9	80.0	80.8
农产品	104.9	48.2	51.4	65.3	78.8	80.9

但是,农业生产过剩的缓和和价格的回升丝毫不能给广大的小农户和佃农带来好处。旱情严重,土地颗粒无收,牧区因缺水而使家畜倒毙,灾区农户流离失所,外出逃荒,在这种情况下,农产品价格上涨得再高些,对他们说来又有什么意义呢?他们必须借债去购买食物,购买饲料,而只有变卖土地或出卖劳动力才能抵偿债务。总之,危机时期农产品价格惨跌给小生产者以第一次打击,减少种植面积的措施给以第二次打击,现在,自然灾害再给以第三次

---

① 养畜业和种植业的情况有所不同。对种植业采取减少种植面积的措施,对养畜业则采取收购和直接毁灭的办法。农业调整局在1933年秋季以3 400万美元购买了6 188 717头仔猪和222 149头母猪。被收购来的猪有的被活埋在坑里,有的被赶到河里淹死,有的被熬成肉糊,当肥料用。这种稳定猪肉价格的措施真是骇人听闻。1934年为了提高牛奶、奶品、牛肉和羊肉的价格,又收购了几百万头牛羊,如法炮制。

② 参看美国商务部国情调查局:《美国历史统计,1789—1945》,华盛顿特区,美国政府印刷局,1949年,第233页。

打击,经过这些沉重的打击,小生产者处境之困难可想而知了。可以举南部一些佃农的情况为例。据1936年对阿肯色州山区287户植棉佃农的调查,他们全年各种来源的现金收入加在一起平均只有134.71美元,他们的平均负债额却有220.17美元。①

然而美国政府认为,只要农产品数量减少,反农业危机措施的目的就接近完成了,因为农产品过剩数量一减少,市场价格自然会回升。农业部长在1935年12月10日给罗斯福的报告中这样写道:"农业调整法通过以来已有两年半,剩余农产品已大为减少。虽然棉花数量仍在颇大程度上超过时下的需要,但粮食和畜产品已不再有过多的剩余。某几种烟草还有较多存货,但乳类的供给则已大致与有效需求相符。1932与1934年间,12种重要作物的产量减少1/3以上。农产品价格正逐步上升。"②这样,由自然灾害所造成的农业中的新形势,促使垄断资本及其政府重新考虑反农业危机措施的具体内容,使这些措施能在新的条件下符合垄断资本的需要。

1936年1月6日,美国最高法院判决1933年农业调整法违背美国宪法,而宣告其无效。宣判农业调整法违宪的主要借口是:对农产品征收的加工税(加工税是津贴的来源)是加在城市消费者身上的不合理负担。

1933年农业调整法是在农业危机极端尖锐时颁布的,到了1936年,客观形势已与1933年有所不同。已经趋于缓和的农业

---

① 参看马里斯(P. V. Maris):"农业租佃制"(Farm Tenancy),载美国农业部:《1940年农业年鉴》,华盛顿特区,美国政府印刷局,1940年,第889页。
② "农业部长给总统的报告,1935年12月10日",载美国农业部:《1936年农业年鉴》,华盛顿特区,美国政府印刷局,1936年,第5页。

危机提出了新的课题：使反农业危机措施适应于生产过剩缓和所引起的农业条件。在上一节曾经谈到，"新政"时期的各项反危机措施之间有着相互牵制的作用。现在是垄断资本调整这些关系的时候了。既然农产品价格已回升，如果继续以征收加工税、发放减少种植面积津贴的方式来限制农业生产，对美国垄断资本的主要利益范围——工业——是不利的。美国垄断资本控制下的工业需要有廉价的原料，以增加出口竞争能力，需要廉价的食物，以保持低廉的劳动力价格，需要取消农产品加工税，以扩大国内市场的购买力；此外，铁路需要有更多的货运量，商业资本家需要有更大的农产品周转量，各种农产品加工业资本家既想扩大加工数量，又唯恐在征收加工税条件下农场主会私下自行进行农产品的加工，而减少他们的收入。在这种新形势之下，最高法院为了适应垄断资本的需要，借口保证城市消费者的利益，而宣判农产品加工税是非法的。征收农产品加工税既是1933年农业调整法的不可分割的组成部分，加工税一取消，农业调整法也就不存在了。所以，当初通过1933年农业调整法是符合垄断资本需要的，如今废除1933年农业调整法也是符合垄断资本需要的。

事实上，1933年农业调整法被宣布非法绝不意味着美国政府放弃了对农业的干预。一方面，征收农产品加工税和发放减少种植面积津贴的做法虽被废除，[1]商品信贷公司和商品信贷政策却

---

[1] 当1936年1月6日农业调整法失效后，1月13日，最高法院又下令把已经从农产品加工商那里征集到的2亿美元的加工税款归还给加工商。加工商因此大获其利，因为他们早已把这笔税款转嫁到商品之上，卖给消费者了，参看劳赫(B. Rauch)：《新政史》(*The History of the New Deal, 1933-1938*)，纽约，八边书局(Octagon Books)，1944年，第213页。

继续保留下来；另一方面，紧接着最高法院判决的宣布，罗斯福在1936年2月29日签署了土壤保护法（全名是 The Soil Conservation and Domestic Allotment Act）。土壤保护法是在新形势，即农业生产过剩趋于缓和的形势下干预农业生产的形式。罗斯福宣称：至此，他的农业政策进入了第二阶段。①

土壤保护法是在严重的自然灾害之后出现的，因此它所公开标榜的目的与以前各种反农业危机条例有所不同。它一概不提"救济"、"应付紧急状态"、"纠正不均衡和失调"等等字眼，也不直接提到对农业生产的限制。它以"保持和改良土壤的肥沃性"、"经济地使用和保护土壤"为目标。但怎样达到这一目标呢？土壤保护法规定：政府应当"以实际方法奖励那些足以保持和改良土壤的作物的耕作"，奖励的方式是发给土壤保护津贴，而对"那些足以损耗土壤的商品作物的耕作"，则不予奖励。津贴的来源现在改由国库支付，年度拨款为5亿美元。被政府列为损耗土壤的商品作物有棉花、小麦、玉米和烟草，列为保持土壤肥沃性的作物有饲草和豆科植物。由于美国政府考虑到，在农业危机时期，生产过剩最严重的正是棉花、小麦、玉米和烟草等"损耗土壤"的作物，而"保持土壤肥沃性"的作物中有一部分并不进入市场，而是供农场和农家本身消费的，所以政府想在"保护土壤"的名义下，改变种植业内部的产品结构，达到稳定主要农产品价格的目的。

要知道，自1934年大旱以来，农业生产者对美国政府听任水

---

① 参看罗斯福（Franklin D. Roosevelt）为"签署1938年农业调整法的声明"所写的注释，见罗斯曼（Samuel I. Rosenman）编：《罗斯福公文和演说集》（The Public Papers and Addresses of Franklin D. Roosevelt）1938年卷，伦敦，海恩曼公司（Heinemann），1941年，第88页。

土流失的做法产生了严重的不满,①他们抱怨政府只顾减少种植面积,不注意水利建设,不保护农业长久利益等等。因此,土壤保护法第一条就写道,土壤保护政策是从"国家的利益"和"公众的幸福"出发的。它的着眼点主要放于未来可能引起的再度严重的生产过剩上。在它看来,逐步改变耕作方式,调整作物间的比例关系,也就是用所谓"经常性的"或"长期的"干预方式,②就能达到这个要求。

但土壤遭受侵蚀和土壤肥力损耗的根源在于美国农业中的资本主义生产关系。资本主义生产的动机是利润,利润的多少是农业生产者在选择所播种的作物时考虑的最重要的因素。种植园和大农场自不必说,即使个体的小农户也不得不采取同一种对待土壤肥力的方式,因为他们并非置身于资本主义的市场经济之外,而是被卷入这种市场经济之中。农业生产性支出、地租、利息、税款乃至生活开支,无一不需要生产更多的商品作物来换取更多的现金。休耕、轮作、珍惜土壤肥力,本是一件好事,但在资本主义制度下这是不易做到的,人人都希望邻居们休耕和改种非商品作物。改良土壤对农业是有益的,但农业生产者所指望的首先是眼下的、最现实的利益,减少商品作物的种植却不符合这种利益。尤其是

---

① 据调查,全美国 4.15 亿英亩耕地(1935 年农业普查数字)中,几乎有 61%(约 2.53 亿英亩)受到损坏。"有的不断遭受侵蚀,有的已地力贫瘠,使农户无法按(1921—1936 年)价格水平获得满意的收入"。参看汉贝奇(G. Hambidge):"土壤和人概说"(Soil and Men, A Summary),载美国农业部:《1938 年农业年鉴》(Yearbook of Agriculture, 1938),华盛顿特区,美国政府印刷局,1938 年,第 6 页。

② 1934 年年底,华莱士在给罗斯福的报告中就曾写道:"从本质上说,农业需要控制生产,以防止引起生产过剩和生产不足循环不已的大幅度摆动。作为一种紧急的手段,通过迅速一致减少产量而避免无可弥补的灾难的方法,控制生产的原则既有救急性的用途,也有长久性的用处。"("农业部长给总统的报告,1934 年 12 月 12 日",载美国农业部:《1935 年农业年鉴》,华盛顿特区,美国政府印刷局,1935 年,第 2—3 页。)

在危机频繁的时期,更不可能出现对土地的合理使用。美国两位著名土壤学家在考察了土壤侵蚀问题后,得出这样的结论:"在我国现今经济制度之下,侵蚀影响的大小又颇因价格波动而异……如果价格很高,即使只在短短几年内,也往往很易促使土地从长时期看来是不适当的和不经济的利用。而在价格高涨时期过后,往往出现与严重农业失调相并而来的价格低落,这时土地的利用方式就会是掠夺性的,其所以如此,目的在于弥补当前的经常开支和经营成本。"①这个结论是可信的。1936年时,农业生产过剩刚刚缓和下来,农产品价格已有起色,谁还愿意停种商品作物,改种非商品作物呢?何况,任何一种真正有效的土壤改良,必须有大量追加的、用于农田水利的投资,这笔投资是小农户无法负担的,更是佃农无法负担和不愿负担的。② 因此,无论从保护土壤的角度或从反农业危机角度来看,土壤保护法都没有收到成效。政府所发给的土壤保护津贴只有利于土地面积过多的大地主和大农场。③ 又

---

① 本涅特(H. H. Bennett)、劳德米尔克(W. C. Lowdermilk):"土壤侵蚀问题综览"(General Aspects of the Soil-Erosion Problem),载美国农业部:《1938年农业年鉴》,华盛顿特区,美国政府印刷局,1938年,第599页。

② 越是耗损地力的作物的种植区,佃农在农户总数中所占的比例越大。据1935年调查,几种最重要的商品作物种植区内佃农占该区农户总数的百分比如下:棉花种植区——65%;玉米区——44%;小麦区——42.1%;烟草区——49.2%。在这些地区,流行的是短期租佃制,他们不得不在租约有效期间尽可能地多种商品作物。他们没有能力,同时也不愿意进行投资来改良土壤,因为他们不知道租约期满后能否再租到这块土地。参看科伯(M. R. Cooper)等:"农场制度和农业租佃制度的缺陷"(Defects in Farming Systems and Farm Tenancy),载美国农业部:《1938年农业年鉴》,华盛顿特区,美国政府印刷局,1938年,第149页。

③ "1937年有94个生产者、1938年有113个生产者分别得到一万美元以上的土壤保护津贴。大多数津贴落到人寿保险公司和银行手中,后者通过没收抵押地产的方式,已经成为大土地所有者。"(施米特:《世界危机中的美国农场主》,纽约,牛津大学出版社,1941年,第261页。)

隔了一年,即到了1937年秋,终于再度爆发了尖锐的农业危机,美国政府想利用土壤保护政策来克服生产过剩的企图完全失败了。

四、新农业调整法的剖析

土壤保护法开始实施以后,美国政府人士对它寄予很大希望,希望它能在农业危机已经缓和的形势下继续发挥长期干预生产的作用。华莱士在1936年年终,在回顾过去、展望未来时,对美国农业前景充满了自信。他乐观地写道:"今后四年,农业中的主要问题在于巩固已取得的进步。农村和城市已同时恢复过来了……因此当前的任务是建立城乡之间的良好关系,对工业和农业都给以适当的刺激,使之趋向均衡的丰饶富足。"① 然而,也恰恰是在这个时候,美国政府限制或"调整"农业政策的一切矛盾都暴露出来了。价格的继续回升使任何限制措施失去作用,农场主干脆放弃津贴,尽量扩大种植面积,多种商品作物,尤其是最行销的商品作物——小麦和棉花。1937年棉花的单位面积产量(每英亩264.6磅)创造了历史最高纪录。② 棉花和小麦1937年的产量远远超过了以往几年的水平(参看下表)。

---

① 华莱士:"今后四年的农业"(The Next Four Years in Agriculture),载《新共和杂志》(*The New Republic*),1936年12月2日,第133页。

② 玉米、黑麦、荞麦、燕麦等单位面积产量也超过历年平均水平,参看《1937年农业年鉴》(*Yearbook of Agriculture, 1937*),第436页及以后诸页。

棉花和小麦收获面积和产量①

年份	棉花收获面积（百万英亩）	棉花产量（百万包）	小麦收获面积（百万英亩）	小麦产量（百万蒲式耳）
1932	35.9	13.0	57.9	756.3
1933	29.4	13.0	49.4	552.2
1934	26.9	9.6	43.3	526.0
1935	27.5	10.6	51.3	628.2
1936	29.8	12.4	49.1	629.9
1937	33.6	18.9	64.2	873.9

1937年的棉花价格比1936年下跌了32%；1938年的小麦价格比1937年下跌了41%（与1936年相比，则下跌达45%）。棉价和小麦价格都低于1933—1936年间任何一年的水平。②

农业危机的再度尖锐化迫使美国政府承认，依靠土壤保护法来"长期"调节美国商品作物生产量的措施已不符合反农业危机的要求了。"在1937年已看得很清楚，要使农作物的供给和需求协调一致，以便使农场主靠自己的产品得到相当的收益或在国民收入中得到一定的份额，土壤保护计划已显得不够了。因而需要采取一个更广泛的和全面的计划。"③1933—1935年间农业调整局直接削减种植面积的经验又被一再提出来。1938年2月，美国国会通过了新农业调整法（1938年农业调整法）。罗斯福把它称做

---

① 参看美国商务部国情调查局：《美国历史统计，1789—1945》，华盛顿特区，美国政府印刷局，1949年，第106、108页。
② 参看同上。
③ 罗斯福："签署1938年农业调整法的声明"，见罗斯曼编：《罗斯福公文和演说集》，1938年卷，伦敦，海恩曼公司，1941年，第88—89页。

"新政"农业政策的第三阶段。①

新农业调整法标志着美国政府反农业危机措施被提到一个更高的阶段。1933年农业调整法所具备的三个基本特点——在生产领域内进行干预;干预的强制性质;生产领域内的干预与流通领域内的干预相结合——在新农业调整法中表现得更为突出。这是必然的趋势。一方面,美国政府从1933年农业调整法的实施中看到了它的若干矛盾和局限性,而力图避免;另一方面,这时已处于第二次世界大战前夕,国际形势日益紧张,如果听任农业危机继续深入下去,对美国的军事、政治和经济各方面都会有直接不利的影响。为此,美国政府需要采取更强烈、更全面和更直接的干预措施。这样,它就不可能是1933年农业调整法的重复,而必须补充新的内容。可以把新农业调整法的要点归结如下:

第一,它在1936年土壤保护法提出的改变作物种植比例的基础上,继续利用土壤保护津贴来刺激农业生产者减少"损耗土壤肥力"的作物的产量。② 同时,它对于可能引起生产过剩的出口作物分别规定种植面积定额。种植某一种出口作物的生产者,如果超过了分配给他的种植该种作物的面积定额,就被取消获得政府津

---

① 参看罗斯福:"签署1938年农业调整法的声明",见罗斯曼编:《罗斯福公文和演说集》,1938年卷,伦敦,海恩曼公司,1941年,第88页。

② 1938年农业调整法的精神并不与1936年土壤保护法抵触。这一点充分说明它已把"紧急干预"和"长期干预"二者结合起来了,罗斯福在新农业调整法通过前,曾向国会解释道:"尽管目前的农业保护计划并不完全足以维护农产品价格和农业收入,使之不因剩余农产品而大为减跌,但作为土壤肥力的保障,自有其重大内在价值。必须继续保持它的这种重大价值。因此,我衷心希望国会在制定新农业立法,保护农业和国家利益,以防止农产品价格猛跌的灾难时,能确保农业保护计划继续生效和持久不变……"(罗斯福:"再次吁请通过新农业立法,1937年10月20日",见罗斯曼编:《罗斯福公文和演说集》1937年卷,伦敦,海恩曼公司,1941年,第458页。)

贴的机会。

第二,对于五种最重要的商品作物(棉花、小麦、玉米、烟草、稻米)还规定了销售定额,这种定额如果经过种植该种作物的农业生产者 2/3 的人数投票同意,就可生效。凡是超过销售定额的商品,一律加征罚金。

第三,把商品信贷公司经营商品信贷时所确定的价格维持水平同 1909 年 8 月—1914 年 7 月的农产品和非农产品平价直接联系起来,而以平价的一定比例(52%—75%)作为维持价格。当农产品市场价格跌到平价的一定百分比以下,农产品仍按既定的平价百分比折价,以抵偿农场主欠商品信贷公司的债务。这种以平价原则为基础的价格维持措施特别受到罗斯福的重视,因为在这种场合,商品信贷公司按平价的一定百分比收进了农产品,就成为剩余农产品的所有者了。国家既然完全掌握了这笔农产品的所有权,也就可以按一切有利于自己的方式处置它们。这就是所谓"常平仓"计划,也就是所谓"适应于一切天气"的计划。①

从这里可以明显地看出从 1933 年农业调整法继续向此后美国政府反农业危机措施演变的轨迹。1938 年农业调整法在 1933 年农业调整法基础上,发展了生产领域内进行干预的原则;它在相当长的时期内(除了第二次世界大战后期农产品价格高涨年份),在美国经济生活中发挥实际作用。不仅它的基本精神,甚至它的具体规定在战后仍被沿用。即使肯尼迪在 1961 年向国会提出的农业咨文中要求国会修改 1938 年农业调整法时,他并不是要求国

---

① 罗斯福:"给国会特别会议的咨文,1937 年 11 月 15 日",见罗斯曼编:《罗斯福公文和演说集》1937 年卷,伦敦,海恩曼公司,1941 年,第 494 页。

会废弃它的干预原则,而只是要求"应对 1938 年通过的农业调整法加以修改,以便使任何农产品……能够通过销售定额来调整供应"。

　　正如前文一再强调的,国家垄断资本主义的干预越深入、越强烈,所暴露出来的矛盾就越多。除了我们在分析 1933 年农业调整法时提到的那些重要矛盾而外,①在这里还必须着重论述一个与 1938 年农业调整法密切有关的问题:以平价原则为基础的价格维持能否应付农业危机?

　　前面已经谈过,除烟草外,各种农产品的平价以 1909 年 8 月—1914 年 7 月为基期。假定某一农产品在基期的市场价格为 1.00 美元,这时的平价指数为 100%,到 1938 年时,平价指数为 150%,那么该农产品的平价应为 1.00 美元×150% = 1.50 美元。如果政府规定这种农产品的价格维持水平为平价的 70%,那么商品信贷公司给予的维持价格为 1.50 美元×70% = 1.05 美元。市场价格如果低于 1.05 美元,农业生产者就可以把农产品按 1.05 美元卖给商品信贷公司,抵偿债务。如果市场价格高于 1.05 美元,农业生产者可以在出售自己的农产品后,偿还商品信贷公司以现金。

　　美国政府把这种措施称做绝对有利于农业生产者的。当真如此吗?

　　问题还不在于具体规定的平价的百分比(价格维持水平)的高

---

①　广大小农户对大地主和大农场主获得巨额津贴提出了抗议,美国政府在 1938 年不得不规定:在一个州内,任何一个人所得的津贴不得超过一万美元。这样一来,又发生了新的问题:过去主要靠大农场减少商品作物种植面积,现在它们干脆扩大种植面积,不要津贴。

低。问题在于：美国政府所采用的平价概念本身是不完备的、有局限性的，而用它来作为价格维持的依据则是不合理的。

在资本主义制度下，农业和广大农业生产者所处的不利地位是显著的。农产品和非农产品的比价是一面镜子，它反映了这种不利地位，但它所反映的只是农业在市场和价格经济中表现出来的不利地位。它不能反映农业本身的剥削和竞争，不能反映种植园主和地主对农业工人和佃农的经济外强制，不能反映商业资本和高利贷资本通过私人间业务进行的剥削，不能反映工业垄断组织除了压低价格以外所采用的其他掠夺手法。设想通过建立一种公平比价来使资本主义制度下的工农业立足于同等基础之上，这是绝对办不到的。

作为美国农产品和非农产品平价基期的1909—1914年固然是农产品价格高涨的时期，但对广大小农户来说，这并不是什么"黄金时代"。列宁根据美国1900年和1910年两次普查的资料，已经对这个时期做了精辟的分析。关于农产品价格问题，列宁指出：农产品价格的增长远远高于农产品产量的增加这个事实"向我们清楚地表明了土地占有者向社会索取的地租和贡税的作用"。[1]这究竟是一个什么时代呢？这是土地集中的时代，这是地价和地租激增的时代；这是银行不断控制农业的时代，这是小农遭受压迫和剥夺的时代；这是"在美国农业中，不仅进行着大生产排挤小生产的过程，而且这个过程要比在工业中进行得更有规律，更有规则"[2]的时代。可想而知，即使百分之百地恢复到1909—1914年

---

[1] 列宁："关于农业中资本主义发展规律的新材料"，见《列宁全集》第22卷，北京，人民出版社，1958年，第84页。

[2] 同上书，第89页。

平价水平,又怎能挽救广大农业生产者的厄运呢?

从平价的具体内容来说,1909—1914年和1933年或1938年是两个不同的时代,两个不同时代的平价在很大程度上是不可比的。劳动生产率增长了,生产费用发生了变化,每一种产品价格和生产费用之比也改变了。这种改变不可能通过两种产品价格之比直接反映出来。工业劳动生产率增长的速度无疑大于农业劳动生产率的增加。从理论上说,1938年时同一种农产品所能换到的工业品应当比1909—1914年时更多,而决不应限于1909—1914年的水平。否则,在工农业劳动生产率增长速度不相等的条件下,即使恢复1909—1914年的平价,农产品对工业品的比价仍处于不利地位,而不是处于"相等"地位。

同时应当指出,用来同农产品价格相比的非农产品价格指数是一个综合指数。它笼统地包括86项农家生活用品和94项农业生产资料的价格,而无法反映不同历史时期农业所需要的各种不同的工业品的数量及其在该一时期农业所需要的各种工业品中的重要性。① 因此,用这种方法编制的平价实际上也就无法反映农户于某一历史时期内在同某一具体工业品交换中的地位。

---

① 在这里有必要说明当时在编制平价时对非农产品价格指数的编制方法。非农产品价格指数以180种工业品(86项生活资料和94项生产资料)和两项劳务(利息和税金)价格为基础:利息占7.2%,税金占6.8%,生活资料占48.6%(其中,食物——17.5%,衣服——14.8%,供应——6.8%,家具设备——2.9%,住宅建筑材料——3.7%,汽车——3%);生产资料占37.4%(其中,饲料——10.1%,机器——4.2%,货车——4.5%,拖拉机——1.2%,肥料——3.2%,生产建筑物建筑材料——5.9%,设备和供应——6.9%,种子——1.4%),可见这里涉及了农户对所需要的工业品的消费构成,而消费构成是随着时代的不同而变化的。举例来说,随着农业的技术发展,单位农产品同汽车、拖拉机、机器肥料价格之比的重要性在1938年就大大超过了1909—1914年。但按这180种商品价格编制出来的综合价格指数恰恰掩盖了这一点。

而且,平价原则所考虑的农户的购买力是抽象的农户的购买力。它利用平均数的概念把不同规模、不同类型、不同地区的农户之间的区别掩盖起来。例如,植棉者和养乳牛者对工业品的需要是不同的,他们各自生产的农产品也是不同的。大农场和佃农各有自己的需要,单位农产品同载重汽车间的交换比率对大农场有意义,对佃农说来则没有意义。其次,平价完全不反映每一个具体农业生产者在市场经济中的实际地位。集约化程度不同,有土地所有权和没有土地所有权的农户的农产品成本之间有着显著的差别,①平均成本和市场价格之间又有显著的差别,②因此以平价为基础的价格维持水平作为一种平均水平而言,始终要低于某些农户的实际成本,高于另一些农户的实际成本。这样,价格维持措施充其量也只可能让一部分集约化程度高的大农场得到好处,使集约化程度低的小农户继续受排挤:在平价的掩盖下,依然进行着农业集中过程。

再进一步说,即使把平价原则作为价格维持水平的依据,即使农场主在把农产品转让给商品信贷公司时能靠维持价格来弥补生

---

① 据1935—1939年在内布拉斯加州进行的调查,大型农场在每英亩耕地上的机器和设备投资仅为8.82美元,而单人农场则为21.50美元,引自乔治·惠勒:《美国农业的发展问题》,北京,世界知识出版社,1962年,第140页。

② 1937—1940年美国每100蒲式耳玉米平均成本(包括租金)和市场价格比较:

(单位:美元)

年份	成本	市价	价格低于成本
1937	66	51.8	−16.4
1938	65	48.6	−16.4
1939	63	56.8	−6.2
1940	67	61.8	−5.2

表中的数字引自谢发德(G. S. Shepherd):《农产品价格分析》(Agricultural Price Analysis),第2版,爱荷华,爱荷华州立大学出版社,1947年,第165页。

产费用，在这种情况下，农场主作为受商品信贷公司"支持者"所得到的"好处"恰恰又被他所遭受的损失相抵消。由于商品信贷公司的经费来自国库，亦即来自纳税人，而政府财政支出的巨大负担归根结蒂落在广大劳动人民的身上，落在农产品的主要消费者身上，所以价格维持压缩了国内市场对农产品的有支付能力的需求，进一步限制了农产品的销售量，促成市场价格下降。这一切形成了美国经济生活中无法摆脱的恶性循环。在这一恶性循环中，农场主作为纳税人之一和作为农产品的出售者，受到双重的损失。价格维持使农业陷入更复杂的危机之中。

最后，以平价为依据的价格维持水平同市场价格存在着一定的差额。这一差额的存在始终是价格维持措施的不可解决的矛盾。如果市场价格高于平价的一定百分比，那么平价和价格维持水平在这种场合根本失去作用，农业将不断扩大生产量，使源源不断的农产品涌入市场，造成生产过剩。如果市场价格低于平价的一定百分比，价格维持可以发挥作用了，它可以人为地把价格"维持"在高于市场价格的水平。但这样一来，却造成了国内外价格和国际价格之间差额，削弱了美国农产品在国际市场上的竞争能力。关于美棉出口的困难，罗斯福承认道："自从 1937 年生产过剩以来，棉农不得不日益依靠政府贷款来维持合理价格和保证公平收入。但棉花贷款的困难之一在于：虽然它们的确有助于维持国内价格，却阻碍棉花自由进入世界出口市场。"①具体说来，当时棉花的国内价格是靠平价比例维持的，棉花贷款价格水平相当于平价

---

① 罗斯福为"1939 年 3 月 28 日关于棉花出口情况的声明"所写的注释，见罗斯曼编：《罗斯福公文和演说集》1939 年卷，伦敦，海恩曼公司，1941 年，第 172 页。

的53%左右。价格维持水平并不很高,但仍使棉花价格大约超过可以同国外出产的棉花相竞争的价格每磅0.015美元。① 小麦、玉米也处于相同的情况下,使美国的产品在国外市场上难以竞争。② 农产品出口的困难势必又对国际贸易和收支情况、国内农产品价格等等发生一连串影响。③

平价和价格维持措施的局限性和内在矛盾清楚地说明了在农业生产领域内进行国家垄断资本主义干预是注定要失败的。

从1920年以来的美国政府反农业危机措施的实践表明:流通领域内的干预失败以后,转向了以生产领域内干预为主的政策。生产领域内干预为主的政策又被证明无效以后,政府对农业生产过剩干预的继续演变趋势如何呢?——消费领域内的干预逐渐具有重要的地位。国家政权日益以农产品"消费者"的身份或农产品消费的"调节者"的身份出现。政府的最终目的是把剩余农产品"消费"掉,或者说,要使已经生产出来的剩余农产品退出流通过程,进入消费领域。在国内,表现为1939年春天起开始在纽约实行的代替现金救济的食物津贴计划等等。在国外,表现为对外农产品援助和救济计划等等。从反农业危机的意义来说,这些措施都是旨在"消费"掉剩余产品,稍许减少国内剩余农产品总量,以求稳定市场价格。

---

① 华莱士:"美国农场的前途"(The Future of the American Farm),载《新共和杂志》,1939年11月8日,第51页。

② 1938年,芝加哥的小麦批发价格几乎和伦敦的小麦批发价格处于同一水平,出口是无利可图的。同年,芝加哥的玉米批发价格高于阿根廷的玉米价格8%—10%,二者在国际市场上竞争时,美国是敌不过阿根廷的。

③ 为此,在20年代被一再否决的出口津贴方案又被提出来,并被美国政府加以采用。

关于1938年新农业调整法及其一系列措施实行的具体效果如何,根据上面对它的各种矛盾和促使农业危机复杂化的因素的分析,可以肯定是微不足道的。1939年,美国农业仍未摆脱危机状态。但就在这个时候,爆发了第二次世界大战,战争促使美国经济加速转入军事化的轨道,形成了一种非正常的战时繁荣局面。只是在这种条件下,美国农业才渡过了长期危机,进入了周期的另一阶段。

在这些年内,罗斯福用了极大的力量来应付农业危机,新措施一再被采用,旧措施不断被修改、被补充。反农业危机的全部费用是惊人的。直接给农场主的津贴(1933年7月1日—1941年6月30日)——53.288亿美元;农场救济和有关支出(同一时期)——11.206亿美元;其他杂项支出(同一时期)——5.176亿美元;三项合计达到69.67亿美元。此外,各个农业信用机构放款总额为63亿美元(1933年5月1日—1940年6月30日),同一时期的商品信贷达到13亿美元。① 但是,如果没有1934、1936年的两次大旱,如果不依靠第二次世界大战的爆发,即使美国政府投入了更多的费用,也无助于农业生产过剩的缓和。

"新政"时期美国政府反农业危机措施的实质是非常清楚的:从它们有利于谁和不利于谁这一点就足以证明:它们是垄断资本在适合当时条件下维护自己统治的手段。

(原载《北京大学学报(人文科学版)》,1963年第5期)

---

① 施米特:《世界危机中的美国农场主》,纽约,牛津大学出版社,1941年,第279—280页。

美国边疆学派的"安全活塞"理论

引 言

边疆学派是现代美国资产阶级历史学和经济史学解释美国社会经济发展过程的重要流派。这个学派所提出的"安全活塞"理论,对美国社会经济史研究曾有过重要影响,它的主要论点是:长期存在于美国历史上的"边疆",曾经是调节美国社会经济发展并使美国社会保持谐调的"安全活塞",它"滋育了乐观主义和理想主义,帮助了民主的传播,经常培育着拓荒者的自信心和个人主义,促进了民族主义,提供了经济机会,它对于东部许多人似乎是一条出路,它发展了发明才能和活动力——而它的核心就是自由土地"。①

作为一种历史学和经济史学的理论,"边疆—安全活塞"理论提出了社会经济发展中的一些值得注意的重要问题,即一国国内广阔的待开发土地的存在将如何影响本国经济、社会、政治、文化的发展。这一理论迄今仍在继续扩大其影响。目前,它已经不仅仅被用来解释美国历史,而且还被广泛用于对加拿大、澳大利亚、

---

① 艾伦(H. C. Allen):《灌木丛和边远地带:澳大利亚和美国边疆的比较》(*Bush and Backwoods*: *A Comparison of the Frontier in Australia and the United States*),东蓝辛,密歇根州立大学出版社,1959年,第113页。

新西兰、阿根廷、巴西等国的社会经济发展过程的阐述,因为据说所有这些地区的特征都是"永久性的大城市加上永久性的内地",①也就是说,这些地区都存在着辽阔广大的"边疆"。例如有的著作中就这样写道:"有代表性的美国的边疆在某些方面是独特的;而在另一些方面,其他地区也有相同之处。我们已经在澳大利亚的发展中看到其中若干表现;另一些表现则可发现于世界上各个不同的地区"②;"澳大利亚边疆的影响毫无疑问地证明着"这种历史学和经济史学理论的"正确"。③

针对这种情况,本文准备对美国资产阶级边疆学派中的"安全活塞"理论进行评论,即着重评论它的三个基本的论点:

一、"边疆是穷人的天堂","边疆"为每一个受压迫的人开放了"经济平等"的机会;

二、"边疆"使美国工人"不会接受低工资",它保障了美国工人的"高"工资水平;

三、"边疆"使美国社会"和谐地"、"无冲突地"发展。

这三个方面也就是"边疆—安全活塞"论者提出的"直接安全活塞作用"、"间接安全活塞作用"和"心理安全活塞作用"。

一、"边疆—安全活塞"理论产生的历史条件

边疆学派的形成和"边疆—安全活塞"理论的出现是和已故美

---

① 马克斯·勒纳(Max Lerner):《美国作为一种文明》(America as a Civilization),纽约,亨利·霍尔特公司(Henry Holt & Company),1957年,第39页。
② 艾伦:《灌木丛和边远地带:澳大利亚和美国边疆的比较》,东蓝辛,密歇根州立大学出版社,1959年,第113页。
③ 同上书,第111页。

国著名历史学家弗烈德里克·杰克逊·特纳①的名字分不开的。尽管在特纳以前,在资产阶级政治界和学术界人士中已经有一些人提到过"边疆"问题,"安全活塞"这个名词在19世纪中叶就被使用过,尽管19世纪意大利经济学家劳里亚曾从经济学的角度对"边疆"在经济生活中的作用问题表述过看法,②但特纳却把它提到一种历史学理论的高度来加以概括,予以系统化,并由此得出美国社会发展例外性的结论。特纳,作为边疆学派的奠基人,他的下面这段话表明了他对美国社会发展的基本看法:"迄至我们此时为止,美国史在很大程度上是拓殖大西方的历史。自由土地区域的存在,它的不断后退,以及美国居民地区的西进,说明了美国的发展。"③所谓边疆,④实际上也就是指美国历史上曾经存在过的这

---

① 特纳(1861—1932年),1889—1910年任威斯康辛大学历史学教授,1910—1924年任哈佛大学历史学教授,1924年起退休。

② 劳里亚提出了这样的看法:"未被历史发现的"土地可以作为解释历史发展过程的钥匙,因为对这些土地的"开拓"推动了社会发展;以至于有人把劳里亚看做特纳的"老师":"劳里亚的经济学体系不仅为特纳形成边疆在美国史上重要性的观点提供了哲学的和方法论的基础,并且还提供了(安全活塞)理论的命题的基本的理论内容。谁要想了解特纳,必须首先懂得劳里亚。"〔本森(L. Benson):"艾基利·劳里亚对美国经济思想的影响"(Achille Loria's Influence on American Economic Thought: Including His Contributions to the Frontier Hypothesis),载《农业史》(Agricultural History),1950年10月,第196页。〕

③ 特纳(F. J. Turner):《美国历史上的边疆》(The Frontier in American History),纽约,亨利·霍尔特公司,1920年,第1页。

④ 应当说明一下,在边疆学派那里,"边疆"是个特殊的概念。首先,它不是政治上的概念,而是经济上的概念:"美国的边疆和欧洲的边疆,即通过稠密居民区的设防边境线有十分显著的区别。关于美国的边疆,最重要的一点就是它位于自由土地的内侧"(同上书,第3页)。同时,它不是静态的概念,而是动态的概念,它是"不断移动的",它是"正在扩张的社会的外部边缘",并且是"记录下人民的发展能力的一条图线"(同上书,第41,52页)。有的资产阶级学者因为"边疆"概念的含糊不清而彼此争论不休,这是完全不必要的,因为特纳自己早就说过:"这个术语是有伸缩性的,为了达到我们的目的,并不需要明确的定义"(同上书,第3页)。

一片自由土地而言。既然广大自由土地的长期存在是美国资本主义发展过程中不同于欧洲各国的特征,那么按照特纳的看法,美国的发展道路自然应当是一条特殊的道路,美国的社会经济结构自然应当是一种特殊的、例外的结构了。所以特纳写道:"美国民主制度并非产生自理论家的梦想;它并不是被萨拉·康士坦特号带到弗吉尼亚来的,也不是被五月花号带到普里茅斯来的。它来自美洲的森林,每当它接触到一个新的边疆就获得了新的力量。不是宪法,而是自由土地以及向有能力的民族敞开的丰富自然资源,在这个民族占据这个国土的三世纪内造成了美国的民主社会形式。"①至于自由土地在长时期的经济生活中,则起着缓和社会矛盾、调节经济发展的"安全活塞"作用,因为在特纳看来,"在这个广大地区的几乎免费的土地不仅仅吸引移民,而且为所有的人提供了开辟自己谋生之道的机会。旷野一直为穷人、不满现状的人、受压迫的人敞开逃生之路。如果东部的社会状况趋于固定,阿利根尼山脉的那一边却有自由"。②特纳正是这样表述了他的"边疆—安全活塞"理论。

特纳的这一套看法最初是在1889年发表的。他在评论西奥多·罗斯福的《西部的占领》时就已肯定指出向西扩张对美国历史的重要意义。③ 接着,他在1892年11月发表的《美国史上的问

---

① 特纳:《美国历史上的边疆》,纽约,亨利·霍尔特公司,1920年,第293页。
② 特纳:《新西部的兴起》(*Rise of the New West*),纽约,亨利·霍尔特公司,1906年,第68页。
③ 参看本森:《特纳和比尔德:美国史学著述重新考察》(*Turner and Beard: American Historical Writing Reconsidered*),伊利诺伊州格伦科,自由出版社(The Free Press),1960年,第21页。

题》一文中,不仅重复了向西扩张的重要性的见解,并且还第一次提出美国社会结构因边疆而例外发展的论点。但更重要的是他在1893年7月于芝加哥召开的美国历史学会会议上提出的报告《边疆在美国史上的重要性》。他在这里充分发挥了自己的边疆理论,扩大了影响,使他的观点受到美国资产阶级史学家们的重视,并被他们之中的不少人所同意和采纳。通过一批赞同他的看法的人,再加上他在威斯康辛大学任教时所教出来的一批学生,从此在他的周围形成了美国资产阶级史学中的边疆学派。这个边疆学派是作为在美国资产阶级史学中占正统地位的东部沿海地区的一些历史学家观点的对立物而产生的。当时在东部历史学家中,主要代表人物之一就是海尔伯特·巴克斯特·亚当斯。他(同其他许多东部历史学家一样)在留学德国时显然受了德国历史学界的影响,①他在研究中竭力寻找美国和欧洲大陆之间的相似性,并认为美国社会的一切因素和制度均可溯源于欧洲和英国,甚至溯源于中世纪德国。② 而在解释美国本身的社会经济发展过程时,东部历史学家们认为起决定性作用的是新英格兰的政治组织和工厂制度。他们的观点在一定程度上反映了美国工业资本主义时期的史学,虽然它对东部工业资产阶级的作用竭尽夸大之能事,但对资本主义社会中的矛盾还不至于全盘抹煞,对于美国的发展并未予以

---

① 参看文森特(J. M. Vincent):"海尔伯特·亚当斯"(Herbert Adams),见奥达姆(H. W. Odum)、谢发德(W. R. Shepherd)编:《美国社会科学名家》(*American Masters of Social Science*: *An Approach to the Study of the Social Sciences Through a Neglected Field of Biography*),纽约,肯尼凯特出版社(Kennikat Press),1927年,第108页。

② 参看同上书,第109页;并参看霍夫施塔特(R. Hofstadter):"特纳和边疆神话"(Turner and the Frontier Myth),载《美国学者》(*American Scholar*),1949年秋季号,第433—434页。

例外的解释,而特纳和边疆学派却认为直到自由土地存在时为止,美国社会是和谐的,对抗是潜在的,个人利益是得到保障的,从而美国社会是不同于西欧的例外的社会。

就特纳本人的学术活动而言,也同样反映了这一情况。前面已经提到,特纳曾经受到意大利经济学家劳里亚的影响。他自己也承认边疆理论的形成受到了劳里亚的启发。① 要知道,劳里亚是属于资产阶级经济学的历史学派之列的,他用"移民开发"来解释欧洲社会的发展,并且强调历史上的阶级调和,并以个人意志作为社会的推动力。历史学派的这些观点也反映于特纳的著作中。当然,特纳所受的历史学派影响不是形式上的,特纳既不是历史叙述者,也不是历史编纂家。"他的一切发表的论著中,如果说有五页直截了当的记事,谁知道在什么地方可以找到。他的著作基本上全是描述性的、阐释性的、解说性的。"②正因为如此,所以特纳的影响远远超出了资产阶级史学的领域,边疆学派的影响也就大大超过了东部历史学家们曾经有过的影响。③ 聚集在边疆学派之下的,不仅有历史学家和经济史学家,而且有经济学家、民族学家、社会学家以及地理学家。在论证"安全活塞"这个问题上,自由土

---

① 参看特纳:《美国历史上的边疆》,纽约,亨利·霍尔特公司,1920年,第11页;并参看本森《特纳和比尔德:美国史学著述重新考察》一书及其发表于《农业史》1950年10月上的论文"艾基利·劳里亚对美国经济思想的影响"。

② 贝克尔(C. Becker):"弗烈德里克·杰克逊·特纳"(Frederick Jackson Turner),见奥达姆、谢发德编:《美国社会科学名家》,纽约,肯尼凯特出版社,1927年,第313页。

③ 《美国大百科全书》上写道:"特纳的'学派'是美国的严谨的学术研究同现代历史编纂学的综合倾向相结合的最好例证。"引自"历史学,它的兴起和发展",见《美国大百科全书》(Encyclopedia Americana)第14卷,丹伯里,葛罗里公司(Grolier Inc.),1963年,第238页。

地的作用也往往同工资水平、就业人数、资本集约程度、劳动生产率、利润率等问题联系在一起,使"安全活塞"问题变得越来越复杂。同时,"安全活塞"问题还同政府的政策发生了直接的联系,边疆理论成了直接论证某一具体政策或反对另一具体政策的依据,"边疆"、"安全活塞"也变成了美国资产阶级政界人士的时髦词汇。这一切正如美国学者比林顿所说,特纳的文章"产生了历史学的'边疆学派'……他的假说不是转变为对美国史的某一种解释,而是转变为唯一的一种解释。在一个世代之内,美国人曾这样受到边疆理论的教导,因而后者支配了历史学界,改变了对文献的研究,并被政府政策的每一次改变的建议者用来证明自己的革新的正确性"。① 于是特纳在美国资产阶级学术界的地位达到了空前的高度,他受到了几乎难以置信的推崇。②

问题是:为什么特纳及其边疆学派竟有如此巨大的社会影响呢?为什么"安全活塞"理论会如此风靡一时呢?为什么特纳的边疆理论一发表竟如此受到重视,以至于能使"全部美国历史根据它

---

① 比林顿(R. A. Billington):"特纳:多才多艺的历史学家"(Frederick Jackson Turner: Universal Historian),见《边疆和区域:特纳文选》(*Frontier and Section: Selected Essays of Frederick Jackson Turner*),新泽西州恩格渥德崖,普林蒂斯—霍尔出版社(Prentice-Hall),1961年,第5—6页。

② 例如贝克尔曾这样写道:"毫无疑问,没有一个标签能正确说明特纳。严格说来,他既不是历史学家,也不是社会学家……他永远是一个追问者、质疑者、探索者……特纳的声名肯定不是立足于已出版的卷帙浩繁的书本上,而是建立在他自由散播的那些思想的完美和生命力上。就我来说,我并不要求任何一个历史学家有更多的贡献,我只要求他应当在自己一生对人文研究的许多部门的许多学者发生影响。做到这一点已经够了;而我想,特纳是做到这一点的。"(贝克尔:"弗烈德里克•杰克逊•特纳",见奥达姆、谢发德编:《美国社会科学名家》,纽约,肯尼凯特出版社,1927年,第316—317页。)

重新改写"，①并且美国历史学会竟被称做唱出同一个调调的"大特纳联盟"②呢？答案是清楚的：边疆学派的"安全活塞"理论适合当时美国资产阶级的需要。

特纳的主要著作《边疆在美国史上的重要性》发表于1893年。在美国历史上，19世纪80—90年代正是加速向帝国主义过渡、垄断日益形成的时代。美国工农业中资本主义迅速发展的结果，使社会上原来就存在的阶级矛盾空前尖锐起来，工人阶级的政治斗争进入了高潮。恩格斯在1886年写道：美国"稳定"的幻想已经破灭，"世界上这个最后的'资产阶级乐园'正在迅速变成一个'炼狱'……"③这就是当时的形势。

特纳对这种新的形势并不讳言。他的边疆理论就是针对这种新形势而制定的。什么是美国所发生的最重要的变化呢？他认为就是"曾经年复一年地增强美国民主影响"的边疆，即"自由土地的供给耗竭了，作为美国发展的有利因素的西进运动结束了"。④ 换句话说，"在我们面前，以前那种向有志者敞开的丰富自然资源的安全活塞已不再存在"。⑤ 同时，由于社会矛盾的尖锐化和社会主义思想的传播，"现在美国各个政党日益在涉及社会主义问题的各

---

① 帕克森（F. L. Paxson）："边疆"（Frontier），见《社会科学百科全书》（*The Social Science Encyclopedia*）第6卷，纽约，劳特利奇出版社（Routledge），1931年，第500页。
② 斯托尔贝格（B. Stolberg）："特纳，马克思和美国劳联"（Turner, Marx and the A. F. of L.），载《民族》（*The Nation*），第3558号，1933年9月13日，第302页。
③ 恩格斯："1886年6月3日给威什涅维茨基夫人的信"，见《马克思恩格斯给美国人的信》，北京，人民出版社，1958年，186页。
④ 特纳：《美国历史上的边疆》，纽约，亨利·霍尔特公司，1920年，第245页。
⑤ 同上书，第280页。

个争论点对峙起来"。① 把社会主义看做一种"严重的不幸",②这不是特纳一人的看法,而是反映了当时美国统治阶级对形势的焦虑。

　　面对着这些新的形势,在美国统治阶级看来,特纳以前的美国历史学已不符合需要了,因为随着国内社会问题的日趋严重,当前迫切需要的不是强调美国和西欧社会发展的同一性和相似性,而是要论证美国不同于西欧发展的特殊性和例外性,需要的不是叙述美国历史的客观发展过程,而是要提出"纠正"当前"社会灾祸"的方案。在这个时代出现的特纳的"边疆—安全活塞"理论正是在这一方面被看中了,因为它作为一种史学理论,对过去,它用"安全活塞"的存在解释了美国历史的和谐发展;对目前,它把严重的美国社会问题推给了自然资源,推给了自由土地,推给了"安全活塞"的作用程度;对未来,边疆的消失,"作为一种社会形式的西部的影响所标志的时代的结束,带来新的社会调整问题,带来斟酌我们往日的理想和今日的需要的新要求"。③ 这就是特纳学说产生和流行的背景。

二、"边疆—安全活塞"论的怀疑派及其根本缺点

　　在特纳的边疆学派形成之后,直到 20 世纪 30 年代为止,"安

---

① 特纳,《美国历史上的边疆》,纽约,亨利·霍尔特公司,1920 年,第 246 页。
② 同上书,第 307 页。
③ 同上书,第 306 页。

全活塞"理论基本上不曾受到美国资产阶级学术界的批评。① 异议是在30年代内开始出现的。1929—1933年的经济危机是资本主义世界一次空前严重的危机,它使美国社会陷入极端混乱的状态。工厂、银行纷纷倒闭,农场破产,大批失业者被抛在街头,高涨的阶级斗争,以及危机以后多年的特种萧条,这些都使一部分资产阶级经济学家和经济史学家对于"边疆—安全活塞"理论所论述的美国社会生活的谐调和稳定状态感到困惑不解。难道美国的资本主义当真是例外的、特殊的资本主义吗?如果是例外的,为什么危机使美国遭受的振荡不但不轻于西欧,反而重于西欧呢?为什么美国在危机期间面临的问题也就是整个资本主义世界面临的问题呢?他们认为美国发展的例外性被夸大了,或者认为美国的例外发展并不取决于自由土地的存在与否。他们怀疑把边疆当做所谓"安全活塞"来解释美国社会发展能否自圆其说,怀疑这种"安全活塞"的作用是否大到足以使美国社会保持稳定局面。总之,他们认为"安全活塞"理论与美国历史发展的实际过程不相符合,他们要求对"边疆神话重新作一番估价"。②

怀疑派从30年代开始,从各个不同的角度对"安全活塞"理论提出批评意见。其中,影响较大并且出现较早的有戴维逊和古德

---

① 在20年代所出现的是对"安全活塞"论的补充意见。例如有人认为,与其说自由土地是"安全活塞",不如说廉价的自然资源是"安全活塞"。[赖特(C. W. Wright):"自由土地消失在我国经济发展中的意义"(The Disappearance of Free Land and Its Influences on the Economic Development),载《美国经济评论》(American Economic Review),1926年3月,第265、268页。]

② 霍夫施塔特:"特纳和边疆神话",载《美国学者》1949年秋季号,第436页。

里治①、香侬②、凯恩③、丹贺夫④等人的著作。怀疑派的各个主要理由可以归纳为以下三个方面：

第一，到西部去并不容易。据估算，19世纪50年代在西部建立一个农场大约要1 000美元。这笔费用是很昂贵的，大部分东部工人难以靠工资收入积蓄下建立农场的费用。并且即使他积蓄了这笔钱，他也缺乏必要的农业知识。何况，对城市生活的留恋和习惯力量使他难以离开东部前往西部务农。⑤

第二，移居西部的主要是农民，而不是工人。据统计，移入西部的工人人数很少，大多数是农民，而在农民中，连佃农和农业工人都不多，多半是农场主。并且这种迁移是逐渐的、较短距离的、

---

① 戴维逊(Sol Davison)、古德里治(Carter Goodrich)："西渐运动中的工资收入者"(The Wage-Earner in the Westward Movement)，载《政治科学季刊》(Political Science Quarterly)，1935年6月。

② 香侬(F. A. Shannon)："宅地法和劳工过剩"(The Homestead Act and the Labor Surplus)，载《美国历史评论》(The American Historical Review)，1936年7月；"劳工安全活塞理论死后"(A Post Mortem on the Labor-Safety-Valve Theory)，最初发表于《农业史》，1945年1月，后被收集于《美国经济变革：美国经济史文选》(Economic Change in America: Readings in the Economic History of the United States，哈里斯堡，斯塔克波尔公司，1954年)一书中。

③ 凯恩(M. Kane)："对安全活塞学说的若干意见"(Some Considerations on the Safety Valve Doctrine)，载《密西西比流域史学评论》(The Mississippi Valley Historical Review)，1936年9月。克鲁斯(H. E. Krooss)在《美国经济发展》(American Ecornomic Development)一书中概括各个怀疑派的意见时，把凯恩的观点包括在内(《美国经济发展》，新泽西州恩格渥德崖，普林蒂斯—霍尔出版社，1955年，第111页及以后诸页)。

④ 丹贺夫(C. H. Danhof)："建立农场的成本和安全活塞：1850—1860"(Farm-Making Costs and the "Safety Valve": 1850—1860)，载《政治经济学杂志》(The Journal of Political Economy)，1941年6月。

⑤ 参看克鲁斯：《美国经济发展》，新泽西州恩格渥德崖，普林蒂斯—霍尔出版社，1955年，第112页。

相邻各州间移动的,从东部直接地、长距离地进入边疆的人只是例外。既然如此,边疆就不可能作为东部城市的"安全活塞"而起作用。①

第三,向西部的迁徙主要是在繁荣时期,而不是在危机和萧条时期。只是在繁荣时期,想移居西部的人才能弄到一大笔钱,并且事实上,公地的出售数额和边疆线的推进在繁荣时期要比萧条时期大得多。所以边疆不曾,而且也不可能有助于缓和东部的危机。②

怀疑派的一系列论点基本上是从专门经济史(农业史、土地政策史、移民史、地方经济史等)的研究中提出来的,并且都有比较丰富的历史统计资料作为佐证,因此他们的批评意见并不是不可信的。但"安全活塞"论是否因此就被他们粉碎了呢?或者如怀疑派主要人物香侬所说,这种学说已被击毙,而只剩下一具尸体了呢?③ 这样未免把问题看得过于简单了。

"安全活塞"论怀疑派本身并没有越出资产阶级史学的狭隘范围,他们所争论的只是一些次要的、枝节的问题。按照他们的论断,"安全活塞"理论是不完善的、有缺陷的,它存在着若干漏洞,因此不能令人信服地解释美国历史的发展。一般说来,他们所怀疑的只是:由"安全活塞"论能否导引出美国例外性的结论,而不是"安全活塞"论借以立足的方法论基础和理论原则能否成立。他们

---

① 参看克鲁斯:《美国经济发展》,新泽西州恩格渥德崖,普林蒂斯—霍尔出版社,1955年,第112页。

② 参看同上书,第111—112页。

③ 参看香侬:"劳工安全活塞理论死后",载《美国经济变革:美国经济史文选》,哈里斯堡,斯塔克波尔公司,1954年,第259、261页。

所指摘的只是"安全活塞"论的片面性,是把边疆或自由土地的作用"过分理想化"而已。无怪乎有的批评者在反驳"安全活塞"论的同时,仍未离开特纳的美国例外论的前提,①有的批评者在指出特纳的错误的自然环境论之后,自己也陷入同样的谬误之中,②有的批评者被非本质的问题纠缠住了,自己也陷于矛盾的境地,③还有的批评者由于不了解"安全活塞"论的实质,而把一切注意到自由土地并主张加以利用的人都归入"边疆—安全活塞"论一派,与特

---

① 例如海克尔(L. M. Hacker)写道:特纳之所以错误,因为他对边疆的作用做了不正确的解释。据海克尔的看法,边疆的重要性在于"人口迅速迁入和粗放地种植粮食,从而提供了商品,于是作为债务国的美国就可以用它们来平衡国际收支,借入欧洲资本,以供本国工业企业发展之用……一旦住上了人,也就是说,粗放型农业的历史作用一旦实现……美国又重新回到了欧洲社会制度发展的主要道路之上"。[海克尔:"区域还是阶级?"(Sections or Classes?),载《民族》,第3551号,1933年7月26日,第109—110页。]

② 例如马林(J. C. Malin)写道:"特纳论点的主要缺陷之一就是没有看到这样一点:正如自由土地的边疆对农业的意义一样,无偿的原料和工业城市文明之间几乎存在着相同的关系。对工业家来说,边疆就是自由森林,自由煤矿,自由铁矿床,自由油田,自由气田……如果一心只注意围绕农业转圈子的特纳哲学,看来就会忽略这个主要的和最重要的事实,即还存在着以工业城市文明为基础的社会流动性所创造的机会。"[马林:"流动性和历史"(Mobility and History),见《美国经济变革:美国经济史文选》,哈里斯堡,斯塔克波尔公司,1954年,第341页。]

③ 例如丹贺夫写道:"建立农场的边疆肯定对东部工资收入者的地位发生有利的影响。虽然东部熟练工人本身西移者不多,但如果那些可能被引入工业的人口转而西移,那么他们仍受到了有利的影响。"(丹贺夫:"建立农场的成本和安全活塞:1850—1860",载《政治经济学杂志》,1941年6月,第358页。)这样,尽管丹贺夫用很大篇幅反对特纳的论点,实际上在这又采用了"安全活塞"论的提法。又如,丹贺夫在工资水平和向西移民之间关系的问题上也困住了。他一方面保留了工资水平以西移为前提的论点,但又同时提出西移以工资水平为前提的主张,即向西移民"只是作为东部支付的高工资的结果才有可能"(同上书,第359页)。如果进一步考察:假定东部工资低,工人不能西移;假定工资高,工人又不愿西移,结果,愿去的不能去,能去的不愿去,那么,究竟工资水平和向西移民之间存在什么样的关系呢? 丹贺夫只好不了了之。

纳相提并论。①

怀疑派的这种根本缺点阻碍了他们对"安全活塞"理论进行有效的反驳,并且也削弱了他们提出的论点中所包含的某些正确成分的说服力。

三、"边疆—安全活塞"理论的性质

特纳考察美国全部历史的出发点就是强调所谓"开拓者精神":"这个国家是在开拓者精神之下形成的。"②"开拓者精神"也就是他所鼓吹的"发现理想"。他写道:"构成美国精神和美国在世界史上的意义的","首先,是发现理想,是开辟新道路的有胆量的决心,是对于这样一种教条的漠视,即认为一种制度或一种情况既已存在,它就必须继续保持下来"。③ 至于"开拓者精神"或"发现理想"究竟意味着什么呢?特纳毫不掩饰地说:"开拓者的第一个理想就是征服的理想。"④要征服和已被征服的对象除了高山密林而外,"还有一个凶恶的野蛮人种,这一切都必然会被遭遇到,必须击败它们"。⑤ 这些引文清楚说明了特纳是以这样一种思想来建

---

① 例如香侬就把19世纪初期美国空想社会主义者乔治·亨利·伊文思说成是"安全活塞"论者。(香侬:"劳工安全活塞理论死后",见《美国经济变革:美国经济史文选》,哈里斯堡,斯塔克波尔公司,1954年,第259页。)这种观点显然是荒唐的。伊文思在土地问题上的出发点是:土地垄断是美国社会不幸的基本原因,他主张平分土地,在美国建立人人有小块土地的小农社会,以消灭资本主义剥削。这是典型的小资产阶级空想社会主义的观点。它同代表美国资产阶级利益的"边疆—安全活塞"理论有多少共同之处呢?
② 特纳:《美国历史上的边疆》,纽约,亨利·霍尔特公司,1920年,第269页。
③ 同上书,第306页。
④ 同上书,第269页。
⑤ 同上。

立他分析美国历史的基本原则的。

在特纳的理论中,美国西部和向西扩张过程被提到最重要的地位。他认为"美国民主制度从根本上说是美国人民同西部打交道的经验的产物"。① 并且,"西部就是机会的另一个名称。这里有矿藏可以被夺取,有肥沃的河谷可以被占据,一切自然资源都向最机灵的人、最勇敢的人敞开着"。② 换句话说,西部是一个"不受旧社会秩序或政府的科学管理的限制所阻碍的旷野"。③ 于是,在"开拓者精神"或"发现理想"的支配下,西部迁入了移民,西部被开发出来,而由于"开拓者需要沿岸的商品,所以开始了一系列对全国范围发生有力影响的国内改进措施和铁路立法。对于国内改进措施展开了大辩论,重大的宪制问题在这时得到了讨论"。④ 特纳的所谓边疆重要性的学说正是以此为根据的。⑤

那么,向西扩张过程究竟是什么样的过程呢? 在特纳的笔下,向西扩张过程,即"开拓者精神"和"发现理想"的具体实现过程,被描写成平静的迁移过程。他说:"……西部的占领是在一系列波浪形中推进的:皮毛商人寻找印第安人;随着皮毛商人而来的是边疆居民,他们的家畜靠着天然的牧草和树林里的橡实饲养;依次而来的是原始农业的潮流,再接着就是较为集约的农业经营和城市生活。当旅行者从边疆来到东部的时候,他所目击的就是所有这些社会发展阶段。"⑥ 这一批又一批去占领西部的人,"知道自己社会

---

① 特纳:《美国历史上的边疆》,纽约,亨利·霍尔特公司,1920年,第266页。
② 同上书,第212页。
③ 同上书,第213页。
④ 同上书,第24—25页。
⑤ 参看同上书,第266页。
⑥ 特纳:《新西部的兴起》,纽约,亨利·霍尔特公司,1906年,第89—90页。

的机动性,并以此自豪。他们同过去决裂,想去创造比世界上曾经有过的更完美的、更适合人类生活的、更有益于普通人的东西"。① 通过特纳的描述,向西扩张和占领西部变成一种"富于理想的"、单纯开发土地的过程了。对印第安人的野蛮屠杀、驱逐和掠夺的历史,被抛在一边,代替这一切的,是"创造性的"开拓精神,是决定美国例外发展的"革新性",而历史上存在的这种"发现理想",如今"正生气勃然,不会被压抑下去"。② 边疆学派所维护的和要求保持的,不是别的,正是这样一种传统。

作为一个历史学家,特纳对于占领西部过程的暴力事件不能完全不提。但即使在提到这些场合时,他不但称赞美国政府的军事征讨在"决定移民线位置方面的作用",称赞军事要塞对于打开印第安人区域的大门所具有的意义,认为军事要塞是"移民区的核心",③而且他还这样写道:"印第安人是一种普遍的危险,因此需要一致行动……就这方面来说,可以提到边疆从那时迄至今日作为军事训练学校的重要性,它使对于侵略的抵抗力量保持下来,并发扬着边疆居民的顽强不屈和刚毅的品质。"④

既然"开拓者精神"和"发现理想"是美国历史发展的推动力,那么按照特纳的看法,在美国当时已经建立的大资本的统治,也无非是这种精神的体现而已。特纳论证的步骤是:由于"发现理想"的精神支配力量,推动了向西迁移;由于西部的开放,人人获得了平等的机会;由于机会的平等,个人的"开拓精神"又可以进一步施

---

① 特纳:《美国历史上的边疆》,纽约,亨利·霍尔特公司,1920年,第355页。
② 同上书,第306页。
③ 同上书,第16—17页。
④ 同上书,第15页。

展,从而导致大资本的形成。因此他写道:"当西进初期如此显著的边疆个人主义被当做一种理想的时候,这些彼此竞争的个人,这些同越来越辽阔的地区、同越来越广泛的问题发生纠葛的个人,日益发现有必要在最强者领导之下联合起来。这就是杰出的工业首领兴起的原因,他们的天才集中了控制国内基本资源的资本。"[1] 石油大王约翰·洛克菲勒、糖业大王克劳斯·斯普列克尔斯、钢铁大王安得鲁·卡内基,按照特纳的解释,都是这样兴起的,都是"发现理想"的体现,[2]都是"在民主社会中间受过陶冶"的"民主条件的产物"。[3] 边疆学派这种论点之所以受到美国统治阶级欢迎,其道理正在于此。

在了解了特纳对美国历史发展的基本看法以后,"边疆—安全活塞"这种理论的本质也就不言自明了。把"边疆",即广大的自由土地视作美国社会的"安全活塞",把西部看成使美国社会保持"稳定"、"谐调"的主要因素,其出发点同样是所谓"开拓者精神"和"发现理想"。特纳的看法是:"开拓者精神"引起了向西部自由土地的迁移,而"这些自由土地促进了个人主义、经济平等、自由进取心、民主政治"。[4] "开拓者精神"和自由土地互为前提,相互促进。由于在"开拓者精神"支配下所开发的自由土地是为"人人敞开的","每一个人都有权利在社会流动性条件下充分发挥自己的本性",[5]所以"自由土地的意义就是自由的机会"。[6] 特纳由此进一

---

[1] 特纳:《美国历史上的边疆》,纽约,亨利·霍尔特公司,1920年,第259页。
[2] 同上书,第264—265页。
[3] 同上书,第266页。
[4] 同上书,第259页。
[5] 特纳:《新西部的兴起》,纽约,亨利·霍尔特公司,1906年,第68—69页。
[6] 特纳:《美国历史上的边疆》,纽约,亨利·霍尔特公司,1920年,第260页。

步推论道:既然有这样的机会可供人们自由取得,"只要一个人稍许努力就能到达一个新地方,他在那里可以参加按自己理想建立自由城市和自由州的工作,那么谁还情愿留在受法律压制的环境内呢?"①一切受压迫的人都尽可能离开受压迫的地方,成为不受压迫的人了。在原先存在压迫的地方,社会关系"缓和"下来了。②这种"安定"的局面是谁赐给的呢?"安全活塞"论归结为:这是"边疆"的恩赐,这是"开拓者精神"的恩赐。换句话说,如果没有西部的开拓,没有"边疆",没有"安全活塞",也就没有美国社会和谐的发展。

四、"边疆—安全活塞"论的基本论点

(一)关于"边疆是穷人的天堂"的论点

现在我们进而剖析特纳的最重要的一个论点:"边疆"为每一个受压迫的穷人提供了自由平等的机会,它是"穷人的天堂"。特纳的这个论点在整个边疆学派看来是"经典性的"、不可动摇的。帕克森在特纳的启示下,对这个论点做了进一步的发挥,他写道:"当边疆仍然存在时,它是阻止社会压迫或阶级对抗达到危险点的社会安全活塞。农场土地不仅在美国西部边缘,而且在每一个州都是免费的或廉价的。土地的丰裕使一代又一代扩大移居地区和建造新房屋。对社会不满的人不可能变得人数众多或成为不祥的

---

① 特纳:《美国历史上的边疆》,纽约,亨利·霍尔特公司,1920年,第259页。
② 同上书,第275页。

分子。任何神智健全并有运气的青年都有希望在30岁以前变成独立的农场主,在这样的社会里不可能形成受压迫的下层阶级。"① 屈林布尔甚至把这个论点发挥到如此程度:"也许历史上没有一个时期像公地时代的美国的普通人民那样容易地有饭吃,有衣穿,有房子住。"② 因此我们认为有必要对这一论点进行剖析。

问题应当从正确理解自由土地在美国资本主义发展中的作用开始。从历史上看,美国的发展最初只限于东海岸十三州,后来才逐步西移,直达太平洋沿岸。广大的、未确立土地私有权的自由土地的存在是一个历史事实。在考察美国历史时,如果忽略了自由土地使劳动供求规律被破坏的情况,那是不正确的。但必须指出,马克思在考察自由土地在美国历史上的作用时,并没有由此得出这将给劳动人民带来普遍幸福,将消除人对人的剥削的结论。因此,当侨居美国的德国小资产阶级社会主义者克利盖提出平分美国自由土地(即把工资雇佣劳动者全部转化为小农)的计划时,马克思着重指出:"一个'农民'即使没有资本,但由于他的劳动和他的160英亩土地的天然肥沃,就会使另外一个农民变成他的雇农。"③ 在平分土地和普遍转化的条件下尚且如此,那么在转化的现实性远远小于转化的可能性的美国实际情况下,则更不必说了。

---

① 帕克森:《美国现代史:1865—1927》(Recent History of the United States, 1865-1927),麻省剑桥,豪顿米夫林公司(Houghton Mifflin Co.),1928年,第157—158页。

② 屈林布尔(W. J. Trimble):"公有土地消失的影响"(The Influence of the Passing of the Public Lands),见施米特(L. B. Schmidt)、罗斯(E. D. Ross)编:《美国农业经济史文选》(Readings in the Economic History of American Agriculture),纽约,麦克米伦出版公司,1925年,第342页。

③ 马克思、恩格斯:"反克利盖的通告",见《马克思恩格斯全集》第4卷,北京,人民出版社,1958年,第10页。

马克思在批判资产阶级经济学家亨利·乔治时这样问道：固然在美国比较容易得到土地，"为什么资本主义经济以及随之而起的对工人阶级的奴役，在美国却比任何其他国家发展得更迅速、更无耻呢？"①

美国历史发展的具体过程表明，尽管自由土地长时期存在，但工资雇佣劳动者转化为独立生产者的可能性并非始终以同样的强度存在。究竟有多大比重的工资雇佣劳动者能够转化为独立生产者，绝不仅仅取决于自由土地面积的大小，而是在更大程度上取决于三个社会性的条件。首先，这取决于作为资产阶级意志执行者的国家机器的土地政策。尽管自由土地存在着，但这些土地为哪一个阶级开放呢？它可能成为哪一个阶级的财产呢？如果政府的土地政策只有利于资产阶级，而不利于劳动者，那么即使在自由土地存在的条件下，工资雇佣劳动者向独立生产者的转化仍是受到限制的。关于这一点，"边疆—安全活塞"论的怀疑派通过对美国土地政策史的研究，已经得出了可信的结论。根据他们的研究，在1862年宅地法公布前，政府收取的地价太高了，超过了劳动者的购买力，从政府手中购买大块土地的只是商人和投机家。② 而从

---

① 马克思："1881年6月20日给左尔格的信"，见《马克思恩格斯给美国人的信》，北京，人民出版社，1958年，第152页。

② 盖茨列出了19世纪30年代和50年代内资本家在西部草原地带购买大地产（一万英亩以上，有的超过十万英亩）的名单。他指出："移民们的损失就是投机家的获利"，而"资本家们购买由此可以在未来取得丰裕企业收入的大块土地这一点，并不包含什么新玩意。无数头面人物在殖民地时期就曾有此打算，其中许多人成功了，于是建立了佃耕制和在外地主制。在1834年至1837年迅速通货膨胀和银根松动之际，数以百计的东部人借了巨款在西部购置田庄。50年代内再一次有这种现象"。[盖茨(P. W. Gates)："土地政策和大草原各州的租佃制"(Land Policy and Tenancy in the Prairie States)，载《经济史杂志》(The Journal of Economic History)，1941年5月，第66、74页。]

1862年的宅地法和以后公布的另一些专门法令中得到好处的仍然是大资本家及其公司,而不是普通劳动者。① 其次,工资雇佣劳动者向独立生产者转化的可能性取决于资本统治的强度。当大多数移入美国的人口一上岸后,就因为种种原因受到资本的束缚,事实上不可能自由地转化为独立生产者。19世纪前,资本家为了保持自己的劳动力,往往利用强制性的契约使工资雇佣劳动者不能任意摆脱剥削。19世纪以后,契约劳动制度虽然逐渐被废止,但在移民不断流入的情形下,②资本通过经济关系对在业工人的统治加强起来。在业工人为了保持现有的劳动位置,不得不屈从资本的压力,而不愿轻易地放弃现有的职业,到西部去加入冒险者的

---

① 除了铁路公司得到大量土地而外,盖茨引用美国官方公布的资料,用整整10页篇幅详细列出了60年代以后在西部买下大片土地的商人和投机家的名单。在这份名单中,少者一人购置一万英亩土地,多者超过十万英亩,甚至二三十万英亩土地。他得出了这样的结论:宅地法的好处是大大值得怀疑的。[盖茨:"不合理的土地制度中的宅地法"(The Homestead Law in an Incongruous Land System),载《美国历史评论》,1936年7月,第652—681页。]

② 欧洲移往美国的人数增加的速度及其总额是惊人的:

年　份	十年间移入人口(人)
1815—1824	86 000
1825—1834	281 000
1835—1844	680 000
1845—1854	2 828 000
1855—1864	1 490 000
1865—1874	2 934 000
1875—1884	3 200 000

参看汤玛斯(B. Thomas):《移民和经济增长》(Migration and Economic Growth),剑桥,剑桥大学出版社,1954年,第312页。

行列。① 第三，随着"边疆"的逐渐向西移动，即使仍然存在着工资雇佣劳动者向独立生产者转化的可能性，转化的条件必然变得日益困难。"边疆—安全活塞"论怀疑派关于从东部到"边疆"所需旅费数额越来越大的论述，关于"边疆"越来越西移，从而西部边区生活方式与东部城市的差距越来越大的断言，就这个意义而言，是可以说明一定的问题的。因此，越到后来，即使那些想离开东部的人也只好放弃这种打算，甘愿留在东部寻找工作，或者只到"并不太远"的较西地区去碰碰运气。可见，正因为由工资雇佣者向独立生产者的转化实际上因上述三个条件而日益受到阻碍，所以美国西部不是向任何劳动者开放的区域。

西部的实际情况正是如此。到1890年6月30日止，只有372 659户得到了48 225 736英亩的宅地权，其面积只占密西西比河以西全部土地的3.5%。② 即使有些小农户幸而成为独立的农户，但他们也并非幸运者。农产品销售问题、运输农产品问题、工农业产品差价问题、土壤侵蚀问题等等都相继出现，使他们难以

---

① 很可以说明问题的是："在1857年的一个失业工人的群众大会上，工人们对那种要他们集中注意向西部移居问题的建议报以嘘声。一个工人说：'有人叫我们到西部去，哼，如果我们去了，我们所空出的位置马上就会有从国外来的别的工人填上去！'"(引自方纳：《美国工人运动史》第1卷，北京，三联书店，1956年，第291页。)
在19世纪初期的危机和萧条年份里，美国的失业工人人数是不少的。例如在1819年，纽约、费城、巴尔的摩三城失业或无正式工作的共达50 000人，纽约当时有12万人口，1820年待赈的贫民达12 000—13 000人。[萨缪尔·雷兹奈克(Samuel Rezneck)："1819—1822年的萧条"(The Depression of 1819—1822)，载《美国历史评论》，1933年10月，第31页。]而在1837年上半年，单单在纽约一市，至少就有20 000名机工和30 000名女成衣工失业。[罗宾斯(R. M. Robbins)："霍勒斯·格里利：土地改革和失业，1837—1862"(Horace Greeley: Land Reform and Unemployment, 1837—1862)，载《农业史》，1933年1月，第19页。]这就不能不给在业工人以很大压力。

② 参看香侬："宅地法和劳工过剩"，载《美国历史评论》，1936年7月，第638页。

应付。更严重的是他们往往从一开始就陷入了债务剥削的罗网中,高达15%—20%的利息率①使其中不少人很快就丢掉了土地,或者被迫返回东部,或者沦为佃户。②而为数更多的不曾得到土地的劳动者,也只好在西部充当佃户。19世纪末美国佃户在全部农户中比重的激增,正说明了这一点③:

美国佃农户的数目和比重			
年份	全部农户	佃农户	
		数目	百分比(%)
1880	4 008 907	1 024 601	25.6
1890	4 564 641	1 294 913	28.4
1900	5 737 372	2 024 964	35.3

与"边疆—安全活塞"论者的说法相反,"边疆"不是穷人的天堂,而仅仅是资本家的天堂——不仅是美国资本家的天堂,而且是欧洲资本家的天堂。"边疆"对他们的好处,绝不仅限于他们得到了大片土地。

必须指出,"边疆"给予资本主义向广阔发展的机会,它是资本主义的"支柱",是资本主义的"国内殖民地"。资本主义的发展是资本主义向纵深发展和向广阔发展的统一。"资本主义市场形成

---

① 巴克(S. J. Buck):"农业保护会运动"(The Granger Movement),载施米特、罗斯编:《美国农业经济史文选》,纽约,麦克米伦出版公司,1925年,第449页。

② 下面这一段叙述是很形象化的。"很多人坐着马车从堪萨斯回来,车上贴着这样的标语:'回东部吧,到老丈人家吃饭去!'……有些的的确确是'穷了个精光',他们把马和车都当做动产抵押了,连搬家也不能,非留在那儿不可。"(安娜·罗切斯特:《美国人民党运动》,北京,三联书店,1957年,第9页。)

③ 美国商务部国情调查局(Bureau of the Census, US Department of Commerce):《美国历史统计,1789—1945》(Historical Statistics of the United States, 1789-1945),华盛顿特区,美国政府印刷局,1949年,第96页。

的过程表现在两方面：资本主义向纵深发展，即现有的、一定的与闭关自守的领土内资本主义农业与资本主义工业的进一步的发展；资本主义向广阔发展，即资本主义统治范围推广到新的领土内。"① 美国之占领西部以及美国经济之向西部扩张，必须这样来认识，才能了解它的全部意义。

在整个 19 世纪内（在某种意义上直到 20 世纪中叶），西部是作为"国内殖民地"而存在的。长时期内，农业的西部和工业的东部之间的关系恰恰反映了资本主义国家内经济不发达地区与经济发达地区之间的关系，反映了乡村和城市之间的关系。一方面，工业的东部通过商品的不等价交换以及银行和运输等系统而对农业的西部进行剥削，从而这种经济关系保证了工业的东部的利益，壮大了工业资本和银行资本的势力，促进了垄断组织的形成和发展，巩固了大资本在美国的统治地位。另一方面，资本主义经济发达的地区把经济不发达的"边疆"当作廉价原料的产地以保证高利润率，当做巨大的商品销售地点以解决生产过剩时期的商品滞销问题，当做投资场所以便为过剩的资本寻找出路。② 在这种情况下，由于过剩的商品和过剩的资本能找到一个较大的容纳范围而"排泄"出去时，资本主义社会的"充血"现象可以缓和下来，"资本主义所固有的以及资本主义所产生的各种矛

---

① 列宁："俄国资本主义的发展"，见《列宁全集》第 3 卷，北京，人民出版社，1959 年，第 545 页。

② 西部是缺乏资本的："真正缺乏的不是工资劳动者，而是工资支付者。那些购买土地的人拥有的为数不多的资本完全投到购买土地方面去了；其余的流动资本则用于供给无钱购买土地的人了"，这样，东部的资本可以源源供给西部，作为发展资本主义之用。[勒迪克（T. LeDuc）："公共政策、私人投资和美国农业中的土地利用，1825—1875"（Public Policy, Private Investment, and Land Use in American Agriculture, 1825—1875），载《农业史》，1963 年 1 月，第 6 页。]

盾的解决,由于资本主义能容易地向广阔发展而暂时搁起来"。① 这就是"边疆"对于美国资本主义发展最重要的历史作用。② 同样的道理,正如美国西部作为农业区域和经济"不发达"地区对美国东部的工业资本、银行资本所起的"支柱"作用一样,美国本身作为当时相对于英国而言的经济上比较"不发达"地区,它也是欧洲资本家的天堂。

(二)关于"边疆维持高工资水平"的论点

与"边疆是穷人的天堂"这一论点密切结合的另一个论点是:自由土地保障了美国的在业工人的工资收入水平。特纳的论证方式是这样的:既然西部是穷人的天堂,一切受压迫的人"都可以到那里占有一个农场",这就自然对东部发生有力的影响,使东部的工人"不会接受低工资,不会长久安于卑下的社会地位"。③ 所以,不管穷人是否真的迁徙到西部去,自由土地存在这一事实本身"肯定使得东部工业社会所受的经济压迫有相当程度的减轻"。④ 在边疆学派看来,前一种情况(即穷人跑到西部去成为独立生产者)可以被称为"边疆"的"直接安全活塞"作用,而后一种情况(即东部

---

① 列宁:"俄国资本主义的发展",见《列宁全集》第3卷,北京,人民出版社,1959年,第545页。

② 当然,这里所提到的"缓和"作用,只能是暂时的。资本主义矛盾因资本主义向广阔范围的发展而暂时缓和,无非是为这些矛盾的进一步尖锐化准备前提;"资本主义增长的这种延缓,无非是准备它在最近的将来更大和更广泛的增长"。(列宁:"俄国资本主义的发展",见《列宁全集》第3卷,北京,人民出版社,1959年,第545页。)

③ 特纳:《美国历史上的边疆》,纽约,亨利·霍尔特公司,1920年,第212、259页。

④ 克拉克(T. D. Clark):《边疆的美国:西渐运动史》(*Frontier America: The Story of the Westward Movement*),纽约,查尔斯·斯克里布纳家族公司(Charles Scribner's Sons),1959年,第20页。

的在业工人获得高工资收入)则可以被称做"边疆"的"间接安全活塞"作用,①或"潜在的安全活塞"作用。②

在论述这种"安全活塞"作用时,边疆学派的主要论据是美国的工资水平,认为"工资是安全活塞的现实性的证明"。③ 而"边疆——安全活塞"理论的怀疑派在批评这种理论时,或者没有正面回答它,或者回避了它。

首先让我们对19世纪美国工资变动情况进行一些分析,看看自由土地的存在同工资水平之间究竟存在一种什么样的关系。

在资本主义制度下,不仅劳动生产物成为商品,而且劳动力也成为商品。资本家购买劳动力所支付的金额就是这一特殊商品的价格,而这种价格的转化形式就是工资。在分析美国历史上工资水平的变动时,必须从劳动力的供给和需求比例来考察。

在19世纪美国非蓄奴制地区,欧洲迁入的移民是劳动力供给的主要来源。关于欧洲移民入境的数目及其增加速度,在前一节已经叙述。在解释移民入境的原因时,资产阶级经济史学界长时期曾存在一种不正确的概念,即认为移民系受美国工资水平的吸引而来。战后这个问题经过汤玛斯的研究,已基本上得到澄清。汤玛斯对美国历次经济繁荣和经济危机年代的移民入境趋势进行分析后得出结论,移民前来的主要原因是欧洲的"推"力,即工业化使欧洲的小生产者破产。④ 美国内战前以及内战后大部分时期的

---

① 霍夫施塔特:"特纳和边疆神话",载《美国学者》1949年秋季号,第442页。
② 香侬:"劳工安全活塞理论死后",见《美国经济变革:美国经济史文选》,哈里斯堡,斯塔克波尔公司,1954年,第261页。
③ 谢弗(J. Schafer):"关于边疆是安全活塞"(Concerning the Frontier as Safety Valve),载《政治科学季刊》,1937年9月,第420页。
④ 参看汤玛斯:《移民和经济增长》,剑桥,剑桥大学出版社,1954年,第95页。

移民入境情况表明，大量移民入境的年份不是在美国经济繁荣阶段，而是在这一阶段以前，因此他认为"一般所持的所谓移民取决于美国经济状况的'拉力'的看法需要修正"。① 不仅欧洲移民入境的动力与美国的一般经济情况之间的关系、与美国工资水平变动之间的关系不是主要的，而且移民入境的动力与自由土地面积大小之间的关系也不是很明显。从绝对人数上看，入境人数最多的时期是19世纪末年和20世纪初年，而这个时候，自由土地已经接近于消失或已经全部消失了。从欧洲外移人数的移入地区来看，移往美国的居民所占总外移人数的比例在历史上呈现下述趋势：1815—1832年间，除1816、1828两年外，移往美国的人数只占欧洲外移总数的一小部分，即一般每年只占20%—40%。1833—1848年间，每年移往美国的人数一般只略多于移往他国的人数。从1849年起（除个别年份外），特别是从1880年起，移往美国的人数才在外移总人数中占多数。而从1900年起，移往美国的人数才占欧洲外移总人数的稳定的多数。② 可见自由土地的大小与移民入境原因之间并无直接的联系，因为1880年以后，自由土地已步入其最后阶段了。

但是，姑且不管欧洲移民入境的主要原因何在——是受美国工资水平和自由土地的"拉力"呢，还是受欧洲小生产者破产的"推力"，无论如何，大量移民入境的结果使美国劳动力市场上供给和需求间的比例发生了变化。根据资本主义制度下工资运动的规律，工资的变动取决于劳动后备军的伸缩，未就业者可能接受的工

---

① 汤玛斯：《移民和经济增长》，剑桥，剑桥大学出版社，1954年，第93页。
② 参看同上书，第313页。

资额影响着已就业者的工资水平。在 19 世纪入境的移民中,有相当数量的人(特别是爱尔兰人)在运河工程中工作过。① 因此运河工程中的工资水平可以作为当时美国工资水平受劳动力供求比例影响的一个标志,尤其是运河工程中工资变动情况可以反映出当时美国工资变动的一般情况,因为如果工厂工资水平上升,而在运河劳动的带有临时工性质的移民工人的工资不变,移民工人将转向工业和城市;反之,如果运河工资下降,表明移民流入人数增加,劳动力市场的供给增加的幅度大于需求增加的幅度。关于这一点,可以根据最重要的一条运河——伊利运河的工资档案材料。对伊利运河历年工资变动加以研究所得出的结论是:普通工人的日工资在 1851 年以前是时升时降的,其中除 1839 年一年达到日工资 1 美元而外,其余各年多半在 0.75—0.85 美元。② 在这些年份内,也就是在自由土地大量存在的年份内,看不出工资受到西部影响而发生很大波动。从 1852 年到 1862 年,普通工人的日工资仍是稳定的,即停留在 1 美元。③ 总之,在所有这些年代内,向自由土地的迁徙也罢,加利福尼亚的淘金狂也罢,西部铁路建筑热潮也罢,在伊利运河的工资表上并无显著的反映。

把 19 世纪内美国一般的非农业劳动者和农业自由雇工的工资趋势同上述伊利运河的历年工资变动情况对照一下,可以看出

---

① 破产的欧洲移民在美国上岸后,在城市中往往找不到工作,只得到工作条件极坏的运河上劳动。据当时人记载:"每年都有成百的人就这样死去,其中很多人留下了人口众多的完全无法自给的家庭。可是,尽管他们的命运是如此的悲惨,他们留下的位置很快就又有很多人补充上去,死神的威胁他们也是顾不得的。"(引自方纳:《美国工人运动史》第 1 卷,北京,三联书店,1956 年,第 161 页。)

② 参看史密斯(W. B. Smith):"伊利运河的工资率,1828—1881"(Wage Rates on the Erie Canal, 1828—1881),载《经济史杂志》,1963 年 9 月,第 303—304 页。

③ 参看同上书,第 304、307 页。

其变动趋势大体上是相符的。最近,美国经济学者列伯哥特对19世纪的工资做了研究。① 尽管有人批评他的估计中有些数字偏高,②但这并不妨碍我们利用它来分析我们所要考察的问题,因为,假定他的估计的确偏高了,这更可以说明自由土地的存在对工资率的影响是不大的。③

19世纪美国工资(男工)变动情况如下④:

年份	非农业劳动者日工资 美元	指数 1850—100	农业自由雇工月工资 美元(包括伙食)	指数 1850—100
1800	1.00	111	10.00	93
1812—1815	1.00	111	10.00	93
1818	0.75	83	8.50	79
1830—1832	0.75	83	9.30	86
1840	0.85	94	10.40	96
1850	0.90	100	10.80	100
1860	1.04	117	13.70	127
1870	1.57	178	13.90	129

---

① 参看列伯哥特(S. Lebergott):"工资趋势,1800—1900"(Wage Trends, 1800—1900),见美国国民经济研究局(National Bureau of Economic Research):《十九世纪美国经济的趋势》(Trends in the American Economy in the Nineteenth Century),普林斯顿,普林斯顿大学出版社,1960年。
② A. 里斯对该文的评论,见同上书,第498页。
③ 如果说19世纪初期的数字估计过高,那么这表明自由土地大量存在时货币工资水平比这更低。如果说19世纪晚期的数字估计偏高,那么这表明自由土地的存在对工资水平变动发生的作用比这更小。
④ 参看列伯哥特:"工资趋势,1800—1900",见美国国民经济研究局:《十九世纪美国经济的趋势》,普林斯顿,普林斯顿大学出版社,1960年,第462页。

续表

年份	非农业劳动者日工资		指数	农业自由雇工月工资	指数
	美元		1850—100	美元(包括伙食)	1850—100
1880	1.28		152	11.70	108
1889	1.39		154	13.90	129
1899	1.41		157	14.60	135

这些数字充分揭露了"边疆—安全活塞"理论的论据的弱点。从这些数字看来,19世纪30年代以前,正是自由土地最多的时候,工资趋势是下降的;30年代至50年代,自由土地依然大量存在,工资基本上稳定于19世纪初的水平;只是在60年代以后,自由土地越来越少,"边疆"接近消失了,工资趋势才是上升的,而且幅度非常有限。

其实,单凭这些数字还不能反映工人的收入情况,因为它们只是货币工资,必须根据零售价格的变动来考察实际工资的运动。

货币工资、零售价格和实际工资的变动①(%)

年份	货币工资		零售价格	实际工资	
	非农业工人	农业工人		非农业工人	农业工人
1850—1860	+5到15	+20到30	+10	+0到10	+15到25
1860—1870	+60到70	少于5	+56	少于5	-0到10
1870—1880	-15到25	-15到25	-20	少于5	-10到20

这样就可以清楚地了解到,货币工资在自由土地存在的这段

---

① 参看列伯哥特:"工资趋势,1800—1900",见美国国民经济研究局:《十九世纪美国经济的趋势》,普林斯顿,普林斯顿大学出版社,1960年,第493页。

时期内的上升是一种假象,实际工资的变化是微乎其微的。① "边疆—安全活塞"理论的说法哪里有事实根据呢?

不仅实际工资在西部自由土地存在的长时期内没有发生显著的变化,同时"边疆—安全活塞"论者所谓自由土地提高在业工人工资的说法不能成立,而且还应当指出:"边疆—安全活塞"论者所谓"自由土地使美国保持高工资",②"使工人不会接受低工资"的说

---

① 列伯哥特在编制上述零售价格变动百分比时,以 W. C. 密契尔的生活费指数和埃塞尔·D. 胡佛的消费品价格指数为依据。

年 份	密契尔生活费指数 1860=100	胡佛消费品价格指数 1860=100
1851	—	92
1855	—	104
1860	100	100
1865	179	175
1870	156	141
1875	138	123
1880	128	110

[胡佛(Ethel D. Hoover):"1850 年后的零售价格"(Retail Prices after 1850),见美国国民经济研究局:《十九世纪美国经济的趋势》,普林斯顿,普林斯顿大学出版社,1960 年,第 142、153 页。]

密契尔的这套指数是美国经济史上被应用得较广泛的指数。胡佛的指数是最近编制的,根据 J. W. 肯德里克的评论,它是比较可信的。当然,不管它们存在着何种缺陷,由于这里所要考察的是一段时间内的变动情况,只要每一套指数在编制不同年份时所采取的方法和包括的项目相同,那就基本上可以说明问题,因此不妨用它们作为分析某一段时间内实际工资的依据。

② 德国新历史学派经济学家桑巴特也曾利用"安全活塞"观点来论证高工资。他写道:美国的工人"有那么多的土地可以占有,所以他能够成为一个独立的农场主。每当萧条开始时,'产业后备军'就移往西部,在那里有足够多的可以供他们安身的场所。这种移动使劳动市场松弛下来,并维持了高工资……"[桑巴特(W. Sombart):《社会主义和社会运动》(Socialism and the Social Movement),伦敦,登特出版社(J. M. Dent & Sons Publishing),1909 年,第 277—278 页。引自《政治科学季刊》,1935 年 6 月,第 164—165 页。]桑巴特(1863—1941 年)是特纳(1861—1932 年)的同时代人,他不一定受特纳影响。但可见这种看法在当时是有普遍性的。

法也同样不符合事实。在资本主义制度下,工资作为劳动价格的转化形式,它掩盖了资本主义的剥削关系。高工资如果指的是工资的国民差异,那么在不同的国家中,货币的相对价值是不同的,从而用货币表现的劳动力的等价(即名义工资)的比较是没有意义的。如果高工资指的不是工资在不同国家间的相对水平,而是指美国一国的绝对水平而言,那么从理论上说,资本家在市场上购买的不是劳动,而是劳动力;资本家付给工人的不是劳动的价值,而是工人的劳动力的价值或价格。工资的货币形式掩盖了资本家对工人的剩余劳动的占有。因此,无论资本主义制度下工资量有多大,工资量至多只能相当于工人在必要劳动时间内创造的价值。从美国历史上工资的实际内容来看,19世纪20年代的材料表明,当时一般工人都是生活在"饥饿的边缘,他们即使有幸而不夭亡的话,也无法为自己积蓄下养老的费用";① 1833年一篇工人告全国人民书诉述道:"我们的工资是维持我们最低限度的生活都不够的。我们没有能力储蓄下一块钱来以备有病或有其他困难之用,因为我们目前的生活需要,已耗尽了我们全部菲薄的收入。"② 1851年3月27日,《纽约论坛报》公布了一份生活费用预算表,估计一个五口之家一星期的预算最少需要10.57美元。表中除粮食、衣服、房租、燃料以外,唯一列入的其他杂项费用是"家具和器皿"损坏后的添置费0.25美元和报纸费0.12美元。③ 然而根据前引列伯哥特的估算,1850年非农业劳动者平均日工资(男工)是0.90美元(见前引19世纪美国工资变动情况表),折成周工资最多只是6.3美元,远远不敷《纽

---

① 方纳:《美国工人运动史》第1卷,北京,三联书店,1956年,第159页。
② 同上书,第160页。
③ 参看同上书,第338页。

约论坛报》所公布的生活费预算。这怎能算是高工资呢？

同时还应当指出，在美国资本主义制度下，工资级差是很大的。平均工资把熟练工人和非熟练工人、成年工人和未成年工人、男工和女工，以及不同民族的工人的工资差距掩盖了。根据朗格对 19 世纪后半期不同行业、年龄和性别的工人工资的研究，可以看出工资级差达到相当悬殊的程度。如果把某些行业的工人、粗工、女工、童工的工资收入同上引生活费用预算表对比，更可以说明当时美国工人阶级的收入状况。①

当我们以劳动力供给和需求的比例来说明工资运动规律，并且以 19 世纪美国工资变动情况来说明实际工资并未因自由土地

---

① 朗格(C. D. Long)：《美国的工资和收入, 1860—1890》(*Wages and Earnings in the United States, 1860-1890*)，第五、六章，普林斯顿，普林斯顿大学出版社，1960 年。

朗格的研究主要以阿尔德里治报告和维克斯报告为依据，这两份报告都是对大量企业劳动情况进行现场调查后写成的；我认为作为分析美国历史上的工资差别的资料，它们是比较可信的。

关于不同行业，据阿尔德里治报告，1860 年 13 个加工工业工人的工资中，最低的是棉纺织业，工资为每日 0.79 美元，最高的是采石业，日工资 1.53 美元，相差几乎一倍（上引朗格书，第 70 页）。

关于不同地区，据维克斯报告，1860 年加工工业的日工资在东部是 1.23 美元，西部是 1.74 美元，南部是 0.99 美元（同上书，第 79 页）。

关于不同职别，据维克斯报告，1860 年普通工人日工资 1.03 美元，五种职业的熟练工人平均日工资为 1.62 美元，相差 36%；据阿尔德里治报告，同年普通工人日工资（按 10 小时工作日）0.98 美元，熟练工人平均日工资（按 10 小时工作日）为 1.64 美元，相差 40%（同上书，第 99 页）。

关于不同性别，据阿尔德里治报告，1860 年棉纺织业男工日工资 0.89 美元，女工为 0.52 美元，相差 42%；同年毛纺织业男工 0.96 美元，女工 0.72 美元，相差 25%（同上书，第 106 页）。

现在根据 1851 年《纽约论坛报》公布的生活费用预算，即每周 10.57 美元，按物价上升幅度折成 1860 年的周生活费用预算，应为 11.49 美元（胡佛：“1850 年后的零售价格”，见美国国民经济研究局：《十九世纪美国经济的趋势》，普林斯顿，普林斯顿大学出版社，1960 年，第 142 页），消费品价格指数 1860 年为 100，1851 年为 92，即每日收入的工资应达到 1.64 美元，才符合生活费预算的要求。

可以清楚地看出，连工资最高的采石业的工人工资也是够不上这个标准的。而棉纺织业的女工的日工资 0.52 美元，仅仅相当于这个标准的 32%！

的存在而有显著波动之后，"边疆—安全活塞"理论的"自由土地使工人不会接受低工资"的论点已清楚地暴露出它的弱点。但我们不准备停留在这一点上。有必要在这里进一步阐明自由土地与工资之间真正的联系。

对社会生产力的进步和劳动生产率的提高的认识，是理解工资变动问题的关键。劳动生产率离不开各种自然条件。问题在于这些自然资源归谁占有和使用。具体到美国的情况来说，问题在于西部的自由土地向哪一个阶级开放，成为哪一个阶级的财产。正如前一节已经指出，自由土地不是贫苦移民的乐土，而仅仅是资产阶级的天堂。因此在那里确立的不是独立生产者的经济，而是资本主义的生产方式。于是，美国西部的丰富的自然资源和广大处女地的丰度使资产阶级取得了更多的剩余劳动量，使劳动者能提供更多的剩余产品归资产阶级所占有。

被资本家占有的自由土地的丰富自然资源使19世纪内美国经济得以迅速增长，①同时也使社会劳动生产率不断提高。就采

---

① 据哥尔德斯密斯估算，美国的可再生产有形财富的每年平均实际增长率（按每人平均计算），在1805—1950年整个时期内为2%。而19世纪内的增长率大于这个平均数：1805—1850年为2.2%；1850—1900年为2.5%。见下表：

（单位：%）

	1805—1950	1805—1850	1850—1900
总财富年平均增长率	5.1	4.4	5.2
人口年平均增长率	2.2	3.0	2.4
每人平均财富年平均增长率	2.9	1.4	2.8
价格水平年平均增长率	0.9	−0.8	0.3
每人平均实际财富年平均增长率	2.0	2.2	2.5

［哥尔德斯密斯（R. Goldsmith）："美国可再生产财富的增长：1805—1950年"（The Growth of Reproducible Wealth of the United States of America, from 1805 to 1950），见《美国的收入和财富》（Income and Wealth of the United States），收入和财富丛书Ⅱ（Income & Wealth Series Ⅱ），剑桥，宝 & 宝（Bowes & Bowes），1952年，第247、269页。］

掘工业和加工工业而言,劳动生产率的提高是显著的。1839—1859年和1869—1899年采掘工业和加工工业新增加的价值和付酬的工人人数如下①:

年份	增加的价值(1879年价格)(百万美元)	付酬的工人人数(千人)
1839	197	495
1849	505	932
1859	892	1 474
1869(与以前年份可比)	1 148	2 170
1869(与以后年份可比)		2 205
1879	2 125	3 430
1889	4 502	5 000
1899	6 823	6 922

根据这两栏数字可以计算出采掘工业和加工工业中每个付酬的工人所增加的价值及其每10年的增长率,并按几何平均数计算出整个60年内平均每10年的增长率。②

年份	每个付酬工人增加的价值(美元:按1879年价格)	每10年的增长率(%)
1839	399	
1849	542	36
1859	605	12

---

① 参看高尔曼(R. E. Gallman):"1839—1899年的商品产量"(The United States Commodity Output, 1839—1899),见美国国民经济研究局:《十九世纪美国经济的趋势》,普林斯顿:普林斯顿大学出版社,1960年,第30、43页。

② 参看同上书,第31页。

续表

年份	每个付酬工人增加的价值（美元：按1879年价格）	每10年的增长率（%）
1869（与以前年份可比）	529	−13
1869（与以后年份可比）	521	
1879	617	18
1889	900	46
1899	984	9
平均每10年增长率：1839—1899		16

工人劳动生产率的提高对工资发生什么影响呢？如果名义工资不变，但劳动生产率提高后能在同一时间内生产更多的商品，所以工资同生产物总价值和剩余价值之比却降低了。同时，劳动生产率的提高，加速了劳动力磨损，使工资低于劳动力价值。在资本主义条件下，这一切都是不利于工人阶级的。

（三）关于"边疆保证阶级协调"的论点

与"边疆是穷人的天堂"和"自由土地使工人不会接受低工资"的观点密切联系的另一个论点是："西部的自由空间"对美国社会上的矛盾和冲突"天然地起着一种医疗作用",[1]它保证美国社会是一个"经济平等……并包含着政治平等"[2]的社会。"边疆"的这种作用被称为"心理的安全活塞作用"。

特纳认为，正如"边疆"对制度的影响一样，它"对于心理上和精神上的影响"早在最初的马塞诸塞边疆上就已表现无遗，首先是

---

[1] 特纳：《美国历史上的边疆》，纽约，亨利·霍尔特公司，1920年，第275页。
[2] 同上书，第212页。

因为"安全感"要求有产阶级和开拓者"团结一致"。① 但更重要的是，随着边疆线的西移，移民的西进，这种心理影响也越来越大，因为"建立更高级社会的理想"把不同阶级的人联合在一起。② 同时，由于西部土地是为每一个人敞开的，一切怀有不满情绪的人、社会上的"不祥分子"都可以"从这一片土地上取得他所需要的东西，可以摆脱人烟稠密的社会里的大多数约束而在这里建立力所能及的个人生活和所向往的社会结构"，③于是产生社会对抗的根源就会消失；此外，东部的在业工人可以用向西迁徙作为对雇主的要挟，雇主就不得不提高工资，对雇工进行让步，而雇工由于获得了高工资和生活保障，也就不必要进行斗争了。例如谢弗在反驳怀疑派古德里治和戴维逊时论述道：作为"安全活塞"的"边疆"，"它有助于阻止在美国发生如19世纪30年代和40年代欧洲大陆上工人和机匠深陷于其中的那种真正的革命；也阻止了如劳动者阶级在英国罹受的那种压迫"。④ 更明显的是，有人进一步把美国阶级斗争的历史同"边疆"的消失联系在一起，认为"边疆"消失之日正是美国阶级斗争展开之时："边疆线的结束和移民不断流入造成了工人中间的忧虑，因为与土地相比，劳动力现在不是比较缺少的了。这一切因素使工人感到不安全。到19世纪晚期，他必须在

---

① 特纳：《美国历史上的边疆》，纽约，亨利·霍尔特公司，1920年，第65页。
② "……特纳的目的是要说明尽管美国人实际上存在着社会不平等，但他们如何继续相信平等的观念。有这样一种把个人主义自豪感同对民主的憧憬相结合的理论，那是使人高兴的事，因为它解决了民族的内部分裂，而使之成为整体。"（马克斯·勒纳：《美国作为一种文明》，纽约，亨利·霍尔特公司，1957年，第35页。）
③ 帕克森："边疆"，见《社会科学百科全书》第6卷，纽约，劳特利奇出版社，1931年，第500页。
④ 谢弗："关于边疆是安全活塞"，载《政治科学季刊》，1937年9月，第419—420页。

很大范围内使自己服从于这样一个事实,即工厂生产不可避免地意味着他会同自己的工具分离,而脱离工人阶级的机会是越来越少了。在这些条件下,他在很大程度上抛开他的中间阶级愿望,尝试着用强调工会运动和较紧密地控制这个工作的办法来维持他的工人地位。"[①]美国社会的这种"和谐性"的变化甚至还同特纳发表他的著名论文《边疆在美国史上的重要性》的年份(1893年)连接起来:"什么时候能够比1893年更有预兆呢?在这以前是边疆的鼎盛春秋,在这以后是一个朦胧破晓的时期,它的特征在于普通人一方面反对财富的剥削势力,另一方面反对甚至更为艰巨的自然力量的勉强维持生存的悲惨斗争。"[②]可见"边疆—安全活塞"理论这种关于美国社会例外性的学说对美国资产阶级历史学和经济史学的影响一直是很大的。

有必要把下面两个问题分开来考察。这两个问题是:19世纪的美国社会是不是例外的、"阶级调和"的社会?"边疆"和美国阶级斗争之间存在着什么样的关系?

先考察第一个问题。根据马克思列宁主义的理论,认识剥削和被剥削的关系,是考察资本主义社会问题的关键所在。19世纪的美国不是一个无阶级的社会,而是存在着剥削阶级和被剥削阶级的社会。因而与当时其他国家的情形一样,19世纪美国的历史同样是阶级斗争的历史,毫无例外可言。就是在白种工人中间,反

[①] 克鲁斯:《美国经济发展》,新泽西州恩格渥德崖,普林蒂斯—霍尔出版社,1955年,第186—187页。

[②] 罗宾斯:"开发时代的公有地,1862—1901年"(The Public Domain in the Era of Exploitation, 1862—1901),见《美国经济变革:美国经济史文选》,哈里斯堡,斯塔克波尔公司,1954年,第257页。

对资本主义剥削的斗争的历史也贯穿着美国的全部历史,斗争始终存在着。

斗争最初是在个别工人和个别资本家之间展开的,但"个别工人同个别资产者之间的冲突愈益成为两个阶级之间的冲突。工人们开始成立反对资产者的同盟:他们一致起来保卫他们的工资。他们甚至建立了经常性的团体,以便一旦发生冲突时使自己有所保障"。① 这样,就在1786年费城印刷工人罢工和1791年费城木匠罢工之后不久,1792年费城制鞋工人组织了美国第一个以保卫工资为目的的工会,存在时间达一年。② 1794年费城制鞋工人又重新组织了工会,同年纽约印刷工人也组成了工会。到19世纪初年,工会组织在东部城市中已相当普遍了。③

这里是一份不完备的早期工人斗争的统计④:

1786年——费城印刷工人罢工。

1791年——费城木匠罢工。

1795年——巴尔的摩成衣工人罢工。

1795年——纽约木工泥瓦工罢工。

1799年——费城制鞋工人长达9—10周的罢工。

1800年——纽约海员罢工。

---

① 马克思、恩格斯:"共产党宣言",见《马克思恩格斯全集》第4卷,北京,人民出版社,1958年,第475页。

② 参看安东尼·比姆巴(Anthony Bimba):《美国工人阶级史》(*History of American Working Class*),纽约,国际出版集团,1927年,第73页。

③ 参看同上;方纳:《美国工人运动史》第1卷,北京,三联书店,1956年,第118—119页。

④ 参看比姆巴:《美国工人阶级史》,第76—77页,方纳:《美国工人运动史》第1卷,第116—117页。这份统计显然是极不完备的,并且它只包括纽约、费城和巴尔的摩三个城市在内。

1802年——纽约海员罢工。

1805年——巴尔的摩工人罢工。

1806年——费城制鞋工人罢工。

1807年——巴尔的摩工人罢工。

1809年——纽约制鞋工人罢工。

....

19世纪最初10年以后,工人斗争次数之多就不必一一列举了。资产阶级也早就采用法律政治手段来对付工人的反剥削斗争。在1819年危机以前,单单是美国制鞋工人至少有六起被控告为图谋不轨的案件:1806年——费城(一起);1809年——费城(两起);1809——纽约(一起);1814年——匹茨堡(一起);1815年——匹茨堡(一起)。其中有四起案件,判处了工人的"罪行"。① 这一点清楚表明了所谓美国社会"无冲突"的说法是何等无稽。

1819年经济危机以后,美国工人组织和工人的反剥削斗争又有了进一步的展开,工会组织固定下来,一些从来不曾有过组织的工人(包括女工)也建立了自己的组织,并进行提高工资和缩短工作日的斗争。1829年、1837年的经济危机继续推动了阶级斗争的开展。上面所引的谢弗的看法,即19世纪30年代和40年代美国工人不像欧洲工人那样积极进行斗争和未遭受英国工人那样的压迫等等,与历史是不符的。这个时期,尽管美国西部存在着大量自由土地,但美国工人所受的剥削却同样沉重:仅供糊口的工资、恶

---

① 参看安东尼·比姆巴:《美国工人阶级史》,纽约,国际出版集团,1927年,第78页。

劣的生活条件和劳动条件、职业的无保障、物价的昂贵和 13 小时的工作日,……在当时美国空想社会主义者格利雷和伊文思等人的作品中都有反映。① 这个时期,工人斗争的规模比前一阶段更大了。② 1854、1848 年西宾夕法尼亚女工先后两次手执棍棒和铁斧冲进工厂,同警察搏斗的事实,只不过是许多次激烈阶级斗争事件中的个别例子而已。如果说在 40 年代内美国工人的货币工资稍许有所增加,如果说在 50 年代内美国工人基本上争取到了 10 小时工作日,那么这既不是资本家的善心,也不是自由土地的恩赐,而主要是工人阶级长期坚持斗争所获得的成果。

农业中的情况也是这样。尽管自由土地大量存在,尽管"跑到阿利根尼山脉的那一边便有自由",但只要阶级剥削存在着,阶级斗争是永远不会熄灭的。1786 年西宾夕法尼亚境内薛司领导的农民起义,1794 年著名的威士忌酒事件农民起义,以及 19 世纪 40 年代纽约州佃农的抗租运动,是早期美国农民进行阶级斗争的一种形式;农民对 1785、1820 年土地法的抗议,对政府滥赠大块西部土地给投机商和大公司的抗议,以及他们自己的"非法占地",则是早期进行阶级斗争的另一种形式。农民不仅反对政府的捐税和土地政策,反对土地投机者的活动,还反对工业资本家的剥削。农民在阶级斗争中建立了自己的组织。在 1858 年,"大约已存在 912 个各个类型的组织;799 个组织是农业的,43 个是园艺的,另有 70

---

① 参看萨缪尔·雷兹奈克:"美国萧条的社会史,1837—1843 年"(The Social History of an American Depression,1837—1843),载《美国历史评论》,1935 年 7 月。

② 谁说美国是世外桃源呢?"在普遍的灾难的压力下,令人惊惶的群众不满征兆出现了,社会骚动的威胁如今大大逼近了。1837 年,一个目击者写道,从来没有一个时候像现在这样,到处都传来'一个又一个暴动、反叛和骚乱的谣闻'。"(同上书,第 676 页。)

个是农业的和机械的组织。还有许多人在相当大程度上了解到农业同生产过剩、关税率、通货和销售问题、运费率、剩余产品、土壤破坏、国外市场、新区竞争之类的问题的关系"。① 而1867年12月全国农业保护会的建立,以及1868—1869年间它积极在各地建立分会,标志着美国农民的斗争进入了一个新的阶段。可见,自由土地的存在(这时距宅地法的颁布还不到六年)始终没有抑止农民的斗争。19世纪80年代美国农民运动的继续展开,农民反铁路垄断、反托拉斯、反银行、反捐税的斗争的激烈进行,②也从另一方面证明了"边疆"不是穷人获得"平等机会"的地方,证明了西部自由土地并未给农民带来好处。如果说美国西部土地并未全部落入资产阶级和投机分子手中,多多少少有一小部分也归小农所有,如果说移到西部去的小农户中,多多少少有一部分人侥幸未被军队所驱逐,从"非法占地者"变成了申请到宅地权的人,那么这既不是资产阶级政府的好意,也不是"边疆"的慷慨无私,而主要是广大农民长期坚持斗争所获得的果实。③

再考察第二个问题:究竟"边疆"和美国历史上的阶级斗争之

---

① 萨罗托斯(T. Saloutos):"农业问题和十九世纪工业文明"(The Agricultural Problem and Nineteenth-century Industrialism),见《美国经济变革:美国经济史文选》,哈里斯堡,斯塔克波尔公司,1954年,第332—333页。
② 参看沃克(C. S. Walker):"农场主的运动"(The Farmers' Movement),见施米特、罗斯:《美国农业经济史文选》,纽约,麦克米伦出版公司,1925年,第457—458页。
③ 这正是马克思列宁主义同一切资产阶级历史学、经济史学著作(不管是边疆学派的还是非边疆学派的)关于美国农业发展道路问题的根本分歧之一。马克思列宁主义者强调,如果没有农民的长期斗争,尽管美国西部存在着大片"无主的"、肥沃的自由土地,资产阶级是连一小块自由土地都不会白白地让给农民的。如果没有农民群众的斗争,即使农民暂时能在西部的自由土地上占有一块土地,但迟早也会被资产阶级政府派军队逐走,"非法占地者"的土地迟早会全部归入资产阶级、大公司和地主的名下。

间存在着什么样的关系?

马克思列宁主义同"边疆—安全活塞"论在这里有原则的区别。马克思列宁主义认为自由土地对阶级斗争的作用是双重的:有加剧阶级斗争的一面,也有暂时妨碍阶级斗争开展的一面。而在暂时妨碍开展阶级斗争方面,其原因不是"边疆"给穷人带来了幸福,不是"边疆"保障了在业工人的工资收入,其原因主要在于以下三个方面:第一,劳动力流动性的影响;第二,"边疆"作为资本家的天堂,保障了资本家的高额利润,从而对阶级斗争发生的影响;第三,自由土地存在而引起的小资产阶级空想社会主义幻觉所发生的影响。

劳动力的流动是资本主义发展过程中的合乎规律的现象。但在 19 世纪美国那样的存在着广大自由土地的国家内,劳动力流动不仅具有一般资本主义社会中乡村劳动力向城市移动的特征,而且还具有劳动力从国外向境内移动、从东部向西部移动的趋势。劳动力地区间的移动基本上不改变劳动的性质。"边疆—安全活塞"论怀疑派根据 19 世纪若干交通要道流动户口登记等资料对此已经做了研究。① 研究的结果是:这种移动主要不是工资雇佣劳动者向独立生产者的转化,而是工资雇佣劳动者和独立生产者各自更换工作地点,即东部的工人仍然到西部去做工人,东部的农民仍然到西部去做农民。如果说有改变劳动性质的话,那多半是农业生产者向城市工人的转化。② 劳动力的流动表明:西部的生产关系不是独特的,而仅仅是东部现存的资本主义生产关系向广阔

---

① 参看戴维逊、古德里治:"西渐运动中的工资收入者",载《政治科学季刊》,1935 年 6 月,第 110 页及以后诸页。

② 这个论点是"边疆—安全活塞"论怀疑派香依首先提出来的,我认为他发挥得不够充分,其实根据城乡人口构成历史统计,可以论证得更充分些:(接下页)

范围延伸的结果。列宁在论述工人迁徙时写道:"资本主义国内市场的建立,是由于农业中与工业中资本主义的平行的发展,是由于一方面农业企业家与工业企业家阶级的形成,另一方面农业雇佣工人与工业雇佣工人阶级的形成。工人迁徙的主要潮流表明了这种过程的主要形式……"① 因此我们必须把雇佣劳动力的这种流动同雇佣劳动者作为一个阶级的形成过程联系起来考察。要知道,当工资雇佣劳动者队伍不断有新加入者补充进来,当工资雇佣劳动者因工作的不固定性而经常变更其受雇地点和行业②的时

(接上页)

美国城乡人口构成 (单位:千人)

年份	城市人口数	占总数(%)	10年增长率(%)	乡村人口数	占总数(%)	10年增长率(%)	总人口10年增长率(%)
1860	6 217	19.8		25 227	80.2		
1870	9 902	25.7	59	28 656	74.3	14	22
1880	14 130	28.2	43	36 026	71.8	26	30
1890	22 106	35.1	57	40 841	64.9	13	26
1900	30 160	39.7	37	45 835	60.3	12	20

(美国商务部国情调查局:《美国历史统计,1789—1945》,华盛顿特区,美国政府印刷局,1949年,第29页。)

可见,乡村人口增长率远远低于城市人口增长率。不仅如此,除1870—1880年间以外,其余年份乡村人口增长率都低于人口自然增长率,这表明乡村人口大量移向城市。

① 列宁:"俄国资本主义的发展",见《列宁全集》第3卷,北京,人民出版社,1959年,第540页。

② 马克思在《资本论》中引了科尔崩《论职业教育》(1860年,巴黎,第2版,第50页)中的一段话,很可以说明美国当时工人的流动性:

"一个法国工人从旧金山回来后这样写道:

'我从没有想到,我在加利福尼亚竟能干各种职业。我原来确信,除了印刷业外,我什么也干不了,……可是,一旦处在这个换手艺比换衬衫还要容易的冒险家世界中,——请相信我的忠诚!——我也就和别人一样地干了。由于矿山劳动的收入不多,我就抛弃了这个职业到城里去,在那里我先后作过印刷工人、屋面工人、铸铅工人等等。因为有了适合做任何工作的经验,我觉得自己不像一个软体动物而更像一个人了'。"(引自《资本论》第1卷,北京,人民出版社,1975年,第534页。)

候,尽管其阶级成分未变(始终是工资雇佣劳动者),但这种流动性却妨碍了他们开展反对雇主的斗争。斗争经验不容易积累,工人间的相互了解有困难,新旧工人间不易团结,工人中的核心力量不容易成长,以及由于职业和地区变更而容易滋长的工作不安定情绪……,凡此种种都使雇佣工人阶级的最终形成过程推延了,这就是直到"边疆"接近消失时美国雇佣工人阶级才逐渐定型的基本原因。但必须着重指出,这与"边疆—安全活塞"论者所说的由于工人转化为农场主而缓和阶级斗争的说法并无共同之处。

"边疆"妨碍阶级斗争展开的另一个方面是:"边疆"作为资本家的天堂,使资本家获得高额利润,① 从而资本统治力量大大加剧了。在资本家的收买下,少数工人贵族把持了工人组织的领导机

---

① 关于资本主义制度下资本家获得的总利润的确实数字,是很难计算的,19世纪60年代以前的数字则更难计算,因为根本得不到比较完整和可信的资料。下面我所引用的19世纪的历史统计资料是安娜·J.斯瓦兹根据很多调查报告汇编而成的,虽然她分析的是红利,并不是总利润,但多少可以反映公司利润上升这一情况。在我所看到的资料中,她引的数字还是比较齐全的,因此可供参考。

公司付给股东的红利　　　　　　(单位:百万美元)

项目 \ 年份	1835	1859	1871	1890
加工工业和采矿业	5.0	22.4	97.2	171.8
煤气、电力	0.1	4.8	10.7	36.1
银行、保险	17.6	35.9	67.1	92.0
铁路	0.6	14.2	48.1	89.1
其他运输业	2.0	7.3	12.4	14.6
其他一切公司	2.3	7.6	21.2	36.3
总计	27.6	92.2	256.7	439.9

[安娜·J.斯瓦兹(Anna J. Schwartz):"十九世纪若干公司资料中的总利润和利息支付"(Gross Dividend and Interest Payments by Corporations at Selected Dates in the 19th Century),见美国国民经济研究局:《十九世纪美国经济的趋势》,普林斯顿,普林斯顿大学出版社,1960年,第417页。]

构,构成了工人运动中越来越严重的逆流。这种倾向正是在19世纪末年和20世纪初年占据显著地位的,它显然与这个时期资本统治力量的加强有关。同时,在资本家获得了大量利润的前提下,美国工人中间工资悬殊的现象也大为加剧起来。① 这也是妨碍工人阶级团结、不利于阶级斗争开展的因素。

最后,让我们考察一下由自由土地引起的空想社会主义幻想对开展阶级斗争的阻碍作用。自由土地在美国当时条件下是资本家的天堂,而不是劳动人民的天堂——这是马克思主义者的认识,但却不是一般工人群众和工人运动活动家的认识。在马克思主义产生并传播于美国以前,美国一般工人群众及其领袖是认识不到这一点的。他们带着天真的幻想来看待西部自由土地,真的以为东部工人在西部"属于上帝的土地"上占有一所农场以后就会永远摆脱贫穷。② 19世纪前半期美国的空想社会主义者们(格利雷、伊文思、约翰·费拉、布里斯培恩等)有一个共同的特点,就是

---

① 根据阿尔德里治报告,在13个加工工业中,工资水平最高的行业的日工资率同工资水平最低的行业的日工资率之比,在1860年为1.9∶1,1890年为2.4∶1。另据马塞诸塞州17个加工工业调查,工资水平最高的行业工人年收入同工资水平最低的行业工人年收入之比,在1860年为2.1∶1,1890年为2.9∶1。

又:据12个大城市对14种不同工种的工人工资调查,工资水平最高的工种的工人日工资率同工资水平最低的工种的工人日工资率之比,1870年为2.1∶1,1890年为2.5∶1。

据维克斯报告,普通工人平均工资占熟练工人(五种职业的)平均工资之比,1860年为63%,1880年为58%。

(以上均见朗格:《美国的工资和收入,1860—1890》,普林斯顿,普林斯顿大学出版社,1960年,第70、73、98、99页。)

这些资料证明工资差别增大了。而从19世纪末以后,美国工人工资差别继续增大。

② 参看扎勒(Helene S. Zahler):《东部的工人和国家土地政策,1829—1862年》(*Eastern Workingmen and National Land Policy, 1829-1862*),纽约,哥伦比亚大学出版社,1941年,附录Ⅱ。

把自由土地的平分或公共使用问题同工人运动结合起来;他们都幻想在自由土地上建立一个"理性的"社会。当然,在争取通过有利于工人的土地立法方面,他们的行动是有积极意义的。但不能不指出,正是这种对自由土地的幻想使美国的阶级斗争遭遇到真正的困难:工人阶级不是把他们斗争的锋芒指向资本主义剥削制度,而是带有逃避主义性质地把希望寄托在西部旷野上,把斗争的主要力量用在为小私有者制度的实现上。然而,"边疆"对开展阶级斗争的这种不利作用同"边疆—安全活塞"论者所说的作用有着根本的区别:不是工人已经从自由土地得到好处而放弃阶级斗争,而是工人希望从自由土地得到好处而忽视了对资本主义剥削制度的斗争;不是地位的真正变化而带采阶级利益的调和,而是工人对自由土地可以改善自己经济状况的幻觉妨碍着阶级斗争的顺利展开。幻想毕竟是幻想,幻想不能兑现;随着幻想的破灭,空想社会主义在美国工人运动中的影响也就越来越淡薄了。

结 束 语

关于"边疆—安全活塞"理论,我认为,以下两点是可以肯定的:

第一,它强调了"边疆"在美国经济与历史发展中的重要作用。这个论断没有什么疑问。只要开发"边疆",每一个有"边疆"的国家都会加速自己的经济发展,并使本国的历史增添某种特色。

第二,它强调"边疆"在美国社会意识发展中的重要作用。这个论断也没有什么疑问。只要开发"边疆",每一个有"边疆"的国家也都会发生社会意识方面的变化,并使本国今后的社会意识增添某种特色。

但特纳的三个基本论点("边疆"是穷人的天堂;"边疆"维持高工资水平;"边疆"保证阶级协调),即作为资产阶级历史学和经济史学的理论,是站不住脚的。在美国资本主义制度这一前提下,"边疆"是资本的天堂,"边疆"在当时条件下并未给美国工人阶级带来特殊的利益,也未能维持阶级的协调。这些已在前面论述过了。

下面,准备谈一谈"边疆—安全活塞"理论是如何被用于为美国垄断资本的政策服务的。有人说"特纳是白宫中不出面的智囊",[①]这句话并不过分。按照特纳的论述,边疆是彼此竞争的个人为自己争取生存机会的场所。"……边疆产生个人主义。旷野使复杂的社会成为一种以家庭为基础的原始组织。这种趋势是反社会的。它造成对管理的憎恶,尤其是对任何直接管制的憎恶。"[②]因而与边疆的存在相适应的政策应当是自由放任,是国家对经济生活的不干预。而随着边疆的消失,特纳认为自由放任政策也相应地失去了存在的基础。这样,"西部的激进分子开始承认他必须牺牲个人主义和自由竞争的理想,以便保持他的民主理想,……一言以蔽之,资本、劳动和西部开拓者全都抛弃了竞争的个人主义理想,以便按更有效的组合形式来组织他们的利益"。[③]

[①] 威廉斯(W. A. Williams):"边疆论和美国对外政策"(The Frontier Thesis and American Foreign Policy),载《太平洋历史评论》(*Pacific Historical Review*),1955年11月,第387页。

[②] 特纳:《美国历史上的边疆》,纽约,亨利·霍尔特公司,1920年,第30页。

[③] 同上书,第305—306页。

于是，根据特纳的理论，美国国家政权对经济的干预是合乎国情的。

1929年危机爆发以后，"边疆—安全活塞"理论的这一方面被大为发展、引申。华莱士在《新边疆》一书中发挥了"边疆消逝"概念。他首先把危机的原因归之于"边疆"的消失。接着他写道："美国的土地边疆一去不复返了，再也不能用把失业者打发到西部去的办法来解决萧条了。我们必须学会相互共处。"① 从而他提出了他的所谓"新边疆"理论。他认为"新边疆"并非地图上的边疆，而是存在于"心灵"中，② 即国家政策的指导思想中。具体地说，他认为"新边疆"与"旧边疆"不同，它不应当是"个人竞争"的"边疆"，而应当是国家干预之下"阶级合作"的"边疆"。③ 华莱士正是利用这种论调来为当时开始实施的罗斯福政府的"新政"寻找理论根据。④

"边疆—安全活塞"理论还被用于为美国的对外扩张政策辩解。

特纳写道："美国发展的一个周期已经完成，……我们发现美

---

① 华莱士（H. A. Wallace）：《新边疆》（*New Frontiers*），纽约，雷诺与希区柯克公司，1934年，第271页。

② 同上书，第10页。

③ 同上书，第274页。

④ 甚至全部"新政"都被看做是受边疆学派思想影响的产物。"新政"时期有一篇文章这样写道："'新政'的逻辑背景是极其简单的，必须为我们的经济添加若干新东西，因为某些旧东西不见了。据说，曾作为我国经济秩序型式特色的美国生活的重要现象已经突然消失；'边疆消逝了'，于是大规模的革新立刻成为必要。"[米切纳（D. W. Michener）："'美国边疆消失'的'经济反应'"（"Economic Repercussions" from the "Passing of the American Frontier"），载《编年史家》（*The Annalist*），1934年12月21日，第853页。]

国之所以重新卷入世界政治之中,这是不足为奇的。"①换句话说,特纳认为美国国内的"边疆"已经结束了,正如"旧边疆"曾经是美国的"安全活塞"一样,"新边疆"也将在越来越大程度上对美国起着"安全活塞"的作用。对"新边疆"的开发意味着美国的过剩商品和过剩资本有一个可以"排泄"的机会,借此可以使美国社会保持谐调和稳定状态。

1929年经济危机爆发后,严重的生产过剩使美国垄断资本加紧推行对外扩张政策。在"新政"时期,"罗斯福在对外政策上,内心一直是一个特纳主义者,……他确信美国的边疆就是全世界"。② 第二次世界大战结束以来,在美国,"特纳学派维持了它的生命力。杜鲁门主义看来是这一论题的几乎经典式的陈述,即美国的安全和福利倚靠着美国成功地执行它的独特的使命:在全世界保卫和推广民主的边疆"。③ 这清楚地表明了"边疆—安全活塞"理论同美国的对外扩张政策的关系。

(原载《北京大学学报(人文科学版)》,1964年第3期)

---

① 特纳:《美国历史上的边疆》,纽约,亨利·霍尔特公司,1920年,第245—246页。
② 威廉斯:"边疆论和美国对外政策",载《太平洋历史评论》,1955年11月,第390页。
③ 同上书,第392页。

第二部分

创新理论、人力资本理论和经济史研究

技术创新理论和经济史研究(上)

一、熊彼特创新理论的要点

熊彼特是创新理论的开创者。他所建立的是一个庞大的理论体系,他讨论的范围是十分广泛的。他为什么要提出这样一个庞大的理论体系?这主要是为了解释资本主义经济发展和经济波动的全过程,以及为了进一步说明资本主义社会的演变方向。

关于资本主义经济发展和经济波动的全过程,熊彼特是以创新的作用来解释的。他指出,经济由于创新活动的持续,才会有发展,也才会有波动。可以分两种情况来分析。

第一种情况:假定不存在失误,不存在过度投资行为。在一个一般均衡的经济体系之中,企业的利润是零,家庭收支完全相等,于是这种均衡的体系就会长期保持下去。正是创新,打破了这种均衡状态,促成了经济的发展。这是因为,创新一经出现,必将在社会上引起模仿,众多的企业都想通过模仿而获得利润,模仿行为引发了创新浪潮,经济不再停留于原来的均衡状态而向前发展,这就是经济发展的动力和原因。

第二种情况:假定存在着失误,存在着过度投资行为。在这种情况下,经济波动便不可避免。不仅如此,四阶段的资本主义经济周期也必然出现,这四个阶段是:繁荣—衰退—萧条—复苏。熊彼特认为,要区分"第一次浪潮"和"第二次浪潮"。在"第一次浪潮"中,创新引起了对生产资料的扩大了的需求;同时,由于银行要为创新提供资金,创新引起了信贷的膨胀。社会上资金过多,投机也就盛行,这样,就由"第一次浪潮"引起"第二次浪潮"。两次浪潮的重要区别是:在"第一次浪潮"中,投资行为与创新和对创新的模仿有关,信贷扩张也与此有关;而"第二次浪潮"则与此不同,这时的投资和信贷扩张所引起的是投机,与创新活动无关,也就是说,"第二次浪潮"是由失误和过度投资行为造成的。正是由于失误和过度投资的作祟,与"第一次浪潮"中经济体系中还有自我平衡能力不同,"第二次浪潮"中经济体系自身已经不再具有自我平衡能力了。这样一来,两次浪潮的区别便十分明显:

"第一次浪潮"中出现的是两阶段模式,即:

繁荣—衰退—繁荣……

"第二次浪潮"中出现的是四阶段模式,即:

繁荣—衰退—萧条—复苏—繁荣……

以上就是熊彼特对资本主义经济发展和经济波动的全过程的解释。在这里,创新和模仿是同等重要的。仅有创新,经济似乎会一直繁荣下去。这是不可能的,因为仅靠创新,还不可能做到持续的繁荣、高涨,必须有模仿与之相配合。有了创新,潜在利润被发现了,于是就会有模仿;有了模仿,社会掀起了投资热,经济才会出现持续的繁荣、高涨。接着而来的是:模仿多了,赢利前景逐渐消失,引起投资热情减退,经济从繁荣转入衰退。要让经济走出衰退状态,寄希望于下一次创新。

熊彼特提出创新理论的目的不仅是用来解释经济发展和经济波动的全过程,而且还想用来解释资本主义社会的走势。

他的一个重要观点是:创新既是创造,又是毁灭。创新是一种创造,这是指:创新无非是生产要素的更有效的重新组合。创新又是一种毁灭,这是指:在创新过程中,旧资本或旧的生产要素组合形式遭到了破坏,不适应形势变化的一批旧式企业也就随之被淘汰了。它们被淘汰,对整个经济是无关紧要的,因为旧的不去,新的不来。经济正是在新旧替代的过程中一步步前进的。

由此,熊彼特提出了社会过渡理论。这里所说的社会过渡,是指社会将通过创造和毁灭的反复进行,逐渐由资本主义向"社会主义"过渡。他的这一理论充分反映于他于1942年出版的《资本主义、社会主义与民主》一书中。他认为,资本主义社会经历了不断的创新过程,经济不断增长,从而也替资本主义社会自身造成了两大局限性:第一,经济的增长使经济生活中出现越来越多的新问题和新要求,企业家作为生产要素的重新组合者的历史使命行将结束,由中央机构组织和管理生产资料和生产本身的必要性出现了,企业家的一部分使命将由政府这样的中央机构来替代,企业家的另一部分使命将由企业家自己的组织(如各种协会)所替代;第二,资本主义的发展将在社会上形成一支日益庞大的知识分子队伍,他们的思想方法和感情同大公司老板们不一致,他们对资本主义式的统治并没有好感,但大公司老板们离不开这些知识分子,不得不依靠他们,又不得不受他们的牵制。这样,资本主义社会就有可能逐渐过渡到"社会主义社会"。在熊彼特的理论中,什么是"社会主义"? 一是有一个中央机构来设计、管理、协调社会经济的运行,二是知识分子(而不是大公司老板们)在社会上占据支配地位,他们有管理好企业和社会的能力,又有这样的责任感。熊彼特因此预言,资本主义社会自动过渡到"社会主义社会",是早晚的事情,是技术不断创新所必然导致的结局,但这种过渡不是通过暴力革命实现的,而是通过民主制度实现的。

二、熊彼特死后的所谓"新熊彼特学派" (Neo Schumpeterian School)

熊彼特于 1950 年去世,终年 67 岁。他被认为是一个庞大的理论体系的建立者。他有不少学生,这些学生虽然从他那里学到了知识,有些还循着他所开创的学说继续探讨,但至今为止,还没有一位在西方经济学界被公认的、堪称真正继承和发展了熊彼特理论的经济学家。这是和凯恩斯去世后在英美两国涌现了一批凯恩斯经济学名家的情况不一样的。同样,"熊彼特学派"这个术语被使用得很少,与凯恩斯死后,在英美两国都出现了凯恩斯学派的情况不一样。但这并不否定一个事实,即熊彼特理论已成为一家之言,有不少追随者。

在经济学界,熊彼特死后也曾出现过"新熊彼特学派"一词,但这主要是针对技术创新问题的研究而言的,并不能概括熊彼特理论体系的多方面的内容,因为对技术创新问题的研究只不过是熊彼特理论体系中的一个部分而已。

要知道,什么是"创新",按照熊彼特在《经济发展理论》(1934年)一书中所给的定义,以下五种情况之一,就是创新:

(1)引入一种新的产品或提供一种产品的新质量;

(2)采用一种新的生产方法;

(3)开辟一个新的市场;

(4)获得一种原料或半成品的新的供给来源;

(5)实行一种新的企业组织形式,例如建立一种垄断地位或打破一种垄断地位。

在这五种情况中,

(1)、(2)、(4)——属于技术创新;

(3)、(5)——属于制度创新。

关于制度创新,本课程将有另外两章予以讲授。这里只讨论技术创新。

熊彼特一直认为,创新是一个经济概念,而不是一个技术概念。发明和发现(无论是自然科学方面的还是社会科学方面的)是科学家的事情,但发明和发现都不等于创新。一种新发明或新发现,只有当它被引进经济活动并产生效益,从而对经济发生重要影响时,才成为创新。创新是创新者的事情,创新者和企业家是同义语:企业家就是创新者。

因此,技术创新作为创新的一种,同样不是科学家的事情,而是企业家的事情。科学家的发明和发现,完成于实验室或实验场所,是企业家把它引入经济之中,使之对经济发生重要影响。

企业家是一种素质,而不是一种职务。公司老板可能是一个企业家,也可能只是一个普通的企业经营者、投资者、管理者。

"新熊彼特学派"的一些经济学家正是遵循着熊彼特关于技术创新的论述,在技术创新领域内进行较为细致和深入的研究,并提出自己的见解的。

三、"里昂惕夫之谜"的探讨

在熊彼特去世后不久,对技术创新问题的研究就已开始。围绕着"里昂惕夫之谜"的探讨引起了一些经济学家的争论。

这里所说的"里昂惕夫之谜"是指:1953年,里昂惕夫对美国100年以来的对外贸易状况进行研究的结果,发现了一个难以解释的现象,即按照传统理论,美国是劳动力短缺、资本较多的国家,照理说美国应当出口资本密集型产品,应当进口劳动密集型产品。但统计数字却表明实际进出口情况与此恰恰相反:美国大量出口的是农产品,大量进口的却是钢铁、汽车等产品。怎么解释呢?这就称做"里昂惕夫之谜"。

这一疑难问题的提出使一些经济学家感兴趣,他们从不同的角度做出解释。其中,有较大影响的是下述两种解释:一是从技术创新类型的角度所做的解释,另一是从产品生命周期的角度所做的解释。

从技术创新类型角度做出的解释是:

根据新古典学派的微观经济学理论,技术创新可以分为以下三种类型:

1. 节约资本型技术创新。这是指,技术创新后,劳动要素在产品价值构成中所占比重增加了,资本要素在产品价值构成中所占比重减少了,这时,经济走向劳动密集型。

2. 节约劳动型技术创新。这是指,技术创新后,资本要素在产品价值构成中所占比重增加了,劳动要素在产品价值构成中所占比重减少了,这时,经济走向资本密集型。

3. 中型技术创新。这是指，技术创新后，资本要素和劳动要素二者在产品价值构成中所占比重不变，这时，经济仍维持原状。

如果根据这种分类，那么，对"里昂惕夫之谜"就不好做出解释了。因此，从技术创新类型角度做出解释的经济学家提出，不妨对劳动要素再做划分。这就是，所有的生产都耗费劳动，但劳动可以分为两类，一类是熟练劳动，或称为高质量的劳动，另一类是非熟练劳动，或称为简单劳动。相应地，产品也就有熟练劳动密集型产品和非熟练劳动密集型产品之分。熟练劳动密集型产品可以称作知识技术密集型产品，熟练劳动密集型行业可以称作知识技术密集型行业。

进行了这样的再分类，就能看出，美国当时在国际市场上的优势在于具有较强的竞争力，而较强的市场竞争力的根源主要在于具有较高的劳动力素质和劳动生产率。美国农产品之所以能够源源不断地输入西欧市场，所凭借的是美国农产品的劳动生产率高，从而单位产品的成本较低。这就是说，美国农业的机械化和美国农业劳动者的高劳动生产率使美国农产品在国际市场占据优势。从这个角度来看，美国的农产品不是传统意义上的劳动密集型产品，而是熟练劳动密集型产品，这样就可以解释"里昂惕夫之谜"了。

再看，美国的进口品中包括钢铁、汽车等工业品。这些工业品，美国本身也能够生产，但美国却宁愿多进口。原因何在？原因主要在于西欧国家的劳动力比较富裕，劳动成本低廉，所以美国宁愿多进口钢铁、汽车等产品，因为这些进口的工业品在美国看来是非熟练劳动密集型产品，美国进口这些工业品是比较合算的。

在工业品方面，美国的竞争优势在高端科技产品，美国始终在这方面居于世界领先位置。这些高端科技产品都是熟练劳动密集型产品，美国在这个领域内，无疑是世界第一流的制造商。

从技术创新类型的角度对"里昂惕夫之谜"的解释，与传统的国际贸易理论实际上是一致的，因为传统的国际贸易理论是比较优势理论，即某个国家在某种资源上有比较优势就出口该种产品，某个国家在某种资源上缺少比较优势，就进口该种产品。所不同的只是：把技术创新类型做了细分，把劳动密集型产品分为熟练劳动密集型产品和非熟练劳动密集型产品，于是就可以对"里昂惕夫之谜"做出了符合传统国际贸易理论的比较优势原则的解释了。

从产品生命周期的角度做出的解释是：

产品生命周期一般说来可以分为三个不同的阶段，（一）开创期。这时，由于创新，企业可以根据产品创新的特点，独占市场，利润高。（二）成熟期。这时，创新的企业已经使新产品逐渐成熟，所以在市场上拥有更大的占有率，但与此同时，其他企业的模仿不断增加，使创新的企业的市场占有率受到一定的冲击。尽管如此，在这个阶段，包括创新的企业和模仿的企业在内，仍然可以获得较多的利润。（三）标准化生产期。这时，模仿率已经达到相当高的程度，产品被企业按标准化水平被生产出来，使用率已经很高了，于是所有生产该种产品的企业都只能取得平均利润。

按照产品生命周期的分析，美国在国际市场竞争中的优势是产品生产的第一阶段（开创期）和第二阶段（成熟期），所以美国企业集中生产第一阶段和第二阶段的产品，美国出口的工业品也主要是第一阶段和第二阶段的产品。一旦进入产品生命周期的第三阶段（标准化生产期），由于美国的工业品生产中的劳动力成本相对高于其他工业化国家（如西欧国家和日本），所以美国愿意进口这些产品。也就是说,标准化生产期的产品的生产者只能获得平均利润,美国就不再同其他工业化国家的企业竞争。

从产品生命周期的角度来解释"里昂惕夫之谜",与前面提到的从技术创新类型角度对"里昂惕夫之谜"的解释有相同之处,也有不同之处。

相同之处在于:这两种解释都把美国国际贸易的特点同技术创新研究联系在一起,即不将技术创新同产品价值构成的变化联系在一起就难以说明"里昂惕夫之谜"的真相。

不同之处在于两种解释的着重点有所区别。这是指:从技术创新类型的角度所做出的解释,着重于把劳动要素划分为"熟练劳动密集型的"和"非熟练劳动密集型的"两类,从而既可以解释美国出口的为什么是以农产品为主,而美国进口的为什么是钢铁、汽车等工业品。而从产品生命周期的角度所做出的解释,把具体的工业品同技术创新的过程联系得更紧,着重于创新、模仿和标准化生产三个阶段之间的联系,对工业品生产阶段同美国国际贸易之间的关系说得更清楚。这可以较清晰地分析美国工业品从出口向进口转变的过程。然而,对美国农产品为什么成为美国重要出口产品的原因,则不像按技术创新类型分析那样有说服力。

这也正是以上两种解释无法彼此替代而只能相互补充的道理。

四、曼斯菲尔德关于技术推广过程的研究

熊彼特死后,循着熊彼特有关创新的研究思路,继续在技术创新领域内进行探讨的经济学家之一,就是爱德温·曼斯菲尔德。

他的研究重点是技术创新后的技术推广过程。①

下面分三个问题对曼斯菲尔德的论点做一些评述。

(一) 几个基本概念

曼斯菲尔德为了分析技术创新以后的技术推广过程，认为有几个基本概念需要先说明，它们是：

1. 模仿、模仿速度、模仿比例

模仿是指某个企业首先采用一种新技术之后，其他企业以此为榜样，也相继采用这种新技术。

模仿速度是指以首先采用新技术为榜样的其他企业采用该种新技术的速度，即采用该种新技术的企业数目的增长率。

模仿比例是指某一时点上采用该种新技术的企业占该部门企业总数之比。

2. 守成、守成递减速度、守成比例

守成是指某个企业首先采用一种新技术之后，其他企业并不仿效，依然使用原有的技术进行生产。

守成递减速度是指：随着某个企业采用某种新技术之后，采取该种新技术的企业数目逐渐增多，坚持使用原有技术的企业数目逐渐减少，守成递减速度就是坚持原有技术的企业数目的负增长率。

守成比例是指某一时点上坚持原有技术、拒绝采用新技术的企业占该部门企业总数之比。

---

① 曼斯菲尔德的著作有《技术变革的采纳：企业的反应速度》(1959 年)、《工业研究和技术创新》(1968 年)、《垄断力量和经济行为：工业集中问题》(1974 年)等。

(二)影响技术推广的主要经济因素

曼斯菲尔德认为,一种新技术能不能迅速在某个行业的企业中推广(即模仿的企业不断增多,守成的企业不断减少),在完全竞争的市场下取决于以下三个主要经济因素:一是模仿比例,二是采取新技术的企业的相对赢利率,三是采用新技术所要求的投资额。

在这里,设置完全竞争的市场条件为前提是十分重要的。假定某种新技术是被垄断组织所控制,那就会影响其他企业对该种新技术的模仿和模仿速度。假定政府出于某种考虑,对采用某种新技术进行生产有一定的限制,那同样会影响其他企业对该种新技术的模仿和模仿速度。

除了设置完全竞争的市场条件作为前提而外,曼斯菲尔德还设置了以下这些假定:例如,尽管有关专利权保护的法律在经济生活中是起作用的,并且会影响模仿和模仿速度,但曼斯菲尔德假定专利权的影响很小,小到不足以阻止模仿的进程。又如,事实上,某种新技术被企业采用以后,在使用过程中这种新技术本身会发生一定变化,而且多半在实践中会有所改进,但曼斯菲尔德假定在新技术推广过程中,新技术本身不发生变化,从而不至于因为新技术本身的变化而影响模仿速度。再者,正如在实际经济生活中已经显示的,企业规模大小对新技术的采用是有影响的,有的新技术适用于规模较大的企业,有的新技术则比较适用于规模较小的企业。但曼斯菲尔德做出了如下的假定,即假定企业规模大小的差距不至于影响它们对某种新技术的模仿和采用。这样一来,他就把那些低于一定资本额和产量水平的小企业排除在外了,也把那些没有经济力量采用需要大量投资的新技术的小企业排除在外了。

曼斯菲尔德在做了完全竞争市场、专利权影响很小、新技术本身不发生变化,以及企业规模不影响对新技术的采用等假设之后,便着手对影响技术推广的三个主要经济因素进行分析。

1. 模仿比例

模仿比例的大小同采用新技术的企业对赢利前景的预测,以及对风险的评估有关。要知道,任何一项新技术最初被采用时,由于信息和经验的不足,采用新技术进行生产的企业要承担风险。这是因为,采用新技术的企业的利润率是事后计算出来的,而不是事前已知的。这时,绝大多数企业必然处于观望状态,守成比例很高也是不可避免的。过了一段时间,采用新技术的企业增多,意味着有关采用新技术进行生产的获利信息已经传开了,使用新技术的经验也渐渐丰富了,模仿者的风险已被了解,这样,模仿比例的上升对守成者发生作用,要后者早日做出是否模仿的决定。

2. 采用新技术的相对赢利率

这是指:模仿者在有若干可供选择的投资机会时,如果选择某种新技术进行生产的相对赢利率究竟是高是低,这就是相对赢利率。相对赢利率比采用新技术的绝对赢利率可能更加重要。而且,在经济周期的不同阶段,不同投资机会相对赢利率的波动幅度可能小于绝对赢利率的波动幅度,这对于新技术模仿者来说,也可能更引起关注。总之,相对赢利率越高,采用新技术的可能性也就越大。

3. 采用新技术所要求的投资额

在相对赢利率相同的条件下,企业采用新技术所要求的投资额越大,则资本供给的来源越少,从而模仿的可能性也就越小。可见,采用新技术所要求的投资额的多少,影响着模仿速度和模仿比例。此外,还必须考虑企业采用新技术所要求的投资额占企业总资产的比例。这一比例越高,模仿的可能性也就越小。

(三) 影响技术推广的四个补充性的经济因素

曼斯菲尔德除了提到以上三个主要经济因素而外,还指出另有四个补充性的经济因素。他认为,尽管这些补充性的经济因素对模仿速度和模仿比例有一定的影响,但从统计学上说它们并不重要,所以不会使主要经济因素的作用发生重大的变化。这四个补充性的经济因素是:

1. 旧设备被置换之前已被使用的年数

如果企业采用新技术时所替换的旧设备已接近报废年限,那么这种情况下的新设备替代旧设备是没有问题的。假定所要替换下来的设备并不那么旧,而是还能使用若干年,这种情况就会引起企业的思考,替换设备还是继续使用原有设备是一个成本与收益的比较问题。如果成本大于收益,企业就会选择继续使用原有设备。

曼斯菲尔德认为,假定存在以下三种情况之一,则旧设备的耐用程度不会影响新技术的采用:

①新技术主要是原有设备的一种补充或附件;

②新技术与原有设备的用途不一样(例如在食品工业中,一种设备用于生产罐头食品,另一种设备用于生产瓶装食品,二者可以并存);

③新技术只是为了节省劳动力、替代劳动力,而不是替代原有设备。

2. 一定时期内该工业部门产品销售量的年增长率

这一补充性的经济因素把市场的扩大摆在重要位置。曼斯菲尔德认为,如果某一个部门的产品销路迅速扩大,为了适应市场变化,将会新建一些企业,这些新企业将会采用已经出现的新技术,从而加速了新技术的推广应用。为了适应市场扩大,原来就已存在的企业,可能扩大生产规模,这时它们也会增添新设备,而不一定停止原有设备的使用,从而形成新设备和原有设备共同使用的局面。反之,如果市场并未扩大,或只是缓慢扩大,那么情况将如上述第一个补充性经济因素起作用时所考虑的那样,即新技术的采用将同旧设备的置换结合起来考虑。

曼斯菲尔德还指出,如果在市场扩大的同时,原有企业的生产能力有较大程度的过剩,那么即使市场扩大了,企业将首先利用过剩的生产能力,而不一定会急于建立新企业和采取新技术进行生产。

此外,如果建立拥有新技术的新企业,其赢利率低于在原有企业中更换设备进行生产所带来的赢利率,那么市场扩大不一定导致新企业的建立和新企业对新技术的采用。

3. 该工业部门某项新技术初次被某个企业采用的年份

由于考虑到某项新技术被该工业部门中的某个企业初次采用的年份与该项新技术被其他企业采用之间有一个时间间隔,时间间隔的长短是有意义的,因为在这段时间内,可能发生下列变化:

①通信手段改善和通信渠道扩展,信息交流加强了,原先获得的信息量比现在少多了,这对企业的决策是有影响的。

②对设备更新所引起的技术进步估算,以及对未来技术进步所造成的成本与收益的估算,比过去更精确了。

③人们对某种技术进步的态度发生了变化,比如说,从不习惯到习惯,从轻视到重视,从怀疑到坚信等等。

④模仿的企业越来越多,这表明看好这项新技术的企业数在增加,处于观望状态的企业不断减少。

因此,一个企业在采用某项新技术时,要注意该项新技术初次被企业采用的年份,以及在这段时间间隔内可能发生的变化。

4. 该项新技术初次被企业采用的时间处于经济周期中的哪个阶段

这是因为,该项新技术初次被企业采用的时间处在繁荣阶段还是处在衰退甚至萧条阶段,情况是很不一样的。如果处于繁荣阶段,那么一定伴随着与经济繁荣、高涨时期特有的条件,模仿的企业在采用该项新技术时应当考虑这一点。反之,如果处于衰退甚至萧条阶段,那么也一定伴随着经济衰退甚至萧条时期所特有的条件,模仿的企业在采用该项新技术时也应当考虑这一点。可见,该项新技术初次被企业采用的时间所处的经济周期的阶段,应当被模仿者注意到,从而会对模仿速度和模仿比例发生影响。

(四)曼斯菲尔德所得出的结论

曼斯菲尔德通过上述分析,得出了以下结论:

第一,模仿速度和模仿比例之间呈现正比关系。如果采用某种新技术的企业数增长速度加快,那么采用该种新技术的企业占该部门企业总数的比例也就增大,对守成的企业技术变革的影响同样会加强,因为这意味着模仿的风险减少了。

第二,模仿与守成相比较时的相对赢利率与模仿速度成正比。这是因为,模仿与守成相比较时的相对赢利率越高,那么模仿速度就越快,相对赢利率引诱更多的企业放弃守成,转而采用新技术。

第三,采用新技术所要求的投资额越大,资本供给来源越狭窄,融资的难度也就越大。这样,所要求的投资额占企业总资产之比与模仿速度呈现反比关系。

那么,一种新技术首次被某个企业采用之后,究竟要隔多长时间才被该部门的大多数企业采用呢?曼斯菲尔德试图解答这个问题。据他的分析,情况是不同的。例如在美国,从经济史上看,有的新技术在短短几年之内就推广于该部门了,连续采煤机就是如此;但有的新技术却拖延了半个世纪左右,才慢慢地在该部门推广,摘棉机就是如此。模仿速度和模仿比例相距如此之大,曼斯菲尔德认为可以从他提到过的影响新技术采用的主要经济因素和补充性经济因素的分析中找到答案。这被认为是曼斯菲尔德在技术推广问题方面的新贡献。

(本文是厉以宁在20世纪80年代中后期同陈振汉教授合开的北京大学经济学院研究生课程《西方经济史学》讲稿中的一章)

技术创新理论和经济史研究(下)

一、关于技术创新与市场结构之间关系的研究

曼斯菲尔德的技术推广问题研究的假定条件是存在着完全竞争的市场环境。他正是在排除垄断在经济生活中的作用的前提下展开分析的。但自从19世纪后期起,垄断在美国和西欧主要国家的经济中越来越发挥作用,而技术创新和技术推广也从这个时候起速度加快了。那么,垄断的存在对技术创新和技术推广究竟有什么意义?最适合于技术创新和技术推广的市场结构究竟是什么样的?这些问题在技术创新理论的研究者中引起了关注。莫尔顿·卡曼(Morton I. Kamien)和南赛·施瓦茨(Nancy L. Schwartz)在这个领域内进行的研究,被认为是有成就的。①

(一)垄断和竞争各自在技术创新中扮演的角色

在现实生活中,不存在完全竞争的市场环境,而是垄断与竞争

---

① 他们的主要著作有:"竞争条件下创新的时间性"(《经济计量学杂志》,1972年)、"最大创新活动的竞争程度"(经济学和管理科学数理研究中心报告,1974年)、"市场结构和创新"(《经济学文献杂志》,1975年)等。

并存。卡曼和施瓦茨认为,垄断和竞争在技术创新过程中各有各的作用,垄断代替不了竞争,竞争同样代替不了垄断。那种或者认为只有竞争才能推动技术创新,或者认为只有垄断才能推动技术创新的论述,都是不符合实际的。

卡曼和施瓦茨指出,主要有三个变量是决定技术创新的重要因素。这三个变量是:竞争程度,企业规模,垄断力量。它们对技术创新的作用是各不相同的。

1. 竞争程度

市场竞争对于技术创新十分重要,甚至可以说是不可缺少的。如果没有市场竞争,少数企业或单个企业控制了市场价格,保证获得赢利,它们在大多数情况下是不愿花钱去从事技术创新的。除非它们有把握知道技术创新既不会使自己减少市场的占有率,进而扩大利润,又不会让潜在的竞争对手乘技术创新之机来同自己争夺市场,否则,技术创新岂不是给自己的垄断地位增添麻烦?

因此,只有在激烈的市场竞争中,企业为了以较低廉的价格和较优秀的产品质量,或以新产品作为手段战胜其他企业,必须重视技术创新,否则难以战胜竞争对手。

经济正是在市场竞争环境中,通过不断的技术创新而朝前发展的。

2. 企业规模

企业规模与技术创新之间的关系,在于技术创新的效果同企业规模大小直接联系在一起。企业规模小,资本数额少,融资条件差,即使在技术创新方面做出成绩,但技术创新的影响小,在市场上的效果也较小。

因此,企业规模实际上影响着一种技术上的创新所开辟的市场前景。一个企业规模越大,那么它所从事的技术创新的效果就越好,技术创新所开辟的市场就越大,赢利前景也就越宽广。

3. 垄断力量

垄断力量与技术创新之间的关系,在于技术创新所开辟的新市场或扩大了的市场的持久性。这是因为,企业的垄断市场的能力越大,企业对市场的垄断程度越高,对市场的控制范围越广和控制力越强,那么企业所进行的技术创新的效果就越巩固,技术创新的成绩也越不容易丧失。

要永久保持企业对市场的垄断地位是不容易的,因为原有的技术创新迟早会被新的技术创新所超越或替代,而且技术在推广或扩散过程中,一定会继续发生变化。新技术被模仿者采用后,不会简单地重复,而是会被改进、提高和进一步发展。改进后的技术虽然花费了追加的投资,但会增加更多的利润。这表明垄断力量的存在对技术创新成果的持久性起着有力的维护作用。换言之,如果没有垄断,同样不会有技术创新成果的持久维护,人人都愿意做模仿者而不愿做创新者。

(二)对于技术创新来说,最有利的市场结构是介于完全垄断与完全竞争之间的市场结构

前面已经谈到,卡曼和施瓦茨认为,市场竞争和垄断力量对于技术创新实际上是同样重要的,因为没有市场竞争,就不会有企业去从事技术创新活动,它们会觉得没有这种必要;如果没有垄断力量的存在,企业也不愿从事技术创新活动,因为技术创新的成果得不到保障,技术创新的业绩无法持久维持,倒不如做一个模仿者,可能更有好处。

因此,卡曼和施瓦茨认为,最有利的市场结构是介于完全垄断与完全竞争之间的一种市场结构。这样,既可避免完全垄断所带来的扼杀竞争和扼杀技术创新的恶果,又可避免完全竞争下不利于技术创新活动产生和发展的格局的出现。

即使不是完全垄断,但在垄断程度较高的情况下,对技术创新活动同样是不利的。在卡曼和施瓦茨看来,如果垄断程度较高,虽然社会上可能出现一些较小的技术创新,但不容易产生较大的特别是具有重大影响的大技术创新。原因是垄断企业缺少竞争对手的威胁。

同样的道理,即使不是完全竞争,但只要市场竞争程度较高,一方面,由于企业的规模一般较小,力量单薄,资本有限,又缺少长期支撑技术创新的能力,所以也只可能出现小技术创新而出现不了大技术创新;另一方面,由于市场竞争程度较高,缺少足以保障技术创新持久收益的垄断力量,因此也不利于引起大技术创新。

这样,卡曼和施瓦茨在技术创新与市场结构的关系方面得出了一个结论:最有利于技术创新的市场结构,应当是存在"中等程度的竞争"的市场结构,也就是说,市场竞争和垄断力量都保持在一定的程度上,都不过度,这样,技术创新速度将是最快的,技术创新的内容也将是比较有价值的。

(三)垄断前景推动的技术创新和竞争前景推动的技术创新

卡曼和施瓦茨把技术创新分为两类,一类是垄断前景推动的技术创新,另一类是竞争前景推动的技术创新。

垄断前景推动的技术创新是指:一个企业,由于预计自己所进行的创新能够使自己获得垄断地位,从而致力于某种技术创新。简单地说,这就是:投资—技术创新—获得垄断地位—赢利率上升和垄断地位的持久化。

竞争前景推动的技术创新是指:一个企业,由于担心自己目前的产品销路和市场份额会在竞争对手的模仿或创新之下丧失掉,从而致力于某种技术创新。简单地说,这就是:不投资—不进行技术创新—产品销路减少和市场份额缩小—赢利率下降,直到被排挤出市场。

卡曼和施瓦茨还认为,这两类技术创新都重要。如果只有前一种技术创新而没有后一种技术创新,那么技术创新活动到了一定阶段就会停止。这是因为,当企业通过自己的技术创新而实现了自己获得垄断地位的目标后就不再致力于继续的技术创新了。如果只有后一种技术创新而没有前一种技术创新,那么创新活动很难出现。这是因为,人人都想成为花费较小成本的模仿者,而不想做花费较大成本的创新者。企业所考虑的只是:既然技术创新的结果无法获得垄断地位和垄断利润,那又何必投资进行技术创新呢?

二、技术创新和技术推广以及新加入者的处境

(一)技术变革和新加入者加入某一行业的主要原因

里查德·列文(Richard C. Levin)从另一个角度探讨了技术

创新与市场结构之间的关系。① 他着重分析的是在技术创新和技术推广过程中新加入者的处境问题。

列文认为,可以把技术变革分为两种。一种是使劳动成本所占比重增长的技术变革,即导致生产资料所占比重下降的技术变革。比如说,通过技术变革,生产资料(如机器设备、厂房、原材料、燃料等)的价格便宜了,而工资不变,这样,劳动成本所占比重就增长了。另一种是使企业规模扩大的技术变革。比如说,通过技术变革,企业规模扩大了,单位生产成本也就随之下降,赢利率相应提高。可见,两种技术变革都能起到降低单位生产成本和提高赢利率的作用。

那么,企业在选择技术变革的类型时,在什么情况下会选择使劳动成本所占比重增长的技术变革,在什么情况下会选择使企业规模扩大的技术变革呢? 假定这两种技术变革是可以互相替代的,在研究开发费用占总收入或总产值的比例不变的条件下,那么赢利率的提高程度大小是该企业选择技术变革类型的基本考虑。

如果企业通过技术变革而获得的追加赢利多,可以用于研究开发的费用在总收入或总产值中所占的比例就大,这时企业将会采取使企业规模扩大的技术变革措施,即投资于新的厂房建设、购进设备等等。反之,如果企业通过技术变革而获得的追加赢利少,或者企业几乎没有什么追加赢利,那么企业就不会着手扩大企业规模,而会采取使劳动所占比重增大的技术变革措施,达到降低单位生产成本的目的。

---

① 理查德·列文在这方面的著作有:《技术变革、规模经济和市场经济》(耶鲁大学,1974 年)、"技术变革和最优规模"(《南方经济学》杂志,1977 年)、"技术变革、对新加入者的阻碍和市场结构"(《经济学报》,1978 年 11 月)。

那么，这些情况对于新加入者会有什么样的影响？要知道，未加入某一行业的投资者之所以会成为该行业的新加入者，首先是受到该行业产品价格上涨的吸引。他们认为只有该行业产品价格上涨才会使该行业的企业得到追加赢利，而这种价格上涨通常是由于出现了需求大于供给的格局。所以新加入者是以新增的供给者身份加入这一行业的，目的在于分享该行业因供不应求和价格上涨而形成的追加赢利。也正是由于新加入者对该行业的加入，所以该行业的原有企业就会纷纷通过技术变革（或者是使劳动成本所占比重下降的技术变革，或者是使企业规模扩大的技术变革），以降低单位生产成本，取得追加赢利。这体现了市场竞争对技术创新和技术推广的推动作用。

（二）新加入者的复杂处境

然而，新加入者出于分享某一行业因供不应求和价格上限而产生的追加赢利的目的，加入到该行业之中，他们的处境究竟如何，不可一概而定。理查德·列文从以下这些方面对新加入者的处境进行了分析。

第一种情况：如果原有企业规模的扩大程度与企业生产量的增长程度相等，那么原有企业所得到的追加赢利额不变。原有企业用于研究的费用在其总收入或总产值中所占的比例不变，原有企业的技术变革速度也维持不变。在这种情况下，既不会有新企业加入该行业，原有企业也不会退出该行业。该行业的企业数也不会发生变化。

第二种情况：如果某一行业原有企业生产量的增长程度大于企业规模的扩大程度，那么原有企业所得到的追加赢利额将上升。

追加赢利额上升的结果，原有企业将会选择促使企业规模扩大的技术变革措施。在这种情况下，该行业的企业数或者不变，或者增多（因为有新企业加入该行业），而不会减少（因为原有企业并不退出该行业）。

第三种情况：如果某一行业原有企业生产量的增长程度小于企业规模的扩大程度，那么原有企业所得到的追加赢利额将下降。追加赢利额下降的结果，原有企业将会选择促使劳动成本所占比重增长的技术变革措施。在这种情况下，该行业的企业数或者不变，或者减少（因为有的原有企业会退出该行业），而不会增加（因为不会有新加入者参加该行业）。

第四种情况：如果技术变革的可能性和收入的增长率为既定的，需求的收入弹性对该行业的新加入者的决策具有决定性作用。如果需求的收入弹性增大（即收入增长后，对产品需求量的增长幅度较大），新加入者比较容易进入该行业，因为这时取得追加赢利的机会较多，新加入者有利可图。即使该行业的原有企业会通过促使企业规模扩大的技术变革措施来获取追加赢利，但这至多只能延缓新加入者加入该行业，而不可能阻止新加入者参加该行业。反之，如果需求的收入弹性下降（即收入增长后，对产品需求量的增长幅度较小），新加入者进入该行业就比较困难，因为这时取得追加赢利的机会较少，甚至分享不到追加赢利，新加入者无利可图。

第五种情况：如果整个经济的增长率是上升的，即收入也相应增长，那么在需求的收入弹性大于需求的价格弹性的情况下（即需求量对收入变动的反应程度大于需求量对价格变动的反应程度时），由于获取追加赢利的机会较多，新加入者有利可图，新加入者比较容易进入该行业。反之，在需求的收入弹性小于需求的价格弹性时,取得追加赢利的机会较少甚至丧失。新加入者感到无利可图,于是就不会参加该行业。

从上述五种情况来看,新加入者要参加某个行业是有条件的。

整个分析的前提是,某个行业的需求大于供给,价格上涨。这时,新加入者会加入该行业,他们一般不会参加产能过剩的行业。

根据以上分析,最适合新加入者进入某个行业的是上述第二种情况。

有限制条件的是上述第四种情况和第五种情况。这两种情况下,需求收入弹性的大小是关系到新加入者进入与否的决定性条件。

至于上述第一种情况和第三种情况,是不利于新加入者参加某个行业的。

这些分析有利于理解工业化过程中的技术创新和技术推广活动。

三、关于部门之间技术扩散的研究

技术推广和技术扩散往往是同义语。但在有的经济学文献中,把新技术在本部门的企业的采用,以技术推广来表述,而把新技术在不同部门的传播,则以技术扩散来表述。但这并不是绝对的。技术推广和技术扩散两词经常混用。

克莱夫·特列比尔科克是研究部门之间技术扩散问题的经济学家。[1] 他研究的重点是:一种新技术出现并被企业采用后,如何

---

[1] 克莱夫·特列比尔科克在这方面的著作有:"英国经济史上的'技术扩散'"(《经济史评论》,1969年)、"'技术扩散'与军火工业"(《经济史评论》,1971年)、"英国的军火工业和欧洲工业化"(《经济史评论》,1973年)等。

从这一部门扩散到其他部门。

下面分两个问题来叙述。

(一)在技术扩散方面,军事工业部门起着重要作用

特列比尔科克认为,一个时代的先进技术往往集中反映于武器生产技术上,一种先进武器的生产(例如军舰),集中了当时本国各种最先进的生产技术和科学成就。一座新建的兵工厂(例如制造军舰的兵工厂),就是当时本国已达到的最先进生产技术和科学水平的综合反映。民用工业的生产技术水平总是相对落后于军事工业。因此,要研究部门间的技术扩散,应当首先研究一国军事工业中最先采用的先进技术和最集中反映的生产技术水平传播到民用工业各部门的过程。

据他的研究,一国军事工业中的先进技术对民用工业各部门的技术变革的影响主要通过以下两种方式进行:

一种方式是:军事工业中首先采用的许多生产技术适用于一般机械制造、造船、冶金工业的生产,军事工业生产中对产品质量要求的精密性、严格性和标准化也适用于许多民用工业部门和民用工业企业。因此,一国如果先建立了先进的军事工业部门,它的许多民用工业部门也就能够相继采用类似的新技术。

另一种方式是:在军事工业部门的企业中工作过并且使用过先进生产技术的熟练工人,有可能转入民用工业部门的企业中工作,这样也就有助于把新技术扩散到民用工业部门和民用工业企业中去。

在特列比尔科克看来,无论是通过上述第一种方式还是通过第二种方式,军事工业部门把先进技术扩散到民用工业部门,不仅

依赖于军事工业部门所使用的生产技术本身是否适用于民用工业部门，还依赖于民用工业部门的企业是否具备采用先进技术的条件。这些条件包括：

1. 民用工业部门和民用工业企业是否有足够的、可以使用这些先进技术的熟练工人队伍；

2. 民用工业部门和民用工业企业是否具备相应的原材料和燃料供给；

3. 民用工业部门和民用工业企业是否有足够的生产管理经验，足以使得所采用的先进技术设备发挥作用。

特列比尔科克认为，上述这些条件虽然重要，但都是可以得到解决的。比如说，是否有足够的熟练工人队伍这一点，可以通过职业培训来解决；是否有相应的原材料和燃料的供给，可以通过"需求刺激供给"方式来解决。至于采用了军事工业部门先进技术的民用工业部门和民用工业企业是否有足够的生产管理经验问题，则可以通过民用工业部门和民用工业企业的学习、借鉴和自身经验的积累来解决。

（二）一国建立先进的军事工业部门，不仅有国防上的重要意义，而且也有经济和社会方面的重要意义

这是特列比尔科克在他的著作中一再强调的论点。他研究了19世纪末和20世纪初英国和俄国的经济史，指出由军事工业部门向国内民用工业部门的技术扩散，曾加速了英国和俄国的工业化进程。

在英国，当时主力舰是最先进的武器，一艘主力舰集中反映了当时英国各种最先进的科学技术成果（如冶金、机械、通信、火炮、

航海等技术成果），为了制造主力舰，出现了许多重要的技术创新（包括高压合金、金属切削工艺、新式车床等）。这些新技术虽然首先应用于军事工业部门和军工企业，但接着就发生了新技术由军事工业向民用工业扩散的过程，对推进英国工业化具有重要意义。

在俄国，20世纪初年技术水平是严重落后的。日俄战争中，俄国舰队遭到毁灭性的打击，于是出现重新建立俄国海军的问题。俄国从英国和法国引进了新的军事工业技术，特别是制造军舰和新式火炮、鱼雷的新技术。这些新技术对俄国重建军事工业有重要意义；不仅如此，新技术的引进还对俄国的民用工业（包括冶金、机械制造、商船制造、燃料等部门）的技术改造起了重要作用。

特列比尔科克认为，军事工业的新技术向民用工业扩散并带动民用工业的发展，可能是一个普遍的规律，英国和俄国不是绝无仅有的例子，日本、意大利、西班牙、土耳其等国经济史上都存在着类似的例子。

特列比尔科克的论述可能主要是针对19世纪末和20世纪初以及20世纪初期以后的各国经济史而言的。但这是不是一个普遍的规律，还需要仔细研究。18世纪至19世纪中期这一段世界经济史所反映的似乎不是这种情况。要知道，在冷兵器时代，并未发生过兵器手工业与民用手工业先后发展的顺序，而且兵器作坊通常是从专业的民用品生产作坊分离出来的。在英国产业革命时期，先进技术曾经先在棉纺织业中出现，并从棉纺织业向其他民用工业部门扩散。19世纪中期，海上交通运输业中，最先使用蒸汽机的是民用的客运和货运船只，而军舰则长期使用风帆，隔了很长时间军舰才从使用风帆换成了使用蒸汽机（因为开始使用蒸汽机作为轮船的动力来源时，使用的是明轮装置，装在船的一侧，对军舰来说,这不仅易受到攻击,而且装备明轮的那一侧的火炮就要减少)。由此可见,先进技术扩散的方式很多,而不限于"先军事工业、后民用工业"这样一种技术扩散途径。

四、关于采用新技术的企业规模"起始点"的研究

在技术创新和技术推广过程中,一项新技术被初次采用或被模仿者模仿,是不是存在企业规模"起始点"问题,也引起研究者的注意。保罗·戴维(Paul A. David)在所著"内战前中西部的收割机械化"[①]一文中,曾以美国中西部收割机推广为例,研究了这一问题,并受到经济史学界的重视。

(一)决定规模起始点的因素

采用新技术的规模起始点(threshold point)是指:一个企业如果要采用某种新技术,那么它至少要达到某种规模。如果企业规模达不到这个起始点,采用新技术就是不合算的。

以农场采用收割机为例。采用收割机的农场规模的起始点是:如果农场想采用一台收割机来代替人工收割,那么它的收割面积必须达到一定面积,这就是起始点。达到或超过了这个面积,使用收割机就合算,否则就不如雇用人工收割。

保罗·戴维认为,以使用收割机来说,决定规模起始点的因素

---

① 载福格尔和恩格尔曼编:《美国经济史的重新解释》,纽约,1971年,第214—227页。

主要有以下三项：

1. 使用该种新技术平均每年负担的成本(以 C 来表示)；

2. 使用该种新技术后,平均每个单位产量所能节省的劳动力(人日)数(以 L_s 来表示)；

3. 未使用该种新技术时,使用旧技术所需要的每个人日的费用(以 W 来表示)。

这样,以 S_T 表示规模的起始点,则

$$S_T = \frac{C}{L_s \cdot W} \tag{1}$$

$$C = S_T \cdot L_s \cdot W \tag{2}$$

其中,使用该种新技术平均每年负担的成本(C)又取决于以下的因素：

1. 该种新技术(设备)的售价(以 P 来表示)；

2. 该种新技术(设备)的折旧率(以 d 来表示)；

3. 对该种新技术(设备)的投资的机会成本,即投资于该种新技术(设备)后,资本就不能在别处生息,因此计算机会成本时,可以用年利息率(r)来表示。

如果该种新技术(设备)的使用率越低,或者说,该种新技术(设备)一年中闲置不用的时间越长,它所带来的利息收入方面的损失就越大。比如说,一台收割机一年只使用 6 个月,那么另外 6 个月就是闲置的,在计算机会成本时就用 $0.5r$ 来表示。

这样就可计算出使用该种新技术平均每年负担的成本(C)：

$$C = (d + 0.5r)P \tag{3}$$

以(3)代入(1),就可以计算出采用新技术的规模的起始点。

$$S_T = \frac{C}{L_s \cdot W} = \frac{(d+0.5r)P}{L_s \cdot W} = \frac{(d+0.5r)}{L_s} \cdot \frac{P}{W} \tag{4}$$

P/W 就是该种新技术的相对价格。

由此可见,在一定的折旧率(d)和一定的利息率(r)的条件下,假定使用该种新技术所能节省的劳动力数额(L_S)为既定的,那么使用该种新技术的规模起始点(S_T)与该种新技术的相对价格(P/W)成正比。

(二)降低规模的起始点是推广某些新技术的关键

由上述公式(4)可知:

1. 要降低规模的起始点,就应当使该种新技术(设备)变得更加耐用,因为这样一来,折旧率便降低了(表现为 d 的下降)。

2. 要降低规模的起始点,就应当使该种新技术(设备)变得更加有效率,以便使它能够代替更多的劳动力(表现为 L_S 的增大)。

3. 要降低规模的起始点,就应当使该种新技术(设备)的投资的机会成本降低,使得利息率降低(表现为 r 的下降)。

4. 要降低规模的起始点,还应当使该种新技术(设备)的相对价格降低(表现为 P/W 的下降)。P/W,即该种新技术(设备)的相对价格,它取决于两个因素:P 和 W。P 是新技术(设备)的成本,即购置新技术(设备)的费用,也就是新技术(设备)的售价;W 是未使用新技术(设备)时,使用旧技术所需要每个人日的费用。P 越小,或 W 越大,则 P/W 就越小,从而规模的起始点也会下降。

只要规模的起始点降低了,那么将会有更多的企业转而采用该种新技术(设备),新技术的推广就会加速。

(三)美国中西部收割机推广的例证

保罗·戴维以收割机在美国中西部的推广使用为例。他指出:19世纪30年代收割机初次出现于美国,尽管它的效率比人工用镰刀收割高得多,但在长达20年的时间内一直未能推广。美国的农场主们不愿采用效率高的收割机,而宁肯雇人用镰刀收割,原因何在?他认为,主要原因在于采用新技术(收割机)的农场规模起始点太高。据他计算,当时,一个农场至少应有46.5英亩的小麦种植面积,使用收割机才合算,而实际上,当时美国中西部平均每个农场的小麦种植面积只有25英亩,与起始点相差21.5英亩,即连规模起始点的54%还达不到,怎么能推广收割机呢?

又过了20年,到了19世纪50年代,美国中西部平均每个农场的小麦种植面积已增加到30英亩左右,同时,收割机的效率比过去高了(即更节省劳动力了),而收割机的售价也降低了,这样使农场规模起始点由19世纪30年代的46.5英亩下降到35英亩左右。这样一来,19世纪50年代美国中西部平均每个农场小麦种植面积(30英亩左右)与使用收割机的规模起始点(35英亩左右)之间的差距已由过去的21.5英亩下降到只有5英亩了,这样就大大促进了收割机的使用。

保罗·戴维的上述研究有助于对美国中西部地区农业机械化历史的了解。

(本文是厉以宁在20世纪80年代中后期同陈振汉教授合开的北京大学经济学院研究生课程《西方经济史学》讲稿中的一章)

制度创新理论和经济史研究(上)

经济增长和技术创新问题很早以来就是西方经济学和经济史的研究课题之一。但各种经济增长模型和理论的缺陷,在于未把制度变革包括在内。按照一些西方经济学家的看法,如果只考察经济增长而不同时考察制度变革,那么这种理论是狭隘的、有局限性的,因为它无法说明长期的经济增长,无法说明制度的变更的作用。20世纪50年代以来,西方经济学家尝试填补经济增长理论与制度变革理论之间的这一空白。

熊彼特的创新理论被应用于解释制度的变革,这是第二次世界大战结束后研究制度变革理论的西方经济学家们的一种新的分析方法。制度创新理论,简单地说,就是经济增长理论、制度变革理论、创新理论三者结合的产物。

制度创新理论承袭了西方经济增长理论、制度变革理论和创新理论中的内容,其中,有关制度创新的论述中,有些内容可供我们参考或借鉴。这需要结合具体问题来进行分析。例如,关于制度变革中各种时延的分析(理解和组织的时延,等待新发明的时延,选择行动方案的时延,开始实行制度变革的时延),可以适用于一般的制度变革过程的分析。又如,制度创新过程中需要涉及机会成本的问题,这一点以往常常被忽略,然而实际上机会成本是存在的,西方经济学家在考察制度的变革时对机会成本的分析,可供我们参考。简单地说,没有机会成本概念,最优方案的选择也将是缺少依据的。再如,制度变革过程中的预期成本估算方式,也有一定的参考价值。这一点之所以对我们说来是重要的,因为我们往往不考虑制度守成(即坚持过了时的制度方面的决策)的代价,不考虑付出成本时间和取得收益时间的间隔和贴现率等因素。对于某项制度变革措施的受益范围和实际受益程度,我们有时也考虑较少。

下面,让我们从制度创新理论的产生谈起。

一、制度创新理论的产生

前面在谈到技术创新时已经指出,创新概念是熊彼特在20世纪初年提出的。创新是指企业家对生产要素的新组合,它与发明不同。发明是指一种新产品、新技术或新经营方式的初次出现;创新是指把一种发明引入经济之中,从而给经济带来较大的影响或发生较大的变革。因此,创新是一个经济概念,而不是技术概念。发明者不一定是创新者,创新者也不一定是发明者。熊彼特体系中的创新者,是指那种看到了经济中存在着的潜在利益,并敢于冒风险,把新发明引入经济之中,以便获取这种潜在利益的企业家。

制度创新理论的提出者是美国经济学家兰斯·戴维斯(Lance E. Davis)、道格拉斯·诺思(Douglass C. North)、罗伯特·托玛斯等人。

1970年和1971年,诺思和罗伯特·托玛斯合作,在《经济史评论》上发表了"西方世界成长的经济理论"和"庄园制度的兴衰:

一个理论模式"两篇论文。他们在这里提出了这样一个中心论点：一种提供适当的个人刺激的有效的制度是经济增长的关键,而这种制度的产生是有代价的,除非它所要带来的收益大于付出的成本,否则它不会出现。诺思和托玛斯依据的是古典派和新古典派关于市场的决定性作用的理论,并且把政治看成是国家与公民们之间一种契约关系。他们认为英国工业革命之所以发生,与私人财产地位的变革有直接的关系;如果没有专利权制度,没有私人经营的产业及其收入的合法保障,或者说,如果没有制度上的保证和把私人利益纳入社会利益之中,那么即使有发明,发明也不会被推广和在经济上引起变动。诺思和托玛斯的论述引起了西方经济学界很大兴趣。稍后,他们在这些论文的基础上写成《西方世界的兴起:新经济史》一书(剑桥大学出版社1973年版)。

制度创新理论的重要代表作是戴维斯和诺思合著的《制度变革和美国经济增长》一书(剑桥大学出版社1971年版)。这是西方经济学界第一部比较系统地阐述制度创新理论的著作。普列斯顿(L. E. Preston)在评论戴维斯和诺尔斯的制度创新理论时,认为这是制度学派经济学家凡勃仑和康蒙斯,以及创新理论创始人熊彼特的社会和公司理论模式的发展新阶段。[①]

戴维斯和诺思声称,传统的经济增长论由于不包括制度因素而有其狭隘性,而他们合著的"这本书的目的则是要打破这种狭隘性,发展一种关于制度变革的理论"[②]。在他们看来,制度创新理

[①] 参看普列斯顿:"公司和社会:模式的探讨",载《经济学文献杂志》,1975年6月,第438页。

[②] 戴维斯和诺思:《制度变革和美国经济增长》,剑桥大学出版社,1971年,第Ⅶ页。

论与一般的经济增长理论的区别在于把制度的安排当作一个变量,而不把它看成是已知的、既定的;制度创新理论与一般的经济增长理论相一致之处,则在于制度创新理论仍以最大利润原则为出发点,即以新古典理论的基本假定为基础,认为推动制度变更的力量是想获得尽可能最大数量的利润的愿望。

1971年以后,制度创新理论的研究领域内不断出现一些新的著作。戴维斯和诺思不乏追随者和仿效者。用类似的方法研究制度变革的原因和过程的人提出了重新解释西方各国历史的各种观点。但戴维斯和诺思作为制度创新理论的系统表述者,他们在1971年合著出版的《制度变革和美国经济增长》一书一直是受到学术界重视的。

二、戴维斯和诺思的制度创新理论

1. 制度创新及其与技术创新的相似性

根据戴维斯和诺思的说法,制度创新是指能使创新者获得追加利益的现存制度的变革。他们写道:"如果预期纯收益超过预期成本,在制度方面的安排就会被创新。只有满足了这个条件,才能够指望社会上有人想改变现存的制度和所有权的结构。"[①]因此,制度创新不是泛指一切有关制度的变化,而是专指能使创新者得到追加利益的制度变化。他们举例说,如果大企业进行生产比单个所有者进行生产所花费的成本少,赢利大,那么就会出现企业经

[①] 戴维斯和诺思:《制度变革和美国经济增长》,剑桥大学出版社,1971年,第10页。

营制度的变化,即由单个所有者经营向大公司经营过渡;如果工人感到组织起来更易于增加工资和改善工作条件,那么就会产生新的制度安排——工会组织。这些都是制度创新。

戴维斯和诺思认为,制度创新与技术创新十分相似。这些相似性是:

第一,技术创新往往是技术上一种新发明的结果,而制度创新也往往是制度上的一种新发明(如发明新的组织或管理形式等)的结果。戴维斯和诺思举例说,19世纪的美国,由于国内市场的发展,历史上形成的地方性垄断被打破了,但却使许多企业陷入彼此激烈竞争之中。企业打算防止这种激烈竞争对自己的不利影响,于是急待制度方面出现新的发明。卡特尔制度就是为了解决这个问题而被发明出来的。市场的卡特尔化就是采用这种新发明的结果而出现的一种制度创新。①

第二,技术创新往往需要在已知的几种可供选择的可能性之中进行选择,制度创新也是如此。技术创新的方案选择要考虑比较利益,制度创新也不例外。

第三,正如一个行业的技术创新可能引起另外一些行业的技术创新一样,一个行业中的制度创新也可能引起其他行业的制度创新。

他们认为,制度创新同技术创新不同的地方在于,创新的时间同物质资本之间的关系不同。制度创新的时间不取决于物质资本寿命的长短,而技术创新的时间则依赖于此。

---

① 参看戴维斯和诺思:《制度变革和美国经济增长》,剑桥大学出版社,1971年,第50页。

2. 促成或推迟制度创新的诸因素

根据戴维斯和诺思的定义,制度创新理论中所说的制度是指具体的政治经济制度(金融组织、公司制度、工会制度、税收制度、教育制度等),而不包括作为背景的社会政治环境。他们假定社会政治环境为已知的。那么,在既定的社会政治环境中,是什么因素促成制度创新呢?总的说来,是成本和收益之比在起作用,即只有在预期纯收益大于预期成本的条件下才会发生制度创新。这一原则与技术创新的原则一致。戴维斯和诺思接着提出,如果再作进一步考察,有三个重要的因素对制度创新的需求的产生起着作用:

第一,"市场规模的变动能够改变制度方面的一定的安排的收益和成本:获得情报的成本和排斥局外企业的成本并不随着交易额的增加而同比例地增加。"①这就是说,随着市场规模的扩大,随着交易额的增加,经营管理方面的某些成本的增长率是递减的,或者在成本方面作等量的投资可以引起收入有更大程度的增长,这就会产生对制度创新的需求,即要求变革现存制度去获取潜在的利益。

第二,生产技术的发展能够改变现存制度条件下成本和收益之比,从而引起对制度创新的需求。生产技术发展的影响包括两个方面:一方面,技术进步使得生产的扩大能够获得越来越多的收益,从而使得比较复杂的生产组织和经营管理形式变成是有利可图的;另一方面,生产技术的发展引起了生产的积聚,使人口集中于大城市和工业中心,从而提供了一系列新的获取利润的机会。

---

① 戴维斯和诺思:《制度变革和美国经济增长》,剑桥大学出版社,1971年,第41页。

这样也就产生了对制度创新的需求,以获得潜在的利益。①

第三,由于一定的社会集团对自己的收入的预期发生变化,从而引起他们对现存制度条件下的成本和收益之比的看法做了普遍的修正。为此,他们需要有制度上的创新来使自己适应预期收入改变后的地位,或阻止预期收入继续朝着不利于自己的方面变化。戴维斯和诺思把美国政府实行的反危机措施作为由此促成的制度创新的一个例证。②

戴维斯和诺思在分析了促成制度创新的总的原则(收益与成本之比)以及具体影响收益和成本之比的上述三个因素之后,提出了制度创新的时延问题。什么是制度创新过程中的时延呢?这就是指获取潜在利润的机会的出现与获取该利润的制度创新的实现在时间上的一段间隔。造成时延的原因有三个:(一)现存的法律限定的活动范围。如果现存的法律(包括习惯法和成文法)不容许制度上某种新的安排的出现,那么只有在修改法律之后才有制度创新的可能。(二)制度方面的新的安排代替旧的安排所需要的时间。在这方面,制度创新的过程将和企业中固定资本更新的过程一样;企业中的旧机器设备虽然不如新机器设备那样有赢利性,但要完全用新机器设备来取代它们,也不是轻而易举的事情。一般情况是,旧机器设备逐渐变旧、贬值,新机器设备陆续代替它们。新制度代替旧制度的过程也如此。(三)制度上的新的发明是一个困难的过程;需要一定的时间来等待这种制度上的新的发明。③

---

① 参看戴维斯和诺思:《制度变革和美国经济增长》,剑桥大学出版社,1971年,第42页。

② 参看同上。

③ 参看同上书,第46—47页。

与此相应的是,戴维斯和诺思把由于上述三方面原因所造成的时延全过程分解为四个部分:

第一,理解与组织的时延。这是指为了理解潜在利润的存在情况,以及从事制度创新的人们组织起来采取行动所需要的时间。

第二,等待新发明的时延。从事制度创新的人们组织起来后,这时如果有现存的制度创新方案,那就对方案进行选择。如果没有现存的方案,或者现存的各种方案的预期纯收益都是负数,那就需要有一个等待新发明的时间。

第三,方案选择的时延。指用来比较几种已知的制度创新方案,选择一种可以使制度创新者获得最大利润的方案所需要的时间。方案选择的前提是:在现存制度创新的方案中,至少要有一种方案的预期纯收益大于零。

第四,开始实行创新的时延。指选择最好的制度创新方案和进行实际的制度创新之间在时间上的间隔。

戴维斯和诺思写道:把时延的全过程分解为上述四个部分,分别加以考察,是有利于对制度创新的了解的,"但读者应当记住这样一个事实:总的时延并不一定是各个部分时延的总和,它可能短一些,这就是说,一种时延所涉及的活动可能与另一种时延所涉及的活动同时进行。"①

3. 制度创新过程

戴维斯和诺思把制度创新过程分为以下五个步骤:

第一步——形成第一行动集团(a primary action group)。这

---

① 戴维斯和诺思:《制度变革和美国经济增长》,剑桥大学出版社,1971年,第56—57页。

是指在决策方面支配着制度创新过程的一个决策单位,它可以是单独的个人,也可以是由一些人组成的团体,还可能是政府部门。它预见到潜在利润的存在,并认识到只要进行制度创新就可以得到这种潜在的利润。第一行动集团中至少有一个成员是熊彼特所说的那种从事创新的企业家。第一行动集团是制度创新的决策人和首创人。

第二步——第一行动集团提出制度创新方案。这时可能没有一个现成的、已知的方案,这就需要等待制度方面的新发明。但也可能已有的方案不能为现存的社会政治环境所包容,这样也需要等待制度方面的新发明,或排除现存社会政治环境方面的障碍。

第三步——第一行动集团对实现之后纯收益为正数的几种制度创新方案进行选择,选择的标准就是前面提到的最大利润原则。

第四步——形成第二行动集团(a secondary action group)。这是在制度创新过程中,为帮助第一行动集团获得预期纯收益而建立的决策单位。第二行动集团可能是政府机构,也可能是为"第一行动集团"服务的组织或个人。它本身可能因此增加收入,但也不一定得到增加的收入。制度创新实现后,第一行动集团和第二行动集团之间可能进行追加的收益的再分配。

第五步——第一行动集团和第二行动集团共同努力,使制度创新得以实现。

戴维斯和诺思认为,任何制度创新过程实际上都包括上述这些步骤。[①] 他们举例说:烟尘是生产过程中由工厂排放出来的,要

---

① 参看戴维斯和诺思:《制度变革和美国经济增长》,剑桥大学出版社,1971年,第 8—10、62 页。

消除烟尘,工厂需要进行投资。但工厂附近的住户因工厂排放出来的烟尘而遭受损失。在现存制度之下,工厂不愿花钱,烟尘无法消除,住户继续受损失。于是工厂附近的住户要求进行制度创新。这些住户组成了一个政治团体,即第一行动集团。如果这个政治团体在选举中获胜,就可以通过代表在议会中通过一项禁止工厂排放有害烟尘的法律,或者可以通过法律建立一个防止空气污染的管理机构,即第二行动集团。这个第二行动集团负责执行命令,有权勒令污染空气的工厂停工。于是一种消除烟尘污染的新制度就建立起来了。[1]

戴维斯和诺思提出,在经过上述这些步骤而使制度创新实现后,这时就出现了制度均衡的局面。制度均衡是指这样一种情况,即这时外界已不存在可以通过制度创新而获得潜在利益的机会,因此,无论怎样去改变现存的制度,都不会给从事制度变革的人和单位带来追加的利益,这时也就没有制度创新的可能性。[2]

但他们认为,制度均衡不是永久不变的。如果下述三种外界情况之一发生变动,制度均衡就会被打破。这三种情况是:

第一,由于外界出现了以前不曾有过的新条件,从而引起冒风险情况的变化,引起交易成本的下降,或者引起新的生产技术被采用,这样就又出现了获取潜在利益的机会,出现了制度创新的可能性。

第二,由于制度方面出现了新的发明,或产生了新的组织形式和经营管理方式等等,这样也产生了获取潜在利益的机会。

第三,由于法律和政治情况的变化而使社会政治环境发生变

---

[1] 参看戴维斯和诺思:《制度变革和美国经济增长》,剑桥大学出版社,1971年,第9—10页。

[2] 参看同上书,第40页。

化,从而使某一个集团有可能获得利润的新机会,或者获得重新分配现有的利润的机会,这也就有可能打破制度均衡,使新制度的产生成为可能。①

综上所述,制度发展的过程就是从制度均衡到制度创新,再到制度均衡,又再到制度创新的过程。

4. 三级制度创新的比较

戴维斯和诺思指出,制度创新可以在以下三级水平上进行,即可以由个人来进行创新,或者个人之间自愿组成的合作团体来进行创新,或者由政府机构来进行创新。这三种可供选择的方式中,由政府机构进行创新具有一系列优越性,特别是在以下四种情况下,政府机构进行的创新将被选择为最适宜的方式。

第一种情况:政府机构发展得比较完善,但私人市场并未得到充分发展。这时,如果外界存在着通过制度创新就可以获得潜在利润的可能,但由于私人市场不够完善,这种潜在利润无法得到实现,而必须依靠政府进行的制度创新才能获得这种利润。例如,在美国资本主义发展初期,私人金融市场还不完善,西部地广人稀,在西部很难筹集到所需要的巨额资本。因此,当时就产生了政府信用制度,即通过政府信用来动员大量资金,并把它们从东部转移到西部去。②

第二种情况:如果外界潜在利润的获得受到私人财产权的阻碍,那么任何私人进行的或由自愿组成的合作团体进行的创新都可能无济于事,而必须依靠政府的强制力量,即由政府机构来进行

---

① 参看戴维斯和诺思:《制度变革和美国经济增长》,剑桥大学出版社,1971年,第41页。

② 参看同上书,第28页。

有关的制度创新。例如环境保护制度必然涉及私人财产权的问题,除非有政府的强制规定,否则不能实现这种制度创新。①

第三种情况:如果制度创新实行之后所获得的利益归于全体成员,而不归于某个个别成员,那么任何个别成员都不愿承担这笔制度创新的费用,这样的制度创新只可能由政府机构来进行。例如与防务有关的制度的创新,或者某种公共服务制度的建立,个人是不愿承担创新的费用的,因为个人感到,即使他本人不付出费用,他将来也能同别人一样享受到同样的利益。②

第四种情况:一般地说,一次成功的制度创新,既能够使总收入增加,而又不会使任何个人的收入减少,但在某些场合,制度创新却不能兼顾这二者,它必然会涉及收入的再分配问题。在涉及居民收入再分配的情况下,减少了收入的居民肯定是不乐意的,甚至是反对的,所以这时需要有强制性的措施。需要伴有强制性措施的创新,以政府机构来进行最为适宜。例如,累进所得税制度的建立就要由政府作为创新者。③

戴维斯和诺思认为,上述情况(特别是第二种情况和第四种情况)表明:政府实行的制度创新与个人进行的或由合作团体进行的制度创新的区别之一在于,政府在实行制度创新时依靠着强制力量。但政府的这种强制力量在美国是以宪法为依据的。有关制度创新的论述以假定宪法原则不变为前提。除此以外,政府实行的制度创新的组织费用要小于同等规模的合作团体进行的制度创新

---

① 参看戴维斯和诺思:《制度变革和美国经济增长》,剑桥大学出版社,1971年,第9—10、28—29页。
② 参看同上书,第29页。
③ 参看同上书,第12、29—30页。

的组织费用。在自愿组成的合作团体所进行的制度创新过程中,为取得一致意见而要进行协商、谈判,这需要进一步增加组织费用,但在政府进行制度创新时,不管每一个成员是否同意政府的决策,他不可能不服从这种决策。①

因此,在戴维斯和诺思看来,政府进行的制度创新是一种完全不同于个人进行的或自愿合作团体进行的制度创新。在个人进行制度创新时(如商业和服务业中由某些公司首创的新的经营制度),个人是决策者,个人可以决定什么时候实行新制度,什么时候结束它,这里不存在退出制度创新的安排的问题。在自愿组成的合作团体进行制度创新的情况下(如农场主联合起来实行一种有利于推销农产品和购买工业品的经营制度),由于自愿的协定是取得一致意见的个人之间简单合作的协定,任何成员都能自由地退出,退出时,他可能遭受一些损失,但也可能不受到损失。至于政府进行的制度创新,社会成员并不具有任意退出的权利。而且,政府在采取创新行动之前,并不要求全体社会成员的一致同意,而只要符合某种决策原则就行了,例如在西方的"民主政治"中,简单的多数往往就可以决定政府采取的创新的行动。如果社会成员不同意政府进行的制度创新而要退出的话,其损失可能达到无穷大,即可能以退出的个人的死亡作为代价。虽然个人可以通过迁出国境作为退出政府的安排的一种选择,但一个政府的主权范围越大,个人为此而付出的代价也就越昂贵。②

戴维斯和诺思还从利息负担的角度对三级制度创新进行比

---

① 参看戴维斯和诺思:《制度变革和美国经济增长》,剑桥大学出版社,1971年,第12页。

② 参看同上书,第10—11页。

较。他们说,制度创新的决策者为了选择最合算的制度创新方式,总是把每一种可供选择的制度创新方式下成本和收益的现期价值进行比较,而选中具有最大的现期价值的一种方式。在比较中,利息率所起的作用是不可忽视的。在进行制度创新时,付出成本的时间与取得收益的时间总有一段间隔。这一时间上的间隔对于三级制度创新的选择具有重要意义,而在利息率高的情况下,上述间隔尤其重要。利息率越高,个人越不愿意承担创新的成本,所以由个人来进行制度创新的可能性就越小,让政府来进行制度创新的可能性就越大。至于由个人自愿组成的合作团体进行制度创新的可能性,在利息率高的情况下也是较小的,因为合作团体的组成往往要有较长时间的交涉和协商,而组织起来所花费的费用又不可能延期支付,利息率的高水平就会对此产生有力的影响。同时,由于利息率的作用,决策单位同资本市场的接近程度也影响所要采取的制度创新的方式。那些接近资本市场的大公司比较倾向于以组成自愿的合作团体的方式(如建立联合经营制度等)来进行制度创新,而另一些不易于接近资本市场的小企业、劳动者团体、消费者团体则比较倾向于由政府来进行制度创新。①

5. 制度创新过程中,应力求使总收入增加而又不使任何个人收入减少

戴维斯和诺思指出,制度创新方式(由个人进行,或由合作团体进行,或由政府机构进行)的选择取决于每一种方式所能得到的纯收益的大小,如果所有各种方式得到的收益皆为负数,那么这时

---

① 参看戴维斯和诺思:《制度变革和美国经济增长》,剑桥大学出版社,1971年,第56页。

就不会去进行制度创新,因此制度创新的实现总是能够使总收入增大的。但要在总收入增加的同时不使任何个人的收入减少,则是有条件的。一般说来,一次成功的制度创新应当有可能使谁也不在这一过程中受到损失。① 戴维斯和诺思举了以下几个例子。

第一个例子——美国金融制度方面的创新。

戴维斯和诺思写道,近代历史上美国金融业出现了一些重要的制度创新。为什么会有这些制度创新呢?原因主要在于:(一)投资者为了减少风险,他们不愿意在冒风险的情况下把资本投入金融市场;(二)各地区和各部门之间在资本供求之间存在着不平衡的状态,需要有一个改进了的资本市场,以便实现潜在的利润;(三)从事金融业务的集团希望通过金融制度方面的创新而使得收入的再分配有利于自己;(四)为了规模的节约,例如为了降低获取市场信息的成本等等。

金融制度方面的创新的结果,在戴维斯和诺思看来,对于投资者、金融机构和金融服务对象三者都是有利的。金融业的制度创新(出现了国内统一的资本市场)不仅不造成垄断,反而打破了地方金融市场上原有的垄断和个别金融机构的垄断。投资者有利可图,因为投资风险减少了,投资变得可靠和有获利的把握;金融服务对象也有利可图,因为利息率水平低了,并且易于借到所需要的资本。

为什么会这样?一方面,这是由于体现新金融制度的思想原则迅速推广于全行业,摩根公司在这方面是起了重要的作用的。在金融制度创新过程中,摩根公司训练出来的一批金融业务人员

---

① 参看戴维斯和诺思:《制度变革和美国经济增长》,剑桥大学出版社,1971年,第25页。

曾迅速分布于金融界,并把摩根公司的金融技术推广了,结果破坏了摩根公司在美国金融业的垄断地位。另一方面,当时美国金融制度方面的创新伴随有附带的服务业的创新,例如,人寿保险制度和储蓄银行制度就是伴随有服务业创新的金融制度创新。这样,就会对各种对象都有利。此外,金融业务本身的特点也是不利于少数人的,因为随着国内市场的扩大,随着对资本的需求量的不断增加,任何私人不仅不易筹集到足够数量的资金,而且也负担不起进行金融制度方面的创新的组织费用;金融业的制度创新有赖于足以承担昂贵的组织费用的合作团体或政府机构来进行。这样建立起来的新金融制度恰恰成为可以对付私人垄断的一种金融制度。[①]

第二个例子——美国商业中的制度创新。

戴维斯和诺思认为,美国商业中的制度创新过程表明,市场本身的条件对于从事商业活动的人和消费者都是极其重要的,如果市场条件能使从事商业的人获得潜在的利润,又使消费者得到方便,那就是造成成功的制度创新的条件。他们写道,在美国商业中有过四种制度创新。

第一种是实行进口贸易中的拍卖制度。这是19世纪初期兴起的制度,其内容是:从英国运来的货物在码头上或码头附近拍卖,卖给出价最高的人。这种制度创新改进了市场竞争条件,并且减少了把商品从进口商那里分配给最终消费者的中间环节,所以它既有利于商人(大家都可以到码头上通过拍卖进口品而买进自己所需要的货物),又有利于消费者。这种拍卖制度后来逐

[①] 参看戴维斯和诺思:《制度变革和美国经济增长》,剑桥大学出版社,1971年,第132—134页。

渐衰落,这是因为随着美国国内市场扩大,需要有专门的进口贸易公司从事进口商品的销售业务,拍卖制度就不再适用了。

美国商业中第二种制度创新是制造商同批发商的分离。在美国,制造商起初是自己兼营批发商业的,后来随着市场的扩大,独立的批发商兴起了,他们为若干个制造商服务,这对批发商本人当然是有利的,而对于制造商也是有利的,特别是在人口稀少的地区,对制造商更加有利。如果制造商继续兼营批发商业,制造商就很难实行规模节约。

美国商业中的第三种制度创新是大规模零售商业制度的兴起。这是19世纪晚期以来商业上的一件大事。这些大零售商(百货公司、连锁商店、邮购商店等)越过了批发商,直接同制造商打交道。有了大规模的零售商业,消费者是方便的,因为消费者可以在一个地点买到一切种类的商品。每个店员的平均营业额的扩大则降低了成本,这对于商人也是有利的。

美国商业中的第四种制度创新就是近年来"自我服务"的商业制度的产生。为什么会有这种制度创新呢?技术的发展(例如小汽车被普遍使用等)是原因之一,另一个原因是消费者如今对时间的评价与过去不一样了,消费者如今比较珍惜时间,他们希望快买、方便,不愿等待。制造商的产品担保制度也起了作用,因为不合格的商品包退换,这就便于消费者快购。自我服务商店的发展,既有利消费者,又利于工商企业,因为对后者来说,交易额扩大了,成本降低了。①

---

① 参看戴维斯和诺思:《制度变革和美国经济增长》,剑桥大学出版社,1971年,第198—203页。

第三个例子——美国劳工供给制度中的创新。

戴维斯和诺思认为,正如对土地和资本的需求的扩大刺激了土地和资本供给制度方面的创新一样,对劳工需求的扩大也会刺激劳工供给的创新。美国历史上的黑奴制、契约工制、华工制、欧洲移民入境制等等,都是劳工供给制度方面的创新。但从收入分配的角度看,不能认为其中某些创新能使各方面都满意。其中有些制度创新,尽管使劳动力的供给增加了,总收入也增加了,但不利于劳动者。戴维斯和诺思说,到了现阶段,美国在劳工供给制度方面的创新则是既有助于总收入的增加,又有助于企业和工人的收入增加。这是因为,现阶段美国的劳工供给制度的创新以有利于政府、企业、工人几方面的职工教育制度的发展为主要内容。通过职工教育,工人可以提高收入;企业可以得到熟练劳动力的供给,也能增加收入;而政府则可以因就业问题的解决和国民收入的增长而受益。

戴维斯和诺思接着又说,由于政府往往承担训练工人的费用,以及企业经常能把训练工人的费用转移出去,所以即使企业承担了对工人进行技术培训的任务,并且即使工人获得技术后又转移到别的企业去工作,企业的利益和工人的利益也可以不发生冲突。[①]

6. 制度创新的趋势

戴维斯和诺思根据三级制度创新的比较,得出这样的结论:在美国,各行各业都呈现出这一趋势,即由政府机构进行的制度创新

[①] 参看戴维斯和诺思:《制度变革和美国经济增长》,剑桥大学出版社,1971年,第211—212页。

变得越来越重要了,从而整个经济将越来越走向"混合经济"。

首先,像在运输业这样一种比较特殊的行业中,政府机构的制度创新是越来越重要的。其原因在于:(一)运输业同经济之间的关系密切,如果没有适宜的运输业,不可能有适宜的经济专业化,所以政府要过问运输业的情况;(二)人们感觉到,运输业的收益不应当全部归于运输企业,而应当归于全社会,所以要求政府重新分配运输业的社会收益;(三)运输业比其他行业更多地涉及私人财产权(尤其是地产权)的问题,私人财产权、通行权等问题需要政府进行各种安排才能解决;(四)运输业的成本方面的特点使得个人进行的或合作团体进行的制度创新不容易实现。这一方面由于运输业的投资额很大,短期之内不能收回投资和不易获利,另一方面由于各条运输线上的运输量是不相等的,在运输能力未能被充分利用的条件下,存在着很大的削价压力,运输业的卡特尔化协定在这种削价压力影响之下是不稳定的,因此运输业本身要求政府来强制制定统一的运费率,以防止各运输企业的激烈竞争。由以上这四点可以看出,运输业中的制度创新趋势将是政府机构进行的制度创新越来越占重要地位。[①]

再以制造业来说,制造业并不具备运输业那种比较特殊的情况,因此美国早期的制造业中的制度创新主要是由个人进行的或由合作团体进行的。但随着制造业的发展,当制造业的企业面临外国加剧竞争的时候,或者当制造业的企业自己没有力量来有效地进行制度创新的时候,它们必将求助于政府,希望由政府机构来

---

① 参看戴维斯和诺思:《制度变革和美国经济增长》,剑桥大学出版社,1971年,第165—166页。

进行制度创新。

戴维斯和诺思认为,甚至服务业的情况也是如此。服务业的基本特征在于:(一)相当一部分服务业从事的是非营利性的活动;(二)服务业的劳动力具有特殊的性质,即大多数由白领工作者担任工作,他们的工会化程度低,几乎全都生产无形的产品;(三)服务业的发展意味着人越来越不附属于机器了;(四)服务业的企业多半是小型的,平均每人产值的增长比较缓慢。尽管有上述基本特征,但随着服务技术的发展和市场的扩大,服务业也要求实行规模节约和加强市场信息的收集、分析。市场信息本身有公益性质,那就是说,一旦有了市场信息,它们就可以被成千上万的人所利用。但收集市场信息的成本对私人说来是昂贵的,因此由政府来进行制度创新,对服务业是有利的,这种制度创新能使成本下降,而使服务业的企业得到好处。①

最后,从政府部门的经济作用来看,戴维斯和诺思认为,30年代大萧条对美国经济留下了两个重要的后果。

第一,30年代大萧条改变了美国人对政府进行的制度创新的态度。大萧条中的严重问题(例如失业)、大萧条留下来的问题(例如复苏),都需要在制度方面有所创新。但美国公众通过大萧条已经认识到,单靠私人进行的或合作团体进行的制度创新是不够的,而必须靠政府机构来从事这种创新。

第二,30年代大萧条以后,对国民经济的调节和管理成为一项重要的课题。这本身就是制度上的创新。美国公众认识到,通

---

① 参看戴维斯和诺思:《制度变革和美国经济增长》,剑桥大学出版社 1971 年,第 79、193、209 页。

过这种创新可以使得制度创新的成本降低,收益增加。

继30年代大萧条之后,美国在第二次世界大战期间和战后都加强了政府在制度创新中的作用。特别像地区的协调发展、居民收入的再分配、环境保护等任务,都需要在政府主持下进行。因此,美国的制度创新的趋势就是美国经济越来越走向"混合经济"的趋势。

由此可见,经济史学尤其是"新经济史学"的发展,在较大程度上受到了制度创新理论的影响。

(本文是厉以宁在20世纪80年代中后期同陈振汉教授合开的北京大学经济学院研究生课程《西方经济史学》讲稿中的一章)

制度创新理论和经济史研究(下)

一、比恩的"国家适度规模"学说：关于制度创新理论在西欧中世纪经济史研究中的运用

戴维斯和诺思的分析中，假定社会政治环境、政治背景或国家制度为已知的、既定的。他们是在假定国家制度不变的条件下，论证各种具体的制度的变革过程和原因。

1973年，里查德·比恩(Richard Bean)受到戴维斯、诺思等人的影响，进一步探讨了制度创新理论，把国家制度的变化当作考察的对象。[①] 至于他的分析方法，基本上与诺思等人的方法一致。

1. 国家的适度规模

比恩认为用现代经济学的公司理论可以解释近代民族国家(nation-state)的产生。他指出，在任何时候都有两种力量(向心力和离心力)对一个公司和一个政治单位起作用。向心力使它趋向集中，规模变大。离心力使它趋向分散，规模变小。无论对公司或对国家而言，规模巨大总是有好处的。公司的规模越大，其成本

[①] 参看比恩："战争和民族国家的产生"，载《经济史杂志》，1973年3月。

常常越低。国家的规模越大，国内自由贸易的地域范围越大，从而获得的贸易利益越多；国家的规模越大，平均每人负担的防务费用也就越少。

一个最大的公司可能有最低的平均成本。它能以低于较小企业的价格出售产品，最后有可能吞并小企业，形成该部门的垄断。一个国家也与此相似。大国可能并吞小国。按此推论，一个行业可能变为独家垄断，最强大的国家最终可能变为世界上唯一的一个国家。但实际上，只有少数工业部门是垄断的，而且还从来没有产生过一个世界政府。显然，规模巨大所获得的好处到一定程度之后就中止了，因为一个公司或一个国家规模越大，内部管理问题也就越大。它的规模大了，组织复杂了，它所要处理的事情就越来越多，而且由于空间的扩大和等待处理的问题的数目的增多，它作出反应和决策的时间间隔也扩大了。以国家而言，行政管理费用将因语言、宗教、人种的隔阂和地区特点而增大起来。因此，国家和公司一样，规模的大小将有一个适度。这个适度规模取决于向心力和离心力的作用。规模处于适度规模之外的公司将因竞争而趋于消失；同样的道理，规模大于适度规模的国家将会分崩离析，而规模小于适度规模的国家将会被兼并。①

2. 影响国家的适度规模的第一个变量——军事技术水平

比恩认为，影响国家的适度规模的大小的变量，基本上是两个。一是军事技术水平，另一是国家的可支配收入。

关于军事技术水平这一变量，比恩写道：在欧洲封建社会初

---

① 参看比恩："战争和民族国家的产生"，载《经济史杂志》，1973年3月，第203—204页。

期,重骑兵是主要的作战力量。战争中主要依靠重骑兵发挥威力,步兵是次要的。步兵是由农民充当,他们的训练和装备都很差,他们主要被用于围攻,而不是被用于野战。只是在例外的场合,例如诺曼人在 1066 年哈斯丁斯战役中击败英国人时,步弓手才起过决定性的作用。在中世纪的欧洲,几乎不曾出现过职业步兵。而重骑兵是由封建骑士充当的,他们是职业军人,武艺熟练,装备完善,而且机动灵活,适合于野战。

但从十世纪起,西欧到处开始建造城堡。到 12 世纪,西欧已经城堡遍布,重骑兵对之无能为力。进攻者只有断绝粮食供应,才能拿下城堡。这往往需要很长时间。而要把城堡一一包围起来,则又需要相当大的兵力和非常充足的粮食供应。否则,很可能出现这种情况:被包围的城堡未被饿垮,围攻者却因缺粮而被迫撤走。因此,城堡林立的情形使得很小一块地区也有可能抵挡得住强大得多的敌人。征服一小块地区所付出的代价常常大于该地区的价值。这样,从 12 世纪到 15 世纪中期,西欧是诸侯割据、小邦林立的政治局面。

1450 年起,火炮的使用大大改变了攻守之间的力量对比。此后六七十年内,在攻守方面,攻处于有利的地位。到 1524 年,由于守城技术的进一步发展,城堡可以对付当时的火炮,从而防守又变得较为有利。这种局面维持到 1790 年。可见,在西欧,1100—1450 年是有利于防守的第一个阶段,1525—1790 年是有利于防守的第二个阶段。但后一个阶段与前一个阶段是有区别的,一方面,这时筑城费用大为增加;另一方面,防守部队的数量也大大增加了。近代民族国家正是在上述第一个有利于防守的阶段结束之后的年代内出现的。这时,利用火炮攻城以及利用职业步兵来代替骑兵,终于使王权战胜诸侯。民族国家兴起后,在1525年开始的上述第二个有利于防守的阶段内,能够运用当时出现的新防守技术来巩固自己的地位。总之,民族国家的产生与巩固的过程是:①

从1100年到1450年(有利于防守的第一阶段):诸侯割据,

从1450年到1524年(有利于攻击的阶段):王权战胜诸侯,民族国家兴起。

从1525年到1790年(有利于防守的第二阶段):民族国家的地位巩固下来。

3. 影响国家的适度规模的另一个变量——国家的可支配收入

比恩写道,中世纪的那些国王指靠"自己的"收入(包括王室土地的地租、封建捐税以及其他惯例收入)来应付政府的支出。在战争期间,国王可以向那些负有军事义务的人征收免服兵役的税金。此外,如英国王室从羊毛出口税获得大笔收入,西班牙王室从大封建牧主的同业组织"羊主团"(mesta)那里得到大笔收入,法国王室从食盐专卖事业获得大笔收入。但中世纪的国王们很难在急需款用的时候增加这些收入,否则就有杀鸡取卵之虑。中世纪的国王们还一再使钱币降低成色,以此取得大量收入,但这个办法后来也不被使用,因为它对贸易太不利了。最后,在特别紧急的场合,国王还征收"什一税",但这绝不是经常性的,只是供急需之用的。由此可见,中世纪的国王们的可支配收入毕竟是有限的。

---

① 参看比恩:"战争和民族国家的产生",载《经济史杂志》,1973年3月,第205—208页。

但从 15 世纪末以后,英国、法国和西班牙的税收大大增加了。以往一些临时征收的税收逐渐变成固定的、经常性的,平均每个国民负担的税款至少增加了一倍。国家大大加强了自己的征税能力,并因此扩充了用以增加收入的官僚机构。政府的收入除了一小部分供宫廷享受而外,大部分用于军费开支。①

4. 近代民族国家产生的原因

比恩在分析了国家的适度规模和影响这一规模的两个变量之后指出,近代民族国家是在王权消灭了诸侯割据的基础上产生的,可以把这种变革看成是公元 15 至 16 世纪时影响国家的适度规模的变量发生变化的结果。

他写道:封建诸侯割据时代的军队主力是重骑兵。这样一支军队是与分散的、非集权的政治单位(分封制)相适应的,也是和当时王室收入有限相适应的。后来,由于以职业步兵代替骑兵,由于新的防守技术需要有人数众多的防守部队,军队的规模扩大了。特别是由于职业步兵是常年服役的、雇佣性质的,它不同于非雇佣的、被临时征集来的农民组成的步兵;因此,一方面,公元 1500 年以后,西欧国家军队人数与人口数之比大大超过了封建割据时代;另一方面,军队人数的增加、火炮的使用、常备军的开支、新的防守技术所需要的巨大支出,这一切都大大增加了军费,而要维持这笔巨大的军费,国家财政制度方面也必然发生相应的变化。这时,如果国家的规模仍同以前一样大小,那么它既没有能力组织以职业步兵构成的常备军、雇佣兵,又没有能力征集到巨额收入,以应付

---

① 参看比恩:"战争和民族国家的产生",载《经济史杂志》,1973 年 3 月,第 216—217 页。

增大了的军费。正如在市场竞争之中低于适度规模要求的小公司会被兼并一样,达不到适度规模的小国这时也无法继续存在下去了。这就决定了当时许多诸侯要被消灭,决定了英国、法国、西班牙这样一些近代民族国家的产生。换言之,15世纪以前西欧有许多封建诸侯小邦,16世纪起只剩下了为数不多的少数国家(不包括德意志境内)。残存下来的国家就是达到了当时条件下的适度规模的国家——民族国家。①

二、资本主义关系是在封建关系最微弱的区域首先发展起来的——德伏里关于所有制变革的论述

在各种制度的变革中,所有制的变革是带有根本性的一项变革。让·德伏里(Jan de Vries)以荷兰资本主义的产生和发展为例,提出了这样一个命题,即资本主义关系是在封建关系最微弱的区域首先发展起来的。

德伏里认为,关于荷兰资本主义的产生和发展问题,西方学术界曾有过三种不同的观点。20世纪60年代内,这三种观点都有一定影响。第一种看法是强调阿姆斯特丹的主导作用以及当时促使阿姆斯特丹兴起的一些偶然事件和特殊环境。这就是说,资本主义在荷兰的兴起是意外的。例如,科斯曼(E. H. Kossman)在载于《新剑桥近代史》第五卷(1961年版)中的"荷兰共和国"一文、巴

---

① 参看比恩:"战争和民族国家的产生",载《经济史杂志》,1973年3月,第204—205、220页。

波尔(V. Barbour)在所著《十七世纪阿姆斯特丹的资本主义》(1963年版)一书都持有这种观点。第二种看法把荷兰的资本主义经济说成是封建商业经济,认为前者与封建社会环境有可能互相适应。在1967年纽约出版的阿斯顿(Trevor Aston)主编的《1560—1660年欧洲的危机》一书就坚持这一看法。第三种看法,认为荷兰的资本主义兴起受益于海外活动和殖民事业。《剑桥经济史》第四卷所载的、由查理·威尔逊(Charles Wilson)执笔的"贸易、社会和国家"一章(1967年版),彼得·马谢斯(Peter Mathias)所著《第一个工业国》(1969年版)则持有这一观点。

德伏里认为这三种看法都不正确。他认为,从所有制方面说,不能认为荷兰的资本主义是一种封建商业经济,这表明上述第二种看法并无根据。他又说,荷兰经济中的资本主义特色在它同国际经济有较密切联系之前就已经存在了,所以上述第三种看法也是不对的。至于上述第一种看法,德伏里认为同样没有根据,因为在阿姆斯特丹兴起之前,荷兰经济中也已广泛存在着资本主义的东西了。那么究竟应当怎样解释荷兰资本主义的产生和发展呢?德伏里从所有制变革的历史来说明这一点。

1. 一个"生而自由"的区域是易于产生近代型式的所有制的

德伏里认为,近代型式的所有制特征是人身自由和土地自由占有,而荷兰共和国所在的地区恰恰是一个"生而自由"的地区,典型的封建所有制关系在这里或者从未存在过,或者一直很微弱。他说,比利时以北的一大片土地,在古代和中世纪初期是人烟稀少的旷野,是加洛林王朝的边疆地区,那里基本上没有建立封建庄园,没有推行过农奴制。那里的农民是自由农民,他们实行自治,即在自由土地占有和利用的基础上,通过选举的方式组成自己的管理机构,而只是名义上受该地区领主(荷兰伯爵和乌德列支主教)的管辖。在某些地方,领主只指派区长,其余行政人员通过选举或抽签方式产生;在另一些地方,领主可以在自由农民选出的几个候选人中指定一人担任官员,代为征税和主持审判。

德伏里说,从公元12世纪起,开始了向这一边疆地区的移民过程。尼德兰北部的土地面积虽广,但土地质量不好,要开垦它们需要有大量投资,作为土地的主人的领主自己不愿经营这些土地,就把它们大块大块地卖给大的买主,或分赠给亲贵和宗教团体,后者保留了征收什一税的权利,把土地再分成小块卖给移民。移民买得小块土地后,建立自由农场,自由利用土地和处置它们。这样,一种新型的所有制关系在这一大片边疆地区建立起来了。封建所有制关系过去不曾束缚这些移民,以后也没有束缚他们。总之,在德伏里看来,早在尼德兰北部开展对外贸易之前,所有制变革过程已经实现了。①

2. 乡村自治团体的发展在资本主义产生过程中的作用

德伏里认为,在尼德兰北部的旷野地区,畜牧业很早就发展起来,并占优势,那里的自由农民中有许多人是家畜饲养者。由于家畜可以成为一种交换手段,而畜牧业本身又不可能提供许多生活必需品,这就使得一部分居民去寻求副业收入和从事生活必需品的贸易。因此,与耕作业相比,畜牧业使得经济生活中的商业关系较易于得到发展。

---

① 参看德伏里:"论荷兰共和国的近代化",载《经济史杂志》,1973年3月,第196—198页。

但更加重要的是乡村自治团体的作用。德伏里分析了这种乡村自治团体的形成原因。他写道：在尼德兰北部自由农民的老村子里和移民居住的新村子里，由于改良土地的需要，这些村子都成立了"水利会"。有些较老的水利会早就建立了，但大多数水利会是在移民逐渐增加后建立的，它们由本村的自由农民组成，负责筑坝和排水，改进农田水利条件。13世纪以后，各村的水利会合并为较大的地区性的水利总会，从事较大规模的水利建设。这些水利组织有自己的规章制度和自治权利，它们曾被称为"乡村公社"。就法律地位和自治权限而言，它们可与中世纪欧洲的城市公社相比拟。①

除了水利会而外，还有另外的乡村自治团体，它们也是由自由农民自己组成的。这些乡村自治团体（包括水利会）拥有收费（征税）的权利，并且还能发行债券。地方债券的发行促进了公共信用事业的发展。

在乡村自治制度和地方的公共信用事业发展的条件下，金融市场和不动产抵押市场都发展起来了。在这个"生而自由"的区域，土地可以自由转卖、出租和抵押；城市中的过剩资本可以被吸引到地产买卖中来；地产也很容易变成现金。这种独特的制度条件使得荷兰的经济循着不同于西欧其他地区的路线发展，资本主义最早是这样出现于荷兰经济之中的。这就是德伏里的结论。

---

① 参看德伏里："论荷兰共和国的近代化"，载《经济史杂志》，1973年3月，第198—199页。

三、税收制度产生自对"保护"的需求和供给——艾姆斯和拉普的假定

制度创新和变革方面的一个重要研究课题就是税收制度是如何产生的。1977年,爱德华·艾姆斯(Edward Ames)和里查德·拉普(Richard T. Rapp)在所著"税的产生和消亡:一个假定"一文中,作出这样的论断:税收制度产生自对"保护"的需求和供给。①尽管詹姆士·密勒(James R. Millar)在评论这一假定时认为它似乎过于简单化,但仍承认这是一种非常大胆的假定,并且认为它以十分值得注意的研究方法探讨了有关政府服务及其报酬的纯理论问题。②

艾姆斯和拉普的基本论点如下:

1. "保护"是一种公共产品

艾姆斯和拉普指出,关于"保护"是一种公共产品的问题,兰恩(Frederic C. Lane)、诺思(Douglass C. North)、托玛斯(Robert Paul Thomas)曾经提出过。③ 他们的看法是:保护作为一种公共产品,它的垄断的供给者就是政府,而税金则是付给这些垄断的供

---

① 参看艾姆斯和拉普:"税的产生和消亡:一个假定",载《经济史杂志》,1977年3月,第161—178页。
② 参看密勒:"评艾姆斯和拉普的论文",载《经济史杂志》,1977年3月,第180页。
③ 参看兰恩:《威尼斯和历史:兰恩论文选》第三部分,巴尔的摩1966年版,第373—428页;诺思和托玛斯:《西方世界的兴起:新经济史》,剑桥大学出版社1973年版,第6—7页;兰恩:"政府在近代早期经济增长中的作用",载《经济史杂志》,1975年3月,第8—17页;诺思和托玛斯:"评兰恩的论文",载《经济史杂志》,1975年3月,第18—19页。

给者的报酬。艾姆斯和拉普的假定即由此出发,他们认为有必要使这些理论完善化。

他们认为,第一,要区分两种不同的保护,而不能像兰恩、诺思、托玛斯那样把保护看成是同一性质的。这两种保护是:(1)防备外国人的威胁;(2)防备本国某一居民集团对另一居民集团的威胁。相应地也就出现两种公共产品,前一种就是防务,后一种就是公正或主持正义。

第二,无论政府提供防务还是提供公正,这两种公共产品都是不可拒绝的,都必须为之付款,除非反叛或迁居国外。这是政府作为公共产品的垄断供给者与那些提供私人产品的垄断组织的区别,因为后者不能强迫人们来购买自己的产品。从这个意义上说,对防务或公正这两种公共产品的缴纳类似于勒索或贡赋,它构成政府的垄断利润。

第三,假定能有某种代替品可以取代政府提供的一定的服务,那么政府就不一定能享有对保护这种服务的垄断。

以上是从保护的供给方面来进行考察。下面再看对保护的需求。这种需求来自居民所感受到的威胁。例如一国面临着邻国国君入侵的威胁。这场入侵将使本国居民的财产受到破坏,收入减少。假定本国未能抵挡住这场入侵,那么本国居民将成为外国的被征服的臣民,他们付给外国入侵者的钱成为纯粹的被勒索的款项。假定本国的国君能赶走外国入侵者,使国内经济生活得以恢复,那么本国居民认为向本国国君纳税是值得的,因为纳税就是对保护这一公共产品的购买。那么税金应当缴纳多少呢?这取决于下述几个条件:

一是该国遭到外来入侵的可能性大小;

二是该国居民平均每年的收入(因为外国入侵后收入减少了,或财产丧失了)。根据资本—产量比例,可以由产值推算出资本量,从而推算出外国入侵后财产受损失的价值。

三是贴现率的大小。

这样,每个居民能够缴纳的税金的最大限度将等于:

财产受损失价值×受损失的可能性大小×贴现率

假定外来入侵的可能性是50%,贴现率是10%,资本—产量之比是1,即年收入大小与资本大小相等(以农业中的情况为例),即外国入侵后财产受损失的价值为1,那么每个居民能够缴纳的税金的最大限度为每年的收入的5%(50%×10%×1=5%)。本国居民考虑到,以每年收入的5%纳税,使本国国君能抗击入侵者,是值得的。

假定本国居民预计税金每年将以2%的速度增长,那么他们第一年能缴纳的税金的最大限度将是每年的收入的4%[50%×(10%-2%)×1=4%]。①

艾姆斯和拉普说道:"即使近代以前的国民不曾预料到微积分学的发明,但他们仍然很可能认识到一种新税可能持续很长一段时间,并且在它存在的期间有所增长。一般说来,战争和类似的外来威胁并不是持久的,从而不是设立新的、永久的税的合适时机。正如我们将要说明的,这条规则有一些例外情况,它们是赋税史上的非常重要的例证。"②

---

① 参看艾姆斯和拉普:"税的产生和消亡:一个假定",载《经济史杂志》,1977年3月,第169页。

② 同上。

2. 战争和税的产生

艾姆斯和拉普指出，既然保护区分为公正和防务这两种公共产品，因此用于保护的支出也可分为用于公正的支出和用于防务的支出。在近代以前，一国的国库包括两种预算，即正常预算和非常预算。正常预算中包括用于维护公正的支出，它是经常性的，费用较少。它靠经常性的税金来供给费用。国民愿意长久地接受这种税并按规定缴纳。用于战争的支出属于非常预算的开支，它靠临时性的征税来供给费用，要经过国会的批准。如果国会批准的临时征税额还不够用，政府往往采取财政上的某些临时措施，如强制性的国内借款，向外国银行家举债，通货贬值，出售政府的资产，甚至出卖官职爵位，收取免兵役的捐纳金等等。当政府感到战争期间它所用来增加收入的办法对自己十分有利时，就有可能使这些办法经常化，而不顾纳税人是否愿意这样做。

艾姆斯和拉普以中世纪法国、英国、西班牙和威尼斯为例，说明中央的征税制度就是这样产生的。他们说，在中世纪早期，西欧各地的收税权在地方的封建主手中，这些封建主向自己的臣民和辖区内的城镇征收经常性的税，中央政府或国王并不直接收税，而是依靠各地方的封建主的缴纳。后来，由于战争的原因和建立一支常备的军队的需要，中央政府或国王才征收一些临时性的税，其中包括直接税或间接税。但一旦开征这些税之后，它就逐渐从临时性的征课变为经常性的征课了。而且，即使中央政府或国王把战争期间开征的临时性的税改为经常性的税，这并不意味着在紧急需要的时候不再采取举债等办法，也不意味着以后不再开征新的临时性的税，并在以后又把后者改为经常性的。在法国、英国、西班牙和威尼斯的赋税史上,这种情况屡见不鲜。①

3. 保护的供给方面的竞争

艾姆斯和拉普认为,如果按照上述假定,把保护看成是公共产品,把纳税看成是对这种公共产品的付酬,而付酬的大小又与这种公共产品的供给和需求有关,那么接着便应当考察下面两个问题:(1)居民对这种公共产品的需求弹性;(2)这种公共产品的供给方面的竞争。

就对保护的需求弹性而言,在某些地区,居民并不感到非要保护不可,如果需要付出的代价被认为太大,他们宁可不要保护。例如在一些偏僻的、主流的文明未曾渗入的区域,居民对保护的需求弹性很大,所以那里的居民可能不需要保护,从而也就不缴纳税。于是偏远的山区可能不存在税收制度。

就保护的供给方面的竞争而言,在封建时代的德意志,诸侯与国君之间进行着提供保护的竞争。在那里,保护是由诸侯提供的,国君只不过是虚有其名而已。

而在法国和西班牙(卡斯提尔王国),国君和诸侯之间就围绕着保护的供给展开竞争。竞争的结果,终于使国君获得了提供保护的垄断权。原来在地方上有独立性的诸侯,最后不得不接受了国君给予的某种职位,而以放弃自己对保护的供给作为代价。其结果,国家的军队和王室任命的官吏取代了诸侯的某些职能,其中包括征税权,甚至连这些诸侯本身也处于国君的保护之下。而当国君取得了提供保护的垄断权之后,国君征税的权力增大了,他们

---

① 参看艾姆斯和拉普:"税的产生和消亡:一个假定",载《经济史杂志》,1977年3月,第162—166页。

可以征收较高额的税金。至于地方上的诸侯之所以丧失保护的供给者的地位,这与旧式的重骑兵在战争中的作用的减弱和消失是有关的。

艾姆斯和拉普从保护这种公共产品的供给与需求的关系来说明税收制度起源的说法的提出,表明了现代西方经济学中关于制度创新问题的研究仍在继续深入地进行着。

四、"政治市场"学说——小约瑟夫·李德的研究

前面曾经指出,制度创新理论的研究是以新古典经济学的基本假定为出发点的。但新古典经济学所考察的是一般的产品市场关系,它的有关产品市场关系的学说被认为不适合研究政治关系的变动。因此,在制度创新理论发展的过程中,1977年出现了小约瑟夫·李德(Joseph D. Reid, Jr.)提出的新学说——"政治市场"学说。李德以美国历史上的某些政治事件作为例证,来说明政治市场学说的基本原理。李德关于这个问题的研究,可参看他所著"对新经济史中政治事件的理解"一文(载《经济史杂志》,1977年6月)。

1. 政治市场概念

政治市场(the political market)是与产品市场(the goods market)相对而言的。在产品市场上,交换的是产品;在政治市场上,政治是交易的对象。关于政治市场,李德做了如下的论述。

李德指出,与产品市场不同,政治市场要求有高额的入场费用(加入政治市场的成本)。如果某人或某个集团想影响政策,那就

需要付出高额的组织费用。政治市场具体地说,是指选举而言。投票就是购买。但政治市场不是常年性的,而是每隔一定时间开放一次。选民们投票选举代表,指望代表的投票能反映自己的意愿。不过,选民们对这种购买(投票)将来所能得到的收入(被选出来的代表在议会中的投票)的预测不一定准确,因为购买者对信息的掌握是不完全的、缓慢的。代表们所影响的区域要比他所代表的区域更大,例如,选民们投票选举参议员,这些参议员当选后,他们对于法案的投票表决影响着整个国家,而不仅仅是影响某一个州。尽管他们都是由一定的州所选出来的,但他们当选后,便成为全国的议会的成员了。经常发生这样的事:有些代表并不按照自己的选民的意愿办事。

李德根据上述有关政治市场的基本情况和特点,认为可以对政治活动进行一种微观的分析。他指出,在他以前,阿罗(Kenneth J. Arrow)、西托夫斯基(T. Scitovsky)、布洛克(William A. Brock)、马奇(Stephen P. Magee)等人在福利经济学、社会选择等方面的著作中曾经讨论过这一问题,但至今还没有一个微观的政治模型可用。因此,对此进行探讨仍是必要的。李德的微观政治市场分析由"情绪"的分析、"忠实性"的分析、"默认"的分析三部分组成。

情绪是指选民们事先的要求,即他们希望未来有什么样的结果。

忠实性是指选民们事后的要求,即他们对于所产生的结果的一种态度。

默认是指选民们对所产生的结果的接受情况,即他们对于所产生的结果的一种容忍。

李德认为情绪、忠实性和默认的分析是一种对政治市场的基本分析方法。这种分析方法把情绪、忠实性、默认当做政治活动的近似的决定因素，省略了适合于强制性政府的原则等等。同时，它也不考察有关政治市场与产品市场之间的分界线何在等问题。

下面，把这三种分析作一简单的介绍。

2. 情绪、忠实性和默认的分析

(1) 情绪的分析

情绪的分析是指：对于所产生的结果，选民中究竟有多少人最乐意，有多少人不乐意，选民中这些情绪的分配比例如何。比如说，有 $x\%$ 的选民希望产生第一种结果，$y\%$ 的选民希望第二种结果，$z\%$ 的选民并没有什么倾向性，等等。

情绪的分配因不同的居民集团而不同。富人的愿望不同于穷人的愿望，农民的愿望不同于城市居民的愿望。如果考察各个地区，也可看到情绪分布的变化。不同历史时期内，情绪的分布也是不同的。有些学者认为情绪是用来分析政治市场的唯一的工具，他们被情绪与需求之间表面上的相似性所迷惑，很容易得出这样的看法，即把政治家看成是政治市场上的供给者，把选民看成是政治市场上的消费者，认为政治市场和产品市场的作用相似。如果这样来看待问题，那么政治市场将会经常趋向于均衡或经常处于均衡之中，于是政治市场与产品市场也就没有什么区别了。当然，二者确实有相似之处。例如有效率的供给者会兴旺、发展，无效率的供给者会失败；能提供市场所需要的东西的供给者总是走向成功。这就是政治市场与产品市场的一个相似之处。

但政治市场却比产品市场复杂。

第一，在一定的时间里，一个政治问题只有一种结局，例如打不打仗,是否释放黑奴,是否把某个地区变为一个州,等等。在这里,不能像在产品市场上,各人爱买什么就得到什么。产品市场的均衡表现为需求的分配在市场价格条件下与供给是同一的,每个需求者和供给者都可得到满足。政治市场上的均衡却不会有这样的情况,总有一部分选民事先不满意于任何一种政治的结果。因此,要把一种政治结果确定为均衡的结果,必须说明是什么力量克服或压倒某些人事先对任何一种政治结果的不满意。这也就是说,必须说明情绪分配中的什么样的变化足以改变一种政治的结果。

第二,在产品市场上,可以从均衡的需求和供给表推导出产品市场均衡变动的原因,而无需考察连续的均衡之间的转变过程。但就一些具有划时代意义的政治事件而言,事先的政治情绪分配状况的变化不一定引起所产生的结果的变化。在政治市场上,不能像在产品市场上那样从需求和供给推导出均衡变动的原因,即既不能从政治结果的变化来推论情绪的变化,也不能从情绪的变化来预言政治结果的变化。①

当然,政治情绪的分配状况是可以改变的。一个政治家可以改变政治市场上的政治情绪的分配状况,他也可以不顾政治情绪的分配状况而自行其是。一个政治家的改变或忽略政治情绪的分配状况的能力大小,是使他实现政治结果的权力受到限制程度的条件。他越能改变或忽略政治情绪的分配状况,他就越能自由地去实现政治上的结果。向选民做宣传和对选民进行教育,就是政

---

① 参看小约瑟夫·李德:"对新经济史中政治事件的理解",载《经济史杂志》,1977年6月,第315页。

治家用来改变政治情绪分配状况的一种方法。

(2)忠实性的分析

忠实性实际上也是指一种政治情绪,不过它是指事后的情绪,也就是选民们事后的要求的反映。如果实现了新的结果或者现状被有力地重新确定,那么对于所产生的结果的情绪有可能变化。这种情绪的事后变化幅度的大小,是与政治结果有关的。如果政治结果与选民们事前的要求是一致的,那么事后的情绪的变化表现为忠实性的增长。如果人们事先所想要得到的东西与事后所得到的结果之间有了差距,那就需要设法缩小这种差距。这时可能出现的一种情形是:由于忠实性的变化而使选民改变原来的要求。

(3)默认的分析

默认是指选民们所接受的东西。要使得所产生的结果继续存在下去,或者说,要使得所产生的结果处于一种均衡状态中,那么事后的情绪或对于结果的忠实性至少要同默认所需要的最低限度的要求一样大。如果选民们对于各种可能的结果的情绪强度较低,那么默认所需要的最低限度的要求也是较低的。为什么会这样?这或者因为问题本身是无关紧要的,或者因为选民们不能在各种结果之间作出决定。在前一种情况下,选民们不关心任何结果;在后一种情况下,选民们虽然可能很关心所产生的结果,但并不关心究竟是什么样的结果。比如说,选民们关心总统选举,认为总统总得有所作为,但总统当选后将会做些什么事情,他们却不关心这一点。

如果选民们确实宁肯要特定的结果,那么当事后的情绪分配集中于类似的结果之上时,或者当事后的情绪平均分布于各种结果之上时,为默认一种结果所需要的最低限度的事后情绪是比较少的。为什么会这样？这是因为：如果事后的情绪集中于类似的结果之上，那么对大多数选民来说，没有多大的损失；如果事后的情绪分布于已实现的结果之外，那么反对者很难把这些情绪统一起来，以实现任何特定的其他结果。另一方面，如果事后的情绪集中围绕着一个十分不同的结果，反对者们就会感到是一种较大的损失，并会比较容易地同意另一种不同的结果，从而可能出现持不同政见者或国内暴力行动。可见，为默认所要求的事后情绪的水平是与对于被拒绝接受的结果的事后情绪的强度与分配状况联系在一起的。这些又同对所产生的结果的新增情绪的来源有关。如果所产生的结果得到的较多的情绪来自不同的结果，那么为默认所要求的事后情绪将会少一些；相形之下，如果所产生的结果得到的较多的情绪来自同样的结果，那么为默认所要求的事后情绪将会多一些。

假定不考虑事后情绪的来源，那么在默认的利益较大时，为默认所要求的最低限度的情绪也就少一些。为什么会这样？这或者因为将得到的未来的利益会超过默认的直接成本，或者因为采取异议所付出的代价是高昂的。比如说，相互支持或互惠就会使得未来的利益超过默认的直接成本，而在高压政策之下，采取异议将付出高昂的代价。

以上就是对情绪、忠实性和默认的分析。这些分析对于政治市场上的供给者——政治家们——而言，意义在于使他们能够掌握竞选运动，使之影响情绪、忠实性和默认。因此，政治上的领导能力就是政治家的下述能力：第一，使得事先的情绪发生变化的能力；第二，影响由于结果的实现而引起的忠实性变动的能力；第三，改变为默认一种结果所需要的最低限度的情绪的能力。[1]

3. 用政治市场学说来研究美国内战:情绪、忠实性和默认分析的例证

李德声称,他在进行这一研究时主要是采取一种新的分析方法,而并非提出新的资料,也不能推导出对内战的新解释,他只是想说明以往那些对政治活动的新古典分析方法(用适用于产品市场的分析方法来分析政治事件)是不恰当的。李德运用政治市场学说对美国内战的分析过程如下:

(1)问题的提出

关于美国内战,以下三个问题是需要加以解答的。第一,在美国内战期间,为什么有些州分离出去,退出联邦,有些州则不分离出去?第二,为什么这种脱离联邦的行动不是以和平方式进行的?第三,为什么美国内战持续的时间这样长,付出的代价如此大?显而易见,每一个问题都关系到一种政治上的结果:脱离联邦还是继续留在联邦内?是否攻击和作出反应?是否继续进行战争?

关于这些问题,1974 年,贡德逊(Gerald Gunderson)在所著"美国内战的起因"(载《经济史杂志》,1974 年 12 月)一文中得出的结论是:美国内战乃是有利可图的奴隶制度的无法抑制的后果。"战争是无法抑制的"这一点,意味着政治家们既不曾煽动这场冲突,也不曾从若干种可能产生的结果中选择战争。从政治市场上的供给和需求来说,似乎政治家们不得不提供选民们唯一要求的

---

[1] 参看小约瑟夫·李德:"对新经济史中政治事件的理解",载《经济史杂志》,1977 年 6 月,第 319 页。

东西。为了说明美国南部当时的行为,贡德逊论证道:在一个独立出来的美国南部,奴隶制度的预期利润超过了预期的战争代价。为了解释美国北部当时的行为,贡德逊论证道:对美国北部而言,预期的完全得到补偿的黑奴解放的代价超过预期的战争代价。①用政治市场学说中的术语来说,贡德逊所论证的是这样一点:南部觉察到,通过分离活动来维持奴隶制度,所付的代价是较少的,因此它就只默认那种不受限制的奴隶制度或几乎完全得到补偿的黑奴解放,不默认除此以外的其他任何结果;北部觉察到,用武力来废除奴隶制度,所付的代价是较少的,因此它就不默认部分地给予补偿的黑奴解放或继续维持奴隶制度这样的政治结果。

李德认为贡德逊的上述论证是不完全的,因为这种论证并没有说明这一点,即集中于一些人手中的奴隶制赢利如何弥补广泛分派给那么多的人的战争损失;这种论证也没有说明,虽然南部在国会中和最高法院中都有阻止解放黑奴的法案通过的权力,但为什么南部仍要攻打萨姆特炮台,发动一场内战?此外,贡德逊忽略了极少数北部人士中的强烈要求废除奴隶制的念头引起了一般北部居民宁愿为之战斗的事实。总之,在李德看来,贡德逊不曾把战争当作一种政治的结果来对待,贡德逊提出的事实并不表明美国内战乃是"有利可图的奴隶制度的无法抑制的后果"。为此,李德认为要用政治市场学说来对美国内战问题重新加以探讨。

(2)新的解释

北部是反奴隶制度的。这种反奴隶制的"细菌"一旦与南部各州接触,就会使南部受到感染,从而损害南部的奴隶制度。南部各

---

① 参看贡德逊:"美国内战的起因",载《经济史杂志》,1974年12月,第928—932页。

州的奴隶主们很害怕南部的情绪发生变动。发动一场内战，被认为可以使得南部的居民仍然相信奴隶制度是神圣不可侵犯的。这就是说，南部奴隶主们唯恐北部的反奴隶制"细菌"继续使南部感染，最终使南部解体。而1860年美国大选中林肯当选这一事实，使得南部对于自己的脱离联邦的要求的忠实性增大了，他们事先所希望得到的与事后所产生的结果之间的差距变大了。这就为内战的爆发造成了条件。对情绪和忠实性的分析表明，美国内战并不是无法抑制的，而是仅仅一部分居民单独希望的一种结果。

关于这一点，可以通过对下述关系的解释来加以说明：

奴隶主在政治上的重要作用同他们在政治上所进行的努力是联系在一起的，而奴隶主在政治上所进行的努力又是同他们从奴隶制得到的利益大小密切有关。如果奴隶主越能从奴隶制得到好处，并且他们由此得到的收入越是在自己的总收入中占据较大的份额，他们就越会增加自己在政治上所进行的努力；如果他们在政治上所进行的努力越是取得成效，他们在政治上的重要作用就越会增长。南部各州之所以退出联邦，正是反映了奴隶主从奴隶制得到的好处、他们所进行的政治上的努力，以及他们在政治上的重要性之间的相互关系。

在这个问题上，并不存在像贡德逊所说的那种保存奴隶制的预期利益大于进行战争预期花费的代价的考虑，因为战争所花费的代价是由整个南部的全体选民承担的，而保存奴隶制的好处则归那些奴隶主得到。对于南部的白人中的非奴隶主来说，很可能感到废除奴隶制度对自己更为有利，因为在废除奴隶制之后，土地会廉价一些，白人工人受雇用的机会会增大（奴隶被释放后，不会再像过去那样紧张劳动了，从而劳动力的供给将减少），白人工人的工资也会上升。所以，如果用贡德逊的论证方式来解释，人们从预期的收益与预期的成本来作出政治上的决策，那么南部的大多数白人（因为奴隶主毕竟占少数）将不会支持脱离联邦的分立主义。

李德认为，如果用政治市场学说来解释的话，那么将会得出以下几个观点：情绪分析是重要的，南部白人中非奴隶主的情绪并不仅仅来自对个人收入最大限度化的考虑，他们在情绪上受到了奴隶主的欺骗，被奴隶主所操纵，以致南部白人中的非奴隶主同奴隶主一起支持退出联邦的行动。经济以外的其他因素（比如说种族主义思想）在促成南部白人中非奴隶主的情绪方面起着作用，使这些非奴隶主愿意让奴隶主继续对黑人进行统治。如果说经济因素也在考虑之列的话，那么这也并非为了维持奴隶制度，而是为了摆脱不利于南部的关税率或出于派系斗争的用意。无论是南部白人中的非奴隶主还是奴隶主，都是反对有利于北部商业利益的商业政策的。这种情绪的广泛传播，使南部决定采取分离的行动。同样的道理，尽管北部人士中只有少数人想解放南部的黑奴，但北部居民却相信商业方面处于支配地位将使北部受益，因此，这种情绪使他们对南部采取武力行动。

总之，李德认为，如果把政治市场看成是不同于产品市场的另一种市场，那么就不能从产品市场上的供给和需求之间的关系来说明像美国内战之类的重大政治事件的原因。在政治市场上，政治家是可以影响选民的情绪的。这就是说，在重大政治活动中，政治家事先可以影响需求者（选民）的购买（投票），事后又可以设法使他们对供给（政治的结果）默认。政治市场每隔一段时间重新开放一次，这是它的特点；对政治活动的研究必须从这一特点出发。

4. 用政治市场学说来研究美国独立战争：情绪、忠实性和默认分析的又一例证

1978年，小约瑟夫·李德继续宣扬他所提出的政治市场学说，并且以它来解释美国独立战争。他的基本分析方法仍然是情绪、忠实性和默认的分析。[①]

李德认为，用分析产品市场上均衡变动的方式来研究美国独立战争的起因是不恰当的，不能把美国独立战争的起因看成是英国统治的供给和需求的变动的结果。在这里，同样需要采用情绪、忠实性和默认的分析方法。情绪，是指多少人事先需要某种特定的结果；忠实性，是指多少人事后需要某种特定的结果；默认，是指需要有什么样的水平的事后情绪，以便维持一种结果。事先情绪的分配状况是重要的，因为它影响着默认；事先的情绪如果比较趋于两极化和比较强烈，那么默认的可能性是比较大的。事先的情绪的变动率也可能影响忠实性；当结果被宣布时，迅速增加着的情绪使得忠实性的变动也加快了。这就是在分析美国独立战争时所要考虑的重要因素。

李德认为，1763年以前北美殖民地因英国统治而受到的经济负担是较小的，它对于这种现状是默认的。北美殖民地的情绪的变化主要发生在1763年以后，因为从这时起，英国的课税加重了，对北美殖民地的利益的限制加强了。在1763年以前，英国还承担了保卫北美殖民地，使之不受其他帝国和印第安人的威胁，而1763年以后，这些威胁实际上已经不存在了。这样，1763年以后，

[①] 参看小约瑟夫·李德："经济负担：美国革命的火花？"，载《经济史杂志》，1978年3月，第81—100页。

北美殖民地从英国统治者那里得到的利益是较小的,而为此付出的代价——经济负担——则是增大的。情绪的变化使北美殖民地不可能再像过去那样默认英国的统治。对经济负担的抗议增长了。从这个意义上说,美国独立战争是同经济上的原因分不开的。

但李德认为,问题要比这复杂得多。一个最重要的问题是:如果说北美殖民地所要求的是经济上的利益,摆脱加在自己身上的经济负担,难道一定要采取武力的办法吗?难道没有其他的可供选择的办法吗?难道战争不带来损失,或北美殖民地不计较战争造成的损失吗?李德认为,这些问题也只有用政治市场学说才能加以说明。

当时,北美殖民地确实面临着另一些可供选择的办法。一是设法对殖民当局进行限制,坚持只有英国国王或者英国国会才有权力管理北美殖民地的某些方面的生活。这也就是希望北美殖民地由英国国王或者英国国会直接管辖,从而避免殖民当局的横征暴敛。另一种办法是直接向英国选民们呼吁,希望英国选民们运用他们的权利来影响英国在北美殖民地的政策。这两种办法所花费的代价都是较小的,如果能够付诸实现,北美殖民地的经济负担会减轻,经济利益会得到保障。但前一种方式当时是没有效果的。自从英国革命以来,虽然英国国王和英国国会之间长期进行过斗争,但在美国独立战争前夕,英国国王和英国国会的斗争已经告一段落,二者是一致的。至于后一种方式,即影响英国选民们的情绪和忠实性的方式,当时也没有取得什么效果,因为殖民当局颁布的有些条例对英国选民们是有利的。除了上述这些方式而外,北美殖民地为了摆脱英国殖民当局加在自己身上的经济负担,需要设法改变当时北美殖民地人民对英国的情绪,减少他们对英国统治的默认。美国独立战争前出版和印发的一些宣传品和小册子等就是以改变情绪和减少默认为目的的。这些宣传工作尽管并没有取得很大的成效,但在使人们了解自己的经济利益和经济负担方面起过作用。通过宣传工作,北美殖民地中有些地区感到联合起来一致行动的重要意义。北美殖民地最初的起义者的机关就是这样建立起来的。至于它们的成本,不成比例地由最初的起义者们负担,从而降低了北美殖民地人民大众进行独立战争的成本。

李德的结论是:美国独立战争前英国这一方和北美殖民地这一方的情绪、忠实性和默认是决定性的因素。这些情绪(忠实性和默认也是一种情绪,只不过是政治结果——独立战争——宣布之后的情绪)是受经济利益支配的,因此双方的情绪变化不大。由于情绪变化不大,所以只有通过战争方式来使北美殖民地摆脱经济负担。至于战争给北美殖民地人民造成经济损失的问题,那么应当考虑最初起义者负担的成本和后来默认这一结果的大多数人民的成本负担的不同。前者负担的成本大,后者负担的成本则是减少的。

五、把制度创新理论应用于法律创新领域内——加里·利伯开普关于美国西部矿权法和公有土地法的研究

自从戴维斯和诺思在1971年所著《制度变革和美国经济增长》一书中提出他们的制度创新理论之后,如何把这一理论用来解释法律的变革,也成为制度创新研究者们的一个新课题。加里·利伯开普(Gary D. Libecap)在1978年所写的"经济变量和法律的

发展"(载《经济史杂志》,1978年6月)一文中,自称以戴维斯和诺思的制度创新模型为依据,以19世纪后半期美国西部私人采矿权的立法过程为例,对这个问题进行了探讨。

1. 加里·利伯开普的模型

前面在提到戴维斯和诺思的制度创新模型时曾经指出,制度是作为获得潜在利润的反应而发展的。在戴维斯和诺思提出制度创新模型前后,维拉德·霍斯特(Willard Hurst)在1964年所著《法律和经济增长》一书和劳伦斯·弗里德曼(Lawrence Friedman)在1973年所著《美国法律史》一书中,曾经提出过类似的观点,即认为经济、政治和社会条件铸造法律,经济、政治和社会条件的变化,也迫使法律制度发生变革。这些观点都是同传统的关于法律制度变革的观点对立的,因为传统的观点把法律看成是一代又一代传下来的一种自发的制度,一种决定社会、经济、政治投入量的制度。利伯开普声称,他的研究以戴维斯和诺思的模型为依据,与传统的法律制度变革的观点相反。为此,他提出了自己的关于法律制度创新的模型。

利伯开普模型的要点是:

以私人采矿权的立法过程为例。重点在于确定私人矿主因法律的规定和实施的变动而得到的纯收益。

从收益方面考察,法律中关于私人采矿权的规定和实施越是明确,私人业主的所有权的不确定性就越是减少,私人业主经营采矿业的赢利性就越有保障。这是因为:第一,如果私人权益和产业范围能够得到较明确的规定,那么侵犯私人权益和盗窃的行为可以比较迅速地发觉和查明;第二,如果法律上的规定比较明确,那么就可以比较容易得到国家对私人权益的保护;第三,如果对执法官吏的职责的规定越是明确，那么就越容易判明侵犯私人权益的人的罪责所在。

从成本方面考察，要使法律的规定变得比较明确，私人是要付出成本的。如果不存在可以借用的州采矿法和联邦采矿法，那就需要有学习成本（learning costs），以便根据新的情况确定合适的法律条例。除此以外，还需要有活动费用（lobby expenditures），以便对立法者（议员）、司法者（法官）和其他执法官吏施加影响。另外还应承担税金。私人付出的成本大小，可能要受到诸如自然条件、矿藏资源、现行制度规定、有关的提出权益要求的人数等一系列条件的影响。

把私人得到的收益和私人付出的成本放在一起考察，可以这样认为，只要法律的变革能给私人带来纯收益，私人矿主们就会朝这个方向去做。当然，在研究这一法律变革问题时，重点是放在影响矿权法发展的经济因素上面。假定独占的矿业经营能够产生高额预期利润，假定矿藏被发现时矿区并没有现成的所有权结构，那么在影响有关采矿权的法律变革方面，经济因素会比其他社会和政治因素更重要。

因此，要了解法律的变革，应当考察私人纯收益。但如何衡量私人纯收益呢？不一定直接测定它们。作为替代的是这样一种做法：如果预计的法律变革将会发生，可以对那些可能改变私人成本和私人收益、从而决定法律变革的经济因素进行研究。特别是可以考察一下新矿藏的发现将会增加独占经营的预期的现存价值的情况。但矿藏的发现也会鼓励竞争，造成较大的不确定性。因此矿藏的发现一方面会增加生产量，另一方面，只要存在着不确定性，矿主就会花钱进行活动，以便使得矿权法更为具体，使得法律的实施更加周密。这一预期导致两个可以检验的假定。第一，由于发现矿藏，矿产量价值增加了，矿权法就会变得更加具体，法律的实施也会变得更加周密。在这里，矿产量的价值被用作矿业所有权预期的现存价值的代表。第二，当法定权利的结构被明确地规定并得到实施时，法律的精确性将会以较慢的速度作进一步的增加。由于不确定性减少了，进一步的法律变革所带来的私人利益也减少下来。

可见，按照利伯开普的看法，对私人纯收益的衡量可以通过矿产量在一定时期内的变动来间接地计算。只要了解了私人纯收益的变动，就可以进而了解法律变革的进程。

2. 经验证据

利伯开普为了证实自己的法律变革的模型，以19世纪后半期美国西部内华达的矿业法发展史为例证。最初，在较大面积的一片矿区，有大约一百个矿主在经营采矿业，所有权是不明确的、没有文字根据的。随着矿产量的逐年增加，私人收益增加了，竞争也加剧了，出现了关于采矿权益方面的许多纠纷。特别是随着这一片原来无人居住的地区住上许多前来追求财富的移居者，城镇先后建立，资源的现期价值增大了，财产权问题变得尖锐起来，于是就促使新的所有权方面的立法的产生。从19世纪50年代到19世纪末年这几十年间，矿权法从不成文的规定逐步发展成为明确规定的法律条文。戴维斯和诺思关于制度创新的理论可以被用来说明法律的创新，因为所有这些法律上的变革都是为了减少所有权上的不确定性，都是为了使矿主们能获得预期的收益。由于内华达地区本来没有现成的矿权法可以利用，所以这些矿权法是新的，但都是根据本地的情况而制定的。矿主们为了使法律上的创新得以实现,为了达到短期内的新的制度均衡,曾积极进行各种疏通工作,以求得立法者和司法机构的保证。长期均衡则有待于不断地使矿权法趋于完善才能实现。长期均衡的实现意味着所有权方面的不确定性被减少到最低限度。

利伯开普认为,在法律的变革方面所进行的这些研究是有用处的,因为它表明了这一点,即法律的变革以及立法与经济增长之间的关系可以通过私人预期收益与预期成本之比的分析而得到说明,可以对法律结构这一质的方面的变化用量的概念加以表述。这正是前人不曾注意过的问题。

3. 关于西部森林的所有权和立法

在1979年3月号的《经济史杂志》上,利伯开普与罗纳德·约翰逊(Ronald N. Johnson)合写了"财产权、19世纪联邦森林政策和资源保护政策"一文,对法律创新问题做了进一步的探讨。利伯开普的基本观点仍与以往一样,但他的论述更详细些。这篇文章所表述的看法如下:

按照19世纪后半期美国政府的有关法律,美国西部沿岸的森林土地只限于转让给真正的移居者,即小块土地的经营者,但法律的规定并不可能制止有关森林土地转让的各种欺骗性活动的盛行,反而会加剧这些活动,结果,土地转让的成本增大了,财产权的确立被耽误了时间。同时,由于法律规定的对森林土地转让的限制而引起的欺骗性活动的盛行,使得社会上主张把森林土地国有化的人们加紧活动,他们力图证明森林土地国有化是合理的。这些就是当时在森林土地问题上法律变革的前提。

根据利伯开普和约翰逊的分析,只要用非法手段获得土地所花费的成本小于用合法手段获得土地所花费的成本,森林土地转让中的欺骗性活动是不会停止的,木材公司将会乐意这样做;只要森林土地的市场价值表明获得这些土地所花费的支出是值得的,人们也总会要求得到土地。这样,有关森林土地的法律变革如果要想制止森林土地转让中的欺骗性活动,不应当用行政方法来禁止森林土地的转让或把森林土地收归国有,而是要设法降低获得森林土地的合法成本,使得财产权迅速被确认。

六、从制度创新理论的产生到新政治史的研究

在制度创新理论产生以前,在经济学领域内,有关经济问题的研究和政治问题的研究被认为是长期隔绝的。虽然兰恩在《经济史杂志》(1958 年 12 月)上发表了"有组织的暴力的经济后果"这篇著名的文章,提出要把经济学的研究和政治学的研究结合在一起,但在 20 世纪 60 年代内,对这个问题的研究并没有取得多大进展,甚至在 70 年代,进展也不显著。稍后,制度创新理论的提出者之一兰斯·戴维斯在"新的征途,或有组织的暴力、保护税率和有关问题的探讨:新政治史学"(载《经济史杂志》,1980 年 3 月)一文中强调了这一点。他认为,由于 20 世纪 60 年代以后经济学家和经济史学家们比较侧重于数量的研究,所以对经济学和政治学相结合的研究未能取得较显著的进展,这一点是可以理解的。尽管如此,戴维斯还是肯定了 70 年代初制度创新理论产生以来在这个领域内所进行的各种探讨。

戴维斯指出,近年来的这些研究使得新政治史学(The New Political History)在逐渐形成之中,诺思和托马斯于 1971 年发

表的"庄园制度的兴衰：一个理论模式"，利伯开普于 1978 年发表的"经济变量和法律的发展"，以及利伯开普与约翰逊于 1979 年发表的"财产权、19 世纪联邦森林政策和资源保护政策"等，就是为建立新政治史学而有新的研究成果的论著。戴维斯认为，尽管有些论著在发表后受到了一些人的评论，但它们的研究方向是清楚的，即要求对政治制度方面的变化作出新的解释，从而它们也是有启发性的。不过，戴维斯感到这方面有待于进一步研究的问题仍然很多。新政治史学的建立不是一件轻而易举的事情。

在戴维斯看来，在政治学所要探讨的范围内，角色太多了，而限制他们的行为的制度方面的问题也太多了，因此对于各种角色的动机的了解是非常不够的。在大多数政治模型中，总是把政治家力求当选作为一种假定；经常还假定这样一点，即政治家之所以力求获得最多的选票，是为了使自己的收入最大化。至于选民，则被假定为力求使自己的效用最大化，并且假定他们的效用也可以用他们的货币收入来表示。戴维斯认为贡德逊 1974 年发表的"美国内战的起因"、小约瑟夫·李德 1977 年发表的"对新经济史中政治事件的理解"和 1978 年发表的"经济负担：美国革命的火花？"等文就是从上述假定出发来讨论政治制度的变革的。戴维斯认为这是一种把政治市场与经济市场的作用完全等同起来的研究方法，它是过于简单化了，因为在政治事件中一些非经济的因素经常起着主要的作用。而且在对政治的研究中，如果考虑到时间因素和不确定性的话，那么问题还要复杂些、困难些。

戴维斯接着指出，如果要循着经济学研究和政治学研究相结合的途径来建立新政治史学的话，那么必须弄清楚以下三类问题，即:什么人(who)? 为什么(why)? 怎么样(how)?

1. 什么人

要建立一个政治模型,应确定政治剧本中的角色。那么在这里活动的究竟是什么人呢?根据制度创新理论的研究者们的看法,预期获得收益的人就是这种角色。例如,据利伯开普的研究,只有当争议的财产具有某种价值的时候,财产权才显得重要,有关财产权的诉讼是同由该财产取得的收入的价值密切联系在一起的。换句话说,在财产的收入不足以弥补为获得这些财产收入而花费的成本时,不可能有制度上或法律上的变革。戴维斯认为,这种分析实际上只涉及了一类角色,即要求从财产取得收入的人们,而不曾考察另一类角色,即政府机构。如果不考察政府机构的行为,或对政府机构的组成及其活动不了解,那么依然说明不了问题。因此戴维斯指出,确定政治剧本中的角色这一任务是比较艰巨的。

2. 为什么

如果角色被确定了,那么还有必要作出一些行为的假设。据诺思和托玛斯的论证[①],农奴制度乃是一种建立于契约基础上的非剥削性的安排,而这种契约之所以订立,旨在克服被察觉到的产品市场的失利。斯提潘诺·费诺亚尔蒂亚(Stephano Fenoaltea)对诺思和托玛斯的上述论断做了如下的评论,他认为他们的结论来自这一假定,即假定领主的唯一重要的考虑是取得最大限度的收入,但如果领主也考虑政治稳定这一因素的话,那么很可能得出

---

① 参看诺思和托玛斯:"庄园制度的兴衰:一个理论模式",载《经济史杂志》,1971年12月,第777—803页。

与诺思和托玛斯不同的结论①。戴维斯接着指出,在研究"为什么"这个问题时,采取类似观点的不止诺思和托玛斯二人,例如米歇尔·麦卡宾(Michelle McAlpin)在1979年3月的《经济史杂志》上发表了"缺粮、饥荒和风险:印度西部歉收的不同影响,1870—1920年"一文,文中对英国政府关于印度饥荒的政策做了论述,指出当局提供了各种保障(如铁路运输,救济,以工代赈),以缓和这些饥荒的长期影响和短期影响,但并未说明当局究竟是"什么人"(是议会,还是印度政府、英国纳税人、维多利亚女王?),以及当局这样做的动机究竟是什么。戴维斯说道,如果不了解角色们的动机和集团决策机制,那是无法说明政策的变化的。

戴维斯还写道,根据雅可布·梅茨勒(Jacob Metzer)对制度变革的研究可以说明这样一点,即政治行为不是仅仅由经济原因促成的,政治行为可能有非经济的基础,政府的政策并不是一定为了增加收入,而是为了达到特定的非经济的目标②。这样就可能产生混合的动机——政治的动机和经济的动机。

3. 怎么样

假定这些角色和他们的目标、他们的行为仍然受到制度关系的限制,但这些限制并非天生的,而是人为的,可以由角色加以改变的,那么现在理论所要说明的就是这些角色的行为。他们究竟是怎样改变那些限制他们的行为和目标的制度关系的呢?戴维斯认为,根据查理·麦柯迪(Charles McCurdy)在"美国法律和大公

---

① 参看斯提潘诺·费诺亚尔蒂亚:"一个理论模式的兴衰:庄园制度",载《经济史杂志》,1975年6月,第386—409页。

② 参看雅可布·梅茨勒:"经济结构和国家目标",载《经济史杂志》,1978年3月,第101—109页。

司的市场结构"(载《经济史杂志》,1978年3月)一文中的研究,大企业在联邦法院进行活动,以求得现行规章制度的改变。这表明制度的变革是在既定的制度结构之中进行的。其他一些研究者也得出类似的结论,即在有必要改变人为地造成的政治和经济限制时,通常总是利用现行的制度结构来达到这一目的。只是在少数迫不得已的情况下,才把现行制度结构的改变作为制度变革的前提。但在"怎么样"的问题上,一个没有解决的疑点是关于国家服务的可供选择的方式究竟有哪些。李德和贡德逊对美国独立战争和南北战争的原因的研究涉及了这类问题,但并没有把经济学的研究和政治学的研究很好地结合起来。他们主要是解释制度变革的经济基础是什么,这当然是不够的。

戴维斯从以上的分析得出这样一个结论:从制度创新理论产生之时起,虽然研究者们在若干理论和方法问题上做了探讨,并有所进展,但离新政治史学或新政治—经济史学(new polinomic history)的确立还有一定的差距。戴维斯自称他打算在过去已有的研究成绩的基础上,提出一个新的研究设想或建议。

戴维斯认为可以用19世纪后期的英国为例。英国被假设为一个在国内再分配收入的机构。传统的研究方式总是假定国会议员追求他们自身的或他们的后台的利益,而很少考虑他们的选民们的利益。近来的研究者则说明,即使在这一时期的较早阶段,国会议员也处于某种选民压力之下,而到了这一时期的较晚阶段,议员如果不考虑选民利益就会失去自己的职位。因此,根据最近的研究成果,可以把议员们的自身利益与选民们的利益(即选民对议员的压力)结合在一起进行研究,按照这两种影响的大小及彼此之间的关系来分析制度变革中的变化(具体地反映于国会中对法案的投票表决情况)。戴维斯认为这应当是新政治—经济史学今后研究的一个方向。

(本文是厉以宁在 20 世纪 80 年代中后期同陈振汉教授合开的北京大学经济学院研究生课程《西方经济史学》讲稿中的一章)

人力资本理论和经济史研究(上)

一、人力资本概念的提出

西方经济学家关于人力资本的论述中,有不少内容是可供我们参考的,例如关于教育在经济增长中的作用、人力投资的重要性、人力政策的社会经济后果等方面的论述。任何一个国家,如果轻视教育的发展,忽视人力的投资,经济增长的速度就会大大放慢,甚至会出现经济的停滞。

人力资本(human capital)是与物质资本(physical capital)或非人力资本(non-human capital)相对而言的。它是指体现在人的身上的一种资本,它可以被用来提供未来的收入。按照利普赛(R. G. Lipsey)和斯坦纳(P. O. Steiner)的定义,人力资本是"以较大的技艺、知识等形式体现于一个人的身上,而不是体现于一台机器之上的"资本[1]。"人力资本的主要成分是各种保健和教育"[2]。

人力资本概念的提出和人力资本理论的形成是最近 20 年左右的事情。但在这以前很久,经济学家中就有人考察过类似的问

---

[1] 利普赛和斯坦纳:《经济学》,纽约,1978 年,第 5 版,第 369 页。
[2] 同上。

题了。英国古典政治经济学家们从劳动价值论出发,认为劳动是衡量一切商品交换价值的尺度,认为对财富增长起决定性作用的是劳动生产率的提高。当他们分析到劳动在价值形成过程中的作用和分工在提高劳动生产率方面的作用时,他们实际上已经涉及类似于人力资本的重要意义这样的课题了,然而他们并未由此再深入一层进行探讨。19 世纪 40 年代,德国历史学派的先驱者李斯特在所著《政治经济学的国民体系》一书中,以英国古典政治经济学说反对者的身份考察了教育在经济发展中的作用。他认为:古典学派只把单纯的体力劳动看做是唯一生产力,而"象牛顿、瓦特或刻普勒这样一种人的生产性,却不及一匹马、一头驴或一头拖重的牛"①,这显然是错误的。尤其值得注意的是,李斯特采用了"物质资本"和"精神资本"这两个概念。他指出:人类的物质资本是由物质财富的积累而形成的,精神资本则来自智力方面的成果的积累。他写道:"各国现在的状况是在我们以前许多世代一切发现、发明、改进和努力等等累积的结果。这些就是现代人类的精神资本。对于前人的这些成就怎样加以运用,怎样用自己的心得来加以发扬光大;无论哪一个国家生产力的进退,都决定于对这方面领会的深切程度。"②李斯特在这里所谈到的精神资本,在某种程度上接近于当代西方经济学家所使用的人力资本概念。李斯特还指出,由于考虑到智力方面的成果的积累对经济发展的促进作用,所以应当把教师列入生产者之列,因为教师"能够使下一代成为生产者"③,而且这种生产性要比单纯的体力劳动者的生产性大得

---

① 李斯特:《政治经济学的国民体系》,商务印书馆,1961 年,第 126 页。
② 同上书,第 124 页。
③ 同上书,第 127 页。

多。由此得出的结论是:"一国的最大部分消耗,是应该用于后一代的教育,应该用于国家未来生产力的促进和培养的。"[①]

然而,从经济学说渊源来考察,当代西方经济学中的人力资本概念和人力资本理论,既不是直接来自英国古典学派的劳动价值论,也不是直接来自德国历史学派先驱者李斯特的生产力学说,而是直接来自19世纪末期形成的新古典学派。新古典学派采用微观经济分析方法来研究生产和消费问题,以及研究资源在各种竞争性用途中的分配。根据新古典学派的理论而发展起来的生产函数概念、资本生产率概念、边际收入产品概念等等,为以后人力资本理论的形成和发展准备了必要的前提。

柯布—道格拉斯生产函数表明了一定的产量来自一定的生产要素组合条件下的生产要素的投入。以 P 代表产量,L 代表劳动投入量,C 代表资本投入量,A 是一个参变量,α 和 β 分别表示资本和劳动在产量中所占的相应份额,并且是小于1的正数,那么

$$P=AC^{\alpha}L^{\beta}$$

每一生产函数都假定有一个已知的技术水平。生产每一单位产品所需要的生产要素的数量及其组合,可以是固定的,也可以是变动的,即可以用一种生产要素去替代另一种生产要素。但柯布—道格拉斯生产函数公式中的 L,指的是一般的劳动投入量,即把每一单位劳动的投入看成是等量劳动的投入,这样也就看不出不同质量或不同技术熟练程度的劳动的投入对于产量所起的作用大小的差异。以后的人力资本理论的研究者们正是在柯布—道格拉斯生产函数概念的基础上,对生产要素的投入进行进一步的区

[①] 李斯特:《政治经济学的国民体系》,商务印书馆,1961年,第123页。

分,从而阐明教育在经济增长过程中的作用的。

资本生产率指投入的每单位资本的产值,资本边际生产率是追加的投资与追加的产值之间的比率。但资本生产率只指对物的投资的生产率,而通过对经济增长源泉的分析,产量的增加既可能来自对物的投资的增加,也可能来自对人的投资的增加。增加对人的投资的结果,包括就业人数的增加、平均每个工作者技术熟练程度的提高、由于知识进步而引起的其他有助于产量增加的变动等等。这样,只涉及对物的投资的资本生产率概念就是欠完整的;人力资本理论的研究者们以此为出发点,扩大了投资所包括的范围,提出了关于人力投资及其经济效果的新概念。

边际收入产品(marginal revenue product)概念是新古典经济学中的一个很重要的概念。它是指在其他生产要素投入量保持不变的条件下,某一种生产要素的投入量增量所带来的收入增量。把这一概念同边际生产率工资概念结合起来,被认为可以说明雇主将在什么情形下增雇工人,以及按照什么标准支付报酬。人力资本理论的研究者在分析教育的成本和收益时,就是从上述这些概念出发的。

因此,人力资本理论实际上是新古典经济学的发展,是新古典经济学的一般理论在有关人力资源这一特定的领域内的运用。

西奥多·舒尔茨(Theodore W. Schultz)是当代西方人力资本理论的最重要代表人物。[①] 他的下列著作是有关人力资本理论的著名作品:"由教育引起的资本形成"(《政治经济学杂志》),

---

[①] 西奥多·舒尔茨在西方经济学中的另一重要贡献是对农业在国民经济中的地位的研究,尤其是对发展中国家农业发展理论的研究。他在这方面的代表作是《改变传统的农业》(耶鲁大学出版社,1964年)。

1960年12月)、"教育和经济增长"(N. B. 亨利编:《影响美国教育的社会力量》,芝加哥1961年版)、"用于教育的投资的收益率"(《人力资源杂志》1967年夏季号)等。加雷·贝克尔(Gary S. Becker)是人力资本理论的另一个著名的研究者。他的《人力资本》一书(哥伦比亚大学出版社1964年版)在西方各国广为流传,有很大影响。此外,在60年代研究人力资本理论并有成就的西方经济学家,还有爱德华·登尼森(Edward F. Denison)、亚尔贝特·费希洛(Albert Fishlow)、兹维·格里列希斯(Zvi Griliches)、安尼·克吕格尔(Anne Krueger)等人。1970年以前,登尼森所著《美国经济增长因素和我们面临的选择》(纽约1962年版)、《为什么增长率不同——战后九个西方国家的经验》(华盛顿1967年版),费希洛所著"十九世纪美国教育投资的水平"(《经济史杂志》,1966年12月),格里列希斯所著"工业中的生产函数"(《收入和财富研究丛书》第31卷,纽约1967年版)、"论教育在生产函数中的作用和增长的核算"(《收入和财富研究丛书》第35卷,纽约1970年版),克吕格尔所著"生产要素的作用与各国平均每人收入的差异"(《经济学杂志》,1968年9月),都从不同的方面对人力资本理论的研究进行探讨,提出了一些新的论点和分析方法。

1970年以后,人力资本理论的研究工作有较大的发展。西方各国政府也日益重视人力投资和人力资源的规划。各种专著和论文从理论、历史、统计等角度,分别讨论了人力资源这一广阔领域内的问题,大大丰富了人力资本的内容。

二、人力资本的定义

斯坦利·恩格尔曼(Stanley L. Engerman)在所著"人力资本、教育和经济增长"一文①中,对舒尔茨最早提出的人力资本定义有较大的补充和发展。舒尔茨认为,人力资本作为资本的一种形式,它与物品的区别在于:它既不能被买卖,也不能被当作财产,但它与物品一样,能够对经济起着生产性的作用,使国民收入增加。恩格尔曼认为,人力资本的所有权不能被转让,或人力资本不能被当作财产来继承和买卖的论点并不适用于一切社会中的人力资本,而只适用于自由劳动者。恩格尔曼说,即使在奴隶制之下,人力资本仍然是存在的,奴隶身上也体现了人力资本,只不过这种人力资本的收益不是归于奴隶,而是归于奴隶的主人。

他写道:"通过对奴隶制社会的分析,可以最清楚地看到人力资本的形成。在这样的社会中,对自由社会成员而言,奴隶显然代表一种资本形式。的确,人们经常认为在美国内战以前的南部,奴隶形式的人力资本形成代替了对物质资本的投资。据人们论证,美国南部各州的人宁肯花钱来养育和供应奴隶,而不愿意购买机器设备。奴隶在公开市场上被买卖,他们的价值受到他们提供未来收入的能力的影响。价格随着奴隶的性别、年龄、健康状况和技艺水平而不同。奴隶制对于个别种植园主说来是有利可图的,一个奴隶的市场价格相等于预期收入超过买进以后生活费用的数额

---

① 福格尔和恩格尔曼编:《美国经济史的重新解释》,纽约,1971年,第241—256页。

的贴现值。在那样的社会中,用来增加奴隶数目和增加其提供未来收入的能力的费用,显然提高了体现于奴隶身上的资本的价值。因此,对奴隶的主人来说,用于奴隶繁殖、保健、技艺训练和迁徙的费用,同他们购买房屋和设备的支出一样,都是资本形成。"①

恩格尔曼接着说:"奴隶制的废除并未影响用于保健、训练、迁徙和生殖以增加人的劳动收入的能力。正如美国内战以后所表明的,结束奴隶制度并未毁灭体现于以前奴隶身上的人力资本的价值。说得更确切些,这意味着那种资本价值的所有权的再分配,即从奴隶主那里转到了被释放者手中。资本所有权的变化并不改变下述事实,即一定的支出将增加未来的收入。这些支出,不管它是由奴隶主花费的,还是由政府或个人花费的,都将对未来的收入有相同的后果;并且这种成本存在于一切社会之中,不管它是奴隶制社会还是自由社会。奴隶制社会和自由社会的人力资本形成之间的基本区别在于:奴隶制社会中,在付出成本以后,利益归于奴隶主;而在自由社会,利益的大部分以及成本的某些部分(经常并非全部)归于作为投资的体现者的个人。"②

不强调人力资本的特点在于它不可能被买卖和转让,而只强调它的特点在于它并非体现于物品之上,而是体现于人的身上,这是恩格尔曼对人力资本的解释不同于舒尔茨之处。但就人力资本的意义、作用和形成途径而言,他们的看法是一致的。

舒尔茨和恩格尔曼都认为,把教育当作对人力的一种投资,这是针对教育在增加国民收入方面的作用来说,这里并不含有贬低

---

① 福格尔和恩格尔曼编:《美国经济史的重新解释》,纽约,1971年,第242页。
② 同上。

教育的崇高意义的意图。舒尔茨写道:"许多人持有这样一种看法,即认为如果把他的受教育看成是一种创造资本的方式,那将是对人格的侮辱,在道德上是错误的。在那些持有这种观点的人看来,人力资本这个概念本身是讨厌的,因为他们认为教育就其宗旨来说,基本上是文化的,而不是经济的,因为教育的目的在于给人们一种获得对自己拥有价值的理解的机会,以及对他们所设想的生活评价的机会,从而使个人发展成为有能力的和可以承担责任的公民。我对于持有这种想法的人的回答是:把教育当作可以增加人力资本存量的活动之一的分析,绝不否定他们的立场的正确性;我的看法并不是想要说明教育不应当为这些文化目的服务,或者没有为这些文化目的服务。我所指的是,某些教育除了达到这些目标而外,还可能改进人们工作和管理自己事务的能力,并且这种改进可能增加国民收入。因此,这些文化的和经济的作用可以是教育的共同的结果。我对教育的这种看法,绝不是损伤或贬低教育在文化方面的作用。这种作用是理所当然的。现在的任务是要确定:教育(它可以适当地被看作一种能够被识别和被估算的资本)是否还带来某些经济上的好处。"[①]

诺思在所著《工业化初期美国的资本形成:问题的重新考察》一文中,在分析人力资本形成时认为:资本的定义应当扩大,它应包括一切提高生产率的费用。就拿对人的投资来说,通过教育的支出当然是最重要的,但还应当包括卫生支出等等。[②]

恩格尔曼认为人力资本的形成是多方面的,教育是其中的项

[①] 福格尔和恩格尔曼编:《美国经济史的重新解释》,纽约,1971年,第258页。
[②] 参看同上书,第281页。

目之一。他写道:"这并不意味着在说明经济增长时,教育是人力资本形成的唯一的或者甚至是最重要的形式。保健事业的发展（尤其是婴儿死亡率的下降）、移民入境、国内迁移,以及关于专门技艺和解决问题能力的在职训练,全都对居民一生生产率的提高起了主要作用。"①因此他认为,按照人力资本的定义,国民收入不仅要包括教育、保健、在职训练和迁徙的费用,还应当包括怀孕和生育子女的费用。传统的国民收入核算忽略了上述这些对人的投资,或者把其中大多数费用视作一种消费,而把投资概念局限于对物质产品的投资,恩格尔曼认为这是不正确的。②

三、人力投资对经济增长的作用

诺思、恩格尔曼、登尼森等人都论述了人力投资对经济增长的作用。

诺思从资本形成的角度,谈到了对人的投资在一国工业化过程中的重要性。他说道,关于资本形成在一国工业化过程中的作用问题,在经济学界有两种主要的看法,一是罗斯托（W. W. Rostow）的解释,另一是从马克思主义者那里继承下来的解释。这两种解释都把资本形成看成是具有决定性意义的问题,但所依据的是不同的理由。罗斯托的看法是:由于储蓄的供给太小了,不足以促进工业化所需要的充足的资本形成,所以尽管工业投资的收益率高,还是不能引致储蓄增加（储蓄供给对利息率是无弹性的）。

---

① 福格尔和恩格尔曼编:《美国经济史的重新解释》,纽约,1971年,第255页。
② 参看同上书,第241—242页。

因此，假定其他一切情况不变，只要储蓄的供给转入常态，工业增长率就会加速，或者就会出现起飞。① 从马克思主义者那里继承的看法是：由于储蓄被掌握在因某种原因而不愿把储蓄投入工业活动的集团的手中，所以尽管工业投资收益率很高，也不能引致这些集团向工业投资。比如说，商人资本家就是这样的集团，他们宁肯把资金用于贩运，而不愿把资金投入工业。②

诺思认为这两种解释都有很大的局限性，都忽略了资本形成的一些基本内容。诺思说：储蓄的供给与工业化之间的关系并不像罗斯托所表述的那样，因为从历史上看，有些国家的资本形成水平虽低，但经济增长却比较快，另一些国家的资本形成水平虽高，但经济增长却比较慢。至于那种认为某些掌握了储蓄的集团不愿意向工业投资的看法，诺思认为它也是不正确的，因为它既没有提出足以说明这些集团宁肯投资于商业和运输业的理由（要知道，向商业和运输业投资的收益率同向工业投资的收益率之间并没有巨大的差异），也没有材料证明商人资本家不曾转变为工业资本家（事实上一些工业资本家本人曾经经营过商业和运输业）。这样，在诺思看来，关于资本形成与工业化的关系问题应当有一种新的解释。

诺思就此写道："无论过去或现在，企图进行工业化的国家所面临的难题，与其说是储蓄供给的不足，不如说是工业资本投资收益的低下。关键问题正是工业资本的低生产率。低资本生产率的原因之一在于组织的效率和规模。从亚当·斯密经过阿伦·杨

---

① 参看福格尔和恩格尔曼编：《美国经济史的重新解释》，纽约，1971年，第275页。
② 参看同上书，第275—276页。

(Allyn Young),直到最近的乔治·斯蒂格勒(George Stigler),都把这看做提高生产率的重要的决定因素。正如前面已经指出的,市场的大小可能是1816年到1819年期间美国工业化失败的一个因素。但是,市场的大小虽能妨碍工业化,这肯定不是说明工业化起因的充足论据。即使工业中存在一个庞大的潜在市场,投资于工业中的资本仍可能有很低的或者甚至是负的收益率。影响工业中物质资本生产率的一个重要的限制性的因素,就是与物质资本结合在一起的其他生产要素的数量和质量。自然资源是重要的,但对工业发展而言,它是人力资本和物质资本(这似乎是对问题的最有希望的解决方式)之间的补充。虽然经济史学家早已承认这样一点,即不发达国家之所以不能有效地采用现代技术是由于缺乏训练、技艺和知识不足。但这一补充并不曾对工业化的解释方面起主要作用,经济史学家也未设法探讨过这种关系的本质。尽管我们关于人力资本的投资收益的知识依然有限,但看来它仍然是了解工业重要的基本特征之一的关键所在。"[1]

可见,按照诺思的解释,一国工业化有赖于提高物质资本生产率,亦即引进先进的技术和提高组织的效率。而要提高物质资本生产率,必须有技术人员和熟练工人,亦即必须加强对人力的投资,否则工业投资收益率是低的,甚至是负的,工业化也就不可能进行。他接着说:

"赫希曼(A. Hirschman)、罗斯托、钱纳里(H. B. Chenery)等人曾强调各种联系在工业增长中的作用。但注意到某些工业要求

---

[1] 福格尔和恩格尔曼编:《美国经济史的重新解释》,纽约,1971年,第276—277页。

广泛的回顾联系(backward linkages)和前瞻联系(forward linkages)是一回事,说明为什么在某一经济中应当投入这种引致投资则完全是另一回事。采取机器、部件、工具等形式的回顾联系可以从国外输入;制成品的前瞻联系也可能在其他地方得到保证。这已经是许多建立了纺织厂、铁路或木材厂的经济所经历的过程,只不过那些纺织机器、铁轨、铁路设备、木材加工机械等等全都是进口的,这并未导致国内工业活动的扩张。在某些场合,通过回顾联系和前瞻联系并未使国内工业得到发展,这可能归因于它的自然资源的价格较高;但更主要的是缺乏对人力资本的投资。由于人力资本是与物质资本相互补充的,所以缺乏对人力资本的投资就造成工业中物质资本的低的边际生产率。"[1]

一国人力资本的形成途径,除了教育而外,还包括国外人力的移入。在西方经济学界和历史学界关于美国工业化过程中人力资本形成的研究作品中,过去流行着这样一种看法,即认为美国主要依赖国外人力的流入。诺思在考察这个问题时指出,把国外人力的流入看成美国人力资本形成的重要途径的观点并不算错,因为当时确实有不少专业人员,特别是技术工人移居于美国,但无论如何,人力流入只是美国人力资本形成的一个重要的补充来源,而不是基本来源;美国工业化过程中技术队伍的基本来源是本地出生的人,他们是通过各种形式的教育而成为专业人员和技术工人的。诺思认为,有两组统计数字有助于说明这个问题。

第一,美国工业化开始后的若干年内,美国非熟练劳动力的货币工资比当时英国非熟练劳动力的货币工资高 1/3,甚至 1/2,而

---

[1] 福格尔和恩格尔曼编:《美国经济史的重新解释》,纽约,1971年,第277页。

美国技术工人的货币工资只比当时英国技术工人的货币工资高出20%。这一点表明，相对于非熟练劳动力的供给而言，美国国内有比较充足的技术工人的供给，美国的工资水平对非熟练劳动力的移民入境有更大的吸引力。①

第二，在美国工业化开始后的若干年内，由外国移居于美国的各种专业人员和技术工人在移民总数中所占的比重是下降的。据统计，技术工人在移入美国的居民总数中所占的比重，1820—1829年占30.54%，1830—1839年占31.5%，1840—1849年占23.20%，1850—1859年占18.12%。各种专业人员在移入美国的居民总数中所占的比重，在相应的年份之间分别是3.22%，1.73%，0.94%，0.51%。而另一方面，包括一般工人、仆役和农民在内的非技术熟练的劳动者在移民入境人数中占据的比重则越来越大：1820—1829年占38.14%，1830—1839年占50.49%，1840—1849年占69.55%，1850—1859年占73.66%。②

诺思由此认为，即使像在美国这样的国家中，工业化过程中的技术队伍也主要是由本地出生的人补充的，因为由国外移入的劳动者主要补充着非熟练劳动力。假定美国不依靠正规教育和在职训练来培养本国的专业人员和技术工人，美国是不可能迅速实现工业化的。诺思特别指出，美国新英格兰地区学生在人口总数中所占百分比，在美国和西方资本主义国家工业化过程中（以1850年为例）是全世界最高的百分比，这表明美国新英格兰地区的企业界早已把教育看成是培养本国技术队伍的一种重要的投资。③

---

① 参看福格尔和恩格尔曼编：《美国经济史的重新解释》，纽约，1971年，第279页。
② 参看同上。
③ 参看同上。

四、教育在经济增长中的作用的估算

西方经济学家们现在普遍承认人力投资在一国经济增长中起着重要作用,并且把教育看作是人力投资的最重要途径。但教育在经济增长中所起的作用究竟有多大?如何估算这种作用?这是60年代后期以来才在某些西方经济学家的著作中得到较深入探讨的课题。恩格尔曼认为,劳动力数量对于经济增长的重要性可以通过资本和劳动之间的比率而估算出来,但单纯了解劳动力数量对于经济增长的作用,那是不够的,还应当弄清楚劳动力质量对经济增长的作用,这样才能说明教育对经济的贡献。

恩格尔曼的论述如下。他写道:

"每个时期的总量生产函数表示产出量(国民收入)和各种投入量之间的关系。在最简单的生产函数中,物质资本的存量(或它的劳务流量)和劳动力数量(或者用人数,或者用工时数来估量)被当作两种投入量。在一些考察劳动和资本的增加对于国民收入增长的较早著作[1]中,有一个重要的因素仍然未被说明。为了了解经济增长过程,对这个被认为是格外因子的未被说明的要素,就有必要加以说明。许多经济学家为了这个目的,对生产函数中的投入量重新做了规定。"[2]

---

[1] 恩格尔曼指的是:施摩克勒(J. Schmookler)著"美国经济的变化中的效率"(载《经济与统计评论》,1952年8月);阿布拉摩维茨(M. Abramowitz)著《1870年以来美国的资源和产量趋势》(纽约,1956年);索洛(R. M. Solow)著"技术变革与总量生产函数"(载《经济与统计评论》,1957年8月);肯德里克(J. W. Kendrick)著《美国生产率的趋势》(普林斯顿,1961年)。

[2] 福格尔和恩格尔曼编:《美国经济史的重新解释》,纽约,1971年,第251页。

恩格尔曼接着说:"在分解格外因子时,首先要采取的步骤之一是给劳动投入量重新下定义。过去使用的办法是计算自然单位的劳动投入量,即意味着每一个人(或工时)应当被看作等量的投入。然而情况显然并非如此,因为市场并不把所有的人都看成是有同样生产率的。说得更确切些,一个平均收入为一万美元的工人的劳动投入量被认为相当于一个收入为五千美元的工人的劳动投入量的两倍。如果利用这种关于比较的收入的市场信息,就可以对自然单位的数量加以调整,以适应劳动质量的变化。因此有必要找出一个与收入有关的相关变量。

"最常被使用的变量是以劳动力成员所获得的教育的数量为基础。正如前面已经讨论过的,教育与收入之间的关系表明,受过较多教育的人与受较少教育的人相比,在市场上受到比较高的估价。比如说,如果受过大学教育的人赚一万美元的收入,而受过中学教育的人只赚五千美元的收入,我们就把大学毕业生的经济投入量看作比中学毕业生的经济投入量多一倍。如果我们利用这些比较的收入来衡量按教育程度分组的每一组的劳动的数量,我们就能得出各个时期随着按教育程度分组的每一组人数的变化而变化的劳动质量指数。"[1]

恩格尔曼还指出:"劳动投入量可能由于下述原因而增加:或者由于劳动质量不变,但劳动的自然单位数增加;或者由于劳动自然单位数不变,而劳动质量提高;或者由于这两种情况在某种程度上的结合。在工人人数不变的情况下,劳动平均质量增加一倍所代表的劳动投入量的增加,相等于在劳动质量不变的情况下,工人

---

[1] 福格尔和恩格尔曼编:《美国经济史的重新解释》,纽约,1971年,第252页。

人数增加一倍时增加的劳动投入量。随着较多的人上升到教育程度较高的各组,劳动力的平均教育水平提高了,这时,劳动的平均质量也将增加。"① 恩格尔曼的这种分析被西方经济学界认为是有理论根据的、可以成立的。

具体地说,20 世纪前半期教育对美国的经济增长究竟起了多大的作用呢？

据登尼森的计算,从 1909 年到 1929 年,美国生产量的年增长率为 2.82%,劳动力的质量平均每年提高 0.56%,平均每年的经济增长中有 12% 归功于劳动的质量的提高。从 1929 年到 1957 年,美国生产量的年增长率为 2.93%,劳动力的质量平均每年提高 0.93%,平均每年的经济增长中有 23% 归功于劳动的质量的提高。②

另据登尼森的计算,从 1950 年到 1962 年,美国生产量的年增长率为 3.32%,劳动力的质量平均每年提高 0.62%,平均每年的经济增长中有 15% 归功于劳动的质量的提高。相形之下,同一时期内,英、法、西德、比利时、丹麦、荷兰、挪威、意大利八国的生产量的年增长率分别是 2.29%、4.92%、7.26%、3.20%、3.51%、4.73%、3.45%、5.96%,劳动力的质量平均每年提高的百分比分别是 0.37%、0.37%、0.15%、0.58%、0.18%、0.32%、0.33%、0.55%,相应地,这八个国家平均每年经济增长中归功于劳动力质量提高的百分比分别是 12%、6%、2%、14%、4%、5%、7%、7%。③

---

① 福格尔和恩格尔曼编:《美国经济史的重新解释》,纽约,1971 年,第 252 页。
② 参看登尼森:《美国经济增长因素和我们面临的选择》,第 265—266 页。
③ 参看登尼森:《为什么增长率不同——战后九个西方国家的经验》,第 15 章、第 21 章。

从劳动力质量提高在各国平均每年经济增长中所起的作用来看，在西方九国中，美国居于首位。

根据格里列希斯的计算，从 1940 年到 1960 年，美国农业中平均每年生产量的增长率是 2.47%，农业中平均每年劳动质量提高的百分比是 0.67%，农业中劳动质量的提高对农业生产量增长的作用是 12.2%；从 1947 年到 1960 年，美国工业中平均每年生产量的增长率是 3.22%，工业中平均每年劳动质量提高的百分比是 1.00%，工业中劳动质量的提高对工业生产量增长的作用是 22.6%。① 虽然格里列希斯是把工业和农业分开来计算的，但他的按部门计算的结果与登尼森的总量计算的结果并没有重大的区别。他们的计算结果表明：教育对美国经济的增长起了积极的作用，人力投资对工业产量的增长的作用大于它对农业产量的增长的作用。对于登尼森和格里列希斯二人的计算，恩格尔曼评论道：

"（登尼森的计算是）假定生产量对劳动质量的弹性相当于生产量对劳动投入量的自然单位的弹性。格里列希斯曾经验证过这个假定的适用性，但他并不是专门对整个经济进行计算（见格里列希斯著"论教育在生产函数中的作用和增长的核算"，载《收入和财富研究丛书》第 35 卷，纽约，1970 年，第 71—115 页）。验证时利用了生产函数的回归分析，在那里，物质投入量和质量指数是分开来处理的，各自被当作单独的投入量。它们的系数是可以自由变更的。假定登尼森使用的方法在某种程度上可以成立的话，这些验证表明这两种系数之间并无统计上的重大差距。因此，格里列

---

① 参看福格尔和恩格尔曼编：《美国经济史的重新解释》，纽约，1971 年，第 254 页。

希斯在其按部门的计算中也利用了产量对劳动的弹性来估量劳动质量对于增长的作用。但与登尼森不同,格里列希斯并没有用能力和其他因素来调整教育水平造成的收入方面的差别。他在统计表中的计算结果与登尼森对于整个经济的计算结果仍然没有重大的不同。教育在工业中对于增长的作用之所以大于在农业中对于增长的作用,一方面是因为工业部门的质量指数有较大的增长率,另一方面是因为工业中产量对劳动的弹性较大。"①

五、教育的收益的估算

以上所谈到的只是教育的收益的一个方面,即教育对于一国经济增长的作用。恩格尔曼认为,教育作为一项投资,它所带来的好处中,既有归于社会的利益,也有归于作为投资者的个人的利益。而在归于社会的利益中,除了教育对经济增长起的促进作用而外,还包括社会在政治、文化等方面的受益。至于归于作为投资者的个人的利益,则要通过教育的成本和收益的比较分析来确定。

舒尔茨、费希洛、恩格尔曼等人都把教育的成本分为两大项,即"用于教育的费用"和"学生放弃的收入"。为什么要这样划分?恩格尔曼的解释是:

"衡量教育的成本方面的中心概念是经济学家关于机会成本的见解。在经济学家看来,任何一项成本都相等于买主放弃的机会的价值,即放弃对自己的资金或时间的利用。个人对教育的投

---

① 福格尔和恩格尔曼编:《美国经济史的重新解释》,纽约,1971年,第253—254页。

资的成本,相等于所放弃的现期消费或另一种投资。对现期消费的放弃可以来自两个方面。第一,用于缴纳学费、买书本、住校生活费用等等的支出可能取自现期收入,从而使现期收入中减少了现期消费,以期望更高的未来消费。第二,由于上学而不去就业,可能减少现期收入,或得不到现期收入。"①

在把教育成本分为用于教育的费用和学生放弃的收入两大项之后,用于教育的费用一项包括哪些内容呢?舒尔茨、费希洛和恩格尔曼的看法是一致的,即都认为应当包括用于教育的全部支出,这笔支出中有由政府负担的部分,有由个人负担的部分;政府负担的部分来自税收,个人负担的部分指个人缴纳的学费等支出。

至于学生因上学而放弃的收入,这个概念被认为远远比计算教育的费用复杂。舒尔茨和费希洛两人对这个问题的看法略有不同。

舒尔茨认为,在过去使用童工的时候,小学生也存在着因上学而放弃收入的问题。在现代条件下,情况已经有所不同,因为童工被禁止使用。尽管如此,要确定学生从哪一年起就有可能赚取收入,这仍是个复杂问题。为了方便起见,不妨假定中学生和大学生的教育成本中有因上学而放弃的收入这一项,对小学生(十四岁以下的)就不计算这种成本了。

舒尔茨还认为,在分析学生因上学而放弃的收入时所遇到的又一个复杂问题是:假定这些学生全都进入劳工市场,那么他们会得到多少收入呢?这个问题是与学生因上学而放弃的收入量(按

---

① 福格尔和恩格尔曼编:《美国经济史的重新解释》,纽约,1971年,第243—244页。

一定的工资标准计算的收入)有关的,因为劳动力供给过多就会造成失业和引起工资水平下降。舒尔茨认为这个问题可以不必考虑,因为事实上并不会发生这样一种大规模的转移,即在校学生不会全都不上学而去就业。但他说,尽管如此,学生在暑假期间的大批短期就业对收入是有影响的,这一点应当予以考虑。

在分析学生因上学而放弃收入时所遇到的另一个复杂的问题是:假定学生不上学而去就业,那么他们到哪里去就业呢?舒尔茨假定他们全部进入工业部门。这样,他就以工业中职工获得的每周工资额来推算相应年龄的学生在上学期间所放弃的收入量。

在具体计算方法上,舒尔茨采取的方法是:先假定中学生和大学生在校学习期间有放弃收入的可能性,并以 1949 年作为基期,把学生就业时可能得到的收入与工业中一个职工得到的收入相比。假定一个中学生就业,他一年平均收入相当于工业中一个职工的十一周的平均收入。以该年职工平均周工资乘十一,等于该年中学生平均每人放弃的收入,再把计算结果乘以该年中学生人数,便得出该年中学生放弃的收入总额。大学生放弃的收入亦以同样的方法求得。他认为,一个大学生如果就业,一年平均收入相当于一个职工的二十五周平均收入,以该年职工平均周工资乘二十五,等于该年大学生平均每人放弃的收入,再把计算结果乘以该年大学生人数,便得出该年大学生放弃的收入总额。中学生和大学生放弃的收入总额相加,就是该年学生放弃的收入总额。[①]

费希洛认为舒尔茨的上述假定和计算方法是不充分的,因为

---

① 参看福格尔和恩格尔曼编:《美国经济史的重新解释》,纽约,1971 年,第 259—262 页。

不能假定学生全都会到工业部门去就业,还必须假定学生也有到农业中去就业的可能性,特别是农业地区的学生更有这种可能。然而到农业中就业时,学生放弃的收入相形之下要少得多。另一方面,费希洛认为,由于考虑到学生在农业中就业的可能性,以及考虑到农场劳动的特点等等,因此,学生可能就业的最低年龄就要降低到十岁,也就是说,学生到十岁时就有因上学而放弃的收入。

费希洛的计算方法是:先确定学生中可能到农业就业和可能到工业就业的人数。以可能在农业部门就业的学生人数与这些学生放弃收入的月数相乘,便得出农业中学生放弃上学而就业的总月数。把这个数字同农业中平均月收入相乘,就是学生可能在农业部门就业而放弃的收入总额。用同样的计算方法,把可能在非农业部门就业人数与这些学生一年内放弃收入的时间在一年中所占百分比相乘,便得出非农业部门中学生放弃上学而就业的总年数。把这个数字同非农业部门中平均年收入相乘,就是学生可能在非农业部门就业而放弃的收入总额。于是就可计算出在国民经济各部门可能就业的学生放弃收入总额了。①

尽管舒尔茨和费希洛对学生放弃的收入的计算方法不同,二人的计算结果有出入,但他们对美国历史上教育投资的变化趋势仍有基本上一致的看法:

第一,他们认为,从历史上看,直接教育费用中由政府负担的部分的比重是逐年增大的。据费希洛的统计,政府负担的部分在直接教育费用中所占的比重如下:1850年——47%,1860年——

---

① 参看福格尔和恩格尔曼编:《美国经济史的重新解释》,纽约,1971年,第268页。

57%,1870年——65%,1880年——77%,1890年——79%,1900年——79%①。舒尔茨关于20世纪美国教育支出的资料中,没有把政府负担的大学直接教育费用包括进去,而中小学的直接教育费用中,归政府负担的部分占到80%—90%。② 由于整个教育支出中由政府负担的部分增大,相形之下,个人因上学而放弃的收入在个人的教育支出中的重要性越来越突出。

第二,他们认为,从历史上看,学生放弃的收入无论就绝对值而言,还是就它在总教育支出中所占比重而言,都是越来越大的。费希洛和舒尔茨用不同的计算方法算出的结果,都呈现这种趋势。学生放弃的收入越显得重要,升学与就业之间的选择问题对学生和家长来说也就越受到重视。

第三,把对教育的投资(包括直接教育费用和学生放弃的收入)分为中小学教育投资和大学教育投资来分析。19世纪内,中小学教育的投资在教育投资总额中所占比重很大;20世纪内,据舒尔茨的统计,大学教育投资在美国教育投资总额中所占的比重是:1910年——22.5%,1930年——23%,1940年——25.6%,1950年——39%。③

第四,从历史上看,对教育投资的增长率超过了物质资本投资的增长率。这就是说,人力投资同国民生产总值之比在不断提高。据舒尔茨的计算,从1900年到1956年,大学、中学和小学教育的总成本从占物质资本形成的总额的9%增加到34%。②

---

① 参看福格尔和恩格尔曼编:《美国经济史的重新解释》,纽约,1971年,第266页。
② 参看同上书,第261页。
③ 参看同上书,第264页。

以上是舒尔茨和费希洛对教育成本的论述。在他们看来,教育作为一项投资而言,既然投下了成本,就会给投资者带来好处。那么怎样衡量教育对于投资的个人的好处呢?据恩格尔曼的看法,可能有以下这些好处:

由于学习被认为是一种乐趣,因此教育支出可以被视为个人的现期消费支出的一种形式;

由于受过教育的人可以比较有效地支配个人的未来的收入,这样就节省了未来的消费支出(能以较少的消费支出取得较大的效用);

由于受过教育的人可以增加未来的收入,所以教育对个人而言是一种增加收入能力的投资。

恩格尔曼把教育对个人的好处限定在教育对个人未来收入的提高上,因为这是可以计算出来的。他认为,个人多受一年教育,个人未来的收入就比未多受这一年教育的收入有所提高。比如说,受过九年教育的人的平均收入与受过八年教育的人的平均收入之间的差额,就是第九年教育对个人的好处。但他认为,用这种办法来处理教育的收益问题,在理论上还必须考虑下列情况:①

第一,由于上学占据了时间,所以受过教育的人的工作时间(赚取个人收入的年数)要少于未受教育的人的工作时间。这样,多受教育的人一生中赚取收入的总年数就少了,这对于人的一生可能赚取的收入总量是有影响的。

第二,有若干个变量影响着个人的未来收入,教育程度的高低

---

① 以下各点,参看福格尔和恩格尔曼编:《美国经济史的重新解释》,纽约,1971年,第245—248页。

只是其中的一项。比如说,某些人的能力较强,或者某些人的家长比较有钱,即使他们只有相当于一般中学的程度,而没有上过大学,但他们的收入将会高于一般中学毕业生的平均收入。这就是非教育因素在个人收入差异中所起的作用,在分析个人收入差异时应当考虑到这一点。

第三,与上述问题有关的是,教育虽然是人力资本形成的最重要方面,但毕竟只是其中一个方面。教育与人力资本形成的其他各个方面是互相联系的。比如说,一个受过教育的人会更好地注意自己的身体健康,而保健也是人力资本形成的途径之一。又比如说,人才的社会流动性(地区迁移、职业更换等)是人力资本形成的另一个途径,一个受过教育的人有较大的社会流动性,这也对未来的收入发生影响。因此,教育在提高个人收入方面的作用不仅仅表现于受教育者有能力赚取相应于他的教育程度的收入,而且还表现于受教育者能在保健、社会流动性等方面得到某种好处。

第四,个人所受的教育之所以有助于提高个人未来的收入,主要因为教育给个人一种适应一定工作需要的能力(一定的工作要求一定的文化和技术水平),或使得个人能够比较迅速地适应于经济结构的变化,并懂得经济结构变化的原因和趋势。所以,就教育使人们适应于经济结构的变化这一点来说,受教育者与未受教育者相比是受益的,而且经济结构变化的程度越大,变化得越快,教育给个人带来的好处也就越大。

第五,以上在分析教育对个人未来收入的影响时,排除了政府对教育与个人收入之间的关系的影响。但这种影响是存在的,比如说,政府的税收对此就有影响:一方面,课税把个人的收入划分为纳税前收入和纳税后收入。教育虽然提高了个人的纳税前收入，但个人实际获得的则是纳税后收入。这样，教育的收益中看来有一部分通过受教育者的纳税而被未受教育者所获得。但另一方面，由于课税并不是与政府提供的劳务无关。受教育者的纳税有一部分被政府用于教育支出，从而减少了受教育者个人负担的教育成本。因此，如果要考虑课税对于教育与个人收入之间的关系的影响，必须同时注意到上述两个方面，即既注意纳税前后个人收入的差异，又注意到政府用于教育的支出所减轻的个人教育成本。

恩格尔曼在分析了教育的成本与收益问题之后，接着考察了教育的收益率。他把教育的收益规定为个人通过教育而提高的未来收入，把教育的收益率规定为教育的收益的现期价值与获得教育所投入的成本的现期价值之比。多受一年教育的收益率，取决于多受这一年教育所花费的成本（个人负担的教育支出和个人放弃的收入）、未受这一年教育时个人的平均年收入、接受这一年教育后个人的平均年收入、接受这一年教育后个人可以赚取教育收益的总年数这样几个因素。①

恩格尔曼认为，用这种方法计算出来的教育的收益率，有助于个人做出是否继续上学的决定。如果个人还有其他可供投资的机会，教育的收益率可以拿来同其他投资的收益率相比，以判断继续上学（即对教育的投资）是不是一项有利的投资。

恩格尔曼还认为，通过对教育的收益率的计算可以看出，对个人而言，教育收益率有递减的趋势。这是因为个人在小学念书

---

① 参看福格尔和恩格尔曼编：《美国经济史的重新解释》，纽约，1971年，第248页。

时，自己负担的教育费用很少，上学而放弃的收入也是很少的，所以这时教育的收益率很高；但在进中学和大学受教育时，个人用于教育的费用会越来越多，同时，因年龄增大，个人为了上学而放弃的收入也越来越大，于是教育的收益率就会逐步下降。教育收益率的递减对个人升学与就业之间的选择有一定的影响。

恩格尔曼指出，教育的收益率还可以区分为事前预计的收益率（预期收益率）和事后得到的收益率（实际收益率）。事前预计的收益率是个人根据资料对获得教育的现期成本和以目前关于教育程度与收入之间的关系为依据的预期收益的估算而得出的。但由于下述这些原因，事前预计的收益率与事后得到的收益率之间会有出入：[1]

第一，由于对一定工种的劳动力需求的变化，受教育者可能得到意想不到的好处，也可能因学到的技术陈旧过时而受损失。

第二，在工资增长的条件下（假定一切工资都按同一比率增长），前一个阶段上学所放弃的收入要少于后一个阶段上学所放弃的收入，从而前一个阶段上学的人所负担的教育成本小于后一个阶段上学的人所负担的教育成本。因此，根据前一个阶段的教育成本和收益所推算的事前预计收益率将会低于事后得到的收益率或实际收益率。

第三，个人在对教育的收益进行估算时，由于对未来经济发展情况没有什么把握，所以有一种比较保守的倾向，即往往低估了可能得到的收益。

---

[1] 以下各点，参看福格尔和恩格尔曼编：《美国经济史的重新解释》，纽约，1971年，第250页。

恩格尔曼说,由于上述种种原因,事前预计的收益率的估算可能偏低。

(本文是厉以宁在20世纪80年代中后期同陈振汉教授合开的北京大学经济学院研究生课程《西方经济史学》讲稿中的一章)

人力资本理论和经济史研究(下)

一、关于国内人力迁徙问题的研究

除了教育是一国的人力资本形成的重要途径而外,国内劳动力流动或国内人力迁徙也是人力资本形成的途径之一。在这方面,近年来的研究也有较大的进展。研究主要围绕着迁徙的原因和迁徙的后果这两个基本问题而进行。

1. 关于国内人力迁徙的原因的研究

这里主要介绍美国国内人力迁徙的研究成果。关于人力迁徙的研究,大体上可以分为总迁徙和净迁徙两种分析方法。

总迁徙(gross migration)——指人力从迁出地到迁入地的流动总数。

净迁徙(net migration)——指两个地点相互迁徙的结果所造成的净人力流动数。

例如有 i、j 两地。从 i 迁往 j 的总迁徙为 GM_{ij},从 j 迁往 i 的总迁徙为 GM_{ji}。以 NM_{ij} 表示 i、j 两地的净迁徙。则 $NM_{ij} = GM_{ij} - GN_{ji}$。

现在先介绍有关总迁徙的原因的研究。究竟有哪些因素决定总迁徙?

一个因素是迁出地与迁入地之间的距离。这是根据"重力原理"而得出的有关人力迁徙的论断,即假定迁徙与迁出地、迁入地居民人数的多少直接有关,并且与两地之间的距离成反比。据格林伍德(M. J. Greenwood)发表于 1975 年 6 月的《经济学文献杂志》上的"有关美国国内迁徙的研究情况概述"一文所归纳的,距离作为决定迁徙的因素,不仅涉及运输成本问题,而且还涉及心理成本(psychic costs)、信息问题。这就是说,两地距离越远,心理成本越大;距离越远,能获得的信息越少,不确定性则越大。另外,据瓦迪斯基(W. J. Wadyckj)的研究("论机会成本与迁徙分析",载《区域科学年刊》,1974 年 2 月;"可供选择的机会和州际迁徙",载《经济统计评论》,1974 年 5 月),与距离因素联系在一起的还有机会成本因素,即距离越远,机会成本也越大。

另一个因素是收入。这是假定迁徙者在面临几个可供选择的迁入地点时,总是选择预期未来净收益最大的一处。关于这方面的研究,最早是由西奥多·舒尔茨在"人力资本的投资"(载《美国经济评论》,1961 年 3 月,)和加雷·贝克尔在"人力资本投资:理论的分析"(载《政治经济学杂志》,1962 年 10 月增刊)中提出的。在《政治经济学杂志》,1962 年 10 月增刊上,斯杰斯塔德(L. A. Sjaastad)遵循舒尔茨和贝克尔的分析方法,发表了"人力迁徙的成本和收益"一文,用贴现率来折算人力迁徙后预期未来收益的现期价值和人力迁徙成本的现期价值,以求得预期未来净收益的现期价值。他的看法是,首先,人力迁徙的预期未来净收益必须大于零,然后,迁徙者将选择能使预期未来净收益为最大值的迁徙地点。20 世纪 70 年代内,人力资本理论的研究者们在这个问题上又有若干新的研究成果。例如,密勒(E. Miller)在 1973 年 1 月发表于《南方经济学》杂志上的"经济状况影响迁出吗?"一文中,不同意以往一些研究者过多地考虑迁入地点的经济状况,即考虑预期未来收益问题,而把迁出地点的经济状况当作一种不重要的因素。他认为,一个地区的就业率的变化对于人力的迁出有显著作用。同时,有些地区的迁入率是很高的,迁出率也是很高的,迁入和迁出可能相互影响,影响人力迁入的因素也可能影响人力迁出。70年代内美国的某些城市关于人力迁徙的经验统计材料证实了这一结论,例如有的城市,一方面黑人大批迁入,另一方面白人又大批迁出。此外,根据格林伍德的概述,70 年代以来在有关收入因素对人力迁徙的作用的研究中,非总量分析(总量分解)方法越来越受到重视。他援引了麦斯特斯(S. H. Masters)在"从南部迁往北部城市的黑人比已经住在北部城市中的黑人境况较差吗?"(载《人力资源》杂志,1972 年秋季)、小尼米(A. W. Niemi, Jr.)在"受过教育的黑人从南部迁出的受益"(载《南方经济学》杂志,1973 年 10月)中的研究成果,得出这样的看法,在人力迁徙问题上,总量分析显得是不够的,有必要像麦斯特斯、小尼米等人那样对不同类型的迁徙者进行分组研究,才能进一步弄清楚有关人力迁徙的许多问题。

再一个因素是心理成本。1962 年,斯杰斯塔德在分析人力迁徙成本时曾指出,所谓心理成本并不是实际支出的费用,而只不过是迁徙者的一种主观的心理感受,所以对心理成本的直接衡量是很困难的。1973 年,施瓦茨(A. Schwartz)在"试论距离对迁徙的影响"(载《政治经济学》杂志,1973 年 9—10 月)一文中提出了一种替代直接衡量心理成本的方法。他指出,心理成本是指迁徙者离开本乡本土、亲戚朋友之后所感觉到的一种苦闷,可以把它换算成由迁入地点返回原来的地方探亲访友的次数和交通费用,并且由于随着年龄的增大,返回的次数将会增加,所以心理成本也随着年龄增大而增加。另一些研究论著,如格林伍德在所著"美国劳动力地区流动的决定因素分析"(载《经济统计评论》,1969年5月)和费布里坎特(R. A. Fabricant)在所著"一个预期迁徙模型"(载《区域科学杂志》,1970年4月)中所分析的,指出在研究人力迁徙时既要考察心理成本,也要考察心理收益,即迁徙到有亲戚朋友居住的地方时的一种精神上的满足。

第四个因素是信息。这是指迁徙者总是希望迁徙到自己比较熟悉的地方去,不愿迁徙到自己不熟悉或一无所知的地方去。根据费伯里坎特、格林伍德以及伦肖(V. Renshaw)等人[①]的研究,目前的迁徙作为以前的迁徙的函数的假定是可以成立的,因为目前迁徙的信息来源于以前的迁徙,已经迁到某一地区的亲戚朋友会把信息传递给准备迁往该地的人。

第五个因素是个人特点。这主要指迁徙者的年龄、受教育程度、种族等等而言。以年龄来说,迁徙与劳动者年龄是成反比的,因为年龄越大,预期的未来工作年限越短,从迁徙可能得到的总收益(未来各年收入之和)也越少。加之,年龄越大,家庭联系和职业保障等因素也变得越重要。关于这一点,加莱威(L. E. Gallaway)在1969年所写的"年龄与劳工流动型式"(载《南方经济学杂志》,1969年10月)中已经做了验证。再以受教育程度来说,由于受过较多教育的人能有较多的就业信息和较多的就职机会,因此他们

---

① 参看伦肖:《迁徙在劳工市场调整中的作用》,麻省理工学院,1970年;格林伍德:"有关美国国内迁徙的研究情况概述",载《经济学文献》杂志,1975年6月,第405—406页。

迁徙的可能性较大。另一方面,受过较多教育的人可能不像受教育较少的人那样重视与家族的联系,对外地的情况有所了解,因此不那么留恋本土。关于这一点,施瓦茨在1973年所著"试论距离对迁徙的影响"一文中也做了分析。最后,以种族情况来说,在美国这样的国家里,决定白人和黑人迁徙的因素是不一样的。1970年,帕斯基(J. J. Persky)和凯恩(J. F. Kain)在"下南部的迁徙、就业和种族"(载《南方经济学杂志》,1970年1月)一文中,以及1971年,格林伍德和戈尔姆莱(P. J. Gormely)在"白人和非白人州际迁徙的比较"(载《人口学》,1971年2月)中,都曾指出就业率变动对白人和黑人迁徙的影响不同。这是因为:黑人主要从事低收入的职业,他们缺少技术,失业对他们说来是普通的事,他们迁徙后也不一定能找到职业,所以就业率变动对他们迁徙的影响不大。而白人的情况则与此相反,就业率变动对白人迁徙的影响要大得多。

以上就是影响总迁徙的基本因素。下面再看近年来有关净迁徙的原因的研究情况。尽管总迁徙和净迁徙的理论含义不一样,但理论基础则被认为是相似的。格林伍德对此做了这样的表述:

假定从某一地区(i)向其他每一个地区(j)的总迁徙为 GM_{ij},从其他每一个地区(j)向某一地区的总迁徙为 GM_{ji}。假定 i 和 j(或 j 和 i)之间的总迁徙是 i 和 j 之间的距离(D_{ij})和其他一些变量(X_j)的函数。X_j 可能是收入、人口、失业率等。那么,

$$GM_{ij} = \beta_0 + \beta_1 D_{ij} + \beta_2 X_j \tag{1}$$

$$GM_{ji} = \beta'_0 + \beta'_1 D_{ij} + \beta'_2 X_j \tag{2}$$

这样,i 和 j 之间的净迁徙(NM_{ij})将是:

$$\begin{aligned} NM_{ij} &\equiv GM_{ij} - GM_{ji} \\ &= (\beta_0 - \beta'_0) + (\beta_1 - \beta'_1) D_{ij} + (\beta_2 - \beta'_2) X_j \end{aligned} \tag{3}$$

由此可见,决定净迁徙的因素是由决定总迁徙的同样一些因素所构成的。

失业情况作为影响净迁徙的一个变量,人力资本理论的研究者们对此有两种看法。一种是传统的看法,即把失业水平作为失业情况的标志,另一种看法则用预期的失业或未来失业情况来代替失业水平。布朗科(G. Blanco)就是采取后一种方法来研究净迁徙的。他的主要著作在 20 世纪 60 年代中期发表,如"预期失业和州际人口流动"(载《经济统计评论》,1964 年 5 月)、"预期失业和州际人口流动:答辩"(载《经济统计评论》,1965 年 11 月)。劳雷(I. S. Lowry)、马泽克(W. F. Mazek)等人后来遵循布朗科的研究方式来研究有关净迁徙的决定因素问题。

格林伍德认为,在研究总迁徙和净迁徙的原因时,人力资本理论研究者们往往忽略了一些与失业率有关的问题。例如,在一定的地区内,失业人数毕竟只占居民中的少数,这一因素对于迁徙的影响究竟有多大,仍是不明确的。失业率的变动只反映一部分居民对迁徙的看法,而不能说明那些并不受到失业威胁的居民迁徙的原因。相形之下,收入水平的变动和收入的差异对居民的迁徙的影响要大得多。但这里所要注意的是,收入的差异不是狭义地仅指货币工资率的差异而言,而是指实际收入的差异,其中包括各地区生活费用的差异以及生活环境的差异。

2. 关于国内人力迁徙的后果的研究

与对人力迁徙原因的研究相比,对人力迁徙后果的研究较少。这既是由于问题的涉及面很广泛,不容易从理论上综合,也由于资料方面受到限制,缺乏足以全面说明问题的资料。

首先要介绍有关劳动力资源配置的研究。这个问题也就是人力迁徙是否增加效率的问题。早在 1959 年，小斯雷克（H. S. Shryock, Jr.）在《美国国内迁徙的效率》中就曾研究过迁徙结果引起的效率变化。他认为，如果迁出和迁入的人数恰好相抵消（假定迁出者与迁入者的职业与技术特征相同），那么这种迁徙不增加也不减少效率。如果迁出和迁入的人数相抵后有一差额，这才表明迁徙引起效率的变化。但贝克尔认为这个结论是不恰当的。按照贝克尔的看法，关于人力迁徙后的效率变化，不能只从一般的职业和技术特征来考察，还应当考察工人在某一特定的工作岗位上所受到的特殊训练。由于这种特殊训练的结果，工人留在原来的工作岗位上所提供的劳动生产率是比较高的，如果他离开原来的工作岗位，对于企业说来是个损失。企业即使招收了一个与离去者有同等学力的工人来代替他，除非再给予特定的训练，否则效率会降低。这样，企业为了不让一个已经熟悉本职工作的工人离开工厂，宁肯多付给他一些工资，而那些有机会离开企业的工人则考虑到留在原企业能比在别处干同样工作得到较高的工资，从而不愿迁徙。

这种情况还表明，如果工厂迁徙到新地区去，尽管工厂能够在新地方雇用到足够数量的工人，但工厂往往愿意花钱把原来雇用的工人及其家属一起迁徙到新地区去，因为这样做能维持原来的劳动生产率。

这种情况同样表明，在某一个企业工作的连续工龄对工人和企业双方都是有重要意义的。企业愿意使用连续工龄长的工人，工人愿意自己的连续工龄增加，从而得到额外的津贴。1974 年，希克斯在所著《凯恩斯经济学的危机》中强调了这一点。他指出：在正规的就业情况下，雇主和雇工之间的关系应当有某种持久性，以便提高效率；雇主不会因市场上存在失业而降低这些与自己保持长久关系的工人的工资。

其次要介绍有关不同教育水平的人力迁徙的后果的研究。在传统的研究论著中，通常做出这样的假定，即假定劳动力是"同质的"或具有同一教育水平的，从而人力的迁出会使得劳动力供给减少和工资上升，人力的迁入会使得劳动力供给增加和工资下降。但近年来，随着人力资本理论研究的深入，关于劳动力同质的假定已被认为是不适当的。对不同教育水平的劳动力迁徙的研究如今越来越受到重视。

1974 年，罗曼斯(J. T. Romans)在"迁徙的利益与负担"(载《南方经济史杂志》，1974 年 1 月)一文中，专就人力迁徙中的人才流失(brain drain)问题进行分析。他指出，受教育程度与人力迁徙有关，受较多教育的人外迁的可能性大。他认为，关于这个问题应从两个不同角度来分析。如果从全球的角度来看，人才的流动改进了全球的劳动力资源的配置；如果从迁出地区的角度来看，人才流失显然是不利的，因为熟练的劳动力减少了。但即使如此，对于迁出地区的留下未走的劳动者(其中包括许多非熟练劳动者)而言，人才外流能使他们得到好处。他们的竞争者减少了，受到的压力减轻了。罗曼斯接着指出，要进一步了解人才流失的后果，还应当考虑这些外流的人力的受教育费用究竟由谁负担的问题。假定当初受教育的费用是由本人负担的，那么这些人外流后，他们可以靠增加的收入来弥补自己对教育的投资。假定他们受教育的费用是由地方政府负担的，即由地方税收开支的，那么人才的外流将会使地方财政受到损失，因为地方财政替他们承担了受教育的费用，却不能从他们日后取得的较多个人收入中征收到税金(这些人在学业结束后迁徙到别处去了）。因此，从地方当局的角度来看，它是不希望人才外流的。

人力迁徙对公共服务事业和公用设施的增长的影响，也被作为人力迁徙的后果之一而得到研究。格林伍德在1975年所写的《有关美国国内迁徙的研究情况概述》中曾指出，不管是迁入某一地区还是从某一地区迁出，都可能影响对该地区提供的公共产品和公共服务的需求，以及影响该地区用来维持这些公共产品和公共服务的收入。迁徙对地方公共部门的影响的大小不仅依存于所发生的迁徙数量，而且也依存于迁徙者的各种特征。例如，迁入某一地区的既有高收入的家庭，又有低收入的家庭。从地方财政收入的角度来看，高收入家庭的迁入要比低收入家庭的迁入提供较多的税收。但这两类家庭对公共服务的需求也是有差别的。低收入家庭迁入后，要求有较多的福利、保健设施，而高收入家庭迁入后，要求有更多的教育设施以及社会治安方面的措施。除了上述这些直接影响而外，人力迁徙也可能对地方公共服务事业产生间接的影响，因为人力迁徙会对那些未迁徙的居民的收入变动发生作用。①

二、关于劳工市场二元性的研究

近年来西方经济学界关于劳工市场二元性（labour market duality）的研究，是有关人力资本研究的进一步深入。1973年，5

---

① 参看格林伍德："有关美国国内迁徙的研究情况概述"，载《经济学文献》杂志，1975年6月，第418页。

月的《美国经济评论》上发表了雷克(M. Reich)、高尔登(D. M. Gordon)和爱德华兹(R. C. Edwards)合写的"劳工市场分解理论"一文,6月的英国《经济学杂志》上发表了波桑葵(N. Bosanquet)和多林格(B. P. Doeringer)合写的"英国有二元劳工市场吗?"一文。他们提出有必要运用人力资本理论的研究成果来研究劳动力市场的结构问题。从1974年到1977年,在这个问题上陆续发表了一些重要文章,例如亚历山大(A. J. Alexander)的"收入、经验和国内劳工市场的结构"(载《经济学季刊》,1974年2月)、奥斯特曼(P. Osterman)的"劳工市场分解的经验研究"(载《工业与劳工关系评论》,1975年7月)、梅特卡夫(D. Metcalf)的"英国的工会、收入政策和相对工资"(载《英国工业关系杂志》,1977年7月)等等。乔治·萨恰罗波洛斯(George Psacharopoulos)是劳工市场二元性的重要研究者之一。20世纪70年代以来他发表的若干篇论文引起西方经济学界的注意。其中包括:"学校教育和收入分配"(与A. 马林合作,载《经济统计评论》,1976年8月)、"家庭背景、教育与成就"(载《英国社会学杂志》,1977年9月)、"劳工市场二元性与收入分配:英国的实例"(载 W. 克雷尔与 A. 索洛克斯编《个人收入分配文集》,阿姆斯特丹1978年版)、"人力资本与收入:英国的资料与评论"(与 R. 莱雅德合作,载《经济研究评论》,1979年)、"英国的社会经济背景、学校教育和货币报酬"(与 J. 帕潘尼科拉奥合作,载《经济学报》,1979年11月)等。这里,主要介绍萨恰罗波洛斯关于劳工市场二元性的一些基本观点。

1. 劳工市场二元性的定义

按照萨恰罗波洛斯以前的一些研究者的看法,劳工市场二元性包含两方面的意思。第一,劳工市场不是统一的整体,它可以细分为两个或两个以上的部分,一部分是工作条件较好和报酬较高的(劳工市场上层),另一部分是工作条件较差和报酬较低的(劳工市场下层)。第二,劳工市场之分为不同的部分,是与现存制度下劳动力流动的障碍有关的,因此,劳工市场之分为不同的部分,主要不是由于劳动力供给方面的问题,而是由于对劳动力的需求方面的问题(现存制度下对劳动力流动的障碍就属于需求方面的问题,因为劳工市场下层的劳动力难以进入劳工市场上层)。

在萨恰罗波洛斯以前的一些研究者看来,从劳工市场二元性的角度来分析劳动与就业问题,是与古典的、马克思主义的和新古典的理论与分析方法有区别的。根据古典派理论,决定劳动与就业问题的基本因素是人口增长与工资水平;根据马克思主义理论,基本因素是资本主义社会的阶级矛盾、阶级斗争和工人阶级的阶级意识;根据新古典理论,基本因素是工人的劳动生产率或劳动的边际生产率。但从劳工市场二元性的角度来看,决定劳动与就业的基本因素是劳工市场的制度结构和劳动力流动的障碍。他们认为,迄今为止,有关人力资本理论的研究主要循着新古典派的理论研究途径进行,把教育和在职训练看成是有助于提高劳动力质量,使劳动者适应于现代生产技术条件下雇主的需要,以解决就业问题的办法,所以这种分析被认为是不够深入的,并且是过分乐观的;而劳工市场二元性理论被认为不仅补充了新古典理论研究之不足,而且由于它把分析的重点转移到有关劳工市场的结构方面,所以开辟了研究就业问题的新途径。

萨恰罗波洛斯认为:用劳工市场二元性的观点来分析就业同用技术、教育标准来分析就业这二者之间是有联系的。关于劳工市场二元性的较完整的定义,应当把技术、教育标准包括在内。因此,劳工市场二元性是指:劳工市场由两部分构成,一部分是劳工市场上层,又称头等市场(the primary market);另一部分是劳工市场下层,又称次等市场(the secondary market)。

头等市场的特征是:这里有高的基本工资、高的额外津贴与福利、高度技艺、在职深造学习的机会、被提拔的可能性、稳定的工作习惯等。

次等市场的特征是:这里的情况与头等市场相反,基本工资低,没有额外津贴与福利、低的一般技艺、深造和被提拔的可能性很小、不稳定的工作习惯等。

以美国为例,在头等市场的,是白人、成年男性劳动力;在次等市场的,则是有色人种、妇女、青少年劳动力。

2. 从次等市场向头等市场转移的途径

萨恰罗波洛斯以前的研究者认为:劳工市场二元性不是一种暂时的现象,它是持久性的,因为属于次等市场的劳动力很难转移到头等市场去。这绝不是说他们不想转移,而是说在现实生活中,这种跨市场的劳动力流动遇到不少障碍。但萨恰罗波洛斯指出,即使在现实条件下,这种流动也不是绝对不可能的,在某些情况下可以实现这些转移。

首先看一看两个劳工市场各自包括哪些职业。属于头等市场的职业包括:政府官员、工商业经理人员、各种专业人员、脑力劳动者、领班等;属于次等市场的职业包括:工商业中的下层职员、体力劳动的工人、服务人员、农业工人等。从全体就业者的职业分布来看,属于头等市场的职位总是较少的,而且收入越多的职位数目就越少;属于次等市场的职位数目较多,一般说来,在次等市场上的各种职位中,数目最多的是那些收入偏低的职位。这种情况本身就成为劳动者从次等市场转向头等市场的一种障碍。

在存在着种族歧视或其他社会经济歧视的地方,劳动力从次等市场向头等市场的转移也是困难的,因为头等市场中的职业被认为是"好职业",它们只限于某一类型的人担任。

当然,更重要的障碍是,要获得头等市场中的职业,必须具备一定的技术、知识和能力。有些劳动者缺少这些技术、知识和能力,从而只可能在次等市场中找到"坏职业",无法进入头等市场获得"好职业"。

受教育可以使人们获得技术、知识和能力,但如果家长属于在次等市场中工作的人,那么孩子受教育的机会就少,进入头等市场的机会也就较少。

这一切都说明跨市场的劳动力流动是困难的。萨恰罗波洛斯指出,可惜的是,不少关于劳工市场二元性的研究者们的探讨仅止于此,他们只看到由次等市场向头等市场转移的困难,而忽略了对于这种转移的途径和可能性的研究,特别是对于通过学校教育途径以实现这种转移的研究。这就是说,不应该把有关劳工市场二元性的研究同学校教育的收益问题的研究割裂开来,而应当使二者相结合。

萨恰罗波洛斯认为,劳动者由次等市场转移到头等市场并不意味着一定要代替头等市场中已经就业的人的位置,因为从头等市场中的职业类别可以看出,对经理人员、脑力劳动者、各种专业人员的需求量并非固定不变,而是有可能增加的,所以一个工人成为专业人员后,并不意味着必须同时有一个专业人员失去职位,降为工人。既然转入头等市场和取得"好职业"的重要条件是获得技术、知识和能力，那么通过发展教育是可以使次等市场中的劳动力转变职业的。由于"好职业"和"坏职业"之间的一个差别在于收入的多少，所以追求较高的收入将会成为人们多受教育的一个动力。这样，受教育便成为沟通两个劳工市场的渠道。

萨恰罗波洛斯承认家庭收入状况和家长的社会经济地位对于子女受教育的多少和子女能否获得较好的职业是有影响的，但他认为，只要明确了教育能够使人们改变职业，并能使劳动力从次等市场转移到头等市场去，所以从制定政策的角度来说，实行义务教育和延长义务教育年限的政策就是必要的，因为这样一种政策能鼓励和促使低收入家庭使自己的子女受教育时间较长。

除学校教育而外，萨恰罗波洛斯还认为：在职训练和通过实际工作提高工作能力也是有利于劳动者从次等市场向头等市场转移的。比如说，一个属于次等市场的工人，他可以在工作岗位上，由不熟练工人逐步成为熟练工人，并有可能成为领班或职员，这样他就进入了头等市场。当他成为领班或职员后，尽管仍处于头等市场的低级职业范围内，然而对于收入少的劳动者及其家庭来说，这已经是收入和工作条件的一大变化了。而且他们也愿意走这样一条道路，因为在职训练和通过实际工作提高工作能力是不需要放弃自己的收入的（如果受正规的学校教育就要放弃收入）。

至于说到头等市场中的高级职位，萨恰罗波洛斯认为：只要把这些高级职位同一定的受教育年限联系在一起，只要容许受较多教育的人通过竞争来取得这些高级职位，那么教育对低收入家庭的子女要比它对高收入家庭的子女更为重要。这是因为：低收入家庭的子女本来是没有希望获得这种高级职位的，现在教育为他们开辟了一条可以通过竞争来获得这种高级职位的途径,他们的收入可以增加很多;高收入家庭的子女不管怎样也能得到一些"好职业",即使他们多受教育,通过竞争,获得了这种高级职位,他们的收入并不会因此增加很多。这一点表明,多受教育给低收入家庭的子女的前途可能带来的好处大于多受教育给高收入家庭的子女的前途可能带来的好处。

3. 对萨恰罗波洛斯的论点的若干不同意见

萨恰罗波洛斯上述关于劳工市场二元性的定义,以及关于从次等市场向头等市场转移的途径和可能性的看法,引起一些西方经济学家的不同意见。例如:

荷兰海牙社会研究所的汤玛斯(H. Thomas)认为,无论是过去的劳工市场二元性研究还是萨恰罗波洛斯在这方面的探讨,都没有真正阐明不同职业中的就业问题,因为这些研究都把劳工市场的结构和行为看得过分简单。汤玛斯认为最好以"职位竞争理论"(theory of job competiton)或"筛选假定"(screening hypothesis)为基础进行分析。在他看来,社会上的职位与工资总是呈现这样一种图形:好的职位为数很少,中等的职位为数较多,坏的职位为数最多,这下面还根据经济周期状况而存在一批失业者,因此,劳工市场应是多元的或多层结构的。他认为对这一问题如果要进行更为有效的研究的话,那就应当着重分析造成劳工市场划分层次的原因,并弄清楚是否存在使劳工市场分层与追求最大限度利润的活动之间保持一致性的结构。①

---

① 参看克雷尔(W. Krelle)和索洛克斯(A. F. Shorrocks)编:《个人收入分配文集》,阿姆斯特丹,1978年,第441—442页。

西德波恩大学的威廉·克雷尔认为,从目前西德的情况来看,有关劳工市场二元性的定义和两种劳工市场的划分并不适合西德的实际情况。这是因为在西德,从事比较令人不愉快的职业的工人所得到的各种津贴较多,职业的好坏与收入的多少并不像劳工市场二元性的定义所表明的那样一致。①

英国剑桥大学的奥斯汀·罗宾逊(Austin Robinson)认为这是一个涉及对各种职业如何排列次序和确定高低等级的问题,而个人对各种职业的高低等级的判断又是一个涉及价值标准的问题。由于人们对各种职业的了解程度非常不够,对各种职业的偏爱程度也各不相同,所以他们究竟如何看待各种职业,以及究竟如何确定职业的称心合意性(job desirability),可以有非常不同的分类法。②

英国伦敦经济学院的彼得·威尔斯(Peter Wiles)指出,劳工市场二元性的研究方法和观点是属于马克思主义范围之内的,因为马克思就采取过这种分析方法,如区分"流氓无产阶级"和"工人贵族",并把它们看成一个统一体内的两个部分。彼得·威尔斯认为,这里所谈的问题本质上是劳工市场上的不完全竞争问题,所以采取"二元性"这个词用来研究劳工市场问题是不妥的。而在发展经济学中使用"二元经济"(the dual economy)这个术语,则有完全不同的含义。③

---

① 参看克雷尔和索洛克斯编:《个人收入分配文集》,阿姆斯特丹,1978年,第443页。
② 参看同上。
③ 参看同上。

三、教育在收入分配中的作用

1. 问题的提出

人力资本理论产生后,研究者的注意力较多地放在人力投资对经济增长的作用问题上。但 70 年代以来,除了在经济增长方面继续有新的研究成果而外,人力投资对收入分配的作用越来越受到重视。1974 年,美国哥伦比亚大学出版社出版了明塞尔(J. Mincer)的名著《学校教育、经验和收入》一书,对学校教育的收益问题进行了研究,引起西方经济学界的很大兴趣。1975 年,在瑞典斯德哥尔摩出版了法格林德(J. Fagerlind)的《正规教育与成年人的收入》一书,也对同一问题进行了分析。目前在这个领域内最重要的研究者之一就是美国宾夕法尼亚大学教授陶布曼(Paul Taubman)。他自 1974 年以来发表了一系列有关人力投资与收入分配相互关系的论著,其中包括:《收入不平等的原因》(1975 年出版)、"收入的决定性因素:遗传学、家庭和其他环境"(载《美国经济评论》,1976 年 12 月)、"收入、教育、遗传与环境"(载《人力资源杂志》,1976 年秋季)、《作为投资和作为筛选工具的高等教育》(与 T. 威尔斯合著,1974 年出版)、"可继承的和环境的因素的相对影响,以及智力在收入函数中的重要性"(载克雷尔和索洛克斯编《个人收入分配文集》,阿姆斯特丹 1978 年版)等。陶布曼的研究被认为是在人力资本理论上的新的成就,因为他改变了以往的研究中所流传的这样一种看法,即认为人力投资会大大影响收入分配。陶布曼的看法是:人力投资对收入分配有一定的影响,但绝不能对此估计过高;收入分配的不平等主要来自教育以外的其他各种原因。下面介绍陶布曼的主要论点。

2. 陶布曼的分析方法及其主要论点

陶布曼提出,按照新古典经济理论,一个工人的实际工资率等于他的边际产品。但这里有一些问题没有得到回答:一个人的边际产品是由什么决定的呢?一个人的年收入与一生收入之间是什么关系呢?按照人力资本理论来解释,工人的边际生产率的差异是由于能力不同所造成的,而能力的差异除了天赋而外,还与学校教育、在职训练和其他环境因素有关。但在一些人力资本模型中,往往只考虑教育这一因素的作用,而忽略了天赋和家庭环境的作用。当然,如果要进一步分析,还应当加上诸如邻居情况、城市规模这些因素,因为这些也对个人的能力有影响。但相形之下,天赋和家庭环境这两个因素要重要些,所以现在专就天赋和家庭环境这两个因素的作用进行考察。

陶布曼认为:青年人刚参加工作时,由于工作经验缺乏,在这种情况下,天赋所起的作用是很小的。但随着年龄的增大,工作时间的延长,天赋对收入分配所起的作用就会增大。一个人越聪明,越有可能在以后的工作时间内获得高收入。两个人的聪明程度不一样,在青年时期两个人的收入差距不大,但越到后来,他们的收入差距也会越大。这一点表明,单纯用小时候受教育年限长短是说明不了这个问题的。这也就是说,不能把受教育年限的多少当作决定人们一生收入多少的主要因素。

陶布曼还指出,受教育(上学)这个因素本身既同人们的天赋联系在一起,又与家庭环境不可分开。在不同家庭环境中生长的人,受教育的机会不同,同一个家庭环境中生长的人(比如说弟兄二人),因各人天赋不同,所以受教育的机会也不相同。这表明,从人的一生来考察,不能认为教育是影响个人间收入分配差异的主要因素,而应该认为家庭环境和天赋是影响个人间收入分配的主要因素,而在这里,家庭环境的影响尤其重要。可以说,个人间收入分配的不平等主要来自家庭收入(家长收入)的不平等。至于家庭收入(家长收入)的不平等,则又可以用类似的方法去分析。总之,学校教育对收入分配差异应负的责任是较小的。

陶布曼认为,如果了解了影响个人间收入分配的各个有关因素的重要性,那就会得出以下这些关于政策的看法。首先,那种认为实行义务教育制就可以使居民收入均等化的主张是没有根据的。由于受教育年限并不是影响个人间收入分配差异的主要因素,所以即使让人们受同等年限的学校教育,也不会对收入分配状况产生大的影响。其次,即使采取各种办法使各个家庭能够使子女上学,仍无法消除收入分配方面的不平等,因为从人们一生收入来看,天赋的作用是重要的,而且人的年龄越大,工龄越长,智力高低对于收入的影响就越大。

3. 对陶布曼的论点的反应

在人力投资与收入分配之间的关系的研究中,陶布曼的论点是新颖的。西方经济学界对此有比较强烈的反应。例如:

荷兰的德·沃尔夫(P. de Wolff)认为陶布曼的分析之所以不同于过去的研究者,主要在于他把智力高低这个因素放到了模型之中,并且不是仅仅从刚毕业或刚参加工作时的情况来分析,而是考虑到随着年龄的增大,智力高低所起的作用也增大,以说明家庭状况、受教育年限相同或相近的人一生收入差异的原因。德·沃尔夫还认为,一个人受教育年限的长短对人的一生收入的影响也是越来越重要的。这就是说,两个人相比较,受教育较多的人与受教育较少的人的收入的差异,将随着年龄、工龄的增加而扩大。至于家庭环境对人们收入的影响程度,德·沃尔夫认为要具体分析,比如说在瑞典,它对人们收入的影响程度就不如在美国那么大。①

奥地利的迈克尔·瓦格纳(Michael Wagner)认为陶布曼的研究的政策结论特别值得注意,这个政策结论就是:收入不平等不可能通过改变劳工市场供给方面的因素的途径来消除。瓦格纳说,这一结论意味着,旨在进行收入再分配的政策应当把力量集中用于劳工市场的需求方面。劳工市场的供给方面是指雇工及其提供的劳动数量和质量而言;影响劳工市场供给方面的政策包括对工人进行教育和再训练的政策等。劳工市场的需求方面是指雇主对各种类型的劳动力的需求;影响劳工市场需求方面的政策包括吸收各种类型的劳动力就业,以及给予他们的适当的报酬的政策等。按照瓦格纳的看法,解决社会上收入不平等的关键在于实行后面这种政策,而不在于实行前面这种政策。瓦格纳还认为,如果美国劳工市场在竞争基础之上有效地发挥作用的话,知识因素在收入分配中的作用就不会那么重要了,这是因为在西方社会中,知识不一定是一种稀缺的资源。换言之,由于劳工市场的不完全性,才使知识因素变得这样重要。②

西德的冯·维札克尔(C. C. Von Weizsacker)指出,陶布曼的研究虽然想说明天赋和家庭环境这两个因素对于人们的收入分配都有重要的影响,但实际上陶布曼更为强调的是天赋(即智力高低)的有力影响,相形之下,家庭环境的影响是比较次要的。

---

① 参看克雷尔和索洛克斯编:《个人收入分配文集》,阿姆斯特丹,1978年,第395—396页。

② 参看同上书,第397页。

冯·维札克尔认为这就提出了一个值得注意的问题：假定上一代也是这种情况，那么上一代的天赋对下一代的影响将通过家庭环境而反映出来，上一代的天赋与下一代的天赋之间的联系是较小的。①

英国的莱雅德(R. Layard)认为，根据陶布曼的研究，天赋和家庭环境都对收入分配有重要影响，但要知道，旨在影响收入分配的政策只可能影响家庭环境的决策，而不能影响人的天赋才能，虽然在考虑到一切环境影响之后，天赋才能确实对于收入分配的不平等起着重要作用。莱雅德指出，可以把人们依靠天赋才能得到的收入当作"地租"来对待，因为土地资源也是自然赋予的。②

4. 关于教育在收入分配中的作用的波兰实例——波兰经济学家的分析

前面所介绍的是美国经济学家陶布曼以西方资本主义国家为例证的关于教育在收入分配中的作用的研究。下面再以波兰华沙大学教授维尔罗斯(E. Vielrose)的"波兰收入分配的格局"（载克雷尔和索洛克斯编：《个人收入分配文集》，阿姆斯特丹1978年版）为例，说明教育在波兰收入分配中的作用。

维尔罗斯以1955年到1976年波兰居民的收入分配资料来说明。他首先声明，他所引用的资料是1955年以来所公布的调查材料，其范围仅限于社会主义经济部门中的全日制工作人员，不包括军人、警察、个体劳动者在内。

维尔罗斯指出，根据波兰的收入调查材料，可以把平均每人收

---

① 参看克雷尔和索洛克斯编：《个人收入分配文集》，阿姆斯特丹，1978年，第397页。

② 参看同上书，第396页。

入作为一个标准,凡低于平均每人收入的一半的列为低收入,把超过平均每人收入的一倍的列为高收入。例如,1972年,平均每人每月收入为2 380兹罗提,则1 190兹罗提被确定为低收入的上限,4 760兹罗提被确定为高收入的下限。再把就业者分为工资收入者和薪金收入者两类。结果表明,无论在工资收入者一类中还是在薪金收入者一类中,男性与女性相比,低收入者之中,女性所占比例比男性所占比例高得多;高收入者之中,男性所占比例比女性所占比例高得多。特别是,在工资收入者中,低收入的主要是女性;在薪金收入者中,高收入的主要是男性。①

  为什么会发生这种情形?维尔罗斯从受教育的情况来进行分析。根据1973年的调查材料,收入分配与受教育的程度是密切联系的,劳动者受教育年限越长,他们在低收入者中所占的比例越小。大学毕业生中,几乎没有人是低收入者,同时,低收入者中绝大部分是只受过八年初等教育或八年以下初等教育的人。但在高收入者中间,虽然大学毕业生占有较大比重,也有相当一部分高收入者是只受过初等教育和中等教育的人。② 这意味着,在波兰,一个人只要受了高等教育,他就不再是一个收入低的人,他就成为中等收入者和高收入者中的一员;但一个人即使只受过初等教育和中等教育,他仍然可以取得高收入,进入高收入者的行列。教育在波兰收入分配中的作用表现于:受高等教育必定使人们不再取得低收入;但要取得高收入,受高等教育并不是唯一的条件,教育以外的条件同样可以使人们取得高收入。

---

  ① 参看克雷尔和索洛克斯编:《个人收入分配文集》,阿姆斯特丹,1978年,第232页。
  ② 参看同上书,第235页。

维尔罗斯还指出,根据每月收入(1972年)分类,收入1 190兹罗提以下的是低收入者,收入4 760兹罗提以上的是高收入者,介于1 190与4 760兹罗提之间的则是中等收入者。就全社会而言,各种收入水平的人的分配情况仍然呈现"两头小,中间大"的状态,大多数劳动者的收入都介于1 190与4 760兹罗提之间。在中等收入者中,也与高收入者中的情况一样,受过各种不同程度的教育的人都有,即既有大学毕业生,也有中等学校毕业生和连初等教育都没有受完的人。受教育年限长短所起的作用不很明显,而行业或工作部门的不同对收入分配差异的影响则不可忽视。例如,在工业部门和建筑部门中工作,收入是较多的,在教育、卫生等部门中工作,收入是较少的。① 这意味着,行业的差别有可能抵销了受教育程度差别对于收入分配的影响。

美国经济学家欧玛·阿德尔曼(Irma Adelman)认为维尔罗斯的研究是很有意义的,因为它表明波兰这样的国家的收入不平等并非显然不同于许多发展中国家和发达国家的收入分配情况。她指出,如果只把工资和薪水列为收入而进行考察,波兰的收入分配状况与西方国家是相似的。至于波兰的妇女收入之所以出现如维尔罗斯所指出的那种情况(即女性在低收入者中所占比例要高于男性在低收入者中所占比例,男性在高收入者中所占比例要高于女性在高收入者中所占比例),阿德尔曼认为这与行业差别有关,因为妇女的职业选择范围较窄(按照维尔罗斯提供的材料,教育、卫生、商业都是收入偏低的行业)。②

---

① 参看克雷尔和索洛克斯编:《个人收入分配文集》,阿姆斯特丹,1978年,第232—233页。

② 参看同上书,第233、239页。

维尔罗斯不同意阿德尔曼的看法,他认为阿德尔曼所说的波兰收入分配状况与西方资本主义国家收入分配状况相似的论点还缺乏详细的材料作为证据,而在详细分析之前是难以得出任何清晰的结论的。维尔罗斯接着指出,有一点是清楚的,即在波兰,很高的个人收入是少见的,这与西方国家不同。① 至于教育、卫生等服务部门的收入偏低,维尔罗斯认为这与这些部门中辅助性的非熟练工作者所占比重较高有关,在这些部门中工作的妇女有很大一部分的报酬相对地要少得多。②

维尔罗斯还认为,在波兰,短期内收入分配差异可能有扩大的趋势,但这不会是长期趋势。短期内收入分配差异的扩大与某些类型的劳动力短缺有关,因此就利用较高的收入作为把劳动力吸收到某些行业中去工作的动力。

四、关于人力政策的某些新观点

人力资本理论研究与人力政策研究是紧密联系在一起的。根据人力资本及其在经济增长和收入再分配过程中的作用的分析,要减少社会失业人数、增加工作岗位、提高经济增长率和使收入分配趋向于平等化,政府应当采取适当的人力政策或劳工市场政策来调节经济,而不应当听任市场经济自发调节。1972 年,美国经济学家詹姆斯·托宾(James Tobin)在他的著名论文"通货膨胀与失业"(载《美国经济评论》,1972 年 3 月)中曾指出:早在 1961 年,

---

① 参看克雷尔和索洛克斯编:《个人收入分配文集》,阿姆斯特丹,1978 年,第 240 页。

② 参看同上书,第 226 页。

美国官方就曾把推行人力政策作为解决失业与空位之间的矛盾的新手段,亦即作为解决通货膨胀与失业进退两难的新手段。同年,琼·罗宾逊在"经济理论的第二次危机"(载《美国经济评论》,1972年5月)一文中也指出:西方经济理论的第一次危机(指20世纪30年代传统经济理论的失灵)是由于经济理论不能解释社会就业水平而产生的,西方经济理论的第二次危机(指20世纪60年代后期以来凯恩斯经济学的失灵)是由于经济理论不能解释就业内容而产生的。按照琼·罗宾逊的看法,为了说明当前社会的就业内容,必须讨论就业人员的去向,讨论资源的配置问题。

70年代中期以来,西方经济学家加强了对人力政策的研究。这些研究主要围绕着下述问题进行:教育和劳动力再训练的政策在减少当前失业人数方面究竟起着什么样的作用?国内人口流动和向国外移民的措施能否发挥预期的作用?从对劳动力的需求方面考察,怎样才能增加更多的工作岗位,以容纳各种类型的劳动者?还有,从工资率方面进行某种程度的调整,能否有助于缓和当前的社会就业问题,等等。较多的研究是从经验统计资料和各国具体的情况分析出发的,但也有一些是从经济理论上加以系统表述的研究论著。这里介绍1979年以来乔治·约翰逊(George E. Johnson)、杰克曼(R. A. Jackman)、莱雅德有关人力政策的研究和他们提出的新观点。

1. 乔治·约翰逊的基本论点

1979年,乔治·约翰逊发表了"人力训练计划纯影响分析中的劳工市场替代效应"(载《劳动经济学研究》1979年第3期)、"在不加速通货膨胀条件下降低失业率的就业政策的潜在影响"(与A. 布莱克摩尔合作,载《美国经济评论》,1979年5月)。1980年,他又写了"劳工市场干预理论"(载《经济学报》,1980年8月)一文。乔治·约翰逊认为,他所要研究的是这样一个问题,即在劳工市场结构存在各种不完全性的条件下,发达国家的政府应当采取什么样的劳工市场政策来应付失业问题。

他指出,劳工市场结构问题可以分为两类。一是工资结构方面的问题。由于这种问题的存在,以致某些种类的劳工供给与需求无法相适应。二是失业津贴方面的问题。由于这种问题的存在,使得一些人有时不工作也能有收入。假定采取取消最低工资法,对工会施加压力,或废除收入转移计划(即取消福利措施),当然是可以应付劳工市场结构不完全性的问题的,但无论从政治上说还是从社会的角度来看,政府对劳工市场的这种直接干预方式是不妥的。乔治·约翰逊声称,他所要研究的就是在劳工市场结构不完全性的既定前提下,能否采取间接干预的方式使劳工市场更好地发挥作用。在这些间接干预方式中,除了从工资和津贴方面进行调整而外,乔治·约翰逊着重探讨了人力训练和移民政策两项。

关于人力训练计划,乔治·约翰逊认为可分为政府直接从事的或由政府出资补助的两种,受训练的对象可以是青年人或技术水平低的成年人;由于青年人不愁将来没有机会受到教育和获得比较熟练的技术,所以目前的讨论重点可放在技术水平低的成年人身上。乔治·约翰逊所得出的一个重要结论是:对技术水平低的成年人进行训练并使他们的技术水平提高,将对整个社会有利。这是因为:在人力训练后,总产量是提高的,总收入是提高的,受到了训练的成年人的收入也会提高。同时,由于失业人数的减少和政府所发放失业补助金的减少,政府支出将会减少。假定政府支出的其他项目不变,由于政府用于失业救济金的支出减少,于是可以少征税或降低税率,这样受训练的成年人以外的其他社会集团将因此而增加其净收入。

关于发达国家对待移民的政策,乔治·约翰逊认为这也是国家干预劳工市场的一种形式,其主要内容是对低工资国家来的非熟练工人的入境限制。如果这一政策行之有效,有助于缓和发达国家国内的就业和收入再分配问题。乔治·约翰逊指出,当前在发达国家,入境的外籍工人的情况是不一样的。例如:

在英国,大多数外籍工人是常住的居民,他们得到充分的公民权利,包括同等享受收入转移计划(福利措施)的权利。因此,入境的外籍工人人数的增加意味着国内非熟练工人供给的增加,前者与后者是没有差别的。

在美国,情况与此不同,外籍工人是临时性的工人或者是来"作客"的劳动者。例如在美国有不少来自墨西哥的入境移民,他们是来短期工作的,如果他们未能找到工作,他们不可能享受到福利待遇。与此相似的,是瑞士境内的意大利籍工人,他们的工作也是短期性的,只有找到了职业,才有福利方面的收入。

上述这两种情况对于劳工市场上非熟练工人的供给的影响是不一样的。在后一种情况下,收入转移计划或对失业者的补助不影响外籍工人的供给;在前一种情况下,外籍工人将根据自己可能得到的失业补助金的多少与就业后的工资收入的大小来决定劳动的供给数量。此外,像法国、西德和西欧其他一些高工资的国家介于上述两种情况之间,在这些国家,可以给予非熟练的外籍工人有限的常住权和与此相应的福利待遇。

这对于劳工市场的供给变化有什么影响呢?如果外籍工人在

失业时也能得到失业补助或福利津贴,那么他们对入境国国内失业者的影响较小,但对于入境国的财政支出和入境国的纳税人的影响较大。反之,如果外籍工人在失业时得不到失业补助或福利津贴,那么他们对入境国国内失业者的影响较大,但对于入境国的财政支出和入境国的纳税人的影响较小。这一点可以用入境的外籍工人的劳动供给弹性大小来说明。

但入境国的财政支出和入境国纳税人的负担并不仅仅与入境的外籍工人是否享受收入转移计划的利益有关,而且还与入境外籍工人对总收入增长的贡献大小有关。如果增加了的入境外籍工人的供给能使总产量增长,使总收入提高,那么这就多多少少抵消了给予入境外籍工人的福利津贴所造成的损失。所以对入境国纳税人说来,他们究竟因外籍工人入境而受益还是受损失,要根据各国具体情况而定。这是在制定有关移民入境的政策时需要注意的问题。

问题当然不限于此。移民入境不是局限于某一时期的现象。正在入境的外籍工人、过去入境的外籍工人、今后可能入境的外籍工人之间是彼此影响的。每增加一个入境的外籍工人,都会影响已经入境的外籍工人的就业和收入状况,而且还会继续吸引新的外籍工人前来。这样,从较长时期来考察,外籍非熟练工人与入境国国内非熟练工人在就业和收入方面的矛盾就会突出,国内非熟练工人的失业率会提高,纯收入会减少。这样,不管入境的外籍工人是否享受收入转移计划的好处,由于入境国国内低收入者和失业者是享受收入转移计划的好处的,外籍工人入境人数越来越多,也势必影响入境国的财政支出,使入境国纳税人的负担加重。乔治·约翰逊认为,在制定有关移民入境的政策时同样需要考虑这样一类问题。

2. 杰克曼和莱雅德关于长期劳工市场政策的研究

在1980年8月号《经济学报》上刊载了杰克曼和莱雅德的"长期劳工市场政策的效率问题"一文,对长期劳工市场政策问题进行了分析。他们首先提出:劳工市场政策通常是为了应付经济周期而制定的,能不能制定一种不依赖于经济周期的长期劳工市场政策?这种长期劳工市场政策能否发挥有效的作用?能不能设计出一种在不加速通货膨胀条件下的提高就业率和增加职工收入的长期劳工市场政策?如果要实行长期劳工市场政策的话,这种政策可以包括哪些措施?围绕这些问题,他们表述了如下观点。

他们认为,关于这个问题,需要从两方面分析,一是假定工资是灵活的,另一是假定存在着工资刚性,即假定工资是非灵活的。

在工资具有灵活性的条件下,假定不存在对失业者的补助,劳工的供给依存于净工资收入的大小,企业对劳工的需求依存于企业的规模收益的大小。企业的规模收益表现于:一个企业为了实现最大利润,将雇用适当数目的工人,以便使劳工成本与每一类工人的边际产品相等。现在假使由政府给予非熟练工人的雇主一定的津贴,同时由政府向熟练工人的雇主征收一定的税金,并且这种津贴总额与这种税金总额恰好相等。那么会发生什么结果呢?显然,这些政策将增加非熟练工人的供给和减少熟练工人的供给。①如果熟练工人和非熟练工人的相对工资不变,那么非熟练工人供给的增加意味着非熟练工人得到的工资总额的增加,熟练工人供

---

① 参看杰克曼和莱雅德:"长期劳工政策的效率问题",载《经济学报》,1980年8月,第332页。

给的减少意味着熟练工人得到的工资总额的减少。假定非熟练工人的工资供给弹性大于熟练工人的工资供给弹性,非熟练工人增加和熟练工人减少的结果将不会使效率[1]降低,甚至还会使效率增加,同时不至于增加财政负担。这就是有效的长期劳工市场政策的措施之一。

在工资具有灵活性的条件下,另一种有效的长期劳工市场政策的措施就是政府部门增加对非熟练工人的雇用数。这是因为:

熟练工人供给＝政府部门的熟练工人供给

　　　　　　＋私人部门的熟练工人供给

非熟练工人供给＝政府部门的非熟练工人供给

　　　　　　　＋私人部门的非熟练工人供给

假定政府部门提供的公共产品(劳务)是一个常数,这种公共产品是由政府部门的熟练工人和非熟练工人提供的,那么政府部门稍许增加自己所雇用的非熟练工人人数,也就是稍许减少自己对熟练工人的雇用,这样就会造成私人部门中非熟练工人的相对的不足,结果将引起私人部门中非熟练工人工资的增加。这时,假定非熟练工人的工资供给弹性大于熟练工人的工资供给弹性,并且假定政府的总劳动支出不变,那么政府部门增加雇用非熟练工人和减少雇用熟练工人并不会使效率降低,因为如上所述,效率变化是纳税人和各种类型的工人的福利变化的总和。

在工资具有灵活性的条件下,职工培训也是有效的长期劳工市场政策的措施之一。它的特点在于:它之所以提高非熟练工人

---

[1] 按照福利经济学的定义,效率的变化是纳税人和各种类型的工人的福利变化的总和。参看杰克曼和莱雅德:"长期劳工政策的效率问题",载《经济学报》,1980年8月,第334页。

的相对工资,并不像前两项措施那样采取扩大对非熟练工人的需求的办法,而是采取减少非熟练工人的供给的办法,因为通过职工培训,非熟练工人中有一部分人转入熟练工人一类。结果,非熟练工人供给的减少使非熟练工人的工资增加,熟练工人供给的增加使熟练工人的工资下降。假定非熟练工人的工资供给弹性大于熟练工人的工资供给弹性,那么实行职工培训的措施可以使效率不变甚至增加,也就是使非熟练工人的福利、熟练工人的福利、纳税人的福利三者之和不变甚至增加,因此,进行职工培训对社会是有利的。

以上分析的是工资具有灵活性条件下的情况。现在再考察工资不灵活条件下的情况。

杰克曼和莱雅德指出,在西欧各国,由于工会力量比较强大,所以那里的工资刚性问题要比美国严重些。[①] 这样,就有必要进而探讨在非灵活的工资条件下的长期劳工市场政策的有效性。

假定这时采取给雇用非熟练工人的雇主以一定的津贴(旨在鼓励雇主多雇非熟练工人)、向雇用熟练工人的雇主征收一定的税金(旨在筹集发放上述津贴的资金)的政策,并假定给雇主的上述津贴总额与向雇主征收的上述税金总额恰好相等,那么这时社会得到的好处经常会大于工资具有灵活性条件下实行类似政策所带来的好处。为什么会这样?这是因为:在工资非灵活时,尽管雇主减少了对熟练工人的雇用人数,但熟练工人的工资不会下降,熟练工人与非熟练工人的工资率之比也不会变更;所以增加了

---

① 参看杰克曼和莱雅德:"长期劳工政策的效率问题",载《经济学报》,1980 年 8 月,第 338 页。

对非熟练工人的雇用只会使非熟练工人受益,而不会像在工资具有灵活性时那样,非熟练工人的受益将被熟练工人遭受的损失所抵消。

在工资具有非灵活性时,采取政府部门扩大雇用非熟练工人的措施或者采取对非熟练工人进行培训的措施,也会收到比在工资具有灵活性时更好的效果。道理是与分析实行雇佣津贴措施(即给予雇用非熟练工人的雇主一定的津贴,同时向雇用熟练工人的雇主征收一定的税金)时所提出的论据一样的。要知道,在工资具有非灵活性的条件下,即使对熟练工人的相对需求有所减少(扩大政府部门对非熟练工人的雇用将产生这种结果),或者熟练工人的供给有所增加(实行职工培训有这种结果),由于工资刚性的作用,熟练工人的工资不会下降,熟练工人与非熟练工人的工资率之比也不会发生变化。

杰克曼和莱雅德还认为,需要注意的一个问题是:上述这种劳工市场政策究竟应当实行到何种程度?他们指出,如果熟练工人与非熟练工人的相对工资是固定的,那么这种劳工市场政策要一直实行到消灭了非熟练工人的过度供给之时为止。如果工资是灵活的,那么可以继续实行这种政策,因为这对于收入的再分配是起着促进作用的。

最后,杰克曼和莱雅德声称,他们关于人力政策的上述研究与前面提到的乔治·约翰逊的研究是密切有关的。正如乔治·约翰逊感谢他的研究工作得到杰克曼和莱雅德的帮助一样,杰克曼和莱雅德也感谢乔治·约翰逊对他们的研究的帮助。

西方经济学家对人力资本理论的深入研究所得出的一些结果,以及他们使用的研究方法,被认为对经济史研究,尤其是工业化以来的经济史研究是有启示的,运用新的经济理论有助于解释经济史上的一些现象,甚至可以得出新的结论。

(本文是厉以宁在20世纪80年代中后期同陈振汉教授合开的北京大学经济学院研究生课程《西方经济史学》讲稿中的一章)

第三部分

西方经济史学

西方比较经济史研究简论

一

比较经济史作为经济史研究的专门学科,历史并不很长。尽管早在19世纪前半期,德国历史学派的先驱者李斯特就已经在他的著作中,就不同国家经济发展的条件和进程进行了较细致的比较分析,稍后,德国历史学派和新历史学派的经济学家都从阶段划分的角度对各国的经济史做了比较,但这时还谈不上系统的比较经济史研究。他们主要是在总的社会经济发展模式的构想上,或者在经济发展的国际比较的指导思想上进行了一些探索。除德国而外,在19世纪末和20世纪初的其他欧洲国家,也有一些经济史研究者对产业革命的历史或经济周期波动的历史做过比较研究,并且写出了若干有分量的作品,但同样不能认为比较经济史从那时起已经成为一门专门的学科了,甚至也难以认为比较经济史研究的重要性已经被经济史学界充分认识了。在西方,比较经济史研究的重大进展以及比较经济史的重要性日益被人们所了解,主要是在第二次世界大战结束以后,尤其是在20世纪60年代中期以后。这是与当时的世界政治与经济形势分不开的。

第二次世界大战结束后,一些新的社会主义国家的出现、帝国主义殖民体系的解体和民族独立国家的产生，为比较经济学和比较经济史的研究提供了十分宽广的领域。像库兹涅茨、罗斯托、讷克斯、刘易斯、赫尔希曼这样一些以研究经济增长和经济发展著称的著名经济学家，都对经济史的国际比较问题进行了专门的论述，而诸如制度创新理论、技术创新理论、人力资本理论、政治市场理论、长周期理论、现代化理论的发展，又使得比较经济史的研究有了新的理论依据或更为生动的研究内容。因此，可以这样认为，第二次世界大战结束以后的比较经济史研究中，经济学的成分比过去大大增加了，它同现实的经济发展之间的联系比过去大大加强了，此外，它的涉及面也比过去广阔得多。

在这里需要提到的，是这一时期的比较经济史研究中，关于经济制度的历史比较越来越受到重视。如果说当年德国历史学派和新历史学派从阶段划分的角度来评述人类社会经济发展模式时，虽然也与经济制度的比较历史研究有关，但在他们的著作中，主要涉及原始社会、封建社会、资本主义初期、资本主义工业化时期的历史比较。由于受到时代的限制和他们本身的经济理论的限制，他们不可能把社会主义经济制度或资本主义经济高度发展以后的经济制度拿来对比，同样不可能在历史上出现过的或已经存在的社会主义经济制度的不同模式中寻找共同点或差异，以及把资本主义经济高度发展以后各国经济制度的某些特征进行纵向和横向的比较。20 世纪前半期的英、美、法等国的学者在进行比较经济史研究时，虽然某些人（如熊彼特、托尼等）也曾接触到类似的问题，但由于社会经济演进过程本身还没有提供足够的可用于这一领域研究的素材，因此他们的探索只不过留给后来者以较多的启示。关于比较经济制度史研究的这一领域，必须依靠 20 世纪后半期的经济学家和经济史学家来开拓。

20世纪60年代中期以后,由于苏联和一些东欧国家进行了经济体制的调整与改革,由于西方主要资本主义国家发生了经济停滞与通货膨胀并存现象,并且相继采取了调整经济的政策和减少政府干预的措施,这样,有关经济制度的比较研究问题被置于重要的方面。在20世纪30年代内曾经开展过的计划与市场的争论,再度受到重视,而且这时所讨论的已经不限于理论上的论述,讨论扩展到对历史上的经济制度与经济政策的效应的比较等问题上。在西方学术界,对不同经济模式和不同经济干预方式的探讨似乎有主张重新回到以市场决策为主的老路上去的趋势。例如,有关资源配置、收入分配、经济效率之间关系的讨论,就与国有化历史和国有化得失利弊的研究有着密切的联系;又如,有关福利支出的效应的讨论,关系到如何评价近几十年来的英国、北欧等国的经济史和经济现状;再如,计划经济及其与市场之间的关系的讨论,不仅涉及对苏联和东欧国家的经济史的看法,而且也与对第二次世界大战结束以后某些西方资本主义国家的经济史的重新认识有关。总之,包括比较经济制度史在内的比较经济史研究,由于它对于历史和现实问题的研究的重要性,如今已经成为西方经济史研究中的一个值得注意的领域。在比较经济史方面所提出的若干反传统的观点,既反映了研究工作的深入,也反映了经济理论研究与经济史研究的结合。西方经济史学的这一动向,是我们不能忽略的。

二

西方比较经济史研究者现在普遍认为,在比较经济史研究中,只注意纵向比较分析,或只重视横向比较分析,都是不够全面的。

纵向比较分析按照历史发展过程分析一国不同历史时期或若干国家不同历史时期的变化,以寻找经济发展的历史规律性。如果对不同的国家采取纵向的比较分析,那么还可以发现它们的经济在历史发展过程不同时期的共同点和差异。

在纵向比较分析中,重要的问题一是指标的选择,另一是年份的确定。例如,作为总体比较的指标,国民生产总值、国民收入、人均国民生产总值、人均国民收入等等都是可供选择的指标。在这里需要注意的是,越是往前推,这方面的统计数字越不完整,从而国别比较越是困难。此外,这些总体比较的指标还涉及不同的国民核算体系问题。不同核算体系下的总量指标只有先经过换算,口径取得一致,然后才能进行比较,否则比较是没有意义的。作为结构比较的指标,主要产品的产量、部门之间的比例关系、不同阶级或阶层的平均收入的比较等等,都是有意义的。这里同样存在着历史资料的不足和统计口径是否统一的问题。从年份确定方面来看,主要的问题是:用来标志历史时期的年份或用来说明经济转折点的年份要有一定的依据,以防止年份选择的随意性。假定所要比较分析的指标不止一项(单项指标的比较分析往往有较大的局限性),而是若干项,那么不仅这些指标彼此之间要有一定的关系,而且它们同所选择的年份之间也要有一定的关系。只有这样,才能通过纵向比较分析而得出较为可信的结论。

横向比较分析是把一定时期内或一定时点上不同国家(或一国国内不同地区)的经济状况进行比较,以说明待比较的各国或各个地区的经济的特色。

在横向比较分析中,除了同纵向比较分析一样要注意指标的选择(以及指标的可比性)与年份的确定而外,还需要注意横向比较分析同纵向比较分析之间的联系。从比较经济史研究的角度来看,横向比较分析固然是有意义的,但横向比较与纵向比较的结合将更有助于说明问题。这是因为,通过这种分析,不仅可以从比较分析中找到经济的历史发展的规律性,而且还可以在一定程度上弥补某些国家的某些历史时期内历史统计资料的不足,即可以用另一些国家的生产力水平相当的历史时期内各种已有统计资料替代或推算出来。尽管这种替代或推算至多只是一种近似值,但与历史统计资料的缺乏相比,仍然有其可供参考之处。

在经济史的比较研究中,两个或两组变量之间的比率的分析是一种比较实用的分析方法。关于这种分析方法,雷蒙·哥德斯密斯在"金融结构和发展的国际数量比较"一文(载《经济史杂志》,1975年3月)中,曾做了较细致的评述。他指出:"如果需要有一个广泛的有意义的而又简单的衡量一国金融结构的方法,首先入选的……是一定日期未付的全部金融票据的价值与同期国民财富的价值的比率,这叫作金融相关率。这是一种衡量金融上层结构相对于现实基础结构的规模的方法,因此就存量方面而言是表明一国金融体系在其经济中的重要性的一个指标。"[1]据哥德斯密斯的看法,在进行国际的金融发展的比较时,上述金融相关率的优点在于日期确定和估价方面的统一性,并且可以避免对价格、购买力平价之类的分析方法进行必要的调整等复杂性。当然,这只是一个例子,类似的比率还可以举出很多,不仅可以用于金融发展的国际比较,并且在财政、外贸、工农业生产、收入与福利水平等多个领

---

[1] 《现代国外经济学论文选》第11辑,商务印书馆,1987年,第161页。

域内的比较。换言之，一个善于进行经济发展国际比较的研究者，只要能有一定的理论依据，就可以自行设计两个或两组变量的比率，作为比较的指标。例如，最便利的一种比率，就是以人均国民生产总值（或人均国民收入）作为分母，而以某一个或另一组变量作为分子，以此作为衡量某一特定领域内的经济发展国际比较的通用的指标。这种分析大大促进了西方的比较经济史研究。

但应当注意到，在选择变量作为分子或分母时，分子与分母之间的经济关系是非常重要的。不能仅仅把二者之间的比率作为一种单纯的数量关系来看待。某些西方的经济史研究著作中，常常有这种简单化的毛病。在这里，不妨以 19 世纪末、20 世纪初各个工业国家的经济史的比较为例。我们可以看出，简单地择取两个变量并研究它们之间关系，并不能把各个工业国家的经济状况解释清楚。下面，试举三个例子。

第一，各国的垄断化程度与人均国民生产总值的大小之间的比率。如果以每一个国家的人均国民生产总值作为分母，以垄断化程度（具体表现为企业合并数，或若干国家最大企业的产值或销售值在国民生产总值或部门产值中的比重等）作为分子，那么可以看出，分子与分母之间的经济关系并不一定是那么紧密的。也就是说，一国的垄断化程度与人均国民生产总值之间没有必然的联系。英国的人均国民生产总值较高，但垄断化程度较低，而俄国的人均国民生产总值较低，垄断化程度却较高。这表明，在 19 世纪末 20 世纪初，不能得出人均国民生产总值越高、垄断化程度也越高的论断，垄断化程度与人均国民生产总值之间的比率大小并不反映各个工业国的经济发展的状况。

第二，各国政府参预经济的程度与经济增长速度之间的关系。

如果把各国经济增长率同各国政府参预经济的程度（具体反映在财政收入和财政支出在国民生产总值或国民收入中所占比重、国营经济在经济中的比重等等）进行比较，就19世纪末20世纪初这段历史时期而言，二者之间的关系并不是很清楚的。例如，美国和德国的经济增长率都比较高，但德国政府参预经济的程度却大大超过美国政府参预经济的程度。可见，历史的比较得不出政府参预经济的程度越大则经济增长越快的结论。对于这二者之间的关系，还需要从更广泛的范围内进行探讨。

第三，各国资本输出总量与经济增长速度或对外贸易总量之间的关系。这又是一个不能简单地从两个或两组变量之间的比率的分析中就能够做出判断的问题。虽然资本输出总量肯定与对外贸易总量之间有密切的联系，而且资本输出总量与经济增长率之间的联系也是存在的，即资本输出总量的增长会导致经济增长率的下降。但对于19世纪末20世纪初的各个工业国的经济史进行比较分析的结果却表明，这些变量之间的关系似乎要比一般所设想的复杂得多。比如说，法国当时的资本输出总量很大，而法国的对外贸易总量与之并不相称，而且法国资本输出总量的变动与对外贸易总量的变动之间似乎没有明显的关系。又比如说，德国的经济增长率是较快的，但德国资本输出总量的增长也并不慢，看来在德国，资本输出总量不仅没有导致国内经济增长率的减缓，甚至还有加速经济增长的迹象。这些比较历史分析表明，在研究任何一个具体的国家的经济史时，要充分注意它们各自的经济发展环境、条件以及由此形成的若干特点，而不能把某个变量同另一个变量之间的比率当成是可以说明所有各个国家的经济状况的普遍适用的指标。

以上只是以19世纪末20世纪初的经济史为例,但即使如此,应当承认,在纵向比较分析和横向比较分析中,西方比较经济史研究者日益广泛采用的选择两个变量之间的比率作为指标的方法,仍然是有用的分析方法。

在西方比较经济史研究中,数量分析越来越受到重视。数量分析无疑是重要的,但数量分析有它的局限性。数量分析是在既定的经济制度前提下进行的,而要深刻地阐明经济发展过程,必须对经济制度进行分析。在比较经济史研究中,除了需要运用数量分析方法而外,可能更需要运用制度分析方法。在西方经济史学界,制度分析方法历来就被广泛采用,一些著名的经济史研究者,如罗雪尔、施莫勒、桑巴特、熊彼特、马克斯·韦伯等人,都把制度分析方法摆在重要的位置上。稍后,制度创新理论的研究、发展经济学研究、现代化理论的研究等等,也由于采用了(至少是兼用了)制度分析方法,而取得了某些成果。这些研究几乎都同比较经济史研究有关,不少制度创新的研究者、发展经济学的研究者、现代化理论的研究者,如道格拉斯·诺思、库兹涅茨、罗斯托,也都以采用制度分析方法来研究比较经济史而见长。这一点可以被看成是西方比较经济史研究的一个特色。

这里要说明的是,在比较经济史研究中,制度分析所包含的内容是很多的。例如对所有制结构的分析,对利益集团的分析,对社会文化心理因素及其作用的分析,对政治制度和法律制度及其对经济的作用的分析,价值判断的分析等等,都属于制度分析的分析。

以所有制结构的分析而言,运用这种分析方法,主要的意图在于不把任何一个社会的经济或任何一个国家某一历史时期的经济看成是单一的成分,而是把它看成是多种成分的组合。不仅在研究古代东方、古代希腊罗马或中世纪西欧时要把经济看成是多元的,即使在研究20世纪以后的发达的资本主义国家的经济史时,也应当从多元所有制结构的角度来进行分析。无论是美国、英国还是德国、法国,除了有资本主义经济而外,还有小生产者经济,包括小农场主、小工商业户、个体经营者等。不同的所有制与不同的利益集团相联系,它们对经济政策的反应不同,对政府的希望和要求不同,在经济活动中的得失损益也不同。这些都会对经济发展过程发生影响。

从所有制结构的分析,可以清楚地了解到,在19世纪末20世纪初,即资本主义进入垄断阶段之后,各个主要工业国的经济特征是不一样的。在英国和美国,资本主义成分在经济中所占比重较大,而封建成分在经济中所占比重较小,所以它们的市场比较完善,政府对经济的参预程度也就相对地小一些。在德国、俄国和日本,资本主义成分在经济中所占比重有强(如德国)有弱(如俄国和日本),但封建成分在经济中所占比重却比较强,于是在德国形成的是较强的资本主义经济与封建经济的结合,在俄国和日本形成的是较弱的资本主义与封建经济的结合。这种结合成为它们的经济特征,而且相形之下,俄国和日本的经济在当时带有更大的封建性。这就是通过所有制结构的分析而得出的论断。

再以制度分析方法中的文化—历史分析方法为例。在比较经济史研究中,文化主要是指一个民族的精神方面的特征,如价值观念、社会风尚、民俗、民族文化传统、民族生活方式等。文化作为民族的精神方面的产物,是与历史密切不可分的。单单以现阶段的精神因素来分析现实经济中的问题,有较大的局限性。必须从历史的角度来分析,这样才有助于对经济发展和经济现实做出解释。例如,在对希腊古代经济和罗马古代经济进行比较时,就不可能忽略文化—历史传统的影响。又如,对西班牙、葡萄牙、英国、荷兰在16—17世纪的经济发展状况进行比较时,必须注意到宗教因素和文化背景对经济的作用。再以19世纪末的经济史为例。为什么日本能从1868年明治维新以后很快地成为经济上和军事上的强国?为什么英国的工会运动越来越具有经济主义的倾向?为什么美国的西部的开发会这样迅速,在太平洋沿岸的一些地方会很快成为经济中心?这一切都不能单纯用经济因素来解释。离开了文化—历史分析,诸如此类的问题是得不到较深入的说明的。

总之,在比较经济史研究中,无论是数量分析方法还是制度分析方法,都是各有适用之处和各有局限性,彼此难以替代。在比较经济发展和比较经济制度的历史研究领域内,既需要利用数量分析方法,也需要利用制度分析方法。在当代西方经济史学中,以福格尔等人为代表的经济计量史学的分析方法,只是数量分析方法中的一种,它有自己的长处和短处,它不仅不能替代制度分析方法,甚至也替代不了其他一些数量分析方法(如经济统计方法)。

三

在当代西方比较经济史研究中,一个重要的课题是现代化的过程及其国际比较的研究。"现代化"泛指人类社会摆脱传统社会的、社会经济急剧变动的过程。美国普林斯顿大学教授西里尔·布莱克等在所著《日本和俄国的现代化:一份进行比较的研究报告》中,曾对"现代化"做了如下的解释:"所谓现代化,作者是指这样一个过程,即在科学和技术革命的影响下,社会已经发生了变化或者正在变化……在政治方面,现代化是要日益提高社会成员通过公私机构动员和分配资源的能力,以期把随着知识的增长和技术的进步而出现的各种可能性变成现实……从经济观点来看,现代化就是用新技术来加快经济增长的速度和提高按人口平均的产量。"①此外,布莱克等人还提到现代化过程所涉及的文化、思想、社会、心理等方面的变化。根据他们的说法,现代化是一个持续的过程,在西欧,"现代化过程始于16世纪和17世纪的科学革命、英国17世纪和法国18世纪的政治革命以及18世纪末和19世纪初的工业革命"。②

布莱克等人对现代化及其过程的解释,只是西方学术界对现代化的解释中的一种,但以现代化的含义这一点来看,他们之间并没有什么大的分歧,即他们全部把现代化看成是人类社会自工业革命以来所经历的急剧变动的过程,并且全都认为现代化包括社会、政治、经济、文化等方面。所不同的是:第一,在现代化所包括的各个方面之中,是否存在侧重点?究竟应当把什么看成是侧重点?把某一方面看成是侧重点的理由何在?第二,从时间上说,现代化应当从什么年代算起?现代化作为一个持续的过程,究竟包含哪几个大的阶段?有没有现代化的终点?等等。

关于现代化过程的研究,同比较经济史研究之间的关系是十分密切的。西方学术界在这个领域内的研究对我们有借鉴意义。可以从以下三方面来说明现代化研究与比较经济史研究的关系:

---

① 布莱克等:《日本和俄国的现代化》,商务印书馆,1984年,第18—19页。
② 同上书,第21页。

第一,现代化过程本身就是历史发展的过程,并且以经济发展的过程作为其主要内容。因此,对现代化的研究就意味着对实现现代化的各个国家最近一段(多则近二三百年,少则几十年)的经济发展的历史的研究,目前正在进行现代化的国家需要及时总结本国和其他国家这些年来经济发展的经验和教训,如果没有这种总结,现代化过程中就会走弯路,就会重复自己走过的和别人走过的错误道路。从这个意义上说,现代化的研究与比较经济史的研究是一致的。

第二,既然现代化过程是一个持续的过程,那么对现代化过程进行分阶段的研究便是必要的。但现代化过程究竟可以分为哪些阶段?划分这些阶段的标志是什么?假定有某些标志可以作为划分阶段的依据的话,那么它们无非是总产值、国民收入(或人均总产值、人均国民收入)、工农业产值的比例、城乡人口比例、某些工业品的绝对产量(或人均产量)、国民教育程度等等。当然,这些标志并不是完美无缺的,而且任何一个标志也难以概括全貌,但不管怎样,到目前为止,还只能依靠这些标志。于是就需要通过比较经济史的研究,包括统计资料的比较研究,才能真正对历史上每个不同时期的经济发展程度或现代化程度做出判断。比较经济史研究为现代化的研究的深入,以及为现代化阶段的划分、阶段的确定、现代化程度的估计准备条件。比较经济史研究可以被认为是一项不可替代的基础性的研究。

第三,发展经济学着重从经济理论上探讨不同的国家从不发达状态到发达状态的经济发展途径和经济发展政策,为经济史和比较经济史研究提供了经济理论上的某些新的依据。现代化理论要比发展经济学更加广泛一些,但它们二者之间的确存在着交叉、重叠的部分。许多发展经济学的研究者（如库兹涅茨、罗斯托、刘易斯、讷克斯、格辛克隆等人）也是现代化理论的研究者。他们的研究成果既有利于现代化理论和历史研究的深入，也有利于比较经济史的研究的深入。例如，关于现代化模式或经济模式的研究，是现代化理论和发展经济学理论研究的成果。这一研究成果的取得对比较经济史的研究有重要的意义，它揭示了走上现代化道路和转入现代经济发展的各个国家都面临的共同问题以及它们今后发展道路的可供选择的方案，同时也给比较经济史的研究者以理论上的指引，使他们在研究中能有较开阔的视野，能站在较高的层次上来观察历史和经济问题。

在这里，有一个问题很有现实意义，这就是：在一国现代化过程中，如何把传统同现代化的实际统一起来。这正是现代化研究和比较经济史研究共同关心的课题。布莱克等人的《日本和俄国的现代化》一书之所以选择日本和俄国的现代化过程进行比较，正因为这两个国家有着不同于英、法等西欧国家的传统，而同时又力求在适应过去的传统的基础上实现现代化。关于传统与现实的关系，布莱克等人在书中写道："在任何社会内，一切比较现代化的特点都是由以前的特点变革而来的。特别是对参加现代化行列比较晚的国家来说，这些变革更有可能是在旧的形式继续存在的情况下发生的变化的结果，而不是由旧到新的直接变化的结果。当旧与新并存的时候，这种旧同原来的旧已经根本不同了。"[①]在日本和俄国的现代化过程中，传统的东西仍然被保存下来，但正如布莱克等人所指出的，这种旧东西已经不再是原来的旧东西，而且已经

[①] 布莱克等：《日本和俄国的现代化》，商务印书馆，1984年，第23页。

同现代化相适应。

那么，它们是怎样彼此适应的呢？他们认为，这两个国家的文化遗产与西欧很不相同。俄国的基督教与西方的基督教是分道扬镳的，俄国无论在意识形态上还是在政治管理方式上都受到拜占庭帝国的影响。加之，俄国曾经被蒙古人征服，新兴的俄罗斯国家是在反抗蒙古人的统治，在统一各个分散的公国和领地的基础上形成的。俄国保持着独裁统治的历史传统，它以"第三罗马"自居。这就是俄国的文化遗产。日本则是一个同欧洲在历史上没有联系的东方国家。自从佛教从中国传入日本之后，不仅带去了文化，而且带去了社会的价值标准。但即使如此，来自中国的文化影响却逐渐被日本所吸收，并且日本化了。在日本形成了适应于幕府统治需要的、佛教同神道相结合的一种意识形态。日本颂扬自己的民族文化传统，认为它是独立的。这就是日本的文化遗产。布莱克等人接着认为，把日本同俄国的传统进行比较，尽管它们各有特点，但从现代化以前的社会经济和文化发展过程来看，它们不同于西欧，这一点是非常明显的。然而，当它们开始同西欧国家接触之后，它们的反映却出现较大的差别，它们对待新的技术和新的经济制度采取了不同的态度。布莱克等人指出：

在俄国，彼得大帝的政策标志着俄国决心向西方学习，技术引进的活动进展较快。尽管如此，彼得大帝引进西方技术的目的并不是为了改造俄国的社会，而是为了保护它。彼得参观了英国的造船厂，但对英国的议会不感兴趣。直到19世纪中叶，俄国的传统文化和农村经济制度（这影响着90%的人口）几乎原封不动地保持着。大约是在克里米亚战争失败之后俄国才认识到要在体制上和价值标准上进行改革。然而，为了使传统与现实相妥协，俄国决心以德意志和奥地利的官僚帝国的体制为榜样,它认为这比英国和法国的体制更适合自己的国家。因此,俄国1861年农奴解放法的条文,主要是根据奥地利1848年土地改革的经验制定的;1864年的司法改革和1874年的军队改革都以德国为仿效对象。甚至到了19世纪末和20世纪初,维特等人所推动的政治和经济改革(包括设立权力有限的议会制政府形式的1905年10月宣言),仍然主要是学习奥地利的产物。可见,传统固然同现实统一起来了,但这种统一是在现实适应于传统,并且迁就传统的基础上实现的。

在日本,虽然同荷兰人之间的贸易使日本有机会最早接触到西方的技术和文化,但日本仍从内心抵制西方的一切。日本不曾出现过彼得大帝时期。固有的文化遗产是非常牢固的。只是在日本港口开放(1859)和明治维新(1868)之后,日本才开始广泛吸收西方的体制。布莱克等人写道:"日本利用西方体制的范围比俄国广泛。它运用美国的专门知识进行早期的教育改革和开发北部,向北海道移民,使北海道成为坚决顶住俄国压力的界线。在计划建立集中控制的银行业时,采纳了法国的意见。在海军和海运方面,以及在工业和铁路部门,英国的影响占优势。但是在建立军事和政治制度方面,日本的领导人也发现德国和奥地利的模式特别合他们的心意。"[1]尽管如此,日本也是尽量使西方的制度和技术适合于自己的文化传统,并在这个基础上使传统与现实统一起来。

通过对俄国和日本的现代过程的比较研究,布莱克等人得出这样的看法,即现代化不等于西方化和欧洲化。虽然现代化的思想和制度在欧洲是由法国的革命战争和拿破仑传播的,这种思想

---

[1] 布莱克等:《日本和俄国的现代化》,商务印书馆,1984年,第173页。

和制度也是依靠西方的探险者、商人、传教士、移民和军队传播到拉丁美洲、亚洲和非洲去的,但西方化和欧洲化的含义却是:西方或欧洲的制度本身是现代化的根本内容,其他社会可以忘掉自己的历史传统而采纳西方或欧洲式的现代价值标准和制度。事实上,必须由每个社会的成员自己来改革他们以前的社会制度。在总结俄国和日本现代化的经验时,布莱克等人写道:"必须根据以前几代人的社会传统来理解各个发展阶段的价值标准和制度。即使一个民族全部照搬一种外国宗教或法律制度,其结果也必然会受到实行这些制度的环境的很大影响。"[1]

应当承认,西方比较经济史研究的这些论点是有启示的。这正是比较史研究对于正在进行现代化的国家的实际的参考意义。正如布莱克等人所归纳的:

第一,就传统与现实之间的关系而言,起步较晚的国家应当奉行这样的政策,即"最大限度地利用过去遗留下来的财富,并作种种努力尽快寻求和应用别的富有建设性的办法来代替那些不存在的先决条件"[2]。

第二,就传统与现实之间的关系而言,"正如现代以前的社会存在的条件既可能有助于进行变革以建立现代化社会,也可能使变革复杂化一样,选择迅速实现现代化的计划,对于以后保持高速度现代化阶段将会产生种种后果"[3]。

现代化就是现代化,它不是西方化。西方比较经济史关于日本和俄国的研究表明:任何脱离本国传统的现代化,或者没有成

---

[1] 布莱克等:《日本和俄国的现代化》,商务印书馆,1984年,第24—25页。
[2] 同上书,第445页。
[3] 同上书,第448页。

效,或者根本无法进行。

近年来,西方比较经济史研究在一些重要的理论问题上也有新的进展。当然,这并不意味着这里的每一项研究成果都能经得起检验,也许这种检验需要较长的历史时期才能得出最终的结果,但至少这意味着一项新的研究总是某种新的思路或新的研究方法的体现,它标志着在某一领域内有必要对传统的观点进行一番再讨论、再认识。

例如,与比较经济史研究的有关的关于社会经济发展战略的研究,就是有成绩的研究之一。它们既是现状的描述、前景的分析,也是历史的小结。与以往这些方面的有关研究不同的是,它们不是按传统的产业革命模式来解释18世纪末期以来的西方国家的经济发展的,而是用现实的甚至未来的经济和社会模式来追溯过去的历史,包括18世纪以前的历史。在比较经济史研究中,这些作者在他们的著作中所提出的一种新的思路是:对人类社会经济发展而言,重要的不是增长,或不仅仅是增长,而是协调,或主要是协调。以往,在长期的历史发展过程中,工业化往往被抬高到不适当的位置上,而工业化背后的东西(例如人的地位和人的发展)则被忽视了。他们指出:18世纪末期以来的传统发展战略是片面强调工业的发展,轻视农业的发展;片面强调产值的增长和对设备的投资,轻视产品的适用性和对人力的投资;片面强调消费品的允裕,轻视人的生活方式同消费品数量之间的关系以及消费品充裕可能带来的不确定的后果。他们认为,"发达"一词的含义是值得推敲的。传统的看法总是把"发达"一词同国民生产总值的增长(或人均国民生产总值的增长)联系在一起,根据这种看法,"发达"的代价,包括本国居民为此付出的代价和外国居民为此付出的代价,是不予考虑的。而在新的经济发展战略的思路之下,增长的代价比增长本身更加重要,消费方式的评价比消费品本身更能说明人们的生活水准。因此,只要从这种角度来考察历史发展过程,就会对18世纪以来的各国经济史有了新的认识。

按照这一新的思路,产业革命的性质也可以做另一种说明。以往,对于产业革命的说明是:产业革命以生产技术的革命为特征,它引起从生产资料到生产组织管理方式的一系列变革。但这种说明的局限性是很明显的,因为这种说明只限于从"物"的角度来考察,而没有从"人"的角度来考察,只涉及"人手的延长",而不涉及"人脑的扩大"。假定换一种思路,即把产业革命定义为人的智力的一次解放,那么18世纪末期对蒸汽机的利用,19世纪末期对内燃机和电力的利用,20世纪中期起对电子计算机的利用等等,都是一次又一次的智力的解放,即人类智力资源的开发。每一次巨大的技术变革(从蒸汽机的利用到电子计算机的利用),不仅意味着生产资料到生产组织管理方式的变革,而更重要的是意味着人类在智力开发的道路上的一次飞跃,意味着人类的知识和信息的积累,并使得社会在向以智力为优势,而不是以物质产品数量为优势的阶段前进。所以说,如果这种新的思路能被确立的话,那么经济史(至少是18世纪末期以来的经济史)就需要重写,需要重新评论。

在比较经济史研究中,与此有关的另一个重要理论问题是产业革命(姑且不论它是按传统模式理解为生产资料到生产组织管理方式的变革,还是按非传统模式理解为人的智力的解放)究竟是怎样发生的,是哪些因素在促成产业革命。在长时期的研究中,许多经济史学家撰写了有关产业革命的起因的专著,还有不少经济史学家就产业革命的理论进行了阐述,提出了种种假设,如马克斯·韦伯从新教伦理的角度来探究产业革命的根源、罗斯托从资本形成、主导部门的作用和制度变更等方面来说明起飞的原因、波拉德提出"发疹"假设、格辛克隆用"落后紧张"的观点来解释产业革命的动力和过程,等等。所有这些解释不一定是相互冲突的,它们可以彼此补充,也可以共同用来说明同一种经济史现象,这是因为,历史本身就不能用单一因素来说明,而往往需要多方面提供资料,多方面加以说明。但在比较经济发展过程中,有一个理论问题仍然未被阐述清楚,即在导致产业革命出现的若干因素中,能否认为其中某一种因素是最主要的因素?如果承认有一种最主要因素的话,那么它是什么?

英国经济史学家罗纳德·哈特威尔在其所编的《英国产业革命的原因》一书中,曾并列了五组决定产业革命的因素,它们是:

第一,利润的增长,利润的再投资,资本的形成;

第二,技术的进步,包括新能源的利用和新机器的发明,以及新管理方式的出现;

第三,运输和劳动力供给的充裕,使得生产的增长能够持续下去;

第四,经济上的个人主义和自由放任主义;

第五,市场的日益扩大和人口的迅速增长。

根据罗纳德·哈特威尔的看法,其中任何一个因素都是不可缺少的,否则也就不会在18世纪末期发生英国产业革命了。[①]

然而,能否认为哪一个因素是其中最主要的因素呢?马克

[①] 参看罗纳德·哈特威尔编:《英国产业革命的原因》,伦敦,1967年,第58页和以后各页。

斯·韦伯、罗斯托等人的解释之所以至今仍然有影响,就因为他们有自己的学说体系和理论背景,他们或者把伦理观念看成是最主要的因素,或者把资本形成看成是最主要的因素,是同他们关于经济发展过程的整个体系分不开的。意见的分歧当然难以消除。那么,比较经济史研究者在这个课题上还能做些什么呢?是把历史仅仅当作资料的来源,再提出一种既不同于韦伯、又不同于罗斯托的体系吗?实际上,经济史研究的进展表明,只有从比较经济发展着手研究,才能站在另一个层次上来观察问题。比如说,在把已经工业化的发达国家同正在工业化的发展中国家进行比较时,可以从后者所遇到的困难中了解到什么是影响它们迅速实现工业化的最主要因素。假定某一个发展中国家的其他条件已经具备或基本上具备,只是由于资本形成率过低、利润率过低、利润中再投资的比率过低,才阻碍它的工业化的话,那么资本因素就是最主要因素。假定另一个发展中国家主要是由于价值观念的陈旧或不利于工业化的传统因素(包括社会文化因素)过于顽强,从而在其他条件基本具备时而未能迅速工业化,那么这就是它的工业化的最主要因素。可见,比较经济史的研究有助于从新的角度来解释产业革命的原因问题,并且这种解释不是单纯从某一表层的现象出发,而是从历史与理论相结合的方面对历史做出符合实际的解释。同时,也只有采取这种态度来研究比较经济史,才能既避免简单化的单一因素论的缺陷,又不致重复某种公式化的模式的套用。这就是当前比较经济史研究的一个趋向。联邦德国汉堡大学社会学家鲁道夫·哈曼曾在"欧洲的工业革命是发展中国家的模式吗?"一文中这样写道:"过去只是本来可能实现的许多种可能性之一。具体事件总是特殊结构条件和人的决策的结果。社会过程只有在一定限度内、在必要的但是不充分的条件的意义上能够被预见。偶然事件,没有预见到的事件的作用和不同国家的传统的不同灵活程度,对社会变革的方向、速度和激进程度能够产生决定性的影响。"[1]这表明,统一的、标准化的工业化模式从来是不存在的,能够被用来说明某一个国家的产业革命原因和过程的事件,不一定出现于另一个国家,因此也就不一定具有普遍的意义或一般的适用性。

在有关产业革命、工业化、近代经济增长的历史的比较研究中,还有一个与此有密切联系的研究课题,是政府的作用问题。从产业革命历史的再讨论的角度来看,重新估计政府在近代经济增长中的作用也许是揭开产业革命原因之谜的一个关键。

在这里,一个重要的研究途径是从社会所生产出来的剩余及其使用方式着手。莱恩在"政府在近代初期的经济增长中所起的作用"一文[2]中指出:社会的年总产品中扣除为维持经济的现有水平的运转所必须消耗的部分而剩下的,被称为剩余,剩余就是可以用于投资的那部分产品,这种投资可用于扩大生产,即用于经济的增长。要了解政府在产业革命前和产业革命过程中究竟起了多大作用,就应当先知道政府究竟掌握了多大的剩余,以及剩余是如何被支出的。比如说,政府如果利用自己所掌握的剩余来修建道路、治理沼泽地,那就是为扩大生产而出力。如果剩余被用于修建金字塔和大教堂,用它们来过骄奢淫逸的生活,则它们对经济增长不起促进作用,至少不起直接的促进作用。如果剩余被用于维持庞

---

[1] 《经济学译丛》1984年第12期,第71页。
[2] 原载《经济史杂志》,1975年3月。中译文载《现代国外经济学论文选》第11辑,商务印书馆,1987年。

大的军事机构，那么剩余的使用同样具有非生产性。莱恩认为，要说明政府掌握的剩余量及其用途，就必须掌握有关的历史统计资料。他写道："我们希望在对以前几个世纪的政府支出进行职能分析时，也能把总计数字分解开，也就是把维持治安的费用、宫廷挥霍浪费的费用以及其他费用区别开来。"①但他认为，尽管历史统计资料不足，从而估算起来有困难，但目前仍然有可能通过整理而提出较为确切的数字，以利于经济发展的国际比较。

然而，道格拉斯·诺思和罗伯特·保罗·托玛斯对于莱恩提出的这种比较经济史研究途径表示怀疑。他们同意莱恩关于政府与经济之间存在着重要联系的观点，但认为以剩余为中心的研究方式不一定会得出令人满意的结论。他们写道："'剩余'这个概念至少会使人产生误解，而且往往使学者走上根本错误的研究道路。"②据他们分析，理由如下：

第一，剩余数量和剩余概念的时间范围都是不易确定的。这是因为，只有当生产力超过某种基本的生存水平时，人们才会相互交换产品，才会有资本积累，经济也才有可能增长，但由于相对价格是变化的（相对价格因商品的稀缺程度不同而变化），这一变化使得生存水平的标准，也就是必要产品的数量界限难以确定，从而剩余数量和剩余概念的时间范围也就难以确定了。

第二，剩余概念的提出以及利用剩余概念来判断经济增长，是把"交换本身具有生产力"这一点忽略了。这是因为：

1. 交换过程中，货物从对其价值估计较低的人的手中转到对

---

① 《现代国外经济学论文选》第 11 辑，商务印书馆，1987 年，第 181—182 页。
② 同上书，第 183 页。

其价值估计较高的人的手中,所以交换将增加财富,并使双方都受益;

2. 交换将促进专业化生产的发展,并降低发明和革新的成本,这也将增加财富;

3. 一个人并不一定先拥有"剩余"再从事商业,他只要参加了商业,就可以从生存水平之下上升到生存水平之上;不仅个人是如此,社会也是这样。人类从旧石器时代以来,就一直依靠商业来改善自己的经济处境。有商业活动与没有商业活动相比,人类维持生存所需要的资源较少,这就是商业给人类带来的利益。

诺思和托玛斯从上述分析得出了下述结论:如果重视交换,重视商业所带来的利益,那么在经济增长的研究中,剩余概念是失去意义的,把剩余多少和剩余用途作为研究经济增长的途径也不可能导致有用的结论。但诺思和托玛斯认为莱恩的下述观点是有价值的,这里包括:

第一,莱恩提出,政府在提供公共服务方面越是居于垄断地位,政府的竞争者相距越远,即政府服务需求曲线越缺乏弹性,那么政府所能够从选民那里得到的收入就越多;

第二,莱恩提出,政府把收入用于军费将阻碍经济的增长,例如产业革命前英法两国的经济增长率不同,这可以用法国的战争活动频繁来得到某种程度的解释。

莱恩同诺思、托玛斯关于政府在近代经济增长中的作用的研究途径之争是有意义的。问题不在于双方之中哪一方否认政府的这种作用,也不在于对政府究竟起过多大的作用这一点有不同的看法。争论的焦点是:是通过剩余概念来说明经济增长的原因和过程呢,还是通过交易活动来说明经济增长的原因和过程。这也是两种思路之争。争论表明了比较经济史的研究的深入。争论对于经济史学界的启示要比具体地阐明某一个具体的经济史问题重要得多。正如诺思和托玛斯所说:"对比较经济史或其他经济史来说,最重要的是提出富于想象力的理论。"[①]在研究中,思路、理论框架、研究途径,对每一研究者来说,都是最重要的。这一点也是我们从当代西方比较经济史研究中可以得到的启发。

五

在西方,第二次世界大战结束以来比较经济史研究所取得的重大进展,除了反映于现代化过程的研究、社会经济发展战略的研究、政府在经济中的作用的研究而外,还反映于其他许多方面。例如,库兹涅茨关于不同国家经济增长的过程中产业结构变化的规律性的研究、罗斯托关于不同国家从起飞到持续增长的过程的研究、格辛克隆关于发展中国家摆脱经济落后状态的途径的研究、后工业社会论者关于现代化过程中人的地位及其与自然界之间的关系的研究、新经济史学家们关于经济增长和技术进步问题的研究,以及在法国"年鉴学派"影响下关于经济与社会发展的相互作用的研究等等,全都可以被看成是比较经济史研究的进展。因此,要想在这里对近年来西方比较经济史中已经取得的广泛领域内的成果做一番概述,是相当困难的,而且也是作者力所不及的。

我们能够做的,只是略举一些重要的研究成果,并借以说明在现代西方经济学理论和研究方法的影响下,西方的比较经济史研

---

① 《现代国外经济学论文选》第11辑,商务印书馆,1987年,第185页。

究者们关心的一些问题以及他们的研究某种动向。

那么,他们主要关心的是些什么问题?总的说来,他们主要关心的是经济发展的历史规律性,即经济发展过程在不同的国家、不同的地区、不同的时期是怎样进行的,它们为什么这样进行而不是那样进行,等等。例如,有关政治周期的研究,就是对战后资本主义国家经济发展与波动过程的历史研究的小结。这种研究表明,第二次世界大战结束以后,资本主义国家的经济周期性波动已经越来越具有政治周期的性质,即随着几年一度的大选,经济呈现着有规则的兴旺和衰退相互交替的特征,而经济政策的重点在大选前后的变化则是形成这些国家战后的政治周期的基本原因。这种经济史的比较研究,不仅有助于较深刻地了解资本主义国家现代经济与政治之间的关系,而且对于预测今后经济发展趋势也有一定的意义。

在有关工业化过程的历史比较研究中,值得注意的是所谓悲观论调与乐观论调之争。这里所说的悲观论调,是指通过对若干已经实现或正在进行工业化的国家的经济史比较,得出了资源正在耗竭、环境正在遭到破坏等结论,从而工业化的过程实际上也是增长受到限制的过程和人类社会走向灾难的过程。这里所说的乐观论调,是指通过对同样一些国家的工业发展的历史比较,得出了技术进步和人类智慧的发挥必将不断发现新的资源、不断改善生活环境等结论,从而工业化的过程实际上正是人类走向富裕,人类增加了解决社会经济问题的能力的过程。对于工业化的历史做出上述两种截然不同的论断,是很有意义的。这表明,比较经济史的研究并不是简单地去解释不同国家、不同地区的经济发展的事实及其演变趋势,更主要的,是试图通过对经济发展事实的说明来找出合乎规律的东西来。当然,我们不能笼统地说悲观论调是对的还是乐观论调是对的,应当承认两种论调都有其历史的依据和现实的依据,从而两种论调都有其可取之处。摆在比较经济史研究者们面前的,是这样一种考察问题的方法,即不从单个国家、单个地区的经济发展事实中引出结论,而是从多个国家、多个地区的经济发展事实的比较中引起结论。就上面所提到的悲观论调和乐观论调这两种不同的论调的产生来看,由于它们都来自多个国家、多个地区的工业化的比较,所以二者都有根据,也都是可信的。这就是说,从工业化一开始,人类社会究竟是日益趋近于自我毁灭的境界,还是日益趋近于富裕文明的境界,并不是非此即彼的选择,而是两种趋向的并存。但这与人类社会的最终的命运的决定不是一回事。未来取决于人们自己的作为。如果人们只看到乐观的发展趋向,忽视工业化过程给社会和自然界带来的这种或那种问题,那么社会将步入灾难性的境地。反之,如果越来越多的人注意到了工业化的局限性及其带来的种种问题,努力去控制这种灾难,消除工业化的局限性,并着手解决资源、环境等等问题,那么工业化的前景将是乐观的,而不是悲观的。通过比较经济史的研究,西方学术界有不少人目前已经了解了这一课题的研究的迫切性和重要性。

美国经济学家罗伯特·索洛在《美国经济评论》(1985年5月)上,在谈到经济史与经济学的关系时,曾写下了这样两段话。他说:"现代的经济是十分复杂的体系。既然我们不能在其规模较小的一些局部进行有控制的试验,或者哪怕对它们作孤立的观察,我们就无法使用经典的硬科学的手段来甄别相互挑战的那些假设。可供选择的另一种基本手段,就是按历史时序进行统计分析。"①"人们将不得不承认,经济模式有效与否多半取决于社会环境。这里今天存在的,明天可能消失,或者即使不是明天,十年二十年后也可能如此。在这种研究体制下,经济学家和经济史学家之间就会有明确的、有成效的分工。经济学家关心制作和试验当今存在的(或者我们认为的那样一个)经济世界的模式。经济史学家则可以询问、探索,将这种或那种阐述应用到更早的时期或其他地方听来是否真实;如果不,那又为什么。因此,经济史学家能够使用经济学家提供的工具,但除此以外还需要有想象力,想象事物变为如今这种状况以前,可能是怎样的。……反过来讲,经济史能使经济学家意识到社会组织的多样性和柔性。特别是由此可尝试一下,稍许更好地理解经济行为和其他社会机构设置的相互作用。它使我想到这是有意义的分工。"②索洛的这两段话是值得我们注意的。它们至少可以说明以下三个问题:

第一,对社会的经济现象,既然难以采用物理学或化学的方法,而适用于采取历史的统计分析方法,那就意味着经济史研究的重要性。这是因为,如果经济的历史过程还不明朗,历史本身尚未弄清楚,历史的统计分析方法又何从谈起?不仅如此,由于历史现象不是孤立的,历史时序并不仅仅指某一国家、某一地区的历史发展的时间先后,而且也指不同国家、不同地区的历史发展的比较,即一个国家、一个地区在某一时期内所经历的,也许是另一些国家、另一些地区在另一时期内曾经经历的或将要经历的。这样,历

---

① 罗伯特·索洛:"经济史与经济学",载《经济学译丛》1986年第9期,第77页。
② 同上书,第80页。

史的统计分析实际上也就包含了比较历史的统计分析或历史的统计的比较分析。甚至可以认为,只有比较经济史的分析才能更好地补充经济理论研究之不足。

第二,从比较经济史研究的角度来看,要使得研究深入,还必须依赖经济史学家的想象力。索洛在这里强调经济史学家的想象力,很耐人寻味。当然,我们不能把这种想象理解为毫无根据的、漫无边际的臆想。经济史学家的想象力,应当建立在比较经济史的研究的基础上。比如说,在某一国家、某一地区曾经发生过的经济现象或经济问题,在其他条件大致相同的条件下,未尝不可以设想在另一些国家、另一些地区的某个历史时期内也曾经有过,或者以后会遇到。想象本身也是一种创造,这是建立在对历史的深入研究的、通过比较经济史研究而进行的、一种有根据的创造。如果比较经济史的研究者缺乏这种想象力,而以为只要通过收集资料和整理资料就可以完成自己的研究任务,那就错了。由此看来,索洛的说法不是没有道理的。

第三,社会组织是多样化的。国别经济史的研究将明显地了解到这种多样性。但比较经济史研究与国别经济史研究不同,比较经济史研究的目的不在于揭示这种多样性,而在于如何从这种多样化的国别经济史的研究中归纳出或总结出非多样化的经济发展的规律性。对比较经济史的研究者来说,一方面要重视和掌握经济的多样性,另一方面,则需要跳出这些多样的经济发展的事实,把它们抽象为一般性的过程或一般性的规律。但这一切并不违背索洛所说的社会组织的柔性。社会组织的柔性无非是指任何一种社会组织可以同一定的社会经济条件相适应,在一定的社会经济条件下存在。比较经济史的研究成果所告诉人们的,正是这样一个结论。换言之,就经济史与经济学之间的关系而言,如果说经济史在为经济理论的发展提供素材和准备,那么比较经济史在这里所起的作用是大于国别经济史的。

第二次世界大战结束以来,比较经济史研究确实取得了重大的进展。西方经济史学界对开展比较经济史研究的意义,也越来越认识清楚了。尽管到目前为止,我们还难以举出一位西方比较经济史学界公认的最有代表性的人物,而只能认为某某人在经济史学的某个领域内有较大的成就或贡献,但可以预料,这样的代表人物是会产生的,或者说,这样一个有代表性的研究群体正在产生。让我们从西方比较经济史研究成果中汲取更多的可供我们参考和借鉴的东西吧。

(本文是厉以宁在1987年年终为北京大学经济学院研究生所做的学术报告,后刊载于《鄂西大学学报(社会科学版)》1988年第3期)

论"经济史学革命"

一、"经济史学革命"一词的含义

根据现有资料,"经济史学革命"一词最早是由美国经济学家、经济史学家道格拉斯·诺思提出的。他在刊载于《美国经济评论》(1963年3月)上的一篇论文"美国经济史的数量研究"中这样写道:"美国经济史学中正在进行一场革命。这是由新一代经济史学家发起的,他们怀疑对美国经济史的传统解释,深信新经济史学必须以可靠的统计资料作为坚实的基础。"①

因此可以认为,经济史学革命与新经济史学的产生是一回事。新经济史学(new economic history)又称计量经济史学(econometric history)或历史计量学(cliometrics)。它着重以经济计量学方法来分析经济史发展过程,解释经济史上的重大事件的原因和结果。

由于新经济史学的产生,从20世纪70年代以后,西方经济史学尤其是美国经济史学,发生了重要变化,这就是经济史研究日益数量化。经济史研究的数量化的后果是:

---

① 诺思:"美国经济史的数量研究",载《美国经济评论》,1963年3月,第128页。

第一,开辟了一些新的研究领域,如经济统计史学、经济增长史、技术经济史等等。

第二,改变了以往的、传统的编年史叙述方式、大事记式的叙述方式、传记性的叙述方式,而代之以数量化的解析方式。

第三,在一些重大的经济史问题上推翻了过去的结论,提出了新的解释,例如美国的黑奴制种植园的效率和赢利问题、铁路在美国经济发展过程中的作用的估算。

第四,在新的解释的基础上,对当前的或以后的政策提出建议,经济史研究的实用性增强了,例如通过人力资本在经济发展中的贡献大小的分析,对教育、就业等问题提出了政策建议。又如,对汇率制度演变过程的分析提出了世界货币体系改革的建议。

二、新经济史学产生的背景

新经济史学的产生被认为是传统经济史学陷入困境的结果。

在新经济史学的研究者看来,传统经济史学的缺点是:

第一,经济理论与经济史研究的脱节。经济史研究中,既没有运用已有的经济理论进行分析,也没有根据经济史研究来丰富经济理论或更新经济理论。

第二,传统经济史学过于笼统,只是叙述而没有数量分析作为依据。

第三,传统经济史学不能通过自己的研究对未来进行预测,也不能为今后政策的制定或修改提供充分的依据。

按照一些新经济史学研究者的说法,经济理论和经济史学原来是统一的,例如在18世纪和19世纪初期的古典经济学家的著作中,经济理论和经济史研究是融合的。只是从19世纪后半期历史学派出现之后,经济史学才同经济理论分家,成为两门互不相干的学科。经济史研究的重要阵地起初在德国,施摩勒是重要代表人物之一。20世纪初期以后,经济史研究的重要阵地转移到英国,其代表人物先是阿希莱,后是克拉潘。第二次世界大战结束以后,经济史研究的中心又转向美国,在美国各个著名大学中陆续涌现了一些出色的经济史学家。

在新经济史学研究者看来,经济史研究中,无论是"德国传统"还是"英国传统",都只是叙述历史,而缺少理论。当德国传统和英国传统还统治着美国各个著名大学的经济史研究时,美国的经济史学家除了在商业史、企业史和西部开发史的个别方面有些成就而外,其余的研究都是不值一谈的。

直到第二次世界大战结束以后,美国的经济史研究才有起色,这个时期在美国出现了一批新派的经济史研究者。他们不仅擅长于统计和数学,更重要的是他们的经济理论是有较高造诣的,他们开始运用自己所掌握的经济理论和数学、统计方面的专长,对经济史过程进行重新解释,这才使美国的经济史研究领域活跃起来,也才把经济史研究工作从历史学家手中转移到经济学家手中。

在这里,必须重视凯恩斯经济学的影响。第二次世界大战爆发后,凯恩斯经济学已逐渐成为西方的主流经济学。凯恩斯经济学建立了现代宏观经济学体系,把整个国民经济的活动作为考察对象,进行总量分析,而且从国民收入变动的角度来分析经济运行。这一现代宏观经济学体系的建立,为经济史研究者开辟了新的视野,把研究成果同对历史的总结、经济运行过程的分析和对今后一段时间的分析紧密结合在一起。

但凯恩斯本人采取的还只是比较静态研究方法。凯恩斯的追随者们进而采取了动态研究方法,于是产生了经济增长理论。在 20 世纪 50—60 年代内,也就是在第二次世界大战结束后,经济增长论大体上循着以下三条途径在发展,这三条途径就是:一、增长要素分析法;二、结构分析法;三、成长阶段分析法。

1. 增长要素分析法的代表人物,主要是哈罗德、多马、索洛、斯旺、杜生贝、莫迪利安尼等人。根据凯恩斯关于国民收入既等于消费和投资之和,又等于消费和储蓄之和的论点,英国经济学家哈罗德和美国经济学家多马得出的论点是,要使每一期的经济都保持均衡增长,应当按照储蓄增长在收入增量中所占比率同产量与资本的比率二者所确定的经济增长率来安排。如果社会上的投资需求恰好等于储蓄供给,就是均衡增长率或有保证的增长率。

尽管哈罗德和多马着重于投资函数的分析,但他们却没有把生产函数理论引入经济增长公式中。索洛、斯旺等人则认为,投资量和储蓄供给对于经济增长率固然重要,但如果不引入边际生产力,不考虑边际资本—产量分析,那么仍然说明不了合适的经济增长。这样就把凯恩斯以前的新古典经济学引入了凯恩斯经济学,使经济增长理论向前推进了一大步。

哈罗德、多马、索洛、斯旺等人研究的是投资函数,而影响经济增长的另一重要的因素是消费函数。凯恩斯本人研究了消费支出与收入之间保持稳定的函数关系,并认为依据边际消费倾向递减规律有助于维持资本主义体系的稳定性,即经济繁荣时,边际消费倾向递减规律的作用可以使经济不至于过热,而失业严重时,边际消费倾向规律的作用又可以使消费量不至于过于降低。凯恩斯经济学追随者杜生贝、莫迪利安尼分别从不同角度补充和发展了凯恩斯对消费函数的研究。

杜生贝提出了相对收入理论,指出一个人的偏好并不是独立于其他人的消费支出以外的。这就是说,消费行为和消费方式有示范效应,有社会性。同时,他还指出,一个消费者的消费支出的变化往往落后于他的收入的变化。如果他的收入比以前减少了,他在较短时期内仍要维持过去收入高峰时期已经形成的那种消费水平,而宁肯减少储蓄来达到这一目的。所以消费支出的变化落后于收入的变化,被称为是消费的"制轮作用"。

莫迪利安尼在消费函数理论方面提出了生命周期分析方法。这是用以考察消费者一生中不同阶段消费支出变动的分析方法,又被称作生命周期假说。根据这一方法所进行的分析,一个人的壮年时期是收入大于消费支出的阶段,幼年少年时期和老年时期则是消费大于收入的阶段。两个阶段的储蓄在一生结束时是不是正值,就要看壮年阶段的储蓄率高低而定。

2. 结构分析法的主要代表人物是刘易斯。此外还有讷克斯、罗森斯坦—罗丹、缪尔达尔等经济学家。这些经济学家认为,工业化国家的发展前期和发展中国家的经济发展全过程,都存在突出的结构问题,表现为城市和农村发展的不平衡,国内先进部门、先进区域和国内落后部门、落后区域的发展不平衡。这种不平衡影响资本的流动、劳动力的闲置和技术的转移。因此,发展中国家普遍存在的是劳动力供给过剩、工业水平低下、资本向发达地区流动,以及落后地区技术落后和停滞等现象。刘易斯认为,发展中国家经济增长的关键在于扶植私营企业发展、吸引外资进入、以发展出口贸易来扩大市场,增加就业,提高低收入家庭的收入。同时,应当坚持平衡增长,以免经济受到通货膨胀和失业增加的干扰。

3. 成长阶段分析法。这是罗斯托提出的理论和分析方法。罗斯托认为，人类社会可以分为下述六个成长阶段：传统社会、起飞前的准备、起飞阶段、成熟阶段、大众消费阶段、追求生活质量阶段。这六个成长阶段中，最重要的是两个阶段，一是起飞阶段，即工业化的开始，另一是追求生活质量阶段，即经济高度发展之后的阶段。他以主导部门的依次更替、中心人物的变化以及成长阶段目标的转换作为成长阶段从低级到高级提升的依据。这是一种把经济理论和经济史研究相结合的研究方法，同时在经济理论方面又把宏观经济学中的总量分析和制度经济学中的制度因素分析结合在一起了。

以上所说的三种不同的分析方法（增长要素分析法、结构分析法、成长阶段分析法）在经济史领域上的采用，使20世纪50—60年代的美国经济学家和经济史学家的经济史研究工作进入了一个新的阶段。

三、新经济史学的先驱性作品：康拉德和梅耶的论文

1957年，哈佛大学的两位经济史学家阿弗雷德·康拉德（Alfred H. Conrad）和约翰·梅耶（John R. Meyer）撰写了"经济理论、统计推论和经济史"，①认为有必要运用当代经济理论及其分析方法来处理有关经济史的资料，以便经济史研究工作得以向前

---

① 此文载于《经济史杂志》，1957年12月。

推进。1958年,他们两人发表了"内战前南部奴隶制经济学"一文。① 这篇文章被推崇为新经济史学的最早的经典性作品,因为它运用了新的研究方法。

他们声称这篇文章要重新探讨南北战争以前美国南部的经济增长问题,要编制一个美国南部历史的经济增长模型,以便弄清楚这样一个主题:当时美国南部使用奴隶制是不是"赢利的"?奴隶制究竟有没有"生命力"?由于奴隶制的"生命力"被认为同使用奴隶劳动能否赢利有关,所以他们选择了四个变量进行推算。这四个变量是:

1. 奴隶的寿命;
2. 投资(包括"奴隶的成本"和其他必要的投资);
3. 利息率;
4. 使用奴隶劳动的年收益。

其中,计算奴隶的寿命的依据包括:奴隶的预期寿命,奴隶参加劳动的最早年龄,奴隶丧失劳动力的年龄,等等;由此得出奴隶的有效工作年限。

关于投资(尤其是奴隶的成本),计算时包括奴隶的购买价格,奴隶的生活费用,等等。在成本和收益的比较方面,还必须考虑以下因素,如土地报酬率、奴隶生产的农产品的价格波动,以及女奴隶的生育率(指女奴隶生下的仍是奴隶,可以出售,也可以扶养成人,参加劳动)。依据奴隶生产的农产品的市场需求和价格变动、出售奴隶和使用女奴隶生下的奴隶参加劳动后的产值,就可以得出奴隶劳动的平均年产值。他们最终推算的结果是:从1802年到

---

① 此文载于《政治经济学杂志》,1958年4月。

1860年,一个奴隶农业劳动力的价格由600美元上涨到1 800美元,即增加了两倍,而每个奴隶所生产的农产品产值则由1802年的14.68美元增长到1860年的101.09美元,即增加了六倍。于是他们得出了这样的结论:南北战争以前美国南部奴隶制是"赢利的",从而也是"有生命力的"。换言之,在他们看来,如果不从人权、国家统一、民主制度推行的角度来考察,而只是单纯从经济的角度,从投资者或种植园经营者的角度来考察,美国南部的奴隶制经济仍会继续存在下去,因为使用奴隶劳动是赢利的。

康拉德和梅耶的这种论证方法,在西方经济史学界被认为是前所未有的。因此,他们的这篇论文被认为是新经济史学的开创性论文。

四、戴维斯和休斯在新经济史学方面的继续探讨

1960年,"新派"经济史学家兰斯·戴维斯(Lance E. Davis)、约奈桑·休斯(Jonathan R. T. Hughes)等人以美国普渡大学作为基地,以历史计量学(即经济计量史学)作为主题,搜集、整理了大量历史统计资料,发表了一系列论文和研究报告。其中影响较大的有以下两篇:

一篇是戴维斯所著"新英格兰的纺织厂和资本市场:1840—1860年工业借款研究"[①]。戴维斯在该文中,对2 385笔工业借款(主要是八家棉纺织厂的借款)进行分析,计算出月平均利息率。

---

① 此文刊载于《经济史杂志》,1960年3月。

他根据对历史统计资料进行分析、测算所得出的结论是：在1840—1860年这21年内，短期贷款利息率高于长期贷款利息率。这一测算结果，被认为是对于希克斯的预期理论的否定，因为按照希克斯的预期理论，由于贷款方心理预期因素的作用，长期贷款的利息率总是高于短期贷款利息率的，这体现了长期贷款的风险较大，不确定性增加。但是，1840—1860年新英格兰纺织厂借款利息的实际表明，在一定的情况下，比如资本市场的资金供给与需求的趋势，国内物价变动的预期的作用等等，却会出现相反的走向，即短期贷款利息率竟高于长期贷款利息率。

另一篇是戴维斯和休斯合著的"1803—1895年美元英镑的汇率"一文。① 两位作者对长达90年左右的2 789张汇票进行测算，所得出的结论是：在1875年以前，汇率有较大幅度的波动，只是在1875年以后汇率才大致上稳定下来：这个结论被认为是对传统货币理论和汇率理论的一种挑战。这是因为，根据传统的货币理论和汇率理论，金本位制度之下，由于实行金本位制的各国的货币都有含金量的规定，而黄金的价格变动对金本位制之下的各国货币价值的影响应当是一致的，从而美元和英镑之间的汇率也应当是大体上稳定的。这正是金本位制的特征。然而戴维斯和休斯的研究结论却表明，1875年以前，美元英镑之间的汇率发生了较大幅度的波动。这表明，金本位制固然有稳定两国货币之间的汇率的作用，但不能忽略除黄金含金量之外的其他因素（如政治因素、经济因素、社会心理因素等等）也会影响两国货币之间的实际汇率，货币含金量并不是影响金本位制之下各国货币之间汇率的唯

---

① 此文刊载于《经济史评论》，1960年8月。

一因素。

由于上述两篇新经济史学论文的结论都涉及西方经济学中的传统理论的正确与否的问题,所以新派经济史学家的论文的影响扩大了。经济史研究与经济理论研究之间相互影响的关系,也比以往任何时候更加引起学术界的注意。新经济史学提出,一方面,经济史研究要在经济理论的指导下进行;另一方面,经济史研究的成果可以证实经济理论的正确,也可以推翻经济理论的某些传统的论点,或修正这些论点。把这两方面都做到了,这才是新经济史学所主张的经济史研究与经济理论的融合。

接着,戴维斯、休斯和另一位新派经济史学家斯坦利·雷特(Stanley Reiter)联合发表了"经济史的数量研究问题"一文,[①]对新经济史学的方法论进行进一步的阐释。

他们认为,各个社会都遗留下来大量有关经济生活的资料,其中有各种各样的数字,可以用它们来说明历史。经济史学家的任务在这方面可以同考古学家一样。考古学家根据古代城市遗址发掘出来的碎片而了解当时的建筑、城市风貌,经济史学家则可以根据目前收集到的数字,加以整理、分析和测算,了解当时的经济状况。这门新的学科就称为经济计量史学或历史计量学。

他们接着问道:既然历史计量学这门学科如此有用,为什么过去这么长的时间内却未受到重视呢?他们认为主要有两个原因:

原因之一是:数字资料的选择、分类和计算,有十分巨大的工作量,靠人们的手工劳动是难以胜任的,只有电子计算机被普遍使用之后,经济史研究者才能迅速处理工作量如此巨大的数字资料,

---

[①] 此文刊载于《经济史杂志》,1960 年 12 月。

并计算出结果。

原因之二是：历史上遗留下来的数字资料的选择、分类，特别是如何找出各类数字之间的关系，这一切必须在现代经济理论的指导下进行。也就是说，如果没有经济理论的相应发展，仍然无法正确使用这些数字资料，无法说明这些数字资料所反映的历史上的问题。

他们认为，到了20世纪50—60年代，上述两方面的条件都具备了。因此，他们在该文的结尾部分这样写道：哪怕只有少数几个经济史学家花些时间学一些新知识，掌握了新的计量技术，那么经济史学界的状况就会改观。如果这门学科还想完全停留在文字传统方面，那么除了延续过去做法，把现存的文字资料改头换面一下，那么经济学和经济史学之间长达100年的脱节状况是不会改变的。对经济史学家来说，他们今天的任务是要向经济学提供新的资料、新的解释、对过去的经济生活的新的理解，那就能弥补经济理论研究同经济史研究之间脱节的空白。

五、诺思在海洋运输史研究中对间接度量法的应用

历史上收集到的数字资料可能是很不完整的，甚至是支离破碎的。因此就需要有直接度量和间接度量之分。直接度量是指直接用现存的历史上的数字资料说明问题。但直接度量的局限性很大，不可能还历史过程以本来的面貌，于是间接度量法便受到重视，被新派经济史学家广泛采用。在这方面最早做出重要贡献的，就是本文一开始就提到的道格拉斯·诺思。

1968年,诺思发表了一篇题为"海洋运输生产率变化的原因"的论文。① 他指出,在1600—1850年间海洋运输生产率的显著提高是经济史上的一个确凿的事实,但怎样解释这一情况,海洋运输生产率提高的原因何在,则需要通过数量分析来说明。传统的经济史研究者的解释是笼统的,只是说技术进步了。诺思认为,这样的解释说明不了问题。从事实上看,海洋运输的技术进步主要发生在19世纪后半期,因为从那时起,在海洋运输中才普遍用轮船代替帆船,而在1600—1850年间,帆船几乎是唯一实用的海上运输船只,而帆船的设计并无重大改进。虽然大型帆船日益增多,但一定吨位的帆船的时速却没有什么变化,所以传统经济史学的研究者至此就深入不下去了。

诺思采用的是间接度量法,他对这个问题做了如下的解释:

诺思指出,在1600—1850年间的海洋运输生产率方面,没有可以直接相比较的数字资料,那就只有采用间接度量法。可以用航运成本作为衡量海洋运输生产率变化的指标,然后找出影响航运成本的各个因素。

航运成本＝海上航行期间的费用＋港口停泊期间的费用

海上航行期间的费用＝海上航行期间的劳动成本＋船舶折旧费＋船舶保险费等

港口停泊期间的费用＝港口停泊期间的劳动成本＋船舶折旧费＋船舶保险费等

诺思认为,根据上述这些数字资料,可以计算出不同时期的平

---

① 此文刊载于《政治经济学杂志》1968年第5期。

均每吨货物所担负的航运成本。计算结果表明在这 250 年内（1600—1850 年），平均每吨货物所担负的航运成本是下降的，从而证明了这段时间内海洋运输生产率是提高的。为什么会促成航运成本下降呢？主要不是技术进步因素的影响，而是制度变革因素的影响。制度变革因素中，最重要的是海运安全因素和市场经济扩大因素。

1. 由于海运比过去安全多了，海盗被肃清了，于是保险费用（包括海上航行期间的船舶保险费和港口停泊期间的船舶保险费）随之降低了。此外，在过去，为了应付海盗的袭击，船舶根据货运量的多少和船的大小配备一些武装警卫，现在海运安全了，船上的武装警卫人数减少了，从而每个船员担负的实际货运吨位提高了。加之，船上的武器装备和武装警卫都减少了，有的甚至取消了，船的航速也就随之加快，航行时间缩短，从而降低了航运成本。

2. 再看市场经济扩大因素的影响。

首先，由于市场经济扩大了，各地尤其是北美洲、南美洲、亚洲和非洲的生产发展了，船舶减少了空返。这就会减少港口停泊的日数，即不必停泊港口等待来货和装货。

其次，由于市场经济的扩大，过去有些港口雇不到装卸工、搬运工，所以为了节省港口停泊的时间，船上常常配备一些装卸工、搬运工，后来，由于在港口（起点和终点）都可以随时雇佣到所需要的装卸工和搬运工，这些人就可以不必随船出行，船上只保留必要的船员，从而降低了海上航行期间和港口停泊期间的劳动成本，提高了每个船员担负的实际货运吨位。

这样，诺思就通过间接度量法，不仅在缺少直接可比数字的情况下计算出 1600—1850 年海洋运输生产率的增长率，而且还在客观上并无重大技术进步的条件下,用制度变革因素的作用解释了这段时间内海洋运输生产率增长的原因。

应当承认,诺思在海洋运输生产率增长方面的研究,特别是有关间接度量法在经济史研究中的应用,是很有启发性的。

六、诺思对美国经济增长的论述

诺思从新经济史学的角度对美国经济增长问题进行了论述。1961年,他出版了《美国经济增长,1790—1860年》一书,该书的考察主题是探讨美国是如何由18世纪末期大体上自给自足的农业社会转变为19世纪中叶的工业社会的。他的观点是:市场经济的扩大是美国经济增长的决定性因素,制度和政策起了加速或延缓的作用。

在研究中,他把美国出口部门的发展及其引起的后果放在最重要的地位。而在出口部门中,棉花种植业又是最重要的部门。所以他的分析从植棉业开始。

他的论述步骤是:国际市场对棉花的需求不断增加,引起美国植棉业的发展,再引起植棉业收入的增加;植棉业收入增加引起收入分配和使用方向的变化,于是导致一系列后果,具体如下:

首先,美国在这段时间植棉业收入的增加使居民消费结构发生变化,导致国内消费品工业的发展,从而使美国的产业结构也发生变化,例如为出口服务的行业发展起来,为国内消费品工业服务的服务业也发展起来了,而且促进了为收入增多的消费者提供商品和劳务的商业和服务业的发展。

其次,棉花产量和出口量的增加,以及植棉业收入的增加,促进了社会经营资本的形成,从而引起基础设施建筑业的发展和交通运输业的发展。

再次,棉花产量和出口量的增加,以及由此带动的相关产业的发展以及商业服务业的发展,引起了劳动力供给不足问题。劳动力的短缺促使外国移民入境,同时还刺激各行各业的技术进步,以减少对劳动力的依赖。此外,来自西欧的大量移民,除了填补东部劳动力的空位以外,他们还向西部移民,促进了西部地区的经济发展。

最后,资本向美国境内的流动也增加了,因为美国投资机会多,投资前景好。资本的流入和出口的增长,又使得美国的国际收支状况逐渐改善。

上述这一切,在短短的70年内(1790—1860年)使美国从一个农业国转变为工业国。国际国内市场的扩大和出口的带动,是美国经济增长的最重要的推动力。

诺思在《美国经济增长,1790—1860年》一书中,还对当时美国发生的经济危机做了论述。他以1837年的美国经济危机为例,说明这次美国经济危机同棉花的供求关系变化之间的紧密联系。他收集了1833—1843年美国南部五个州土地出售亩数、棉花生产量和棉花价格的统计数字,寻找它们之间的相互关系,进而提出了"棉花生产能力周期性枯竭"的论点。根据这一论点,他认为,1837年美国经济危机的主要原因不应当从工业品生产过剩或投资过度等方面来解释,经济危机的主要原因在于当时美国南部适合种植棉花的处女地太多了。这是因为,种植棉花是十分消耗地力的,经营植棉业的奴隶制种植园主人不断需要新的土地,并在新购入的土地上种植棉花。这样就形成了一种循环:

种棉土地肥力枯竭——种植园购买新土地——

棉花增产 ┬ 棉花价格下跌 ┐
         └ 土地肥力继续枯竭 ┘

在这些土地上改种粮食——再购买新土地

……

如此周而复始,不断出现波浪形的棉花价格上涨和下跌,不断出现购买新的土地以增产棉花和在土地肥力枯竭后改种粮食的情况。1837年之所以发生经济危机,正因为在这个时间棉花价格下跌,从而引起了收入减少,影响到社会购买力的下降,再波及其他行业。但只要美国南部适宜于种植棉花的新土地还存在,土地肥力枯竭和购买新土地的浪潮始终没有停顿,而美国植棉地区就逐渐从美国的东南部向西南部推进。上述的土地肥力枯竭、棉花价格上涨和下跌,以及棉花种植业西进的循环也就持续下去,直到适宜棉花种植的新土地供给越来越少为止。

这是一种与当时经济史研究者所解释的美国经济增长和经济危机产生的说法不同的论点。它表明了统计资料的整理和分析在经济史研究中的重要性,反映了新经济史学的特色。

七、美国经济史研究领域中两派学者的争论持续进行

自从20世纪60年代美国经济史学界发生经济史学革命之后,经济史研究领域中出现两派学者的激烈争辩。一派是坚持传统经济史学的经济史研究者,另一派是倡导经济史学革命的新派经济史学家。

传统派的经济史学家们不同意新经济史学的研究方法,也不承认后者的研究成果。他们的观点可以归纳如下:

第一,经济史所要说明的,不仅是这一组数字同一组数字之间的关系,更重要的是政治同经济之间的关系、社会文化同经济之间的关系,以及与经济变动有关的制度、宗教、伦理观念、风俗习惯等因素的作用。在新经济史学研究者的论著中,所有这些都被忽略了。这样也就舍弃了经济史的最重要的内容。

第二,经济史依然要靠文字叙述而不能仅用数学公式来表述。数字资料多少还能说明一部分问题,但编制某种数学模型,以为这就能代表某个时期的经济史,必定大错特错,结果什么问题也说明不了,而只会把人们引入歧途。

第三,经济史这门学科固然要根据一定的经济理论进行指导,但经济史毕竟是经济史,不能在强调经济理论和经济史研究融合的名义下,用经济理论来代替经济史,更不能用数学代替经济史,如果那样,干脆不用"经济史学"这个名词,而随便给它起一个另外的名词。

经济史研究中新派和传统派研究者们显然把经济史领域由一个领域变成两个领域,把一支研究队伍变成了两支研究队伍。他们似乎有些互相瞧不起的情绪,也有些互不服气的心态。这是难免的。

实际上,经济史学革命的发生对经济史学这门学科来说,并不是坏事。多一种研究方法,比只有传统研究方法一枝独秀好。经济理论和经济史研究结合得更密切些,要比经济理论和经济史研究脱节、隔绝要好。经济史研究中多一些统计的运用,比疏远统计研究、分析的状况好。所以不应当贬低经济史学革命,更不应当把新经济史学视为邪门歪道。

然而,传统经济史学研究者们对新经济史学不足之处的指责,也不是完全没有道理的。经济史研究中的数量化倾向不要越过一定的度,更不能以为只有用数学模型表述才是真正的经济史。如果那样,就走偏了。

争议最大的是新派经济史学家所采用的反事实度量法。关于这个问题,留在下一讲"论'新经济史学'中的反事实度量法"中再评论。

(本文是厉以宁在20世纪80年代中后期同陈振汉教授合开的北京大学经济学院研究生课程《西方经济史学》讲稿中的一章)

论"新经济史学"中的反事实度量法

一、什么是反事实度量

作为一种研究经济史的方法，反事实度量（counterfactual measurement）是指：如果历史是这样走过来的，造成了某种情况，不妨换一种思路，即假定历史上不曾发生过某个事件，不曾存在某个事实，那么以后的情况又会是怎样？

虽然历史是不可能假设的，事实就是事实，但在"新派"经济史研究者看来，为了说明历史可能出现什么样的情况，是可以假定某个事件没有发生过，某种科技发明没有出现过，或者，某项对社会经济有重要影响的法律或政策不曾制定过，等等，再对虚拟的历史过程进行分析，然后得出结论。

美国新派经济史学家罗伯特·威廉·福格尔（Robert William Fogel）在经济史研究中，为了说明铁路运输究竟在美国经济增长过程中起过多大的作用，他采取完全不同于传统经济史学所采取的方法，而是把反事实度量法作为分析的手段。简要地说，他以1890年为考察的年份。1890年美国东部和西部的交通运输主要依靠铁路，货运尤其如此，而他以假定1890年没有铁路为前提，对1890年的美国在没有铁路的条件下可能产生多大的国内生产总值进行测算,然后再用它来同当年美国实际的国民生产总值相比较,以说明铁路的存在和使用对经济增长的贡献率究竟有多大。

这就是在经济史研究中运用反事实度量法一个典型的例子。

二、福格尔的《铁路和美国经济增长》一书①的要点

在福格尔出版自己这本著作以前,有关铁路史的研究一直是美国经济史研究领域内的一个热门课题,已经出版的著作很多,研究也比较深入。所有的研究者一致同意这样的结论:铁路建设对美国19世纪经济的发展起了巨大的作用,它把东部的工业品运到中西部,把中西部的农牧产品运到东部。铁路所经过的地区内,人口增加了,城市发展起来了,农业社会也逐渐转变为工业社会。总之,铁路促进了美国的经济增长。这一系列观点几乎被所有的经济史研究者所接受。

福格尔的《铁路和美国经济增长》对于这个问题进行了重新探讨。他认为,传统经济史学的解释应当受到怀疑:难道铁路建设对美国经济增长真的是那么重要吗?假定没有铁路,美国的经济增长率会下降多少?他得出的结论对于传统经济史研究者来说几乎是不可思议的,因为《铁路和美国经济增长》一书写道:铁路对于19世纪美国经济增长不是不可缺少的,甚至也不是十分重要的。

---

① 福格尔:《铁路和美国经济增长:经济计量史学论文集》,巴尔的摩,约翰·霍布金斯出版社,1964年。

这本书就是为了证明这样一个假定。

福格尔在书中的论证基本上分为两部分：第一部分考察铁路作为运输手段在美国经济增长中的作用；第二部分考察铁路建设作为钢铁消费者在美国经济增长中所起的作用。

（一）不同运输方式下的运输成本比较

第一部分的论证方法如下：

福格尔首先假定存在着完全竞争的前提（实际上这也是反事实度量，因为完全竞争是假设的，不完全竞争才是经济生活中的常态），即假定各种运输方式的利用以及各种商品的销售都是在完全竞争条件下进行的。然后，他把19世纪的美国铁路看成是主要用于联系东部市场和西部市场的一种联系手段，而铁路运输的主要货物是农产品（这也是不符合事实的，因为当时的美国铁路运输的货物不仅有农产品，还有工业制成品、矿产品等）。

福格尔再把19世纪美国的农产品市场分为三级：初级市场、二级市场、三级市场。初级市场是指中西部城市，二级市场是指一般的东部城市，三级市场是指少数几个东部地区的港口城市，这里主要从事出口贸易。

相应地，他把运输分为两大类。一类是区际运输，指把农产品由初级市场（中西部城市）运到二级市场（一般东部城市）；由二级市场（一般东部城市）运到三级市场（东部外贸港口城市）被称为区内运输。区际运输是长途运输，区内运输基本上都是短距离的。

福格尔认为，在农产品中，当时区际运输的大宗货物是小麦、玉米、猪肉、牛肉四项。乳制品和棉花则主要通过区内运输。

为了说明铁路在美国经济增长中的作用，他着重考察区际运输,只计算小麦、玉米、猪肉、牛肉四项货物的年运输量。他选择了1890年这一年作为考察的年份。

接着,他分析了当时三种可供选择的运输方式(水路运输、铁路运输、马车运输),并建立了两个经济计量模型:1.铁路存在的情况下的运输成本;2.假定铁路不存在的情况下的运输成本。

究竟有哪些因素影响运输成本呢?如果单纯从吨英里运输来计算,水运只及铁路运输的运费的1/4,似乎水运提供了廉价运输方式。但福格尔指出,在建立有关运输成本的经济计量模型时,不能只考虑运费,还必须把其他一些可能影响运输、从而影响运输成本的因素考虑进去。这些因素是:不同运输方式下的保险费;不同运输方式下两点之间的最短距离;不同运输方式下的运输时间及其对资本周转的影响(包括利息率);不同运输方式下的货物损耗率;不同运输方式下的中途转运和装卸费;不同运输方式受季节影响的运输利用率(如河流结冰对水运的影响)以及对资本周转的影响(包括利息率)等等。

然后,福格尔列出了当时可能存在的从美国西部农产品市场到东部城市的若干条运输线路,再根据上面列举的各种因素,计算出在铁路存在情况下的运输成本和假定铁路不存在的情况下的运输成本,并予以比较。

他计算的结果是:在铁路存在的情况下,把西部的农产品运到东部城市,所花费的运输成本要小于铁路不存在的情况下的运输成本。

到此为止,福格尔计算结果与传统经济史研究的看法没有什么分歧,因为传统的看法也都是认为铁路提供了廉价运输。福格尔与前人不同的是,他提出了社会储蓄概念。

(二)社会储蓄

福格尔的计算并未就此止步。在此基础上,他提出了社会储蓄概念。

他给社会储蓄下的定义是:社会储蓄等于国民生产总值的实际水平与铁路不存在情况下使用最有效的运输方式而可能达到的国民生产总值水平之间的差额。所以社会储蓄又被称作社会节约。

那么,在他考察的这一年(1890年),由于有了铁路运输而带来的社会储蓄究竟有多少呢?据他的计算,1890年,由于存在着铁路,四种主要农产品(小麦、玉米、猪肉、牛肉)的区际运输所造成的社会储蓄(即社会节约)为7 000万美元。

他再以类似的方式计算出由于有了铁路,在农产品的区内运输中所造成的社会储蓄(即社会节约)为11 700万美元。

福格尔认为,以四种主要农产品的区际运输和区内运输而言,铁路作为一种运输手段,尽管也在美国经济增长中起过一些作用,但这种贡献被传统的经济史研究者大大夸张了,因为铁路的区际运输和区内运输所造成的社会储蓄(即社会节约)合计还不到2亿美元。

(三)铁路作为钢铁消费者的贡献

福格尔所著《铁路和美国经济增长》一书论证的第二部分,是把铁路作为钢铁工业的消费者来考察,所选择的年份是1843—1860年,也就是美国工业革命开始的时期。传统的看法是:美国铁路之所以在美国经济增长过程中起过重要的作用,正因为美国铁路在工业革命阶段成为钢铁工业的消费者,促进了钢铁工业的增长。

福格尔指出,传统经济史研究者既夸大了铁路作为运输手段在美国经济发展中的作用,又夸大了铁路作为钢铁工业的消费者在美国经济发展中的作用。传统经济史研究者之所以得出这种错误的判断,是因为他们采用了不正确的计算方法。他们的公式是:铁路作为消费者在美国钢铁工业中所占的地位等于美国铁路使用钢铁数量同美国钢铁产量之比。福格尔指出:传统经济史研究者的上述计算公式是不正确的,因为这种计算公式一方面忽视了美国从英国进口铁路建设使用的钢铁,另一方面又忽视了当时日益增多的废钢铁回炉量(因为有相当数量的钢铁是由英国进口的,后来用旧了,成为废钢铁,重新回炉)。这就是说,虽然由于美国建设铁路时需要大量的钢铁,从而刺激了钢铁产量的增长,但这种情况下所带动的并不一定是美国的钢铁工业的发展,而可能是另一国(比如英国)钢铁工业的发展。

为此,福格尔重新计算了美国铁路建设对美国钢铁工业发展的贡献。他的研究结果是:当时,美国兴建铁路所需要的铁轨主要是从英国进口的铁轨,美国自制铁轨所需要的生铁也主要是从英国进口的;在美国工业革命初期,美国铁路用铁量只占美国铁产量的17%。这样,福格尔认为:铁路作为钢铁工业的消费者,对美国经济增长而言并非是不可缺少的。

(四)铁路所造成的社会储蓄占当时美国国民生产总值的比例

福格尔最后在数量方面进行了汇总计算。他指出,考虑到铁路在所有各个方面起到的作用,计算的结果是:铁路所造成的社会储蓄大约占美国当时年国民生产总值的5%。

那么,占国民生产总值5%的社会储蓄对美国经济增长的影响究竟有多大呢?据科尔荷(P. R. Coelho)的推算:假定美国当时的经济增长率为4%(即美国国民生产总值平均每年递增4%),占国民生产总值5%的社会储蓄所造成的经济结果如下:

国民生产总值按4%的增长率增长

年份	在有铁路的情况下	在没有铁路的情况下
第一年	100	95
第二年	104	98.61
第三年	108.16	102.36
第四年	112.48	106.25
第五年	116.98	110.28

在福格尔看来,即使当时美国没有铁路,美国经济增长仍将继续,只是速度稍慢一些而已。

(五)新派经济史学家对福格尔研究结果的评价

福格尔关于铁路在美国经济增长过程中的贡献大小的计算结果,推翻了几乎所有以前研究美国铁路史和美国19世纪经济史的著作中的论断。这一研究方法本身和所得出的结论引起了激烈的争论。传统经济史学家认为,这简直是荒唐的、不可思议的。19世纪的美国明明存在着铁路,怎么能假定当时美国不存在铁路呢?有的甚至提出这样的质难:猪本来就是没有翅膀的,怎么能先假设猪长了一对翅膀,会飞,再论证猪长了翅膀的后果会如何如何呢?

新派经济史学家们尽管对福格尔的计算方法有些不同的看法,对福格尔的结论也有些异议,但这些都是在同意福格尔反事实度量法的前提下论证的。福格尔的研究被认为有三个突破：

第一，最重要的是，福格尔在经济史研究上使用了反事实度量法，这是新经济史学的一个大的突破。反事实度量法不仅在逻辑上可以被接受，而且在许多情况下，只有采用反事实度量法，才能做出有效的比较经济史研究。

第二，福格尔发展了以前的新经济史学家使用过的间接度量方法，即把不能直接用来比较的数字通过换算而变为可比的数字，这就大大拓宽了经济史研究领域。

第三，福格尔提出了社会储蓄（即社会节约）概念。由于采取了社会储蓄概念，美国铁路运输对国民生产总值增长的贡献就有了量的概念，而不再是一个含糊的、笼统的叙述。

关于铁路对美国国民生产总值增长的贡献的计算方面，福格尔的计算被认为有不完整和偏于简单的地方。美国新派经济史学家对这个问题的争议是存在的。但这不同于传统经济史学家们的嘲笑、讽刺和否定，而仍然属于正常的学术争论的范围内。

斯坦利·列伯哥特（Stanley Lebergott）在"美国的运输发展和外部条件"一文①中指出，福格尔在计算铁路运输造成社会储蓄时，忽略了下述情况，即美国铁路建设贯穿于整个19世纪内，铁路网越来越稠密，而随着铁路网的稠密化，铁路运费会因铁路运输供给能力的增加而下降，再随着对铁路运输需求的跟上，铁路运费又会上升，如此反复不已。这就会影响社会储蓄数量的变化。

马尔克·纳洛夫（Marc Nerlove）在"铁路和美国经济增长"一

---

① 此文刊载于《经济史杂志》，1966年12月。

文①中,以及亚尔伯特·费希洛(Albert Fishlow)在《铁路和南北战争前经济的转型》一书②中,都对福格尔的社会储蓄概念表示不同意见。他们都认为,使用社会储蓄概念不如使用社会收益率概念,或铁路投资的社会收益率概念,更能说明铁路建设在美国经济发展中的作用。

此外,还有些学者认为福格尔忽略了铁路运营中的垄断状况的存在,以及农产品销售和铁路运输价格方面存在着需求弹性等问题。

(六)福格尔对新派经济史学家的评论的答辩

对于传统经济史学家的否定意见,福格尔基本上不做回应。对于反事实度量法的质疑,一般也不予答复。但对于社会储蓄概念,他在"关于社会储蓄争论的看法"一文③中,则做了说明。

他进一步解释在铁路运输中的社会储蓄的含义。他指出:社会储蓄,或者是用低级运输方法来代替高级运输方法给国民收入带来的损失(因为这样一来,就要从其他各个部门转移出一部分劳动力和资本),或者是用高级运输方法来代替低级运输方法给国民收入带来的增值。前一种情况下的社会储蓄是负的,后一种情况下的社会储蓄是正的。当然,有一种特殊的情况需要注意,即采用低级运输方式时,需要增加劳动力投入和资本投入,但如果所增加的劳动力投入和资本投入是由其他部门转移过来的,而不是社会上闲置不用的劳动力资源和资本,那样才能衡量高级和低级两种

---

① 此文刊载于《经济史杂志》,1966年5月。
② 费希洛:《铁路和南北战争前经济的转型》,哈佛大学出版社,1965年。
③ 此文刊载于《经济史杂志》,1979年3月。

不同的运输方法给国民收入造成的影响的大小。

同时,福格尔还指出,在计算铁路运输所造成的社会储蓄时,应有一个前提,即假定需求弹性为 0,从而无论是采用低级运输方法还是采用高级运输方法,运输量都不会受需求弹性的影响而变动。也就是说,如果需求弹性大于 0,那么运输成本的增大就会减少运输量,从而会减少从其他部门转移到运输部门中来的资源,使社会储蓄相应地减少。

福格尔还谈到了社会储蓄与社会收益率之间的关系。福格尔承认对铁路投资的社会收益率是一个很有用的指标,但它并不能代替铁路运输所造成的社会储蓄在国民生产总值或国民收入中的比率。这是因为,铁路投资的社会收益率是同铁路投资的存量联系在一起的,而铁路运输所造成的社会储蓄则表示采取低级运输方式还是采取高级运输方式对当年国民生产总值或国民收入的减少(造成负的社会储蓄)还是增加(造成正的社会储蓄)。

罗斯托在 1971 年出版的《经济增长的阶段》(第 2 版)中曾经提到了回顾效应(backward effects)和旁侧效应(lateral effects)。回顾效应是指一个部门对供应它的生产资料和劳动力的部门的影响,即对投入方面的影响。例如,铁路的兴建将引起对钢铁、木材、玻璃、蒸汽机、煤炭等产品的需求,从而促进向铁路部门供应上述产品的产业的增长。旁侧效应是指一个部门的发展对周边地区的影响。比如说,只要铁路通往新的地区,铁路都会引起周边地区的城镇的经济增长,导致地方市场的兴盛等等。回顾效应可以通过投入产出分析而测算出来,但旁侧效应的大小在数量上难以确定,现有的统计方法在这里是有局限性的。

福格尔在上述 1979 年 3 月所发表的文章中,在进一步说明社会储蓄概念的同时,也对铁路在美国经济增长中的作用问题做了补充解释。福格尔承认铁路对经济的间接作用要大于铁路运输造成的社会储蓄,但这是两个不同的问题,不应混在一起谈。他指出,铁路对美国经济的间接作用过于复杂,远远超出了社会储蓄所研究的范围,但从他的《铁路和美国经济增长》一书1964年出版以来的十多年间的争论,可以得出如下的结论:

第一,如果把马车运输、水路运输、铁路运输看成是各自在一段时间内占支配地位的几个阶段的顺序,或者认为由于水路运输已经达到了技术能力的极限而被铁路运输所替代,那就把问题过分简单化,而会给人们以错误的认识。如果把水路运输说成是比马车运输更有效率的运输方法,把铁路运输说成是比水路运输更有效率的运输方法,那也是不正确的。要知道,在19世纪的美国,运输体系包括了这三种运输方法。这三种运输方法中的任何一种,在19世纪的美国所承担的运输量都是增长的,尽管各自的增长率不一样。每一种运输方法都在某个范围内比另外两种运输方法有较高的效率,它们各有专长。这种运输格局一直延续到19世纪末。

第二,19世纪美国运输领域内的技术创新主要用于如何降低中距离运输和长距离运输的单位运输量的运输成本。如果是短距离运输,那么水路运输和铁路运输的单位运输量的运输成本都比马车运输高。所以尽管相形之下,马车运输是一种低级运输方式,但马车运输可以由产地直接运到客户指定的地点,省去了中途转运和装卸费用,还可减少中途转运、装卸过程中的货物损耗率。直到后来出现了汽车运输,短途运输的成本才进一步降低。

第三,水路运输和铁路运输可以彼此替代,但不可能完全替代。在长距离运输笨重的、低值的商品时,水路运输通常优于铁路运输。在中距离和长距离运输高价商品时,以及在中距离运输笨重的、低值的商品时,铁路运输优于水路运输。但就大多数运输项目而言,虽然水路运输和铁路运输二者相比较时各有优劣,但二者运输成本之间的差距同马车运输相比要小得多。

第四,19世纪美国有了稠密的水路网和铁路网,水路运输和铁路运输有了替代马车运输进行中距离和长距离运输的可能性。在不易用水路运输时,铁路是必不可少的。至于这两种运输方法相比较,究竟哪一种运输方法带来的社会储蓄更多一些,不可一概而论,而要因地点和季节而定。

第五,各个不同国家相比较的结果表明,铁路运输和水路运输能力的利用依赖各国对运输需求的性质为转移。例如在美国,主要需要中距离运输和长距离运输;而在英国,主要需短距离和中距离运输。对运输方法的需求不同,这就会影响运输成本和收益的计算。

总之,福格尔认为,关于铁路建设和铁路运输的争论,经济史学界对许多问题都逐渐弄清楚了,因此这场争论是有益的。

三、受福格尔影响的一些经济史研究作品

福格尔的影响是很大的。有一些新派经济史学家遵循或仿效福格尔的论证方法,陆续推出了有影响的研究作品。

贡德逊(G. A. Gunderson)所著《轮船的社会储蓄》一书,是使用反事实度量法分析美国经济史的又一著作。他在书中考察了19世纪美国由于使用了轮船而引起的国民生产总值的变化。

他做了下述假定:或者在运输中使用了轮船,或者当时还没有轮船,仍旧使用帆船,这两种不同的运输方法将会给美国国民生产总值分别带来什么样的后果。

据他的计算,以 1900 年为例,固然用帆船的运输成本高得多,但由于进出口总值在美国国民生产总值中所占的比重很小,所以即使用帆船作为运输手段,与使用轮船运输相比,当年美国国民生产总值只会减少 0.25%。

罗杰尔·兰森(Roger L. Ranson)利用类似的方法来研究运河建设的有利性问题。① 在他的文章发表以前,传统的看法是:美国南北战争以前几十年,曾经投资 19 000 万美元,建设了长度达 4 000 多英里的运河,投资额巨大,施工时间长,耗费劳动力很多,可是运河一建成,运河运输在运输技术上已经落后了,因为铁路已在运输上占据重要地位,所以运河建设投资在美国是不合算的。

兰森采取反事实度量法来重新解释美国的运河建设问题。他做了如下的比较,即把有了运河以后的情况同假定当时美国不存在运河的情况进行比较。他提出了社会受益概念。他所说的社会受益是指一项公共工程(例如修建某条运河)对社会带来的有益于社会的经济后果,即社会受益代表着未偿付的利益,它是可以计算出来的。换句话说,当运河修成后作为一种新的运输方法被使用的结果,农产品产地与市场之间的距离发生了变化。从而引起土地报酬率的提高,而后者又引起了地价和地租的相应的变动。所以,在运河不存在的情况下和运河存在的情况下的社会受益是不一样的,前一种情况下的社会受益较少,后一种情况下的社会受益

---

① 此文刊载于《美国经济评论》,1964 年 5 月。

较多。这样,虽然某条运河本身的收入(即已偿付的利益)是有限的,但某条运河修成的社会受益(即未偿付的利益)则要多得多,于是运河的投资和建设对美国经济的重要性也会大得多。

1970年,加雷·霍克把福格尔使用过的反事实度量法和社会储蓄概念,用于研究铁路在英国1840—1870年经济增长中的作用。① 他涉及的范围比福格尔要广泛一些,即除了计算铁路运输所引起的货物运输成本降低而造成的社会储蓄(社会节约)以外,还把客运运输成本的降低所造成的"社会储蓄"包括进去了。此外,他不仅计算了铁路作为钢铁工业消费者对经济增长的刺激作用,而且也计算了铁路建设和运营对劳动力投入的需求的增加,从而对经济增长做出了贡献。

加雷·霍克最终得出的结论是:在19世纪中期的英国,由于有了铁路,这给英国造成了社会储蓄:以1865年为例,铁路的存在给英国经济造成的社会储蓄约占英国国民收入的10%。

四、罗伯特·保罗·托玛斯对反事实度量法的推广应用

前面提到的福格尔、兰森、霍克等人在运用反事实度量法研究经济史时,都以运输方法的创新给经济增长带来的贡献(社会储蓄、社会受益)进行分析,并计算出对国民生产总值或国民收入的贡献究竟有多大。他们的前提是:某些事实在历史上确实存在过

---

① 参看加雷·霍克:《英格兰和威尔士的铁路和经济增长》,牛津大学出版社,1970年。

(如19世纪存在着铁路或运河),但却假定这些事实并不存在(如19世纪不存在铁路或运河),然后根据这一反事实的假定来估算经济中的变化。

1965年,罗伯特·保罗·托玛斯(Robert Paul Thomas)发表了"英帝国政策对殖民地福利的影响的数量研究"一文,① 在更广泛的范围内使用了反事实度量法。他考察的课题是:英国对北美殖民统治究竟对美国是利大于弊还是弊大于利? 在这以前,传统的经济史研究者对这个问题的看法是:英国统治北美殖民地期间所实行的政策是强加在北美殖民地头上的沉重负担,这大大阻碍了北美殖民地的经济发展,对北美殖民地是有害的。托玛斯认为上述结论有待于检验。

美国是1776年独立的。托玛斯选择北美殖民地独立前的1763—1772年作为考察的范围。当时北美殖民地由英国统治。托玛斯做出了这样的假定:如果当时北美殖民地不是英国的殖民地,而是法国的殖民地或是西班牙的殖民地,情况将会如何? 如果当时北美殖民地已不是任何一个国家(英国、法国或西班牙)的殖民地,而已经是独立的国家了,情况又会如何? 托玛斯就此进行了反事实度量。

托玛斯编制了一个负担和受益的平衡表。这里所说的负担是指英国实施的航海条例给北美殖民地对外贸易造成的损害。这里所说的受益是指北美殖民地因受到英国的保护而得到的好处。

在负担一栏,托玛斯做了两种不同情况的比较。

第一种情况:假定北美十三州当时已联合为一个独立国家,能

---

① 此文刊载于《经济史杂志》,1965年12月。

够自行同海外直接通商,在对外贸易方面不受英国的限制,也不受英国以外的其他大国的制约。

第二种情况:假定北美十三州当时仍处于英国殖民统治之下,英国颁布的航海条例依然生效,即按英国规定,北美殖民地无法与海外国家直接通商,其产品必须先输入英国,然后由英国再出口。这种情况下,北美殖民地商人必须增加运输成本和多缴纳一次进口税。结果,北美殖民地商人的成本增大,境内生产者的收入将减少,世界市场上的价格将上升。

这两种情况相比,前一种情况是虚拟的,后一种情况是实际情况。托玛斯把二者进行比较,并根据三组数字(商品的世界市场价格;北美殖民地得到的实际收入;北美殖民地输入英国并由英国再出口的商品量),计算出北美殖民地的直接出口负担。

其次,托玛斯认为,负担还依存于产品的供给弹性,并以假定价格每增加 1% 则供给也增加 1% 为条件,计算出由于供给增加,追加的运输成本和进口税也相应增加,从而形成了北美殖民地的间接出口负担。

此外,由于当时北美殖民地还需要英国以外地区(如西欧大陆各国、东印度等地)出产的商品,但这些商品要通过英国的转运而增加了运输成本,从而构成北美殖民地的进口负担。北美殖民地当时的负担总额就是按如下公式计算出来的:

直接出口负担+间接出口负担+进口负担=北美殖民地的负担总额

再看平衡表上的受益一项是如何计算出来的。托玛斯同样做了两种情况的比较。

第一种情况:假定北美十三州当时已经是独立国家。显然,这又是一次反事实度量法的使用。

第二种情况：假定北美十三州当时没有独立，而是某一个大国（英国、法国或西班牙）的殖民地。在18世纪中叶时，北美十三州作为法国或西班牙的殖民地（这仍是反事实的假设），都不如作为英国殖民地有利，因为英国是当时西方世界最强大的殖民国家；英国的殖民地面积最大，包括西印度群岛、西非洲沿岸和亚洲某些地方；英国的工业最发达，这是北美殖民地所需要的商品的最大供给者；而且英国及其殖民地还是北美十三州生产出来的商品的需求者；因此，在托玛斯看来，如果北美十三州是殖民地的话，与其成为法国或西班牙的殖民地，不如作为英国的殖民地能有较大的受益。

在做了上述假定后，托玛斯指出，在上述第一种情况下，北美十三州作为已独立的国家，必须自己承担防务费用和开展对外贸易所必需的外交费用（包括使馆费用、谈判费用等）。而在第二种情况下，防务费用和外交费用都由英国承担。

为了进行比较，托玛斯做了下述计算：他先把防务费用分为两类，即陆上防务费用和海上防务费用。

陆上防务费用是这样计算出来的：英国在北美殖民地的驻军人数乘以每个士兵每年由英国政府承担的费用，等于英国每年为北美十三州负担的陆上防务费用。他认为，如果北美十三州当时独立了，自建一支陆军，所花的费用与之相近。

至于海上防务费用，他认为有两种计算方法，一是北美十三州独立后自建海军舰队所需要的费用，二是用海运保险费来表示为了取得海运安全而支付的费用。

至于外交费用，他也分别做了类似的测算。

在进行了所有这些计算之后，他把负担和受益两栏在平衡表

上进行比较,运用了下述方法:

$$平均每人纯损失或纯受益 = \frac{纯受益 - 纯负担}{人口数}$$

他计算的结果:1763—1772年,北美十三州在英国殖民统治下,平均每人虽然是纯损失,但数量很小,平均每人的纯损失只有0.26美元,只占当时平均每人收入100美元中的微不足道的部分。

五、怎样看待新经济史学中的反事实度量法

福格尔关于美国铁路在经济增长中的作用的论证方法,尤其是假定1890年美国不存在铁路,引起美国经济史学界的很大争议。而托玛斯关于18世纪中期北美殖民地独立还是受英国殖民统治两种情况的假定,以及由此计算出1763—1772年即使北美十三州受到英国殖民统治,但平均每人所受到的纯损失微不足道的论断,引起了美国经济史学界更大的争议,因为这涉及更多的有关政治、国家主权的问题。这意味着,纯经济研究中的反事实度量法运用所引起的争议远远小于涉及政治、国家主权问题研究中的反事实的假定。

这里涉及一个至关重要的前提条件,即有些经济史的研究领域是不宜于采取反事实度量法或设置反事实的假定的。比如说,某个国家遭到外国侵略并沦为殖民地后,能以对外贸易发展与否作为殖民地人民的福利增减的指标吗? 显然是不可能的,因为这会歪曲侵略和殖民统治的性质。又如,越是涉及社会、制度、政府

方面的问题,情况就越复杂,就越不可能忽略假设的前提能否成立这一关系重大的问题。以殖民者统治殖民地所造成的恶果而言,绝对不是依靠某些经济方面的数字(如北美殖民地的运输成本的增加或进口税的上升)所能说明的。这正是反事实度量的最大局限性,而新派经济史学家却把许多影响殖民地人民的反抗情绪高涨的因素省略掉了。

这一切都说明了一个道理,即经济史现象是十分复杂的,总是有许多因素在共同起作用。如果省略了其中一些重要因素,简单地只凭一两个因素就进行计量并做出判断的话,这样的计算结果和推出的结论,不仅很难有说服力,而且还会给人们以误导。

当然,这并不是说反事实度量法一无可取之处。例如,在基本建设工程项目中,往往可以有几种方案可以拿来比较,从而做出 A 比 B 的效益少、B 比 C 的效益少……的判断。这是可以采取的方法。但最后的方案评估,仍离不开实践的检验。

(本文是厉以宁在 20 世纪 80 年代中后期同陈振汉教授合开的北京大学经济学院研究生课程《西方经济史学》讲稿中的一章)

西方经济史研究者关于起飞的争论

罗斯托的《经济增长的阶段》一书的第一版是1960年出版的,从那时以后,罗斯托一跃而为美国政府的高级官员,担任过负责国家安全事务的副特别助理、总统特别助理等重要职务。1969年以后,他来到奥斯汀的得克萨斯大学,当了经济学和历史学教授。尽管《经济增长的阶段》第一版出版后,在资本主义国家风行一时,十年之内年年重印,但也引起了经济学界的不少争论,所以罗斯托来到得克萨斯大学之后不久,就打算对各种争论意见进行一次总的答复。1970年,他在《经济史杂志》上撰文声明:他认为《经济增长的阶段》一书是站得住脚的,他正同他的学生们一起研究有关的资料和其他经济学家提出的不同意见,但决不会放弃原来的观点。① 罗斯托正是抱着这样的态度来再版他的《经济增长的阶段》一书的。

《经济增长的阶段》第二版比第一版增加了七十多页,第一版的序言、正文和附录,全部保留下来。第二版增加的是"第二版序言"以及对60年代资产阶级经济学界有关增长阶段的争论意见的答复(作为"附录乙")。

---

① 参看罗斯托:"答大卫·菲利克斯",载《经济史杂志》,1970年3月,第198—199页。

这就是说，罗斯托在《经济增长的阶段》第一版中提出的理论（即把世界各国的经济发展划分为传统社会、为起飞创造前提、起飞阶段、成熟阶段、高额群众消费阶段这样五个阶段），在第二版中仍一字未改。

下面，让我们先由起飞概念的争论谈起。

一、起飞概念的支持者及其基本论点

20 世纪 60 年代西方经济学家关于经济增长的阶段讨论的中心，是所谓由起飞进入持续成长问题。据美国经济学家亨利·罗索夫斯基(Henry Rosovsky)的看法，经济学家在这个问题上大体上可分为两派：起飞论的支持者和起飞论的反对者。① 前一派认为罗斯托提出的有关增长阶段的论点总的说来是可以被接受的，他们基本上同意罗斯托的论点，即历史上确实存在着起飞，已经工业化的国家都在不同程度上经历过起飞，但认为起飞概念不够完备，还需要进一步充实。这方面的著名代表人物有西德经济学家霍夫曼(Walther G. Hoffmann)、日本经济学家都留重人、英国经济学家贝里尔(K. Berrill)、美国经济学家莱宾斯坦(H. Leibenstein)和兰德斯(D. Landes)、比利时经济学家杜柏列茨(L. Dupriez)等人。

霍夫曼在《德国的起飞》一文中，认为罗斯托关于增长阶段的分析是适合德国情况的，在德国经济史上存在着为起飞创造

---

① 参看亨利·罗索夫斯基："起飞进入持续的争论"，载《经济史杂志》，1965 年 6 月，第 272—273 页。

前提、起飞和持续成长这样一些阶段。他所采取的论证方法也同罗斯托相似,即假定资本系数为 3.5,在人口年增长率为 1% 的条件下,德国起飞时期平均每人实际收入年增长率为 0.4%,而在起飞结束,开始进入持续成长时则增加到 1.5%,以此说明起飞阶段的存在。① 他提出的重要补充是:考虑到德国历史上的不统一性,"必须记住各个地区是在不同时间内达到这些阶段的"。②

都留重人在《日本的起飞:1868—1900》一文中,提到了罗斯托对日本经济史上若干特点的忽视。例如他认为,由于日本"农民和工人的低收入条件阻碍了大型市场的建立;出口的冲动是自然而然的结果",因此,罗斯托所谓"一个以生产力增长为基础的农业实际收入不断增加的环境,可能是起飞所必需的现代新工业部门的重要刺激力量"的论点似乎并不适用于日本。③ 但整个说来,都留重人是同意罗斯托关于增长阶段的分析的。不仅如此,他还特别强调罗斯托关于"增长必须以利润不断重新投资为条件"的论点。都留重人写道:关键问题在于社会剩余产品的使用方式;资本之所以成为资本,就因为它不是呆滞的,而是能以不断增殖的方式扩大它自己,"一旦资本主义被建立,并且只要它是生气勃勃的和有生命力的,可以说,增长是这个制度的固有的特征"。因此,"起飞的基本条件就是创造这样一种社会机构,以便使剩余习惯地进入生

---

① 参看霍夫曼:"德国的起飞",载《由起飞进入持续增长的经济学》,伦敦,1963 年,第 114 页。
② 同上书,第 96 页。
③ 都留重人:"日本的起飞:1868—1900",载同上书,第 148 页、第 149 页注。

产投资的渠道,而不被消费掉"①。

贝里尔在"外资和起飞"一文中,对罗斯托的起飞概念做了进一步的阐述。罗斯托提出,国内资本形成是起飞并由起飞进入持续增长的必要条件,而在国内资本形成中,重要的是动员国内储蓄投资于生产事业的能力以及储蓄率的增长。贝里尔首先用不同国家的经济史资料来证明罗斯托这个论点是可以成立的。他把起飞分为两种类型。一类是无外资帮助的起飞,例如英国、法国、德国、日本等。他认为:英国在起飞阶段是资本输出国,而不是资本输入国,法国、德国和日本在起飞阶段,输入的资本只占总储蓄的极少一部分。另一类是有外资帮助的起飞,例如美国、加拿大、俄国等。他认为,即使这一类国家在起飞阶段有较多的外国资本输入,但第一,与总储蓄相比,输入的资本仍只占较小的比重;第二,输入的资本多半用于建立公用事业和交通运输业,只有少量投入制造业;第三,资本输入在起飞阶段之前即已开始,而高峰却在起飞之后。② 接着,贝里尔从理论上发挥了罗斯托的观点。他写道:罗斯托的起飞概念,"包含着两个基本要素,即把净投资率由5%以下上升到10%以上,以及把创新的习惯广泛传播于各个重要经济部门",而只有不断地输入新技术才能创新,所以从这个意义上说,"没有外国资本和没有外国机器、技术决不是同一回事",外资的主要作用不在于增加总储蓄,而在于通过贷款,改善资本输入国的外汇状况,以便进口

---

① 都留重人:"日本的起飞:1868—1900",载《由起飞进入持续增长的经济学》,伦敦,1963年,第140页。

② 参看贝里尔:"外资和起飞",载同上书,第286、297页。

为起飞所必需的新技术、新机器。①

莱宾斯坦在"人口增长和起飞假设"这篇论文中,一开始就声明他是赞同罗斯托的起飞概念的。但他认为,历史上的起飞毕竟与飞机的起飞有所区别,经济学理论也不同于空气动力学的理论,所以即使起飞的假设是正确的,那么也还有许多工作需要做,以便使罗斯托的起飞概念得到进一步充实和发展。② 莱宾斯坦的论文打算从人口增长的角度来进行推理。

在人口增长与起飞的相互关系上,莱宾斯坦提出的问题是:需要有什么样的人口增长观点,才能适应于起飞的概念?据他看来,罗斯托的起飞概念的要点是加速增长,而不是渐进。这就是说,在起飞前的长时期内是持续的停滞和落后,而在起飞的几十年内是一种加速增长,在起飞之后,进入长时期的持续的增长。但他说,罗斯托关于人口增长的观点却同起飞概念不适应,因为罗斯托把人口增长完全当作外生变量,即把人口增长看作阻碍按人口平均的收入增长的一种自发因素(例如罗斯托认为,在资本和产量的边际比率等于3的条件下,人口多增加1%,国民收入中必须多拿出3%作为生产投资)。莱宾斯坦指出,如果照罗斯托这种解释,只要简单地使投资率略高于人口增长率就可以克服这种阻力了,那样就回到了渐进论,而不符合必须使投资率大大提高的起飞论。莱宾斯坦的看法是:人口增长固然不能完全看作内生变量,但也不能完全看作外生变量,即人口增长既是自发因素,又是诱发因素;

---

① 参看贝里尔:"外资和起飞"和"在国际经济学会关于起飞进入持续增长的讨论会第十五次会议上的发言",载《由起飞进入持续增长的经济学》,伦敦,1963年,第286、291、466页。

② 参看莱宾斯坦:"人口增长和起飞假设",载同上书,第170—171页。

按人口平均的收入增长诱导人口增长率的上升。莱宾斯坦认为,诱发的人口增长不仅起着减少投资率的作用,而且表现为同收入增长的一种竞赛。① 换言之,照莱宾斯坦的看法,由于诱发作用,假设资本和产量的边际比率是3,人口多增加1%,则国民收入中必须多拿出超过3%的部分作为生产投资,以应付人口的增长。所以,必须大大吸引投资和提高投资率,才能满足起飞的要求。据他看来,这样的人口增长观点,才同罗斯托的起飞概念相一致。

兰德斯对于罗斯托的起飞概念有这样的看法:从词汇学的角度来说,起飞是容易引起争论的,因为它只是一种隐喻,很难把历史上千差万别的现象都概括进来,其实,起飞与工业革命在很大程度上指的是同一回事;从内容来说,起飞在历史上是确实存在的,"它标志着经济性质的重大变化,标志着机器代替人的技能、广泛使用以非植物燃料为基础的非生物性动力、采用新的非植物原料(特别是化学制品),总之,标志着生产型式的转变。"② 这样,起飞就表现为一种把传统社会同现代社会区分开来的革命。兰德斯认为,由于考虑到起飞标志着经济性质的变化,因此在分析经济增长率时,就不能够采取总的增长率分析法,而应当采取部门的增长率分析法,因为在起飞时期,工业部门与农业相比只占较小的比重,总量分析不能充分反映这种变化。兰德斯对罗斯托的起飞概念的这一看法,正如我们在下文将会看到的,既是对于库兹涅茨所给予罗斯托的批评的一个答复,也是罗斯托在《经济增长的阶段》第二

---

① 参看莱宾斯坦:"人口增长和起飞假设",载《由起飞进入持续增长的经济学》,伦敦,1963年,第180页。

② 兰德斯:"国际经济学会关于起飞进入持续增长的讨论会的期中总结发言",载同上书,第393页。

版新增加部分中一再强调的论点。

杜柏列茨以比利时的起飞作为例证,充实了罗斯托关于起飞阶段主导部门的论点。罗斯托在"主导部门和起飞"一文中,把主导部门的影响分为回顾影响(backward effects)、旁侧影响(lateral effects)和前瞻影响(forward effects)。简单地说,回顾影响主要是指部门对投入方面的影响,即所谓"里昂惕夫链条"(Leontief chain)的作用,如棉纺织工业的发展会刺激纺织机械工业的发展等;旁侧影响主要是指部门对地区的影响,如工业化影响城市化等等;前瞻影响主要是指对新工业部门、新技术、新原料供应的诱导作用,如18世纪英国棉纺织工业的发展诱使"动力革命",即由水力作为动力转变为蒸汽作为动力等等。罗斯托认为,回顾影响和旁侧影响可以说明"增长是如何进行的",前瞻影响则说明新主导部门代替旧主导部门的过程,以及"增长是如何持续的。"① 杜柏列茨认为,根据这些影响来分析比利时的起飞,可以看出棉纺织工业在比利时的较早兴起并未使比利时经济进入具有决定性意义的起飞,因为棉纺织工业在比利时是以家庭工业的方式为主,是农业的一种补充,它使用的是农业中的剩余劳动力,它所需的机器是由英国进口的,这样,棉纺织工业在比利时的发展是孤立的现象,它没有刺激比利时机械工业的产生,没有引起城市化,也就是没有产生回顾影响和旁侧影响。照杜柏列茨的看法,用罗斯托关于主导部门的影响的论点来确定比利时的起飞,那么起飞开始于稍晚兴

---

① 罗斯托:"主导部门和起飞",载《由起飞进入持续增长的经济学》,伦敦,1963年,第4、5、6、8页。

起的以煤铁为基础的重工业。① 杜柏列茨在比利时起飞问题上引用罗斯托观点的这一论证,我们在下文也将会看到,具有一定重要性,因为对罗斯托起飞概念进行批评的某些经济学家,往往在所谓起飞如何开始的问题上争论不休。

以上就是那些承认起飞阶段的存在、但认为罗斯托的论点还有待于充实的一派的主要看法。

二、起飞论的反对者及其基本论点

西方经济学家中间在这个问题上的另一派,是指基本上否认起飞阶段的存在,并对罗斯托的体系表示怀疑和反对的那些人,主要代表人物有:库兹涅茨、索洛(R. Solow)、格辛克隆(A. Gerschenkron)、诺思(D. C. North)、迪恩(Phyllis Deane)、科尔(W. A. Cole)、哈巴库克(H. J. Habakkuk)、马泽夫斯基(Jean Marczewski)以及辛格(H. W. Singer)等人。

归纳起来,他们对于罗斯托的起飞概念的怀疑大致包括四个方面:工业化初期的增长是不是渐进的过程?工业化进行到一定程度之后的持续成长是怎样实现的?能否把历史上不同类型的经济增长纳入罗斯托的一般公式?罗斯托的理论是否适用于目前的发展中国家?现分别简述如下:

1. 工业化初期的增长是不是渐进的过程?

按照罗斯托的理论,起飞阶段和起飞以前是截然不同的,起飞

---

① 参看杜柏列茨:"关于比利时起飞的说明",载《由起飞进入持续增长的经济学》,伦敦,1963年,第 376 页。

是指在工业化初期的较短时间(二十到三十年)内实现基本经济结构和生产方法上的剧烈的转变。在罗斯托的体系中,工业化初期的经济增长是一个剧变的过程,不是一个渐进的过程。

库兹涅茨、迪恩、科尔、哈巴库克、马泽夫斯基等人,都反对罗斯托关于起飞的这一定义。他们不承认起飞阶段的存在,他们认为工业化初期的成长是一个时间相当长的、逐渐发展的过程。他们的主要论据是:工业化初期的投资率是缓慢上升的,而不是像罗斯托的起飞定义所规定的那样急剧上升的(罗斯托认为起飞的第一个条件是:净投资率由占国民收入的5%或5%以下,增加到10%以上)。

迪恩和哈巴库克在"英国的起飞"一文中指出:罗斯托把英国的起飞年代确定为1783—1802年并没有根据,因为在这段时间内,国民收入的增长率和投资率的上升都是缓慢的,而且其中用于工业生产方面投资所占比重始终是较小的,这种不显著的变化不能构成起飞;一直到工业化开始很久以后,即到19世纪30年代以后,由于铁路的兴建,投资率才增加到新的水平,从这以后,英国经济开始了几乎半个世纪的迅速增长。① 所以他们认为:工业化初期的增长是渐进的过程。

迪恩和科尔在《英国经济增长:1688—1959年》一书中进一步指出:在罗斯托确定为英国起飞的年代里(18世纪最后二十年前后),投资率的增长幅度是有限的;如果不从投资率相对水平来看,而从生产量的绝对水平来看,那么增长从18世纪40年代即已开

---

① 参看迪恩和哈巴库克:"英国的起飞",载《由起飞进入持续增长的经济学》,伦敦,1963年,第75、76、80页。

始,但人口的增长也是从这时开始的,这样,按人口平均的生产量的增加在整个工业化初期一直是一个缓慢的、逐渐上升的过程。①

马泽夫斯基在"起飞假设和法国的经验"一文中指出:从投资率来看,法国从19世纪一开始就存在着投资率显著上升的趋势,而不是在罗斯托所确定的起飞阶段(19世纪40年代左右)才显著上升的。而19世纪初年投资率的上升,又是整个18世纪内工业生产逐渐发展的结果,后者则是由15世纪以来的地理发现、重商主义、金融制度、技术发明以及18世纪的哲学革命等等因素长期造成的。② 他的结论是:"在法国根本不曾有真正的起飞;法国经济的增长是非常渐进的,其起点远在过去。总之,如果硬要把起飞这个名词赋予作为工业化时期特色的加速发展,那么这种起飞早在1800年左右即已开始,或者正如我要指出的,甚至在1750年前后就开始了。"③

库兹涅茨认为罗斯托关于起飞阶段生产投资率由5%或5%以下上升到10%或10%以上的论点站不住脚,因为一方面,相当多的国家在起飞开始时,投资率已经超过或大大超过5%或5%以下这一标准,另一方面,二十到三十年的起飞时间是太短了,不足以把投资率提高一倍。④ 这样,势必导致两个可能性:或者把开始起飞的年代大大往前推,或者把起飞阶段的时间大大延长,而任何一种可能性都将动摇罗斯托的起飞学说。

---

① 参看迪恩和科尔:《英国经济增长:1688—1959年》,1969年第2版,第80、263页。
② 参看马泽夫斯基:"起飞假设和法国的经验",载《由起飞进入持续增长的经济学》,伦敦,1963年,第123、138页。
③ 同上书,第129页。
④ 参看库兹涅茨:"评起飞",载同上书,第34—35页。

在库兹涅茨看来，投资率的提高是一个缓慢的、长期的过程，历史上并不存在一个明显的起飞阶段，因此不如用现代增长早期来代替起飞，用现代增长中期来代替起飞后的持续增长，而用现代以前增长的晚期来代替为起飞准备前提阶段。

2. 工业化进行到一定程度之后的持续增长是怎样实现的？

由起飞进入自我持续增长，是罗斯托的一个重要论点。按照罗斯托的看法，在起飞阶段以后，接着而来的是"一个很长的、虽有波动但仍然继续向前发展的时期"，在这一时期，国民收入大约有10%—20%用作投资，投资率的较高水平保证增长过程的自动性、持续性，所以自我持续增长就是自动的增长。

自我持续增长是怎样实现的呢？罗斯托认为这是由于新主导部门不断代替旧主导部门而引起的"起飞过程的重复"①，这里所谓的新主导部门，就是指在经济增长中起主要作用的新部门，它采用了新技术，本身具有高的增长率，并起着带动其他部门的作用。在罗斯托看来，起飞以后，由于投资率能够保持在较高水平，因此有可能实现对新主导部门的投资，而新主导部门不断代替旧主导部门的结果，增长过程就能自动地、持续地进行。

对于罗斯托这一论点，一些经济学家从不同的角度提出反对意见。

库兹涅茨认为，在经济增长中，纯粹的自我持续增长是不存在的。他说，一方面，任何增长都是自我持续的，因为经济的增长易于造成进一步增长的条件（如投资基金的形成，劳动力供给的增加

---

① 罗斯托："主导部门和起飞"，载《由起飞进入持续增长的经济学》，伦敦，1963年，第9页。

等等);但另一方面,任何增长也是自我限制的,因为增长又造成不利于进一步增长的条件(如刺激的减退,对稀缺的自然资源的压力,既得利益者对竞争者的抵制等等)。因此"在这个意义上,经济增长经常是一场斗争。如果给人一种轻而易举地自动增长的印象,即认为可以舒舒服服地自我持续滑翔飞行到较高经济水平,那就会使人误解"。①

库兹涅茨还指出:一个部门的增长率高和它对经济的影响大小是两回事,比如说,塑料制的草裙舞圈即使十年内产量增长了一千倍,也不会成为主导部门;同时,主导部门的增长率高和它对经济的影响大在时间上并不是很一致的,在一定时期内,某个部门在技术上可能有显著革新,从而造成很高的增长率,但这时它的影响并不大,过了一段时间,虽然革新的高潮已经过去,增长率已减低,但它对国民经济影响之大很可能远远超过前一阶段。② 库兹涅茨由此认为,罗斯托的理论并没有说明持续增长究竟是怎样实现的。

诺思在"美国的工业化"一文中,认为一两个部门(即使它们是主导部门)不能在持续增长中起那么大的作用。他说:经济增长不是由个别部门的增长所促成的,增长的重要原因在于"国内市场日益增大的规模"。③ 他认为,国内市场规模的日益增大,又是区域分工(区域的资源和位置所促成的分工)和区际贸易的发展引起的结果,而所谓企业家的才干则利用了这些可能性,在一切有利可图

---

① 库兹涅茨:"评起飞",载《由起飞进入持续增长的经济学》,伦敦,1963年,第40页。
② 参看同上书,第29—30页。
③ 诺思:"美国的工业化",载《由起飞进入持续增长的经济学》,伦敦,1963年,第54页。

的部门中(而不限于在一两个主导部门中)增加投资,实现技术革新。他的结论是:即使存在"自动的"经济增长,那么他也不能同意罗斯托关于主导部门的观点,因为整个国内需求的影响比某个个别部门的影响要大得多。①

马泽夫斯基认为罗斯托的新主导部门概念不能解释经济的持续增长,因为整个国民经济包括了几十个不同的部门,每个部门在国民经济中所占的比重不一样,所以在计算经济增长率的时候,必须对计算方法有所选择:是计算加权平均增长率呢,还是非加权的简单平均增长率?这样,经济增长基本上分为外延的增长(extensive growth)和集约的增长(intensive growth)。马泽夫斯基说:如果简单平均增长率大大高于加权平均增长率,这叫做外延的增长,这时,若干小工业部门增长得快,而它们多半是较新的工业部门;如果加权平均增长率、简单平均增长率、加权平均增长率与简单平均增长率之比三者都增加,则叫做集约的增长,这时以老的工业部门的发展为主。马修斯基认为:集约的增长是一个增长周期的顶峰,而任何新的增长周期总是从外延的增长开始的。② 他由此提出对罗斯托的反对意见,他说:尽管新工业部门不断产生,尽管它们的增长速度较快,但它们在国民经济中所占的比重太小了,不足以带动其余经济部门。③ 这就是说,一个增长周期,从开始增长直到顶峰,都由原有的一些老工业部门在国民经济中占主要地位,新工业部门要经过较长时间之后才使它所占的比重增大到一

---

① 参看诺思:"在讨论'美国的工业化'一文的会议上的发言",载同上书,第333页。
② 参看马泽夫斯基:"起飞假设和法国的经验",载同上书,第132页。
③ 参看马泽夫斯基:"在讨论罗斯托的'主导部门和起飞'一文的会议上的发言",载《由起飞进入持续增长的经济学》,伦敦,1963年,第305页。

定程度,而这时又有更加新的工业部门出现,另一个增长周期又开始了。

索洛从另一个角度来否定罗斯托关于新主导部门带动经济增长的论点。索洛认为:罗斯托的整个论点是建立在非总量分析基础之上的,而非总量分析(总量分解)比总量分析要困难得多,据说这是任何一个编制经济增长模型的人都已经懂得的道理,因为要编制非总量经济模型,很难满足参数方面的要求。索洛说,经济领域中有许多部门,而且部门数目在不断增多,因此如果想编制一个非总量的多部门的模型,对参数的估算是十分困难的问题。比如说,十个部门要求一百个数,它们全部是变化着的,而且其中有一些数变化得非常快,结果,几乎全部是不可知的。① 所以索洛认为,罗斯托关于主导部门的论点只是简单地叙述了经济增长的既成事实,说明不了更多的问题,更无法预测究竟哪一个部门会成为新的主导部门。

3. 能否把历史上不同类型的经济增长纳入罗斯托的一般公式?

库兹涅茨、索洛,特别是格辛克隆,都就这个问题提出了对罗斯托的理论的怀疑和反对意见。

库兹涅茨认为:各个国家的增长有它们特殊的历史继承性,它们之间的区别不仅仅在于自然条件的不同,也在于社会制度的不同。同时,在考察各个国家的增长时,不仅要看到这种历史遗产,还必须看到它们进入现代经济增长的时间和当时的知识状况,这一切使每一个国家处于同其他国家的特殊关系之中。库兹涅茨接着说,在这里特别需要把先驱国家和继起国家加以区别,因为一切

---

① 参看索洛:"由起飞进入持续增长讨论会的总结发言",载同上书,第 472 页。

划时代的创新都是首先发生于一两个国家,这样,就不仅需要把各个国家的发展进行比较,而且需要研究这个时代是怎样扩展的,即研究先驱国家何以成为先驱国家,继起国家何以追随前者。由于继起国家一个接一个而来,因此相互联系变得越来越复杂,其有利条件和不利条件的差异也就越来越大。但库兹涅茨认为,迄今只有十几个国家进入"现代经济增长",而且多数是与西欧的历史遗产有关,对其他的国家还没有进行充分的研究,所以目前只能对不同增长过程的相似性和差别以及它们相互影响的方式进行一些研究,而不能像罗斯托那样过分强调相似性而采取增长阶段的论证方法。库兹涅茨最后说:"如果说罗斯托的假设中有什么价值的话,那么正如一切假设一样,仅仅由于它为研究者引了路,也许有些用处;重要的是,所使用的名词应当在正确的方向进行引导,特别是由于对起飞的部分兴趣是要知道如何规划未来的增长。而仔细研究一下材料,可以看到,罗斯托所强调的特征中并没有足以把他的假设当作向导的那种概括性。"[1]

索洛也有类似的看法,认为不可能从少数例证推演出一般的结论,尤其是现在据说只有十五个国家有长期统计资料,如果由此想做出总结,那是不可信的。索洛说:罗斯托的理论缺乏"弹性","不足以应付任何一种新事实的发现"。[2]

此外,索洛还从模型编制的角度来反对罗斯托的整个体系。据索洛的看法,任何旨在说明经济制度在整个时期内起作用情况

---

[1] 库兹涅茨:"国际经济学会关于起飞进入持续增长的讨论会的期中总结发言",载《由起飞进入持续增长的经济学》,伦敦,1963年,第398页。
[2] 索洛:"由起飞进入持续增长讨论会的总结发言",载《由起飞进入持续成长的经济学》,伦敦,1963年,第474页。

的模型,通常包括三个重要的组成部分:行为规则(behaviour rules)、参数和期初状况。他以编制所谓"果蝇繁殖模型"为例:假定用一个瓶子,里面装一些果蝇,按时投入食物,以观察果蝇繁殖的情况。在这里,果蝇数、瓶子的容量以及投入的食物量,都是些参数,期初状况是指一开始放入瓶内的果蝇数,行为规则说明果蝇繁殖情况同现有果蝇数之间的关系,比如说,假定投入的食物量是个常数,那么现有果蝇数达到最大限度后就不再繁殖了;或者,假定一开始只放入一只果蝇,那么投入再多的食物也不能繁殖;再如,瓶子有一定容量,现有果蝇挤满了瓶子,也不能再繁殖了,等等。所以索洛认为,"一个模型的中心就是一组行为规则,即对于一个经济变量的运动同另一些经济的和非经济的变量之间的关系的一组说明……而罗斯托教授的公式却没有包括这种行为的关系,因此无论它的术语和叙述多么引人注意,它很少分析,或者没有进行分析。"[1]换句话说,在索洛看来,尽管罗斯托编制了一套历史上的增长阶段的公式(模型),但由于没有说明历史上各种因素变化之间的关系,所以只有名词学或术语学的意义,而没有实际内容。

格辛克隆在"俄国工业化的早期:回顾和对照"一文中,认为罗斯托划分增长阶段的一套方法是建立在忽视各国差别的基础上的,因此罗斯托的论点不能解释各国(特别是欧洲大陆国家)经济增长的实际过程。格辛克隆强调的是每一个国家的特殊的增长道路,这种特殊成长道路据他看来是由每一个国家的"落后程度不

---

[1] 索洛:"由起飞进入持续增长讨论会的总结发言",载《由起飞进入持续成长的经济学》,伦敦,1963年,第472页。

同"所造成的。于是格辛克隆提出了所谓"落后紧张"(strain of backwardness)的理论。它有六个基本论点：

"第一，一国经济越落后，其工业化就越强烈地呈现这种趋势，即作为按较高的工业产量增长率进行的一种骤然大突发(a sudden great spurt)急速地开始的；

第二，一国经济越落后，其工业化中对工厂和企业大规模的强调就越明显；

第三，一国经济越落后，其工业化中就越明显地把重点放在生产品上，而不是放在消费品上；

第四，一国经济越落后，其工业化过程中对居民消费水平的压力就越重；

第五，一国经济越落后，特殊制度因素(其目的在于增加资本对新生工业的供给，以及给予企业家以较集中的和消息较灵通的指导)在工业化中起的作用就越大；一国越落后，上述因素的强制性和内容广泛性就越显著；

第六，一国经济越落后，其农业就越不容易在工业化过程中，通过使新生工业得到日益发展的内部市场的好处(这又以不断提高的农业劳动生产率为基础)而起到积极的作用。"①

格辛克隆依据这种所谓"落后紧张"的理论，进一步写道：先进国家工业化时期的许多因素(或必要的前提)在落后国家中根本不存在，或者即使存在，也只是十分轻微地起作用；而落后国家的工业化是通过所谓"大突发"形式进行的，尽管在这些国家中并不存

---

① 格辛克隆："俄国工业化的早期：回顾和对照"，载《由起飞进入持续增长的经济学》，伦敦，1963年，第152页。

在工业化的必要的前提。他认为19世纪欧洲大陆的许多国家(俄国、德国、意大利、奥匈帝国等)都是程度不同的落后国家,各有各的特点,各有各的"工业化必要前提的特殊替代物",各自的"大突发"过程也是不同的,所以绝不能像罗斯托那样把它们纳入增长阶段的一般公式之中。

4. 罗斯托的理论是否适用于目前的发展中国家?

罗斯托在《经济增长的阶段》第一版内,认为他提出的这一套理论适用于目前的发展中国家。他说,发展中国家目前一般处于为起飞准备前提阶段和起飞阶段之中,与早已完成起飞的所谓"先进国家"相比,它们的起飞有一些不利条件,(如人口增长率高,因国内外政治动荡而不能集中人力物力于国内发展)和有利条件(如对现有先进技术的利用,国际援助),尽管如此,18世纪至20世纪初期所谓"先进国家"在起飞过程前后必须解决的一些基本问题,在他看来至今仍然是发展中国家所必须解决的基本问题。

罗斯托把发展中国家大体上分为三类。

第一类是尚未进入起飞阶段的国家。他认为这类国家应当尽快完成起飞的准备,即:

(1)提高农业生产的增长率(主要目的是为了减少人口增长的压力),以及发展自然资源的开采业(主要目的在于赚取外汇);

(2)建立社会经营资本,尤其是运输业的经营资本;

(3)寻找和发展一个或几个采用现代技术的主导部门。

第二类是开始进入起飞阶段的国家。他认为这类国家应当充分实现所谓起飞的三个条件,即:

(1)大大提高投资率,即把净投资率由占国民收入的5%或5%以下提高到10%或10%以上;

(2) 使具有高度增长率、并能带动其他部门增长的主导部门得到迅速发展;

(3) 创造一种适合于经济增长的制度结构,以便增加国内筹集资本的能力,以及发展企业家精神。

第三类是已经正常地实行起飞的国家。他认为这类国家应当保证经济的正常增长,使增长持续下去,为此,必须做到:

(1) 继续使投资率上升,使净投资率占到国民收入的 10%—20%;

(2) 发展新主导部门,使起飞过程不断重复。

这些就是罗斯托在《经济增长的阶段》第一版内关于发展中国家经济增长的基本论点,也是一些西方经济学家与罗斯托争论不休的主要方面。我们在这里简要地谈一谈印度经济学家辛格的观点。

在辛格看来,无论罗斯托所指的哪一类的发展中国家,都面临着一个被罗斯托认为关键性的问题,即发展主导部门。辛格针对这个问题提出了不同看法。

辛格认为,任何一个部门的发展都不是孤立的现象,而必须同时解决与这个部门的发展密切有关的许多问题。罗斯托所指的主导部门"包括使用现代方法的农产品或原料加工业,例如瑞典的木材业,澳大利亚的肉类业,丹麦的乳制品业"。① 辛格认为,与此相似,目前的某些发展中国家根据其现有条件,也会把类似的部门当作主导部门,比如说,在埃塞俄比亚,主导部门很可能就是肉类业。但怎样才能使肉类业得到发展呢?辛格认为必须先解决一系列问题,如减少家畜发病率,改进农民的饲养方法,改进家畜的运输,发

---

① 罗斯托:《经济增长的阶段》,1960年版,第39页。

展冷藏业以及它所必需的电力,"打破家畜饲养和土壤侵蚀的恶性循环"等等,在这一系列问题得到解决以前,作为主导部门的肉类业是不可能孤零零地发展起来的,而如果这一系列问题得到了解决,那么整个局面就将改观,肉类业也不可能再具有"关键性的"作用,不成为主导部门了。辛格指出:罗斯托关于主导部门的概念是没有意义的。①

辛格进一步认为,罗斯托用主导部门来划分增长阶段的做法,在概念上也是混乱的,因为这里包括两个不同的内容:主导部门的出现和主导部门影响的扩散。主导部门的出现是在较短的时间内实现的,而其影响的扩散则需经历较长的时间,二者是很不一致的,而罗斯托划分增长阶段时把这二者混在一起,这样,实际上增长阶段的划分并没有什么可以依据的标准。

辛格还认为,即使遵循罗斯托的主导部门理论,一个发展中国家有了一个主导部门,那也不能使它由此获得自我持续增长,据说伊拉克就是一个例子,尽管它以石油开采作为主导部门。②

辛格接着指出,要不断提高投资率,必须创造新投资机会,并使投资机会产生过剩,而投资机会的创造在西方国家和发展中国家是很不相同的,这个问题在某种程度上同工业中现代技术的发展有关。辛格说,西方国家通常有国民收入的 2%—3% 用于研究和发展,这样,虽然不能断定技术将在哪一个部门发展,但仍能推测技术发展的动向,从而基本上保证一定的技术进步的速度,也为新投资机会的创造提供了部门的基础,至于发展中国家,却不存在

---

① 参看辛格:"在讨论罗斯托的'主导部门和起飞'一文的会议上的发言",载《由起飞进入持续增长的经济学》,伦敦,1963年,第303页。

② 参看同上书,第302页。

这种可能性；不仅如此，发展中国家即使想把西方国家已有的技术移植过来也已越来越困难，因为在辛格看来，越是新的技术发明，对发展中国家的适用性就越小，先进技术知识的积累越多，它们对发展中国家就越显得没有用处。[1] 发展中国家如果自己能有技术发明，也不可能产生重大的效果，因为按照辛格的看法，发明才能和经济增长之间有联系，但正如有人假定在中世纪时发明下象棋的机器人，也不能造成工业革命一样，其原因在于当时的整个经济条件中缺少把一种技术发展的效果加以扩散的能力。

总之，在辛格看来，如果现阶段的发展中国家按照罗斯托的设计，致力去发展一个所谓的"采用现代化技术的主导部门"，不但在理论上是不正确的，在实践上也是难以办到的。

（本文是厉以宁在 20 世纪 80 年代中后期同陈振汉教授合开的北京大学经济学院研究生课程《西方经济史学》讲稿中的一章）

---

[1] 参看辛格："在国际经济学会关于起飞进入持续增长的讨论会第二次会议上的发言"，载《由起飞进入持续增长的经济学》，伦敦，1963 年，第 317 页。

罗斯托关于起飞的答辩

上一讲"西方经济史研究者关于起飞的争论"中,分四个问题说明了质疑和反对意见:1.工业化初期的增长是不是渐进的过程?2.工业化进行到一定程度之后的持续增长是怎样实现的?3.能否把历史上不同类型的经济增长纳入罗斯托的一般公式?4.罗斯托的理论是否适用于目前的发展中国家?1971年,罗斯托在《经济增长的阶段》第2版内,对20世纪60年代以来经济学界对他提出的怀疑和反对意见进行了答辩。现在仍按照上面所归纳的四个问题,看看罗斯托是怎样为自己辩护的。

1.工业化初期的增长是不是渐进的过程?

罗斯托在《经济增长的阶段》第二版内坚持他过去的观点:起飞阶段就是工业化的初期,这是一个"具有决定性意义的转变时期",它的时间较短(二十年到三十年),但基本经济结构和生产方法上的转变是剧烈的。①

对于库兹涅茨、迪恩、科尔、哈巴库克和马泽夫斯基等人提出的相反看法(即认为工业化初期的成长是渐进的过程,不存在起飞这样一个阶段),罗斯托从三个方面进行辩解。这三个方面是:第一,罗斯托声称不要把他的起飞条件同"纯刘易士行为"(pure

---

① 罗斯托:《经济增长的阶段》,1971年第2版,第8、39、189页。

Lewis behaviour)混为一谈;第二,罗斯托声称他采用的主要是非总量的部门分析,而不是总量分析;第三,罗斯托认为英、法工业化初期的增长并不是渐进的过程,这两个国家的经济史上都明显地存在着起飞阶段。

(1)关于"纯刘易士行为"

所谓"纯刘易士行为"是指英国经济学家阿尔塞·刘易士(Arthur Lewis)在1954—1955年间发表的下述论点。刘易士说道:"经济增长理论的中心问题,就是要了解社会从(占国民收入)5%的储蓄者转变为12%的储蓄者的过程",[1]而这个问题之所以是中心问题,因为"经济发展的主要事实是迅速的资本积累","如果不能说明储蓄相对于国民收入的增长的原因,也就不能说明任何工业革命"。[2] 罗斯托认为,刘易士关于投资率上升的论点是重要的,但这个论点本身并不说明社会转变时间的长短:转变既可能是缓慢的,也可能是急剧的。罗斯托声称,他所指的起飞包括了三个条件,而投资率上升只是其中一个条件,它与另外两个条件不能割裂开来。罗斯托说:那些认为工业化初期的增长是渐进过程的人们正是把他的论点同刘易士的论点混淆在一起了,他们看到某些国家历史上投资率增长得比较缓慢(如英、法),从而断言这些国家不存在起飞阶段,这样实际上是把起飞的三个条件简单地理解为一种纯刘易士行为。罗斯托表示"不能接受"这一类误解了起飞定义的"批评意见"。[3]

---

[1] 刘易士:《经济增长理论》,伦敦,1955年,第226页。
[2] 刘易士:"劳动力无限供应条件下的经济发展",载《曼彻斯特学报》,1954年5月。
[3] 罗斯托:《经济增长的阶段》,1971年第2版,第190、192、205页。

罗斯托进一步解释道：在起飞时期，由于各国人口增长率不同，由于各国起飞前和起飞期间社会经营资本（主要是运输业）所需要的投资水平不同，由于各国资本和产量的比率不同，以及由于某些国家存在着所谓特定范围投资（enclave investment），以致一个狭小地区或出口部门的投资率很高，而对整个国民经济则有十分不利的影响，因此各国投资率的上升程度可能有所不同。罗斯托说：了解到这一点，那么某些国家投资率上升比较缓慢的现象也就可以理解了；但他说，即使如此，这现象也不足以否定起飞的存在，因为起飞包括了三个条件，而不仅仅指一种纯刘易士行为而言。罗斯托的结论是：纯刘易士行为（指投资率由占国民收入的5％上升一倍或一倍以上），是一个"重要的"、但不是"足够的"判断起飞的标准。[①]

(2) 关于非总量的部门分析

与这个问题有联系的就是所谓总量分析与非总量分析的问题。总量分析是凯恩斯在其《就业、利息和货币通论》中所采用的研究方法，它分析整个社会的总供给价格和总需求价格的均衡关系。由于凯恩斯认为总价格等于国民收入，所以总量分析所着重分析的就是国民收入以及与国民收入密切联系的、与整个国民经济有关的问题。罗斯托认为：哈罗德—多玛成长模型（Harrod-Domar growth model）是依据凯恩斯理论而编制的一种高度总量分析的模型，而对罗斯托的起飞概念表示怀疑的人们正是由于比较容易接受这一类模型，才会把纯刘易士行为当成是判断起飞的唯一标准，从而得出工业化初期的增长是渐进过程的观点。罗斯

---

① 罗斯托：《经济增长的阶段》，1971年第2版，第192—193页。

托强调说:他在研究起飞时所采用的主要不是总量分析,而是非总量部门分析。这种非总量部门分析,在罗斯托看来,既不同于凯恩斯的总量分析,也不同于凯恩斯以前的经济学家所采用的个量分析(即分析单个商品的供给价格和需求价格之间的均衡关系);他的非总量部门分析,是分析与有效吸收新技术的各个部门的运动有关的总量,即部门的总量;它们对个量而言,是总量,对整个国民经济而言,则是非总量,也就是国民经济总量的分解。罗斯托说:这就是他与主张采用总量分析的库兹涅茨等人的分歧的焦点。罗斯托在这里声称:"过去十年内我在增长论方面学习到的一切,使我深信,《经济增长的阶段》(第一版)内关于增长的非总量的、部门的基本论点是正确的。"[1]

为什么罗斯托认为不能采用总量分析方法来考察起飞呢?他说,原因在于总量分析方法有以下的缺陷:"起飞的决定性因素是在一个发生扩散性效果的环境中引进新的技术",[2]而按人口平均计算的国民总产值是由许多"并不与经济中吸收技术的程度相联系的变量决定的"。罗斯托解释道:"技术被吸收于特定的工业和工业各个部门之中","而不是被吸收于国民总产值之中"[3],国民总产值的变化既反映技术吸收的过程,也反映其他变量的作用。这样,按照罗斯托的看法,部门中由于引进新技术而产生的剧烈变化及其扩散性效果,并不一定立刻在按人口平均的国民总产值的变化方面得到显著的反映(比如说,假定两个国家人口增长率不同,尽管它们在部门中实现了同样程度的技术改造,按人口平均的

---

[1] 罗斯托:《经济增长的阶段》,1971年第2版,第XIV页。
[2] 同上书,第223页。
[3] 同上书,第180、197页。

国民总产值的上升就不一样),而按人口平均的国民总产值的变化也很可能是与部门的技术改造没有直接关系的(比如由于游览业的发达而引起收入的变化)。所以罗斯托再次声明他的论点:总量分析方法"不能使我们对实际发生的情况以及在起飞阶段中起作用的因果过程有很多的了解"①。

(3)关于起飞时间的确定

如前所述,否认起飞存在的渐进论者曾以英法两国工业化初期的投资率的缓慢上升作为证据。罗斯托除了从理论上进行答辩(关于纯刘易士行为和非总量部门分析)而外,还从经济史的角度进行答辩。他认为英法两国起飞阶段是否存在的问题实际上是起飞时间如何确定的问题。

罗斯托认为,迪恩、科尔、哈巴库克和马泽夫斯基等渐进论者是采取把起飞开始时间大大往前推的方式来否定起飞的(因为按照罗斯托的定义,起飞是指短时间内实现剧变)。他们之所以把英国的起飞开始时间上溯到1740年(而不是罗斯托判断的1780年),把法国的起飞开始时间上溯到1750年(而不是罗斯托判断的1830年),因为他们把工业生产量绝对水平的开始增长当作了起飞的开始。罗斯托认为,只有由于工业部门采用新技术、降低成本而引起的工业生产量绝对水平的增长,才是真正的起飞的开始,因为"起飞的实质在于部门的扩张及其扩散性效果",②所以只有采用了新技术并降低了成本,才能为部门的扩张奠定可靠的基础,才能使一个部门的影响扩展到其他部门,形成工业扩张的浪潮。罗

---

① 罗斯托:《经济增长的阶段》,1971年第2版,第191页。
② 同上书,第193页。

斯托说:1740年的英国工业和1750年的法国工业,虽然开始呈现生产量绝对水平开始增长的迹象,但不足以构成英国和法国从此进入"现代经济增长"的决定性转变,可见,"起飞发生时间的估计不可能是一种简单的统计演算,虽然它要求利用一切有用的统计资料。必须考察经济的全部活动情况,以判明对于由主导部门可能引起的扩散性效果,它是如何积极反应的。"①

在起飞时间确定的问题上,罗斯托还回答了美国经济学家保罗·大卫(Paul David)在《经济史杂志》1967年6月号所载"1840年前美国实际产品的增长:新论据,有控制的推测"一文中的看法,即认为美国的起飞时间应上溯到1820—1840年,而不是罗斯托所判断的1840—1860年。罗斯托就这个问题写道:保罗·大卫所提出的看法,涉及区域起飞与全国范围内的起飞之间的区别,从美国经济史来看,新英格兰的区域起飞确实较早开始,棉纺织工业是这个区域起飞的主导部门,并对全区有广泛影响,但由于距离因素和地理因素是美国早期增长中的基本问题,只有随着铁路技术的采用,使美国成为一个有效的大陆市场后,才有全国范围的起飞,所以1820年新英格兰的区域起飞只不过是一种"早熟现象",不足以成为把美国起飞时间向前推的证据。②

2. 工业化进行到一定程度之后的持续增长是怎样实现的?

在这个问题上,罗斯托从以下两方面进行答辩:

(1)关于减速趋势和反减速的斗争

前面已经说过,罗斯托认为起飞之后的持续增长是依靠新主

---

① 罗斯托:《经济增长的阶段》,1971年第2版,第195页。
② 同上书,第219页。

导部门不断代替旧主导部门而实现的,他把这个过程称做起飞的重复。反对起飞论的经济学家,如马泽夫斯基、诺思、库兹涅茨等人,在这个问题上主要的怀疑是:新主导部门的出现能有这么大的作用吗?如果说它能有这种作用,其理论依据何在?罗斯托用减速和反减速的关系来进行答辩。当然,罗斯托的这些看法并不是新的,他在 20 世纪 60 年代以来发表的其他著作中早已阐述过,①只不过在《经济成长的阶段》第 2 版内把它们重新加以概括和系统化而已。

　　罗斯托认为,笼统地提起飞以后的成长过程受限制的说法是不明确的,限制有两种,一种是来自传统社会的限制,另一种是经济增长本身所引起的限制,前一种限制在起飞中已被打破了,后一种限制是在增长过程中不断出现的,主要表现为主导部门的减速趋势。那么,主导部门的减速趋势是怎样引起的呢?罗斯托列举了以往一些经济学著作(包括库兹涅茨在 1930 年的著作《生产和价格的长期运动》,罗斯托认为当时的库兹涅茨还没有受到凯恩斯革命的影响,在研究工业发展过程时并非采取总量分析方法,而是采取部门分析方法)的看法,即认为减速是由以下各种原因引起的:人口增长率的下降;新兴国家的竞争;资本供给的不足;与主导部门相配合的补充工业部门的缓慢发展;企业家才能的逐渐减退;收益递减规律的作用;消费倾向的下降,等等。罗斯托认为这些因素虽然不可忽视,但不是主要的。造成主导部门减速的主要原因,在他看来,就是工业部门的技术改造(尤其是新技术在工业中被采

---

　　① 罗斯托:《经济增长的阶段》,1971 年第 2 版,第 99、102、103 页;《由起飞进入持续增长的经济学》,伦敦,1963 年,"引论和跋",第 XXII 页,以及其他等处。

用)的缓慢和停顿。罗斯托说:"什么是经济增长的基础？我相信我们大家都同意这样一点:增长是不断地、有效地把新技术吸收到经济之中的结果"①,"现代增长的根源在于新技术在一个有效的基础上的不断扩散。"②他进一步解释道:在一定的增长阶段,经济的增长总是由于主导部门采用了先进技术,降低了成本,扩大了市场,增加了利润和积累,扩大了对其他一系列部门的产品的需求,从而带动着整个经济,但是,经过一代(或两代)之后,一旦当初的先进技术及其影响已经扩散到各个有关部门,这个革新的浪潮就过去了,原有的主导部门所担负的特殊使命也就完成,部门技术改造的放慢势必导致经济增长率的下降。罗斯托认为,这种减速趋势是不可避免的,"从这一点看,如果一个社会要保持高的平均增长率,它必须不停地同减速趋势进行斗争"。③ 而要反减速,则必须不断掀起革新的浪潮,不断采用新技术,不断产生新的主导部门。采用了新技术的新主导部门的出现,等于开始了另一次起飞,而通过新主导部门对其他有关部门的影响(回顾影响和旁侧影响),通过技术的扩散,再通过利润的再投资,增长就可以继续进行下去。

但是,某些经济学家曾经怀疑:新主导部门刚出现时,它在整个经济中所占的比重,从统计资料来看,无疑是很小的,它能起到带动经济增长的作用吗？罗斯托的回答是:各个部门所占比重的统计数字不足为据,因为这个问题不是单纯统计演算的问题。罗斯托认为:在一定时期内,新主导部门的产值在国民总产值中所占

---

① 罗斯托:《经济增长的阶段》,1971年第2版,第179页。
② 同上书,第Ⅻ页。
③ 同上书,第175页。

的比重可能很小,并且新主导部门增长率最大的时期同它产生的影响最大的时期可能不一致,但这些情况并不能抹煞它的回顾影响和旁侧影响的存在;新主导部门不是简单地靠它自身的产量来带动经济增长,而主要是靠它的回顾影响和旁侧影响来带动经济增长,回顾影响和旁侧影响很难用精确的统计数字来查明。①

罗斯托在这里再一次以美国铁路在经济增长中的作用为例,并回答了美国经济学家福格尔(R. Fogel)和费希洛(A. Fishlow)关于这个问题的看法。1964 年福格尔在《铁路和美国经济成长》一书中,以及 1965 年费希洛在《美国铁路和内战前经济的转变》一书中,都认为不能高估铁路在美国经济增长中的作用。他们都指出:铁路所降低的运输费用使美国经济的直接受益只占国民总产值的很小一部分,铁路作为生铁消费者所需要的生铁只占生铁产量的一小部分等等。罗斯托认为他们忽略了铁路的多方面的影响,比如旁侧影响。罗斯托写道:"一个新主导部门的出现常常改造了它影响所及的整个区域;例如棉纺织业革命改造了曼彻斯特和波士顿,汽车工业改造了底特律。不管铁路通到哪里,铁路都引起旧城市中心的改造或新城市中心的兴起,这不仅是为了铁路的维修保养,而且也是为了从事因铁路使之存在和有利可图的市场经营和商业贩运。这些以起飞时期城市化加速为标志的旁侧影响,扩大了新式居民在总人口中的比例,加强了对生产过程的新态度,这些都远远超过了新活动本身的狭小影响,超过了它所直接影响的那些部门产量的狭小范围。"②罗斯托接着说:由于旁侧影响

---

① 参看罗斯托:《经济增长的阶段》,1971 年第 2 版,第 194 页。
② 同上书,第 226 页。

极难在数量上加以确定,所以铁路在加速经济增长中的直接和间接作用也不可能用统计学方法来孤立地度量,而且,如果再考虑到由于城市化的加速,反过来给予整个经济的广泛影响,那么福格尔和费希洛的看法及其关于铁路的作用的计量方法都是没有说服力的。

(2)关于新主导部门的出现

前面已经提到,索洛认为罗斯托关于主导部门的论点只是叙述既成事实,而无法预料未来的主导部门。关于这一点,美国经济学家斯特拉斯曼(W. P. Strassmann)打了一个譬喻,他说:如同飞行时遇到雷雨一样,驾驶员这时无能为力了,于是就有一个乘客出来代替驾驶员,使飞机能按原来的速度和循着原来的方向继续飞行,但"罗斯托理论的真正困难在于无法预测哪一位乘客会走出来,以及他会在什么时候出来。主导部门是在事后追认的"[①]。

罗斯托认为,新主导部门的出现并不是任意的、偶然的现象,新主导部门和旧主导部门之间有密切的联系,旧主导部门的发展就已经预示着新主导部门的产生,具体地说,旧主导部门的前瞻影响是新主导部门产生的依据。罗斯托指出,从主导部门的影响来看,起飞应当划分为两个阶段,在第一个阶段,它产生回顾影响和旁侧影响,在第二个阶段,"经济还必须显示出发挥前瞻联系的能力,从而新主导部门在旧主导部门减速时得以出现"[②]。

按照罗斯托的看法,旧主导部门创造了一种可以诱导新的工业活动的背景,例如它提供的产品和服务可能降低另一种工业的

[①] 斯特拉斯曼:"评'由起飞进入持续增长的经济学'",载《美国经济评论》,1964年9月。

[②] 罗斯托:《经济增长的阶段》,1971年第2版,第194页。

成本,从而刺激着后者产量的增长,又如它可能造成了瓶颈,从而吸引企业家到某方面去寻找利润或刺激新技术的发展,再如,它可能使收入增加,从而引起社会上需求的变化或刺激新的需求。正是旧主导部门这种成本和供给方面的前瞻影响,以及需求方面的前瞻影响,使新主导部门的出现有所依据。罗斯托以英国经济史为例,说明旧主导部门(棉纺织工业)与新主导部门(铁路建设)之间的关系。他说,19世纪中期以后,铁路的兴建是与棉纺织工业的前瞻影响分不开的,棉纺织工业的技术发展大大降低了这一具有高的收入需求弹性的制成品(棉纺织品)的成本,使其产量剧增,同时,原料(棉花)的消费量也大为增长,于是出现了运输问题,即如何以新的运输方式把工厂、港口和国内市场连接起来,第一条铁路——曼彻斯特到利物浦之间的铁路就是在这种情况下出现的。①

3. 能否把历史上不同类型的经济增长纳入"起飞—持续成长"的一般公式?

在这个问题上,罗斯托仍坚持他在《经济增长的阶段》提出的看法:可以按照起飞—持续增长的公式来概括不同国家的经济增长过程,可以把每一个国家的经济增长过程划分为相应的增长阶段。他认为那些持反对意见的经济学家,既不理解增长过程的一般性,又过分强调了历史统计资料的作用。

(1)关于增长过程的一般性

罗斯托说:"在一种意义上,每一个国家发展的历史都是独一

---

① 参看罗斯托:《经济增长的阶段》,1971年第2版,第61、204页。

无二的","没有两个相同的例证"①,但另一方面,"也有一些共同的力量和原则在起作用,它们产生足够的相似之处,从而有可能进行分类,系统分析,或至少做出某种程度的预测。"②他认为那些持反对意见的人只看到了增长过程的独特性,而不了解增长过程的一般性。

什么是增长过程的一般性？罗斯托认为,这种一般性就是:"在近代史的特定时期内,从本质上看,技术是同一的"。③罗斯托解释道:尽管各国的文化、社会结构和政治状况不同,各国大小不同,资源不同,人口与资源之比不同,与国际间的经济联系不同,受其他国家军事威胁程度不同,从而用于军事方面的资源所占比重不同,但这些特点并不排斥下述的共同之点:各国都必须以在经济中有效地吸收新技术作为增长的条件,各国国民总产值的增长也必然反映着技术发展和应用的过程,这样,尽管各国是在不同时间进入现代化的过程(即进入起飞),并且很可能各自吸收了当时较先进的技术,但完全可以根据技术被吸收的程度以及主导部门序列的变化来加以概括；而对吸收新技术的程度、主导部门、增长阶段三者之间的关系进行分析,就是说明不同国家的成长过程的普遍适用的一种方法。

罗斯托进一步断言:持反对意见的经济学家之所以强调各国增长的独特性,也是由于他们对罗斯托体系中的起飞以前的时期缺乏分析,他们所谓的历史遗产就是指各国在进入起飞以前的不同历史条件。罗斯托说:尽管条件不同,任务却是一样的,这就是

---

① 罗斯托:《经济增长的阶段》,1971年第2版,第178页。
② 同上书,第179页。
③ 同上书,第180页。

各国都要走向现代化,"经济增长成为一种派生的需要"①,而为了走向现代化,各国都需要为加速经济增长作准备,包括采取一切措施使人口增长的压力有所减轻,使投资率有可能上升,使一个或几个能赚取外汇的部门有可能发展起来,等等。这样,到了起飞之前的几十年内,各国的社会经济都发生了类似的变化,如农业制度和技术的改造,新式工人的培养,城市和国内外贸易的发展,工业产量的一定程度的增长,以及其他为起飞所必需的变化。罗斯托认为,正是从各国不同的历史条件下产生了这些相似的变化,各国才开始起飞,然后又转入持续增长的,所以他的"起飞—持续增长"的一般公式并不"破坏历史例证的独特性"。②

罗斯托认为历史上有过一些所谓流产的工业浪潮的例证,如19世纪末期和20世纪初期的印度,第一次世界大战期间的中国等等。他说,这些国家在这段时间有过一阵工业增长,但并未导致自我持续增长,接着而来的则是停滞或倒退,所以这不是起飞。③他认为这一类例证既说明了不同国家的经济增长的独特性,也说明了起飞理论对于各种历史例证的适用性:即在"起飞的前提条件还没有具备的地方",如19世纪末期和20世纪初期的印度、第一次世界大战期间的中国,即使棉纺织工业有较大增长(棉纺织工业曾是英国起飞的主导部门)、铁路建设有较大规模(铁路建设曾是美国起飞的主导部门),"并不能产生一个起飞阶段"。④

罗斯托认为,如果把有关增长过程的一般性了解清楚,那么格

---

① 罗斯托:《经济增长的阶段》,1971年第2版,第174页。
② 同上书,第172—173页。
③ 参看同上书,第195页。
④ 同上书,第53、56页。

辛克隆以落后紧张论对起飞论的批评也就不能成立了,因为格辛克隆所着重说明的只是欧洲部分国家同 1914 年前俄国经济增长类型的区别,至于这种论点究竟对欧洲其他地区以及对于全世界有何种程度的适用性,连格辛克隆本人也不知道。罗斯托还说:格辛克隆的用意是反对《经济增长的阶段》(第一版)第七章"俄国和美国的成长"中关于俄国和美国增长之间相似性的论点,但现在,《经济增长的阶段》第 2 版仍把这一章全文保留,不加修改,因为罗斯托认为其中的论点是正确的。

(2)关于历史统计资料的使用

在能否把历史上不同类型的经济增长纳入起飞—持续增长的一般公式的争论中,持反对意见的经济学家(如库兹涅茨)提出了历史统计资料的局限性问题,罗斯托认为,这种批评也是站不住脚的。

罗斯托说:历史上的统计资料当然不够完备,但不能被这种情况吓倒,如果总是认为统计资料不全或水平不够高而不去做出智力上的判断的话,那么既写不出经济史,也制定不了经济政策。"如果经济学经典著作——从《国富论》到《就业利息和货币通论》——的作者们,一直要等到他们的数量概念能以统计形式严格表述出来的话,那么没有一本经典著作会发表。"①

接着罗斯托谈到如何利用历史统计资料的问题。他写道:现有的统计资料往往是官方机构为了制定政策的需要而收集的,对于研究经济增长过程并不合适,因此有必要加以重新收集和组织,比如说,那就需要打破典型的制造业的九项分类法,即指美国官方

---

① 罗斯托:《经济增长的阶段》,1971 年第 2 版,第 187 页。

统计把制造业分为这样九大类:(一)食品、饮料、烟草;(二)纺织品;(三)皮革和橡胶;(四)林业产品;(五)纸张和印刷;(六)石、黏土和玻璃;(七)化学品和石油;(八)金属制品;(九)杂项,而要按主导部门综合体系(leading sector complexes),即主导部门本身(例如汽车)加上其他工业中与之有联系的部分(如钢材、橡胶轮胎、石油精炼等)来进行分类。罗斯托认为,只有这样才能把部门中对新技术的采用同部门的扩散性效果联系起来,说明经济增长的过程,而这与库兹涅茨的想法和做法是不一样的。罗斯托在这个问题的收尾时说道:虽然库兹涅茨和他两人都从同一个有关成长的定义出发(即认为增长是经济中不断采用新技术的结果),但在涉及一些统计学问题时,各走各的路,各人都认为自己的方法论是正确的,谁也不感到"后悔"。① 罗斯托指出,有关利用历史统计资料的问题实际上又回到了总量分析与非总量部门分析这一根本分歧方面,所以他再一次表明自己的看法:"如果没有主导部门,增长和新技术之间的基本联系就会消失在哈罗德—多马方程式的迷雾中,就会消失在十分晦涩的统计总量的模糊概念之中。"②

(3)关于参数、期初状况和行为规则

前面已经说过,这是索洛从历史增长模型编制的角度对罗斯托体系的怀疑所在。罗斯托在《经济增长的阶段》第2版内,在答复库兹涅茨时捎带提了一下索洛,而没有涉及索洛就参数、期初状况和行为规则提出的意见。原因是,罗斯托在另外的作品中已对这个意见做了专门的答复。

---

① 参看罗斯托:《经济增长的阶段》,1971年第2版,第179、188页。
② 同上书,第188页。

罗斯托认为索洛实际上是提出了这样一个问题:如果要用"经济理论家可以理解和掌握的"那种"简化的、总量的和抽象的"方法来表述起飞,参数、期初状况和行为规则是些什么呢?① 罗斯托回答说:在一种意义上,这个问题无法解决,因为经济增长是错综复杂的过程的结果,社会、政治、经济、技术、心理等因素都起着作用;另一方面,如果采取索洛所要求的方式来表述起飞概念,那也未尝不可,虽然这种方式在分析经济增长时有很大局限性。

参数——罗斯托认为:很粗略地说,参数有三个,即人口增长率、现有技术状况、已知自然资源的可利用程度;"实际上,由于同增长过程本身的相互作用,它们全都会起变化;但为了从形态上考察什么是起飞,不妨假定它们是固定的。"②

期初状况——罗斯托认为:起飞的前提条件可以说明起飞的期初状况,具体地说,期初状况是指在起飞之前具备最低限度的社会经营资本额,最低限度的较熟练劳动力数量,以及在农业生产量方面有一定增长等等。

行为规则——罗斯托认为这里所指的就是"为数有限的一批最初出现的企业家"在起飞时期采用新技术的意愿和能力,即他们在何种程度上乐意并有能力去建立起飞的主导部门,以及"在与主导部门有回顾联系和旁侧联系的部门内对主导部门的冲力所提供的赢利机会做出积极反应"。③ 在罗斯托看来,这一行为规则的变化与国家的作用密切有关;不管这批企业家是政府公职人员还是

---

① 参看罗斯托:《由起飞进入持续增长的经济学》,伦敦,1963年,"引论和跋",第 XXIV 页。
② 同上。
③ 同上。

私营企业主,他们引致新生产函数的意愿和能力的大小往往取决于政治因素。至于企业家的效率,则由"他们结束现有相应技术和起飞前技术之间悬殊状态的速度来衡量"①。

有了参数(人口增长率、现有技术状况、已知自然资源的可利用程度),有了期初状况(最低限度的社会经营资本额,最低限度的较熟练劳动力数量等等),有了行为规则(企业家的意愿和能力、他们人数的多少和效率的大小同引致新生产函数的关系,同最初的主导部门以及与之有回顾联系和旁侧联系的部门扩张的关系),照索洛所要求的,似乎就可以了解按人口平均计算的产量的变化了。但罗斯托最后写道:"我不清楚这种抽象化的再表述是否会使经济理论家们在他们感兴趣的方面领悟对于起飞的分析;但索洛教授那篇光彩的结束语(指索洛在"由起飞进入持续增长"的讨论会上的总结发言)证明应当做这番努力。"②

4. 起飞理论是否适用于发展中国家?

罗斯托在《经济增长的阶段》第 2 版内声称,起飞理论以及整个增长阶段理论既适用于经济史考察,也适用于现状分析,既适用于发达国家,也适用于目前的发展中国家;他认为适用的依据在于:无论哪一个时期,无论哪一个国家,经济增长都是按部门进行的,如果要制订经济发展计划,也必然是按部门制订的,而起飞理论和整个增长阶段理论的方法论就是非总量的部门分析,所以在罗斯托看来,从分析主导部门及其扩散性效果着手,是考察任何经济增长(包括发展中国家的成长)的共同出发点。

---

① 罗斯托:《由起飞进入持续增长的经济学》,伦敦,1963 年,"引论和跋",第 XXVI 页。
② 同上。

(1) 关于发展中国家的主导部门

持反对意见的经济学家曾经提出这样的看法：发展中国家不可能孤零零地发展一两个主导部门。罗斯托认为这个问题事实上并不存在，因为按照他的起飞理论，主导部门不是孤零零地发展起来的。他说："标志起飞的工业增长的浪潮当然不是凭空出现的。我认为起飞是历史长流中的一个可以识别的突变，但它不是没有历史的过程"；①他解释道：起飞之前有一个为起飞准备条件的前提阶段，在这个阶段内，要完成许多准备工作，以今天的非洲来说，那里的发展中国家在前提阶段所要解决的任务，同其他已经发展起来的国家在各自的前提阶段早已解决的任务是相同的。② 这些任务包括：建立社会经营资本，培养一批新式工人，创建可以吸收技术和动员资本的制度结构，发展农业和出口等等，起飞时期的主导部门就是在解决了这些任务之后发展起来的。从另一方面来看，任何一个主导部门都不能同与它有回顾联系的其他工业部门分开；一个主导部门，再加上其他部门中与之有联系的部分，就构成了主导部门综合体系。主导部门的作用，在罗斯托看来，并不局限在这一综合体系的范围之内（例如汽车工业综合体系包括了汽车工业本身以及石油精炼、各种橡胶制品生产等有关部门；汽车工业作为主导部门，其影响还扩展到公路修建、郊区住宅建筑、服务业等方面），但综合体系这一概念本身，说明了任何主导部门都不是孤零零地发展和起作用的。

那么发展中国家的哪些工业部门是主导部门呢？罗斯托认为

---

① 罗斯托：《经济增长的阶段》，1971年第2版，第195页。
② 参看同上书，第182页。

主导部门的序列不是任意决定的,而是随着经济增长的过程依次改变的。罗斯托在 1970 年所写的"过去二十五年的经济史和国际经济组织的任务"[①]一文中,列出了战后世界上的五种主导部门综合体系:

第一种,作为起飞前提的主导部门体系,主要是食品、饮料、烟草、水泥、砖瓦等工业部门。

第二种,替代进口货的消费品制造业综合体系,主要是非耐用消费品的生产,如纺织工业等。这是起飞阶段的古典式的主导部门综合体系。

第三种,重型工业和制造业综合体系,如钢铁、煤炭、电力、通用机械、肥料等工业部门。

第四种,汽车工业综合体系。

第五种,质量部门(the quality sectors)综合体系,主要指服务业、城市和城郊建设事业等部门。

罗斯托认为这五种综合体系基本上反映了增长阶段由低级到高级的主导部门变换的序列。目前的发展中国家,发展程度较低国家(罗斯托指的是撒哈拉以南的若干非洲国家等)的主导部门属于第一种综合体系的范畴,发展程度较高国家(罗斯托指的是若干拉丁美洲国家等)的主导部门属于第三种综合体系的范畴,发展程度中等的国家的主导部门则属于第二种综合体系范畴。战后的西欧和日本的主导部门,被罗斯托列入第四种综合体系范畴;至于美国的主导部门,罗斯托列入第五种综合体系的范畴。经过这一番分类,罗斯托声称:当前世界的这种情况(从横的方面看)与经济史

---

① 载《经济史杂志》,1970 年 3 月。

的过程(从纵的方面看)是一致的,因为从英国、西欧大陆和美国的发展史可以看出,古典式的起飞阶段的主导部门是棉纺织工业,然后转入重工业和重型机器制造业(成熟阶段),再转入汽车——耐用消费品工业和服务业(高额群众消费阶段)。①

　　罗斯托关于这个问题的结论是:起飞理论以及主导部门的分析方法适用于现阶段的发展中国家。他说:50年代和60年代有一批国家进入了起飞阶段,它们是以替代进口货的消费品工业为主导部门的;70年代,一批非洲国家和印尼也将进入起飞阶段,它们多半也会以替代进口货的消费品工业为主导部门;这样,不仅战后二十五年的历史证明了起飞理论对发展中国家的适用性,70年代的进程也将继续证明这一点。②

　　(2)关于衡量发展中国家发展程度的标准

　　在《经济增长的阶段》一书中,罗斯托用不同的增长阶段作为衡量各国发展程度的标准,其中,又用一个具有决定性意义的增长阶段——起飞阶段作为衡量当前各个发展中国家发展程度的标准,把它们分为未进入起飞的、开始进入起飞的、起飞中的、起飞后的等类型。他所提出的起飞三条件,特别是所谓反映新技术吸收程度的主导部门的状况,则是上述分类的主要依据。

　　20世纪60年代以来,西方经济学家们曾企图用另一些标准来衡量发展中国家的发展程度。罗斯托在《经济增长的阶段》第2版内,以较多的篇幅对较有代表性的四种分类标准进行了评论。

　　A.按总投资率分类　　这是阿德尔曼(Irma Adelman)和莫里

---

　　①　参看罗斯托:《经济增长的阶段》,1971年第2版,第182、196页。
　　②　参看罗斯托:"战后二十五年的经济史和国际经济组织的任务",载《经济史杂志》,1970年3月。

斯(Cynthia Taft Morris)在1967年出版的《社会、政治和经济发展》(巴的摩尔版)一书中所采取的一种分类标准(该书第95—96页)。他们按1957—1962年资料,把发展中国家分为六类:总投资率23%和23%以上;18%—22.9%;16%—17.9%;14%—15.9%;12%—13%;11%或11%以下的国家。罗斯托评论道:按习惯的折算方法(资本消费占40%),10%的总投资率相当于6%的净投资率,从而可以断定,总投资率为18%(净投资率为10.8%)以上的国家属于起飞中的或起飞后的国家,总投资率11%(净投资率为6.6%)以下的国家仍是起飞前的国家。罗斯托认为对这些国家的分类问题不大,问题在于总投资率12%到17%范围内的国家应如何分类。罗斯托指出:阿德尔曼和莫里斯按总投资率的分类方法,在总投资率12%到17%的范围内,既包括了起飞前的国家(如塞内加尔等),也包括了起飞中的国家(如南朝鲜等),还包括了起飞后的国家(如巴西等),这就把若干发展程度不同的国家混杂在一起了。所以,只按总投资率多少来分类是有局限性的。

B. 按工业现代化水平分类 这是阿德尔曼和莫里斯在同一著作(该书第98—99页)中采取的另一种分类方法。他们根据1961年的资料,把发展中国家分为四大类,划分的标准大体上是:用现代化生产方法进行生产的工厂规模及其在全部国内消费品和出口产品生产中所占的比重,再加上按已装置的设备发电量计算的平均每人多少度电。他们按照这一标准所划分的四类国家是:

第一类:采用现代化生产方法的工厂生产占重要地位,手工业和家庭加工制度(domestic putting-out systems)占次要地位,平均每人有 80 千瓦时的设备发电量。

第二类:有一些采用现代化生产方法的工厂,并有一定规模,但整个说来,手工业和家庭加工制度更重要些,平均每人有 25—80 千瓦时的设备发电量。

第三类:采用现代化生产方法的工厂数目有限,手工业和家庭加工制度占绝对优势,平均每人有 10—25 千瓦时的设备发电量。

第四类:以手工业和家庭加工制度为特征,采用现代化生产方法的工厂或者几乎不存在,或者只占国内消费品和出口产品生产中的极少一部分,平均每人不足 10 千瓦时的设备发电量。

罗斯托认为这种标准与增长阶段分析比较接近,但也不是十分一致,因为第一类国家可以估计为起飞末期的或起飞后的国家,第二类国家是起飞中的国家,第三类国家主要是较先进的起飞前的国家,也有少数是处于起飞早期的国家,第四类国家全部是起飞前的国家。

C. 按平均每人的国民总产值数字来分类　这是现代经济学惯用的一种划分发展中国家发展程度的标准。罗斯托在《经济增长的阶段》第 2 版内,主要针对钱纳里(Hollis B. Chenery)关于投资率和按人口平均计算的国民总产值之间的关系,表述了他自己对这一分类方法的观点。

钱纳里在"发展的目标"(《经济发展报告》第 153 期,1970 年 3 月,经济发展数量研究丛刊,马萨诸塞,坎布里奇)中,根据 1950—1965 年间一百个国家的统计资料,以投资率和按人口平均计算的国民总产值之间的关系进行分类。情况如下:

平均每人国民总产值 (1964年,美元)	国内总投资占国内 总产值的(%)	净投资率(%) (按总投资率的60%折算)
50	11.7	7.0
100	15.1	9.1
200	18.2	10.9
300	19.7	11.8
400	20.8	12.5
600	22.2	13.3
800	23.0	13.8
1 000	23.7	14.2
2 000	25.4	15.2

罗斯托就此评论道:看来平均每人50美元和200美元之间有一个大的跳跃,如果把起飞看成是平均每人从50美元向200美元的移动,把向技术成熟推进看成是从200美元向500美元的移动,把高额群众消费阶段看成是从500美元向上移动,那也许是方便的,但问题在于:"增长阶段同平均每人国民总产值并不是配合得那么好。举一个例子,世界上有几个最穷的国家(如印度和巴基斯坦),虽然按人口平均计算的国民总产值在100美元以下,但它们已经使投资率提到前提阶段惯见的最低水平(如5%)以上,从而很好地进入了起飞。"[①]

D. 按工业的部门构成状况来分类 罗斯托认为,按工业的部门构成状况分类是20世纪30年代内库兹涅茨(1930年出版的

[①] 罗斯托:《经济增长的阶段》,1971年第2版,第233—234页。

《生产和价格的长期运动》)、伯恩斯(A. F. Burns)(1934年出版的《1870年以来的美国生产趋势》)、霍夫曼(1931年出版的《工业化的阶段和类型》等书)采用过的分析方法,但自从凯恩斯的总量分析方法流行之后,这种部门构成分析方法长期被忽视。就这方面而言,罗斯托认为钱纳里和兰斯·泰勒(Lance Taylor)的"各国不同时期的发展类型"①一文是很重要的,因为该文主要根据工业部门构成的变化及其与按人口平均计算的国民总产值的关系来确定不同国家的发展程度,这是一种把部门分析与总量分析结合在一起的分析方法。

钱纳里和泰勒基本上把工业分为三大部类:初期工业部类、中期工业部类和后期工业部类。

初期工业部类包括食品、皮革制品、纺织品等生产部门,其产品的国内需求收入弹性为1.0或1.0以下。

中期工业部类包括非金属矿物、橡胶制品、木材制品、化学工业品、石油精炼等生产部门,其产品(占产量半数左右)一般具有1.2—1.5的收入弹性。

后期工业部类包括服装、印刷、基本金属、纸张、金属制品等生产部门,这个部类生产的消费品(如服装、印刷品、汽车、其他耐用消费品等)具有高的收入弹性。

钱纳里和泰勒然后依据三个工业部类地位的变化来考察三种类型的国家:大国,以工业生产为方向的小国,以初级产品生产为方向的小国。

大国:初期工业部类的产值在国民总产值中所占的份额基本

---

① 载《经济学和统计学评论》,1968年11月。

上是稳定的。中期工业部类的产值在国民总产值中所占的份额,当平均每人国民总产值从 100 美元上升到 400 美元时,有较大幅度的增长;而当平均每人国民总产值从 400 美元再上升时,则逐渐趋向于稳定。后期工业部类的产值在国民总产值中所占的份额,随着平均每人国民总产值的开始增长而一直呈现显著上升的趋势;当平均每人国民总产值上升到 300 美元以上时,此后的工业总产值增长主要是依靠后期工业部类产值的增长。

以工业生产为方向的小国:在平均每人的国民总产值从 100 美元上升到 1 000 美元时,初期工业部类和中期工业部类的产值各自在国民总产值中所占的份额虽略有变化(前者呈缓慢下降趋势,后者呈缓慢上升趋势),但总的说来变化并不显著。后期工业部类产值在国民总产值中的份额,当平均每人国民总产值在 300 美元以下时,增长很少,而在 300 美元以上时,开始急剧上升。

以初级产品生产为方向的小国:初期工业部类产值在国民总产值中所占份额基本上是稳定的。随着按人口平均计算的国民总产值的增长,中期工业部类和后期工业部类产值各自在国民总产值中所占的份额几乎一直是以相等的幅度上升,特别是在平均每人国民总产值达到 300 美元以后,二者的上升都更为显著。

钱纳里和泰勒根据以上的分析而得出这样的看法:无论在哪一类型的国家中,平均每人国民总产值越低,初期工业部类产值在工业总产值中的比重越大;同时,如果把平均每人国民总产值 300 元作为划分工业化前期和后期的一个路标,那么后期工业部类产值所占比重在越过这个路标之后普遍有较显著的上升,成为工业中最重要的部类。所以,根据工业的部门构成状况,可以确定一个国家的发展程度。

罗斯托认为：这里所谈到的初期工业部类类似于典型的起飞主导部门，中期工业包括向技术成熟推进阶段的典型的资本深化部门（capital-deepening sectors），后期工业包括以其迅速扩张作为高额群众消费阶段特色的一些部门（如汽车和其他耐用消费品的生产部门），因此，这种划分方式使得对增长的统计分析同阶段分析比较接近。但罗斯托指出，这与主导部门综合体系的分析方法还是不一样的，因为主导部门综合体系的分析所着重的是新技术被吸收于部门经济的程度以及由此引起的扩散性效果，而不仅限于产品需求的价格和收入弹性的大小。

（本文是厉以宁在20世纪80年代中后期同陈振汉教授合开的北京大学经济学院研究生课程《西方经济史学》讲稿中的一章）

罗斯托关于追求生活
质量阶段的论述

20世纪60年代一开始,罗斯托在所著《经济增长的阶段》一书中,提出了经济增长阶段的理论。当时,他把世界各国的经济发展划分为五个依次更替的阶段:传统社会、为起飞创造前提的阶段、起飞阶段、成熟阶段和高额群众消费阶段。按照他对这些阶段所表述的定义以及他对某些主要资本主义国家经济发展的看法,他认为美国自20世纪20年代以后就进入了高额群众消费阶段,西欧大陆和日本则从50年代以后进入这个阶段。他接着提出了一个问题:高额群众消费阶段以后将是一种什么样的社会?下一个阶段是什么样的阶段?在1960年出版的《经济增长的阶段》(第一版)这本书中,他简单地用发问方式做了这样的臆测:"在实际收入的增加失去它的魅力的时候,应当怎样做呢?生儿育女,厌倦之感,周末休息三天,到月球去,还是开辟人们内心的新边疆(creation of new inner human frontiers),以代替因物资不足造成的必然性?"

时间过了十一年,罗斯托在1971年出版的《政治和增长阶段》一书中,发展了关于这个问题的看法。他把高额群众消费阶段以后的情况称作对质量的追求。这里他所谓的质量,是指生活质量(quality of life);他断言高额群众消费阶段之后的增长阶段,就是所谓追求生活质量阶段。他说,尽管与十一年前一样,对这个新阶段还了解得不多,但他认为由于美国已经进入了这个经济增长的新阶段,另一些富裕国家也正在进入这个新阶段,所以有必要对它进行分析。于是,罗斯托在这本著作中,对于高额群众消费以后的新的增长阶段,谈到了以下三方面的问题:

第一,为什么美国会从高额群众消费阶段向新的增长阶段过渡?为什么西欧和日本也将发生这种变化?在经济理论上如何解释这一点?

第二,高额群众消费阶段以后的新阶段是一个什么样的阶段?它的主导部门(或主导部门综合体系)是什么?新的主导部门如何带动经济的持续增长?

第三,在罗斯托看来,更值得注意的是,社会由高额群众消费阶段向新增长阶段过渡意味着什么?对美国社会的前途有什么样的影响?

这里我们把罗斯托所谈到的这三方面问题的基本观点评介如下:

一、为什么高额群众消费阶段必然会走向终点?

1. 高额群众消费阶段是怎样出现的?

据罗斯托的论断,高额群众消费阶段是一个高度发达的工业社会,它在技术上的成熟使得社会的主要注意力从供给转移到需求,从生产转移到消费。这时,越来越多的资源被用于生产耐用消费品,这些耐用消费品逐步普及到一般居民家庭。这时的经济增长以耐用消费品的大量生产为基础,居民家庭对耐用消费品的购买保证了经济繁荣。①

罗斯托认为,美国是世界上第一个由成熟阶段进入高额群众消费阶段的国家。20世纪20年代内,在美国就已为居民家庭提供了以私人小汽车为主要代表的耐用消费品。30年代内,由于严重而持久的萧条,以耐用消费品为基础的经济成长遭到了打击。在罗斯福"新政"时期,较多的资源被用于公共福利支出。而从1946年以后,美国又重新开始了高额群众消费。② 至于英国,则在30年代末期进入高额群众消费阶段。而西欧大陆和日本,在50年代先后进入了高额群众消费阶段。罗斯托认为经济增长阶段论在这里需要说明的是:为什么这些国家在成熟阶段之后,会走向耐用消费品的时代? 成熟阶段为高额群众消费阶段的出现提供了哪些前提?

在罗斯托看来,高额群众消费阶段之所以会代替成熟阶段,这是由于成熟阶段本身的局限性以及由它引起的一些新问题造成的。

什么叫做成熟阶段? 罗斯托说:成熟阶段是指起飞之后,经过较长期的经济持续增长而达到的一个阶段,这时,经济中已经吸收了技术的先进成果,并有能力生产自己想要生产的产品。一般说来,铁路建筑、钢铁工业以及大量使用钢铁的通用机械、采矿设备、化工设备、电力工业和造船工业等部门的发展,是一国经济成熟的标志。在向成熟阶段推进的过程中,增长所依靠的是对供给方面

---

① 参看罗斯托:《经济增长的阶段》,1960年,第六章。
② 参看同上:《政治和增长阶段》,1971年,第223页。

的投资,也就是靠对工业设备部门的投资。由于工业中不断吸收新技术,不断降低成本,生产出来的工业设备不断被企业所需要,投资被认为是有利可图的,从而对工业设备的投资带动了经济增长。这一点,既是向成熟阶段推进过程中经济增长的冲力,同时也是成熟阶段本身的局限性的反映。

为什么说这一点反映了成熟阶段的局限性？因为按照罗斯托的解释,经济增长是不断地、有效地把新技术吸收到经济之中的结果,一旦经济中对新技术的吸收和推广的速度放慢了,经济增长就失去了冲力,所以经济中需要不断掀起创新的浪潮,同减速趋势进行斗争。① 成熟阶段的局限性表观于:以对工业设备部门的投资为基础的、以工业设备部门吸收新技术为内容的这种经济增长,在先进的技术成果已被充分吸收,并被应用于大多数生产部门之后,就不可避免地出现减速趋势,因为这时(姑且不谈来自其他工业国家的竞争),投资已不再像达到成熟之前那样有利可图,也不再吸引企业家的注意了。为了对付成熟阶段到达终点时所出现的减速趋势,一个国家基本上面临着两种可能性:一是对外侵略扩张,一是向更高级的、新的增长阶段过渡。

由成熟阶段将向什么样的新增长阶段过渡呢？按照罗斯托的理论,新增长阶段不是任意产生的,增长阶段序列的变更表现为主导部门的序列的改变,前一个增长阶段的主导部门的前瞻影响(forward effects)或前瞻联系(forward linkages)为新主导部门、从而为新增长阶段的出现创造了前提。② 所谓前瞻影响,简单地

---

① 参看罗斯托:《经济增长的阶段》,1971年第2版,第175、179页。
② 参看同上书,第194、204页。

说,是指对于新的工业活动的一种诱导作用,这种诱导作用可能表现在原料和产品的供给方面,也可能表现在成本方面,也可能表现在对需求的刺激方面。总之,前一个增长阶段的主导部门的前瞻影响所开辟的新工业活动的背景和机会,就是下一个增长阶段产生的依据。那么,成熟阶段在哪些方面对新工业活动有诱导作用呢?罗斯托提到了以下几点:

第一,随着经济的成熟,一种新型产品——汽车——出现了。特别是1913年福特工厂采用自动装配线之后,这种新产品被大量地、廉价地生产出来。

第二,随着经济的成熟,劳动力结构起了变化。不仅城市居民迅速增加,熟练工人比重迅速扩大,以及技术人员和职员人数不断增多,而且这些人的实际收入也增加了。

第三,随着收入的增加,人们的欲望起了变化。他们不再满足于对基本的衣、食、住的消费,而要求获得新的消费果实。

第四,在消费者主权起作用的条件下,社会必须设法满足消费者,把越来越多的资源用来满足消费者对消费品的需要。

罗斯托断言:这样,在成熟阶段到达终点之时,尽管对原有的主导部门(铁路、钢铁以及工业设备部门)的投资收益不再像向成熟推进时期那样吸引企业家,尽管原有的主导部门出现了减速趋势,但由于上述这些前瞻影响的作用,社会必然转向以汽车为主要代表的新产品的生产,从而开始了新的经济成长。汽车,不是作为一种生产设备而被大量生产出来,而是作为既被消费者所需要,又能被消费者所接受的一种耐用消费品大量生产出来。这个以汽车工业为新主导部门的新增长阶段,就是高额群众消费阶段。

2. 高额群众消费阶段的主导部门——汽车工业部门

罗斯托断言：一个部门之所以成为某个增长阶段的主导部门，原因在于它能够有效地吸收新技术，并具有扩散性效果，亦即具有回顾影响（backward effects）和旁侧影响（1ateral effects）。简单地说，回顾影响主要是指一个部门对投入方面的影响，即所谓"里昂惕夫链条"的作用。旁侧影响主要是指一个部门对地区的影响，亦即"横"的影响。主导部门靠它的回顾影响和旁侧影响，起着带动经济增长的作用，这样，它的影响就远远超过了本部门的生产量本身所产生的影响。

所谓高额群众消费阶段的主导部门，据罗斯托的说法，就是汽车工业部门综合体系。这一综合体系不仅包括汽车制造业本身，而且包括同汽车制造业的产品消耗有回顾联系的各部门，如钢铁工业、橡胶轮胎工业、石油精炼工业、玻璃工业等等。这一综合体系还影响到与汽车的使用有旁侧联系的各部门，如私人住宅建筑（特别是郊区住宅建筑）、高级公路建设、为汽车使用的服务部门（加油站、公路旁的零售店和餐馆、停车场等等）。而私人住宅建筑的发展又引起了对其他各种家庭设备（耐用消费品）的需求，并影响到食物消费习惯的改变，引起对罐头食品、冷冻食品等等的需要。大规模的公路建筑则又推动了筑路机械和建筑材料的生产……此外，汽车工业部门综合体系的建立和汽车的使用，在罗斯托看来，还改变了美国的居民生活方式，加速了美国社会的人口移动（表现于郊区人口激增）等等。

罗斯托认为，高额群众消费阶段的主导部门对经济增长的推动作用与前一个阶段，即成熟阶段的主导部门对经济增长的推动作用是有区别的。在成熟阶段，经济增长以对工业设备部门的投资为基础。在这种情况下，即使消费者需求水平较低，只要劳动力成本和原料成本都比较低,对工业设备部门的投资仍然被看成是有利的。但在高额群众消费阶段,主导部门是以汽车为主要代表的耐用消费品工业,经济增长以对耐用消费品生产部门的投资为基础。在这种情况下,必须保持高度的消费者需求水平,否则不仅耐用消费品生产部门会开工不足,而且向耐用消费品生产部门供给产品的各个部门也会开工不足,从而投资被认为无利可图。如果这些部门吸引不了投资,经济增长也就失去了基础。

罗斯托认为,凯恩斯的学说和政策正是高额群众消费时代到来时所固有的产物。① 因为据说,在高额群众消费阶段,由于它的主导部门的性质,在某种意义上需要以充分就业维持充分就业。

3. 汽车工业部门的减速趋势

在罗斯托看来,美国社会由高额群众消费阶段转入另一个新的增长阶段是不可避免的。增长阶段的更替的原因仍在于旧的增长阶段发展到一定程度之后其主导部门所产生的减速趋势。罗斯托认为,在美国,从50年代中期起就出现了减速趋势,正是高额群众消费的减速趋势开辟了一个新的增长阶段——追求质量阶段。② 就这一点而言,由高额群众消费阶段转入追求质量阶段,是与由起飞阶段转入成熟阶段,或由成熟阶段转入高额群众消费阶段的道理是一样的:都归因于减速趋势。

关于高额群众消费阶段的主导部门(以汽车为主要代表的耐用消费品工业)的减速趋势,罗斯托发表了如下看法:

高额群众消费给予经济增长的推动力到20世纪50年代中期

---

① 参看罗斯托:《政治和增长阶段》,1971年,第220页。
② 参看同上书,第22页。

已到达极限。1957年,75%的美国家庭已拥有一辆汽车;有电力供应的家庭中,81%拥有一台电视机;96%的家庭有一个电冰箱;78%的家庭有一台洗衣机,67%的家庭已拥有一个真空除尘器。"显而易见,20世纪50年代内,作为美国增长的基础的目前庞大的汽车与耐用消费品综合体系正处于衰落之中。事实上,如果没有各州和地方政府用以支持发展郊区的费用的增长,如果没有维持汽车加紧使用的公路建设;以及如果没有社会保险支出的不断扩大,50年代的已经降低的增长率还要更低一些。"①

罗斯托认为,减速是指相对的增长率而言。美国汽车工业部门出现了减速趋势并不是意味着汽车和其他耐用消费品绝对产量的下降或在美国已经失去销路。因为耐用消费品是需要更新的,而且美国还有一些人没有获得它们,他们还将继续购买。同时,由于其他国家正在走向成熟阶段或高额群众消费阶段,耐用消费品还可以出口。但无论如何,汽车工业部门在今天已不像它刚兴起时那样具有前进的冲力了。由于其他国家也相继建立了这一部门,而它们的工资率比美国低,美国的出口前景也未可乐观。这就是影响着这一部门的远景的有力因素。它的命运正如产业革命时代英国的棉纺织工业的命运一样。当时英国的棉纺织工业,在越过了它的极盛阶段之后,它的增长速度就放慢了,它失去了带动经济增长的能力,从而被新的主导部门(铁轨制造业)所代替。从这个意义上说,可以认为底特律很可能走英国兰开夏的老路。

4. 布登布洛克式的动力的作用

罗斯托在解释增长阶段的依次更替时,提出了所谓布登布洛

---

① 罗斯托:《政治和增长阶段》,1971年,第224页。

克式的动力(Buddenbrooks' dynamics)的作用。

布登布洛克式的动力一词来源于德国作家托马斯·曼(Thomas Mann)的小说《布登布洛克家庭的衰落》(*Buddenbrooks. Verfall einer Familie*)。托马斯·曼,1875年生于德国,1929年获得诺贝尔文学奖金,1933年后移居于美国,1944年入美国籍,1955年去世。《布登布洛克家庭的衰落》是他的重要著作,出版于1901年。小说以19世纪中期德国卢卑克城一个资产阶级家庭的兴衰作为背景。老布登布洛克早年经营粮食生意,奔走各地,拼命积累财富,终于办起了一个大的粮食公司,成为地方上的富户。一直到晚年,他始终把这个家庭办的企业当作自己的全部世界,一心一意经营它、发展它。他死后,产业遗留给孙子托马斯·布登布洛克来经营。托马斯出生在已经有钱的家庭,他对继续追求金钱不再感到兴趣,只把经营粮食生意看成是对家庭的一种责任。他追求社会地位,后来当上了参议员。托马斯的儿子汉诺·布登布洛克出生在既有钱、又有社会地位的家庭中,他对金钱和社会活动都不感兴趣,他追求精神生活,爱好音乐。托马斯去世后,老布登布洛克一手创办的粮食公司关闭了,产业被卖掉,仆人被打发走,家庭里接连发生变故,汉诺又因伤寒死亡,布登布洛克家庭完全衰败,小说也就到此结束。托马斯·曼的本意是想说明企业家精神与知识分子的精神生活之间的冲突,指出二者不能并存,所以后者的出现是前者衰落的征兆。罗斯托则根据小说的情节,用布登布洛克式的动力一词来说明一家几代人因生活环境不同,从而追求的目标不同,满足各自欲望的方式也不一样。罗斯托认为,布登布洛克式的动力不仅可以说明一个家庭在几代之中变化的过程,也可以说明一个社会在几代人的时间内的变化。

罗斯托认为：人类社会的发展可以划分为若干个增长阶段，每一个增长阶段都有与之相适应的主导部门，而每一个主导部门的出现又同"新的人物"及其利益、兴趣和要求联系在一起。因此，增长阶段的置换、主导部门的变动、中心人物的更替，三者实际上是不能分开的。布登布洛克式的动力说明人们一代又一代总是在寻找新的满足欲望的方式。① 在西方经济史上，为起飞创造前提阶段的新教徒，起飞阶段的企业家，向成熟推进时代的"铁路大王"、"钢铁大王"、"石油大王"，直到成熟阶段完成之后管理着企业的专业经理人员，都是与他们本身所处的时代相适应的中心人物。他们依次更替，他们各自代表着他们那一代。他们对问题的看法以及他们所追求的目标是不一样的。这就是布登布洛克式的动力的作用。罗斯托接着说：不仅西方经济史的情形是这样，苏联经济史也是如此。20世纪30年代起，一批现代技术人员代替了老布尔什维克，他们是苏联的第二代，他们适应了大工业发展和军事现代化的需要，成为"决定一切"的人。"他们的孩子们则认为现代工业体系是理所当然的事，而要求获得斯大林所建立的成熟社会所不能供应的东西"。② 这也是布登布洛克式的动力的作用。

因此，罗斯托认为，社会在进入高额群众消费阶段之前，人们没有小汽车时向往着小汽车，这是可以理解的。在进入高额群众消费阶段之后，如果实际上所有的人都能够得到一辆廉价的汽车，他们还会要求什么呢？在布登布洛克式的动力不停地起着作用的条件下，美国当前这一代人——年轻的一代——将追求什么？在

---

① 参看罗斯托：《经济增长的阶段》，1971年第2版，第11页。
② 同上书，第135页。

罗斯托看来,他们不会再追求汽车了,汽车对他们来说,效用是递减的。他们的收入将用到汽车以外的方面去,他们的精力和才能将不再放到追求耐用消费品方面。布登布洛克式的动力说明人们的欲望一代一代地变化着:没有钱的时候想赚钱,有了钱就想要社会地位,想要生活环境的舒适,想受更高的教育,想到外国去旅行,想要精神上的享受。所以,正如苏联的这一代人向往着高额群众消费的果实一样,美国的这一代人也在变化。这种心理的变化以及它所造成的影响,促使美国社会必然向着高额群众消费阶段之后的另一个阶段发展。

二、高额群众消费阶段之后将是一个什么样的阶段?

1. 新的增长阶段——追求生活质量阶段

那么,美国社会将从高额群众消费阶段走向何处?罗斯托认为,下一个增长阶段不是任意地、凭空地产生的,而是与高额群众消费阶段内已经发生的某种转变和它存在的一些问题有关。他大体上从以下三个方面来考察下一个增长阶段的性质。

第一,从服务业的发展情况来考察。

罗斯托引用了富克斯(V. R. Fuchs)在所著《服务经济》(1968年版)一书一开头的一段话:"美国如今正在新的经济发展阶段中充当开路先锋。在第二次世界大战以后的时期内,这个国家成了世界上第一个服务经济(service economy),也就是说,成了第一个这样的国家:在这里,就业人口的一半以上并不是从事食物、衣服、房屋、汽车或其他有形物品的生产。在 1947 年,就业总人数大约有 5 700 万;1967 年大约 7 400 万。实际上,净增加的就业人员全都在银行、医院、零售商店、学校之类提供劳务的机构之中就业。物质生产部门中就业的人数比较稳定;制造业和建筑业就业人数的适度增长被农业和采矿业就业人数的减少所抵消。"[1]罗斯托在引了富克斯这段话之后,接着写道:

"富克斯发现,从 1929 到 1965 年间服务业就业人数的增长平均每年比工业就业人数的增长快 0.9%,并且这一增长完全不能用服务业的最终产量的全部变化来解释。他把这个差距一半归于服务业中较短的工作日、较低的劳动质量,以及平均每人较少的资本;他把差距的另一半归于技术变革较少和规模较小。

"就业的变动包括两个因素:服务部门整个说来缓慢的生产率增长速度,以及对某些服务的高的收入需求弹性。要了解追求质量的经济学,我们必须注意后面这一点。

"在这整个时期内,服务业中许多有较高的实际产量增长率(而不只是就业增长率)的部门是与汽车——耐用消费品综合体系有关的,例如汽车修理业、汽车零售业、加油站、家具和设备。但这些与高额群众消费阶段有联系的部门,随着时间的推移而减低了速度。

另一方面,消费者的实际资财用于医疗、文娱设备、国外旅游、教育、宗教和福利支出的份额,则有显著的加速趋势。

"服务业中这些部门的增长,有助于确定追求质量的一个方面。"[2]

---

[1] 转引自罗斯托:《政治和增长阶段》,1971 年,第 231 页。
[2] 罗斯托:《政治和增长阶段》,1971 年,第 231 页。

罗斯托从富克斯关于服务业情况的分析中得出这样的看法：在美国，服务业具有重要的意义；服务业包括许多部门，尽管那些与耐用消费品有关的服务部门正在减速，而与医疗、教育、文娱、旅游等有关的服务部门则在加速发展。同时，服务业目前的生产率增长速度虽然比较缓慢，但就业人数的增长是迅速的，在服务业就业所占的比重日益增大。这些情况表明在高额群众消费阶段以后，服务业将越来越重要。

第二，从汽车工业部门的发展和汽车的大量使用造成的问题来考察。

罗斯托认为，在高额群众消费阶段内，由于汽车工业部门的发展和汽车的大量使用而引起了空气和水源污染以及大城市的衰败。[①] 因此下一个阶段必须认真处理环境污染、城市交通拥挤不堪和人口过密等问题。在罗斯托看来，这些问题如果得不到解决，那就谈不到所谓生活的质量，同时，要解决这些方面的问题，需要有政府的大量支出，而迄今为止，政府在这些方面的支出还很不够。公众在这些方面给予政府以巨大的压力，政府面临着挑战。这就是下一个阶段必须解决的课题。

第三，从充分公民权利的角度来考察。

罗斯托从以上两个方面来考察高额群众消费阶段以后的增长阶段的性质之后，指出下一个阶段将是服务业越来越具有重要意义的阶段，将是致力于解决汽车时代所造成的各种问题的阶段。他说，不仅美国如此，加拿大、西欧与日本的情况也是这样。罗斯托写道：

---

① 参看罗斯托：《政治和增长阶段》，1971 年，第 239 页。

"加拿大在20年代内稍晚于美国进入了高额群众消费阶段。西欧,还有以特别快的步伐发展的日本,在过去二十年内转而享受它的含义不明的恩惠。考虑到其他地区的地理条件和人口密度水平,汽车在群众性基础上的普及将十分可能在低于北美的水平上减低速度。事实上,人们已经能够看到与美国的追求质量有关的问题在这些国家内重演。比如说,大量文献如今证实西欧的人力和收入转到了服务业,其方式与美国相似;几乎没有什么理由怀疑日本也将按它自己的方式走这一条路。像美国一样,可以肯定,这些国家在大规模推广使用汽车的时代内消耗了资本,产生了公共部门所不得不面临的空气和水源污染以及城市拥挤不堪的问题。"[①]

此外,罗斯托还从第三个方面——所谓充分公民权利方面——考察下一个增长阶段的性质。他认为,在美国,这个问题就是种族问题,主要是黑人问题。罗斯托说,这个问题乍看起来似乎只是美国特有的问题,其实在加拿大、比利时、北爱尔兰也存在一部分受益较少的居民,他们也要求改变目前的政治、社会和经济地位,只不过其程度不如美国的黑人问题那样突出。

罗斯托说,从1940年到1960年间,美国的黑人在地域分布上有两个大的变动:一是由乡村转入城市(1940年,黑人城市居民为620万人,乡村居民为660万人;1960年,黑人城市居民为1 380万人,乡村居民为510万人);一是由南部移入北部(从1946年到1960年,南部黑人总数基本上没有变动,北部的黑人由280万人增加到720万人)。黑人在地域上的重新分布使美国的黑人同白

---

① 罗斯托:《政治和增长阶段》,1971年,第262页。

人的接触更多,从而提出了一些新问题。"从本质上说,黑人所想得到的就是美国白人从他的社会所得到的东西:高额群众消费阶段的乐趣,包括使自己的孩子受同等的教育,平等的选举权,平等的就业和居住权,结束一切形式的社会隔离。争取民权的运动是在高额群众消费阶段失去推动经济前进的力量时加强起来的;就那一点而言,争取民权的运动必定在20世纪60年代内产生一种自相矛盾的因素:当美国的政治忙着要力求满足黑人的需要时,它也遇到了高额群众消费之后追求质量方面的公共问题。"①

因此,在罗斯托看来,美国必须在高额群众消费阶段之后的增长阶段内,继续解决黑人的充分公民权利问题,否则将造成政治上的严重不稳定局面。但他认为这个问题可以通过资源的重新配置一并解决。他说道:

"事实上,公共资源转到教育、福利和住宅方面,在很大程度上——不是全部,而是很大程度上——是美国种族问题的尖锐性的反映。与那种更明确地说要提高黑人社会生活的情形相比,在这样一些职能项目之下获得资金是更容易一些。"②

在分析了服务业的发展、汽车的大量使用造成的问题以及黑人问题之后,罗斯托指出了美国高额群众消费阶段之后的增长阶段的性质。

他说:这是一个提高居民生活质量的阶段。

罗斯托写道:"20世纪50年代中期美国高额群众消费的减速开辟了一个新阶段,即对质量的追求。这个阶段给政治的议事日

---

① 罗斯托:《政治和增长阶段》,1971年,第226页。
② 同上书,第242页。

程提出一大套要求;要求增加教育和保健的费用;要求大量投资以减轻——如果说不是消除的话——汽车时代的污染和城市畸形化;要求作出计划来处理与穷人的收入和不平等的范围有关的问题,因为在平均收入水平增长的情况下,这种问题变得更加显著和更加不能令人满意;要求作出计划来对付这样一些人,即在观察周围生活状况和所面临的各种机会时打算进行抗议或者以违反法律的方式挣脱这个社会的人。"①

2. 新的主导部门——生活质量部门

罗斯托认为,高额群众消费阶段的主导部门是以汽车制造业为代表的耐用消费品工业部门,追求生活质量阶段的主导部门则是以公共服务业和私人服务业为代表的提高居民生活质量的有关部门,简称质量部门(the quality sectors)。

生活质量部门包括公共投资的教育、卫生保健、住宅建筑、城市和郊区的现代化建设、社会福利等部门,以及私人投资的教育、卫生保健、文化娱乐、旅游等部门。②

追求生活质量阶段以服务业作为主导部门同以前各个成长阶段的主导部门有一个显著的区别:以前各个增长阶段的主导部门都是生产有形产品的,这些产品可以出口,而追求生活质量阶段的主导部门是服务业,提供的是劳务,是丰富居民生活的,是提高生活质量的,这样,当资源和人力大量转入服务领域之后,是不是会使美国本来已经严重的国际收支状况更加恶化呢?罗斯托认为这个问题迄今尚未被系统地研究,但如果弄清楚了下一个增长阶段

---

① 罗斯托:《政治和增长阶段》,1971年,第22页。
② 参看同上书,第232—233页;罗斯托:"战后二十五年的经济史和国际经济组织的任务",载《经济史杂志》,1970年3月。

的主导部门与技术进一步发展之间的关系,对新主导部门给予国际收支的影响仍有可能做出一些判断。

3. 技术进一步发展的可能性

在罗斯托看来,一个主导部门之所以能对一国的国际收支起积极的作用,关键不在于它生产什么样的产品,而在于它拥有什么样的技术水平,用什么样的技术进行生产。他说:"美国比其他国家早进入汽车工业部门综合体系,曾使得它在一系列拥有较新技术的工业部门中居于领先地位,从而有助于提高美国的生产率和加强美国的国际收支地位。西欧和日本在市场效率的条件下对这些技术的吸收,已经向美国的贸易剩余施加了沉重的压力。"[1]可见,按照罗斯托的看法,如果美国不能在技术水平上领先,即使仍然以汽车工业为主导部门,仍不能减轻国际收支方面的窘境。

罗斯托接着说:"把新技术引进服务业的可能性决没有耗竭。而在像美国这样幅员广阔和资源丰富的国家的经济中,正如美国农业已经显示的那样,服务业中很可能有着提高生产率方面的未发掘的潜力:例如利用电视和其他群众性教育设施的潜力(这些设施只不过被浮光掠影地探讨过);在医疗和医院设计中也许有着节约人力物力的很大可能性。并且,在人们几乎普遍有到国外旅行的冲动(只要他们能够负担得起这笔费用)的情况下,新一代商用飞机横渡大西洋的竞赛可能决定国际收支差额究竟落到哪一边。"[2]

罗斯托得出了这样的看法:主导部门由汽车工业部门转向服

---

[1] 罗斯托:《政治和增长阶段》,1971年,第233页。
[2] 同上书,第233—234页。

务部门之后,仍有进一步创新的可能性,因为各个服务部门不仅需要采用新技术(如电子计算技术)来促使本部门的业务"革命化",而且从企业、部门直到工业结构都可能采取新的经营方式以适应市场的特点,亦即实行所谓组织的创新(innovations of organization)。罗斯托的结论是:"因此,在高额群众消费的技术被西欧和日本有效地吸收的时候,在西欧和日本把强有力的行政领导同充足的运行资本(working capital)、现代的研究和发展,以及有效率的多种经营的生产单位结合在一起,而学习到经营管理方法的时候,如果美国的领先地位被保持,那么它必将是通过某些服务部门的创新(包括组织的创新),以及通过把现代科学技术的潜力推广到比以往广泛得多的范围之中而被保持住的。"[①]

三、向追求生活质量阶段过渡的意义

1. 美国黑人问题展望

罗斯托认为,任何一个新增长阶段的主导部门都是在前一个增长阶段的主导部门日益减速的条件下发展起来的,它起着带动经济增长的作用。追求生活质量阶段的主导部门——生活质量部门——也具有这样一种作用。但由于这一部门本身的性质,即由于它同资源的重新配置(指公共投资比重的扩大和向教育、卫生、住宅建造等方面投资的增加)联系在一起,它除了起着带动经济增长的作用之外,还有平衡社会和经济的作用。在解决美国黑人问题时可以看到这种作用。

---

① 罗斯托:《政治和增长阶段》,1971年,第235页。

罗斯托把美国的黑人分为以下三类:

第一类人约占美国黑人总数的 20%—25%。这些人,"无论家庭生活或教育或动机都不适合于他们就业,就这一点而言,除非进行格外的、多方面的和代价高的努力,招收、训练和改造他们,使他们得到可能带来一种正常方式的生活的职业,否则,他们是置身于美国社会以外的。如果没有这种努力,他们将继续生活在一种以破坏、暴行和犯罪为标志的次等文化之中。"①

第二类人约占美国黑人总数的 75%—80%。这是一些平均收入水平和教育水平正在上升的人,他们日益有机会进入工业和政府部门。"对他们来说,虽然痛苦、不平等和挫折并不是不再继续存在了,但美国社会的吸收能力还是相当好地发挥作用,好到足以逐渐产生可以稳定人们希望的最本质的东西,也就是想到孩子们的生活将比父辈们的生活过得好。人与人之间在校内和校外打成一片的过程可能比较缓慢地进行着。无论如何,它的步伐和受到的挫折已经推动了一种新的黑人分离主义(Negro separatism),而且以分离主义为骄傲。"②

第三类人约占美国黑人总数的 2%。他们人数虽少,但政治上和精神上却很重要。"他们热衷于以某种意识形态的解决方式,而不是以实用主义的解决方式来改变他们的处境:自我隔离,暴力,或以革命手段推翻现存的美国社会。"③

罗斯托推断,在追求生活质量阶段,通过生活质量部门的发展,前两类黑人的问题是可以得到解决的。他说:资源的重新配置

---

① 罗斯托:《政治和增长阶段》,1971 年,第 243 页。
② 同上。
③ 同上。

将有力地影响第一类黑人的命运,而美国经济的继续增长将对第二类黑人的前途起有力的作用。在整个 20 年代内,假定年平均实际增长率为 4%,假定 60 年代那种缩小白人和黑人在教育和收入差距方面的良好趋势将持续下去,前景是相当好的。罗斯托引用了布里默(A. Brimmer)依照上述假定所做的推算:从 1967 年到 1980 年(按 1968 年价格计算),白人平均每人货币收入将从 2 590 美元上升为 3 648 美元,增长 41%;非白人则从 1 510 美元上升到 2 277 美元,增长 51%。① 罗斯托接着说道:至于第三类黑人,即黑人中的少数激进分子,则又当别论,因为他们对美国社会的看法并不仅仅来源于社会经济方面,而且还来源于政治和意识形态方面,来源于美国南部奴隶制时代的一种精神遗产,甚至类似于结束殖民统治以后的国家中的激进民族主义。黑人激进分子的问题将在政治生活中得到解决。他们面临的选择与向成熟推进阶段内美国工人曾经面临的选择一样:是把精力投入激进的政治斗争之中,还是集中精力于改良?是力求改变政体,还是致力于在现存政体组织之内增进福利?"其结果也正如美国工人的选择一样,将依赖于他们对于自认为可以取得的现实选择机会的估价。"②

2. 富裕的白人青年问题及其解决的前景

罗斯托说:美国白人青年问题与黑人问题是有很大差别的。"黑人主要是要求得到高额群众消费的允分利益,而富裕的白人反对派所反对的,则是使他们同高额群众消费联系在一起的那种生活方式、制度和情绪。"③他又说:"只有极少数黑人才把他们的问

---

① 参看罗斯托:《政治和增长阶段》,1971 年,第 244 页。
② 同上书,第 248 页。
③ 同上。

题同资本主义的本质联系在一起和要求推翻这个制度,以此作为取得社会经济平等的必要条件。把黑人和白人的经济和社会的不满连在一起,是美国传统的共产党政策的主要目标。但迄今为止这是一个比较不足道的论题;并且在黑人的坚持之下,黑人和白人的激进运动是十分明显地分道扬镳的。"①

  罗斯托认为,如今一部分美国白人青年们的不满情绪不是由经济不发达造成的,而是由美国社会的富裕生活本身造成的。这些青年在城市中长大,他们的家长有体面的职业,而且思想比较开明。他们的家长以及他们本人一般受过高等教育。② 但他们与家长之间的隔阂在于:他们所反对的正是他们的家长所珍视的和维护的。双方对事物有截然不同的评价。比如说,对大工业的发展,对高额群众消费的成果,看法上有很大不同。甚至,对教育制度的评价也不一样。高等教育,在美国社会中向来是进入上层社会的阶梯,因为那时受过高等教育的人较少。他们的家长就曾经走过那样一条道路,即通过较高的教育而获得较高的社会地位。今天,如果从统计上看,美国在高等学校中受教育的学生人数比过去多得多,1939—1940 年时是 150 万人,如今已达到 700 万人。这说明,这些青年人的生活和受教育情况已大大改善了。但是,罗斯托说道,也正因为如此,"急剧扩大的高等教育不再提供一条自动进入上流社会的通道,而变成一种供应激烈竞争的劳动市场的比较寻常的技术训练。事实上,从巴黎到东京,青年人不满的一个主要因素来自那种被认为是古老的教育制度的东西,来自对于今后现

---

  ① 罗斯托:《政治和增长阶段》,1971 年,第 388 页。
  ② 参看同上书,第 252 页。

实世界中的前景的捉摸不定。"①

罗斯托认为,尽管自高额群众消费阶段以来在美国社会中出现了上述富裕的白人青年问题,但进入追求生活质量阶段后,通过生活质量部门的发展和对于生活质量的关心,这方面存在的问题是有趋于解决的希望的。②

罗斯托从以下几点来进行他的分析:

第一,在美国青年总人数当中,富裕的白人青年激进分子仍然只占少数。社会上还有大量的白人青年不是那么富裕的,他们仍然需要从经济中寻找富裕,力求得到可能得到的满足和地位。在汽车工业部门减速的条件下,有必要通过新主导部门的发展,通过政府的力量,以及使用一切现代技术可以提供的成果来解决这一点。这仍是一项重要的工作。

第二,富裕的白人青年激进派不满的原因直接与社会生活的质量有关。如果社会今后能提供一种良好的生活,解决高额群众消费所造成的问题,如环境污染问题、医疗保健问题、黑人权利问题、贫民区问题,以及让一切有才能的人都有受教育的机会,对解决富裕的白人青年激进派的问题是有帮助的,因为这些激进分子的不满反映了他们对社会生活的一种看法。③

第三,富裕的白人青年之所以有不满情绪,另一原因来自美国民主政治的不完善。而在美国社会进入追求生活质量阶段之后,"对质量的追求在美国结束了一个以维持较充分的就业、建筑公路

---

① 罗斯托:《政治和增长阶段》,1971年,第249—250页。
② 参看同上书,第252—254页。
③ 参看同上书,第252、254页。

和听任私人市场去满足高额群众消费作为政治的中心任务的阶段"①,政治生活中的许多问题提上了议事日程,在现存制度内改革的希望是很大的。美国社会将证明有能力在现存制度内使自己完善起来。

第四,富裕的白人青年产生不满的另一原因是他们的厌倦之感(boredom)。关于这一点,罗斯托写道:"我们在先进社会中还没有达到这样一个地步,即私人的和公共的对资源的需求允许大大缩减每周工作日数,从而我们不大了解人们将如何使用大为增加的闲暇时间。至少,在美国,对公共资源的增大了的要求,人人都为享受高额群众消费阶段全部利益而争吵不休的压力,加上休养、旅游等等的费用,这一切可能使得追求质量阶段的早期要为紧张的国民经济而努力。"②罗斯托由此断言,在追求生活质量方面需要做的事情还很多,这将吸引大多数不满者把自己的才能和注意力用到这些"未完成的事业"中去。③

3. 追求生活质量与国家安全

罗斯托说:"无论从追求生活质量在私人活动中的表现或在公共活动中的表现来看,追求生活质量的固有的性质可能导致人们向内看,而减少对世界舞台的注意、关心以及资源的配置。"④这样,就产生了一个日益具有现实意义的问题:五十年前,即20世纪20年代,当美国刚开始进入高额群众消费阶段时,由于国民的注意力被吸引到耐用消费品和高额消费之中去了,在美国出现了孤

---

① 罗斯托:《政治和增长阶段》,1971年,第238页。
② 同上书,第265页。
③ 参看同上书,第258、264页。
④ 同上书,第258页。

立主义倾向,美国人很少关心自己的国家在世界舞台上的作用;现在,当美国开始进入追求生活质量阶段时,对生活质量的关心是不是会使孤立主义倾向重新出现?这就是说:追求生活质量与国家安全之间将形成一种什么样的关系?

罗斯托认为,20世纪20年代内美国的孤立主义倾向是因30年代的大萧条和第二次世界大战的爆发而结束的,虽然今后不一定再会发生像30年代那样的大萧条,虽然第三次世界大战并不是不可避免的,"但无论美国的经济状况或世界形势,看来都不会容许美国单纯地致力于美国生活质量的改进。"[①]所以,尽管在美国国民舆论中已经出现了新孤立主义的呼声,这种呼声是否会占据上风,仍是可怀疑的。

罗斯托认为,在经济方面,美国不可能不关心世界的经济形势,因为在追求生活质量阶段,"控制通货膨胀的问题是尖锐的;国际收支的平衡仍然没有把握;同时,转向某些公私服务业这一点,可能使美国生产率的增长速度慢于其他先进国家。"[②]

罗斯托总的看法是:"虽然把精力、才能和资源用于国内方面的需要增大了,美国在追求质量时代的政治是在世界结构状况所赋予的限制之内起作用的;如果忽略了这一点或漫不经心地对待它,可能像20世纪30年代的情况那样,产生一种安全的威胁,这种安全的威胁将会压倒在国内成长与福利、法律与秩序之间寻找新的平衡的努力。"[③]他认为这个问题应当同以下几方面的问题放在一起考虑。

---

① 罗斯托:《政治和增长阶段》,1971年,第258页。
② 同上。
③ 同上书,第260页。

首先,在美国进入追求生活质量阶段的同时,亚洲的一些国家已完成了起飞而走向技术的成熟。这些国家的经济成长同美国今后的安全的关系更加密切,因为它们的成长有助于在这些区域形成力量的平衡,即使美国的力量撤出,也不会形成真空。①

其次,军事技术和现代的通信联系增强了美国和其他地区的相互依存关系。

与此同时,"当然,结果也部分依赖这一点:要求高额群众消费遭到挫折的压力,以及世界舞台日益加剧的对莫斯科旧日梦想的抵制,是否会使苏联走向限制军备和采取现代化的政策,特别是在中东;北京的已厌烦了的争论最终是否做出这样一种决定,即致力于国内的增长,并重新开始如今流产已达十年的起飞。但这些决定反过来又将受到莫斯科和北京对美国的下述设想的影响:当美国力求抓住增长了的国内追求生活质量问题时,它作为世界平衡的重要边际力量(很可能是一种正在衰微的边际力量),具有多大的能力来坚定地发挥自己的作用。"②

罗斯托认为,尽管在考虑追求生活质量阶段的美国安全问题时要估计到上述种种情况,但整个说来,美国作为非共产主义世界的核保护者的不可削减的作用不可能因国内追求生活质量而减退。重要的问题是在议事日程中,即在增长与福利、法律与秩序以及安全三者之间求得平衡。罗斯托说道:"如果我们转向国内而在从冷战走向稳定的世界秩序的艰苦斗争中逐渐松劲,如果我们未能真诚地帮助那些跟在我们后面发展的国家,特别是那些还不曾成功地完

---

① 参看罗斯托:《政治和增长阶段》,1971年,第260、328—329页。
② 同上书,第260—261页。

成起飞的国家,如果我们未能注意到这一前途未卜的世界的弱点,未能注意到它的那些生活于核武器阴影之下的、处于各个不同增长阶段并有着不同抱负的居民的弱点,——那么肯定地说,我们所面临的祸患,甚至会大于高额群众消费时期产生的、如今在追求生活质量早期阶段严重压迫着我们的那些祸患。"①

4. 向追求生活质量阶段过渡是人类生活中的突变

罗斯托在1971年出版的《政治和增长阶段》一书中,在论述汽车时代以后的情况时,重复了他在《经济增长的阶段》里提出的一些问题。他问道:在汽车时代之后:

人类会不会陷于长期精神停滞状态,精力、才能等等是否找不到有价值的表现机会?

人类会不会提高出生率而再过艰苦奋斗的生活?

魔鬼会不会迷住懒汉的心窍,使他们去干坏事?

人类会不会学习怎样从事一种既可以作为很好的运动,并可加速资本折旧,但又不至于把地球炸掉的战争?

太空的探险会不会为资源和雄心提供一种相当有趣和耗费巨大的出路?

人类会不会重过18世纪乡绅式的郊区生活,从类似打猎、射击和钓鱼之类的生活方式等等之中,找到足以使人生有乐趣的新的活动天地?

罗斯托提出的所谓向追求生活质量阶段过渡以及关于追求生活质量阶段的理论,实际上就是他对上面那些问题的回答:他认为上述可能性是存在的,但人类不会选择这些出路,而会致力于提高

---

① 罗斯托:《政治和增长阶段》,1971年,第265—266页。

自己的生活质量。

罗斯托认为：人类社会已经经历了五个增长阶段：传统社会、为起飞创造前提的阶段、起飞阶段、成熟阶段、高额群众消费阶段；而美国目前正进入第六个增长阶段，即追求生活质量阶段。他断言：美国是又一次走在其他国家的前列。其他国家正按照各自的特点和条件，由低级阶段向高级阶段过渡。追求生活质量，是其他国家最终将会达到的目标。他认为：人类社会发展中有两个重要的突变，一是起飞，另一就是由高额群众消费转向追求生活质量。他把后一种过渡称为"工业社会中人们生活的一个真正的突变"。①

在罗斯托看来，当人类从追求耐用消费品的高额群众消费阶段进入要求提高生活质量的追求生活质量阶段之后，在包括文化教育、医药卫生、旅游和疗养、住宅建筑、城市改建等部门在内的生活质量部门中就业的人员越来越多，这些部门在国民经济中的重要性越来越突出，人类历史上将第一次不再以有形产品数量的多少来衡量社会的成就，而要以生活质量的增进程度作为衡量成就的新标志。据说，对以往一切社会来说，这已经是一项显著的变化了。

罗斯托还认为，以美国而言，在进入追求生活质量阶段之前，政府除了维护宪制和秩序、保障国家安全的作用以外，在经济生活中，政府的主要作用是维持比较充分的就业，而让私人市场去完成满足居民需求的任务。在追求生活质量阶段，政府将把运用公共支出来增进福利作为中心的任务，提高生活质量不再仅仅由私人

---

① 罗斯托：《政治和增长阶段》，1971年，第253页。

经济来实现,政府的公共支出将日益增大,政府与私人经济在提高生活质量方面将密切配合,共同合作。

罗斯托进而认为,向追求生活质量阶段的过渡将使人们做出对社会前途具有极其重要意义的选择——不走法国革命和俄国革命的道路,不会接受法西斯主义和无政府主义,不会选择暴力的手段。他断言:追求生活质量是一种改良和渐进主义;并认为这就是美国社会所做出的选择。

罗斯托最后得出这样的看法:美国民主政治"不是像18世纪末期法国、沙皇时代俄国那样的死硬的专制政治。抛弃渐进主义和改良的变革的机会是微弱的。法西斯主义本质上认为大多数人是懒惰的和迟钝的愚人,权力或权力的重要部分能够被少数精明、有抱负、艰苦工作和纪律严明的人所夺取和把持。无政府主义本质上认为,破坏或削弱不完善的制度将导致它们的人道化。没有理由相信美国社会在历史的这一阶段不能抵制住上述这些学说以及由此而来的行动。但要抵制激进派们声称信奉的那样一些目标,也许要付出很高的代价"①。

(本文是厉以宁在20世纪80年代中后期同陈振汉教授合开的北京大学经济学院研究生课程《西方经济史学》讲稿中的一章)

---

① 罗斯托:《政治和增长阶段》,1971年,第257页。

希克斯的经济史研究

约翰·希克斯是当代英国著名经济学家，1973年同美国经济学家肯尼思·阿罗一起获得诺贝尔经济学奖。瑞典皇家科学院称赞他们在一般均衡理论和福利经济学方面做出了开创性的研究成果。然而，希克斯在经济史研究上的贡献也是应引起人们注意的。

希克斯在经济史领域内的研究，集中反映在他于1969年出版的《经济史理论》一书中。和熊彼特一样，希克斯感兴趣的是提出一种可以用于解释人类社会经济史的经济理论，而不是专门去研究某一时期的某一类具体的经济史课题。因此，他同熊彼特一样，可以被称为杰出的经济史理论家，而不是经济史专家。

希克斯把经济史分为两类：一类讨论的是生活水平问题，包括的内容是，生活水平如何随时间而变化；某一社会的全体居民或全体居民中的某一阶级在某一时期内达到了什么样的水平以及如何把它与另一社会的全体居民或其中某一阶级在同一时期内达到的生活水平进行比较等等。另一类经济史所研究的是经济人的出现，这些经济人创造了这种或那种经济制度（包括资本主义制度和社会主义制度）。在这两类经济史研究中，希克斯的兴趣在后一种。他认为，需要引起人们注意的是经济人到底是怎样出现的这一问题，因为这种研究关系到经济制度或经济活动方式的演变。他认为这种研究才是真正重要的。把经济制度的演变以及从事经济活动的角色的演变作为经济史研究的主要内容构成了希克斯经济史研究的一个特色。

在希克斯的经济史理论中,关于工业化的研究占据重要的位置。他试图通过这一研究来说明18世纪末期以来的各国工业化过程,即现代经济发展过程。

库兹涅茨曾认为,现代经济增长有六个特征,即:(1)小生产与人口的急剧增长;(2)生产率(相对于投入的产出)的急剧增长;(3)结构的变化,如人口从农业中迁移出来;(4)社会变化,指城市化与非宗教化;(5)运输与通信的革命,把世界史无前例地组成一个"统一的世界";(6)国家之间的不平等增长,以致有些国家发展为"先进的"国家,而另一些国家则落在后面。希克斯同意库兹涅茨的这种归纳。但这个特征的背后又是什么呢?是什么在推动着这些变化呢?库兹涅茨把它说成是科学技术的进步。希克斯认为,科学技术进步固然重要,但仅仅有科学技术进步还不足以产生工业主义,或者说,把科学技术进步看成是推动现代经济增长的力量是不足以解释1800年以来的工业主义的整个历史的。按照希克斯的看法,对于工业主义的产生和发展而言,以科学为基础的技术只是条件之一,除此以外的条件还有:规模经济、土地、劳动。他的论述如下:

1. 规模经济。希克斯区分两种规模经济。一是亚当·斯密所说的劳动专业化,另一是工业特有的规模经济,即大规模生产。前一种规模经济与后一种规模经济相比,不但程度不同,而且性质也不同。前一种规模经济与人的熟练程度有联系,后一种规模经济则是由非人力因素支配的,它所带来的结果必定是垄断。

2. 土地。这里所说的土地,是泛指自然资源而言。自然资源的短缺成为工业主义的障碍。然而,世界上不同国家的自然资源的丰裕和短缺状况是不一样的,希克斯写道:"仅仅因为这个缘故,在工业主义以前的时代,这些国家之间便存在着很大的不平衡。又仅仅因为这个缘故,在非工业化的国家与轻度实现工业化的国家之间,仍然存在着很大的不平衡。有些国家因为它们的自然资源很丰富,已经成为富裕的国家……没有力量实行工业化的是一些享有较少自然资源的国家。"①

3. 劳动。希克斯把劳动的短缺(主要是特殊的劳动的短缺)看成是阻碍工业主义的另一个因素。只要经济扩展了,必然会出现某些特殊劳动的短缺,其结果,工资水平将提高。虽然可以采取如下的措施来解决劳动短缺问题,如依靠新的技术发明,或培训工人等,但它们依然会导致平均工资的上升。

希克斯认为,只有从技术进步、规模经济、土地、劳动这样四个方面来解释工业化的历史,才能得出比较完整的看法。

经济的波动是一个纯经济理论的问题,而经济波动的历史,却是经济史考察的范围。希克斯作为一个西方的著名的经济理论家,提出了自己的经济波动理论②。他采用了乘数和加速数交互作用的原理来说明经济由上升到下降,再由下降到上升的原因。并以此对历史上的经济波动阐明了自己的见解。

关于16世纪和17世纪前期欧洲的经济波动,希克斯认为休谟的论述向来是很少有争议的。但即使如此,也很难就此做出定论。根据休谟的理论,1500—1650年之间,由于白银从美洲的西

---

① 《经济学展望》,第52—53页。
② 参见希克斯:《经济周期理论》。

班牙殖民地大量流入欧洲,因此物价上涨了。希克斯引用了厄尔·汉密尔顿的《美洲的金银与西班牙的价格革命》中的论点,即西班牙价格水平在 1550—1600 年期间提高了将近一倍,并在 1600—1650 年间又提高了 50%。但按年度上涨率计算,物价的上升却是很缓慢的。希克斯又引用维维斯《西班牙经济史》中的论点,即西班牙的物价上涨看来很可能早在白银输入以前就已经开始了。根据这些论点,欧洲 16 至 17 世纪的经济波动,未尝不可以重新研究。但不管怎样,由于当时的经济是一个封闭体系,在封闭体系内,白银数量的增加必然使物价上涨,这仍是可以解释的。在金本位制度下,利用货币数量学说来解释经济的波动现象,也可能有说服力。希克斯写道:"在萧条时期,人们感到价格低了,在繁荣时期,价格高了,而正常的价格水平本身则只是随着生产力的变化(从而也就是随着商品供给的变化)和黄金供给(亦即来自矿藏的供给量)的变化而相当缓慢地变化。……如果 1875 年至 1895 年之间的物价趋向于下跌,这正是我们按照上述观点应该预料到的。生产率提高得相当快,但黄金的产量则停滞不前。价格趋势的变化,在 19 世纪 90 年代中期开始能被观察到,而在 1900 年以后便是清楚明白的了。这一变化是与来自南非黄金产地兰德的新生产出的黄金量相符合的。"[1]

然而,从 20 世纪 30 年代以来,情况便复杂得多。这时,世界货币制度陷于混乱之中,货币的金属基础削弱了,货币金属也丧失了它的权威性。而到了 40 年代中期以后,整个资本主义世界经济形势已与金本位制度时代大不相同。希克斯认为,对于这一时期

---

[1] 《经济学展望》,第 67 页。

的经济波动,必须寻找另外的解释方式。简言之,在金本位制度之后,经济的波动不可能再用货币数量因素来解释,也不能归因于货币政策的实施,而必须从多种因素的共同作用来加以说明。例如,初级产品供给状况、市场起作用的状况、工资水平变动状况、国际竞争和国际价格传递状况等,都可以说明第二次世界大战结束以来经济的波动过程。

希克斯还指出,经济的波动与政府的政策目标的确定是有密切关系的。他说:"在20世纪20年代,人们重视物价的稳定和工资的稳定,而对于维持就业则注意得太少了……50年代把维持就业视为压倒一切的首要任务(固然并不永远是成功的,但这是一种倾向);对比起来,稳定却似乎是次要的了。"[①]这表明,希克斯认为在当代西方的经济波动中,政策起着越来越大的作用。

在这里,希克斯提出了一个很值得注意的观点:50年代以来的西方经济史可以区分两个阶段。在前一个阶段,"私人投资继续循着旧的循环方式起伏波动;因为旧的商业循环的真正原因……还没有去掉。但在这个旧的循环之上又加上了'凯恩斯派'的财政政策和货币政策。我们现在将毫不奇怪地发现,这种政策——在这个循环的整个期间——在提高一般经济活动水平方面,要比在抑制经济波动方面,较为成功。因而,在经济衰退时失业比旧时为少;但是在经济繁荣时通货膨胀却比旧时为多"[②]。造成这种情况的主要原因,希克斯认为在于工资的不可逆性和工资的相互攀比行为。从60年代后期起,就进入了第二个阶段,希克斯指出第二

---

① 希克斯:《凯恩斯经济学的危机》,第57页。
② 同上书,第57—58页。

个阶段的特征在于经济停滞与通货膨胀的并存,而这仍然是同工资的社会压力联系在一起的。但这时的问题已经比第一个阶段严重得多。希克斯根据英国、美国、联邦德国、日本四国的经验材料,对60年代以来的经济波动过程做了考察,他仍然认为应当用初级产品的供给、市场的作用、工资水平的变动以及国际影响来进行解释。希克斯对当代西方经济波动的上述解释,表明了他在经济理论上是自成一家的。

希克斯在西方经济史学领域内的影响究竟有多大?对这个问题,很难做出确切的回答。他不像熊彼特那样提出了完整的、用以解释人类社会经济史过程的创新理论,又不像凯恩斯那样以自己的现代西方宏观经济学体系来影响一代经济史研究者。与他们相比,希克斯在经济史研究方面的影响是较小的。但希克斯在经济理论方面的某些独到的见解,以及他关于经济史的某些具体论点,仍然有影响。希克斯可以被认为是一个以经济理论作为主要研究领域,同时也较深入地涉及经济史领域的有影响的当代西方经济学家。

在希克斯的经济史研究中,另一个值得注意的是他关于理论与历史之间的关系的论述。这里所说的不仅仅是经济理论与经济史之间的关系,而且是泛指一般理论与一般历史之间的关系(如果把希克斯当作经济理论研究为主而同时深入经济史某些领域内进行研究的经济学家的话)。

希克斯曾指出,"许多人说理论和历史是对立的,情况最好也不能兼而有之;一个历史学家的本行不是以理论术语来进行思考。或者顶多承认他可以利用某些不相连贯的理论作为前提来解释某些特定的历史过程,仅此而已。我以为我是理解这种怀疑论的并对它表示某种程度的赞同。我对这种怀疑论的赞同超过了对汤因比或施本格勒的宏伟构想的赞同,汤因比和施本格勒创制的历史模式,就其艺术感染力而言,在其科学吸引力之上"①。这说明,希克斯是强调理论的系统性、连贯性及其对历史研究的指导作用的。他之所以不赞成那种缺乏系统理论对历史指导之下所写成的经济史著作,很可能是由于他作为一个自成体系的经济理论家,能够清楚地认识到理论的重要性。为此,他写道:"马克思从他的经济学中确曾得出某些总的概念,他把这种概念应用于历史,因此他在历史中发现的模式在历史以外得到了某种支持。这更是我们要努力去做的那种事。"②

在处理理论与历史之间的关系时,希克斯重视统计学的作用。他认为,在历史上进行活动的是一个又一个人物,他们的行为有自己的特点,这样,由不同的人物的活动所构成的历史必然具有人物的特点。这就是历史的特殊一面。但从理论的角度来看,个别活动的特点则是不重要的。理论要求的是平均数,既然是平均数,那就不代表个体,而代表群体,不代表独例,而代表一般。在经济学的研究中,正是遵循了集体行为原则,也就是统计上的平均数的原则。正是因为如此,所以在运用理论来指导历史的研究时,要把历史上的一般现象与个别现象区别开来。希克斯写道:"凡是可以应用一种历史理论的历史现象,在我们的心目中都可以看作具有这种统计学的特点。当我们注意的是一般现象时,理论(经济理论或其他社会理论)便可能是合适的,反之则往往不合适。"③

---

① 《经济史理论》,第5页。
② 同上。
③ 同上书,第6—7页。

希克斯以法国大革命为例。有一种解释是：如果路易十六是一个勤奋的"国民公仆"，法国革命本来是可以避免的。希克斯不同意这种看法，他认为，如果这样来看待历史，那么法国大革命只是一个个别的历史事件，而难以运用理论来加以说明。

由于希克斯这样看待理论与历史之间的关系、历史上的一般现象与个别现象之间的关系以及理论对于历史研究的适用程度，所以他自称对历史发展的理解近似于马克思关于"封建主义、资本主义、社会主义"的序列解释，也近似于德国历史学派的阶段论。但希克斯认为，历史的发展不一定同马克思所分析的和德国历史学派所概括的那样，这是因为马克思所分析的和德国历史学派所概括的都是正常的发展，而经济史是应当乐于承认例外现象的存在的。不仅如此，希克斯还指出，在历史发展过程中，从一个阶段向另一个阶段的转变也不是像马克思或德国历史学派所设想的那样正常的。他认为，历史发展过程中的转变是一种渐进的转变，而且这种转变不是出现一次，有时会变回去，然后再变过来，多次反复才实现这种转变。这就是历史的实际与理论模式不一致之处。

希克斯对理论与历史之间的关系的分析，反映了他作为一个有系统观点的著名经济理论家，始终是以理论指导历史研究的态度来看待经济史研究的。在考虑希克斯经济史研究中的参考价值时，这也应在此例。

（本文是厉以宁1988年11月在北京大学经济学院研究生讨论会上的发言，后来摘要发表于《读书》1989年第3期）

现代化研究与人的研究——
从贝尔和舒马赫的观点谈起

经济史研究不仅向人们展示过去的历程,而且也告诉人们如何总结经验,探讨今后的走向。那种把经济史研究仅仅看成是对历史过程的研究,是远远不够的。同样重要的是站在历史总结的基础上,展望未来。经济史研究实际上告诉人们应该怎样选择今后的道路。

一、后工业社会与人

在现代化理论与现代化过程的研究中,有关人的研究近年来正受到国内外学术界的广泛关注。在有关人的研究中,包括了这样一些课题,例如,人在现代化过程中的作用;现代化的宗旨与人;人在现代化过程中的地位的变化;人同现代化的适应;人的现代化观念与现代化的人的观念;现代化所引起的人的自身变化等等。这些课题的探讨表现了现代化的研究已进入一个新的阶段。总的说来,研究者们从产业革命以来世界各国社会经济的变化的角度,阐述了现代化过程实际上不仅仅是物的现代化过程,而且也是人的现代化过程,或者说,既是人本身的现代化过程,又是人与人之间关系的现代化过程。

在这一领域内的研究中,美国社会学家丹尼尔·贝尔的若干论点对学术界的影响是不可忽视的。尽管在贝尔以前就已经有人围绕着现代化问题与人的问题做过研究,但贝尔的现代化研究和有关人的现代化研究的新颖之处在于他把现代化与人之间的关系当作一种新的社会现象来加以阐释。1959年,他首次提出了"后工业社会"概念,此后,他于1962年写了《后工业社会:推测1985年及以后的美国》,于1967年又写了《关于后工业社会的札记》。1973年,他写了《后工业社会的来临》这一有广泛影响的著作。后工业社会一词是与工业社会一词相对而言的。贝尔认为,工业社会这个概念包括了十几个不同国家的经历,它指的是不同社会经济制度的工业化的社会,从时间上说,大约是从18和19世纪之交到20世纪中期。后工业社会则是指工业社会以后所要经历的社会。在美国和西欧发达资本主义国家,从20世纪60年代以后直到下一个世纪,都将处于后工业社会时代。

根据贝尔的观点,从人的角度来分析,前工业社会的特征是:社会生活单位只是扩大了的家庭;所谓福利就是填饱肚子;人受自然界的支配,按传统的方式,单纯用体力进行劳动。工业社会的特征是:世界已经成为技术的和合理化的世界,能源代替了体力,能源和机器改变了劳动的性质,社会上等级森严,管理井井有条,这时,活动的单位是个人,福利是按平均每人拥有的物质产品来衡量的,人受技术的支配,人被当作工具来对待。与过去相比,社会的效率大大提高了,但人们会感到工业生活的冷酷无情。后工业社会的特征则是:社会是一个"公众"的社会,社会单位是社会而不是个人,福利的标准是按照服务和舒适(包括保健、教育、娱乐和文艺)所衡量的生活质量标准来判断的,人们需要的是更多和更好的服务,信息成为主要的资源,等等。这就为现代化或工业化提出了一个尖锐的问题,即社会已经从前工业社会进入工业社会以后,社会是不是发生整个前进方向上的转折？如果不发生这种转折,社会将继续循着工业社会那种以物的增产为主要标志和个人越来越从属于物与技术的途径发展,那么社会将会成为什么样的社会？社会是不是会成为一个社会与人难以协调的社会？因此,在现代化过程中,人的现代化问题必然被提到议事日程上来。既然从工业社会向后工业社会的转变不仅是必然的,而且也是必要的,那么在技术高度发展之后,人对社会将是一种什么样的选择,而社会对人又将是一种什么样的选择,势必成为后工业社会研究的焦点。

贝尔提出的概念以及他对后工业社会的特征的论述,为现代化研究与人的研究开拓了一个新的研究领域,即现代化包含了人的现代化,包含了现代的人(他们不同于工业社会中作为工具的人)如何来重新安排人与人之间的关系,使社会变得更能被现代的人所接受等内容。在70年代以来的许多研究现代化理论和历史的西方学者看来,贝尔的观点即使不是全新的(因为在贝尔以前,甚至早在19世纪初期,空想社会主义者圣西门就已经提到过类似的问题了),但却有很大的启发性,因为他所谈的一切意味着现代化或工业化应有一个完整的含义,即不仅涉及物或产量的增加,而且不可避免地包含人与物之间关系的调整,包含人与人之间关系的变更,包含人的自身的成长。

贝尔的这些论点对于不同类型的国家都有适用性。人的现代化比物的现代化更为重要,不仅发达国家的情况是如此,发展中国家的情况也不例外。1974年,美国英克尔斯等社会学家在亚洲、非洲、拉丁美洲六个发展中国家进行调查之后,于哈佛大学出版社出版了《走向现代化:六个发展中国家个人的转变》一书,就这个问题展开论述。英克尔斯等认为,现代化过程同时也就是个人适应于现代机构的组织原则和要求的过程,即个人改变原来的价值观念,形成与现代化相适应的新的价值观念的过程。具体地说,在现代化过程中要建立的是社会化的大生产,现代人的标准在于适应社会化大生产的要求,有自己的独立的人格,个人的行为受到社会化大生产的利益原则的影响。以发展中国家的农民为例,在现代化过程开始以前,他们祖祖辈辈生活在农村的经济环境中,这个环境是非常稳定的,个人对环境和对自己的生活条件的改变或者无能为力,或者其作用十分有限。在这种环境中生活与劳动的农民,是不适应于现代化过程的。然而,发展中国家从传统社会走向现代化是不可避免的历史趋势。一旦工业兴起之后,原来生活在农村中并带有传统性格的农民将会进入工厂,成为一名工人。他的生活条件和工作条件都改变了,他对于时间、效率、人际关系等等的看法也将随之改变。这就使他逐渐适应于现代化的要求,他的人格和价值标准也将在这种适应过程中逐步形成。换言之,假定发展中国家只有物质生产过程的现代化,而没有相应的人的现代化,那么发展中国家的现代化将无法实现。

  人的现代化作为现代化理论和过程研究的一个重要组成部分,也给经济史的研究提出了新的任务。要写出一部完整的国别经济史或世界不同地区的经济史,单纯有物质生产的发展史是不够的,即使在物质生产发展史之外再加上制度和政策的演变的历史,也不充分。应当加入的新的内容,首先是由传统社会的人到现代社会的人转变过程的历史。这里包括:对教育史的研究,对社会结构的演变过程的研究,对个人与组织之间的关系的演变的研究,对社会的伦理观念变化的研究,对生活质量的研究等等。经济史的研究者日益感觉到,经济史的研究范围扩大了;在现代化过程的研究中,专业的经济史研究显得过于狭隘,经济史学同其他历史研究(如文化史、社会史、思想史、政治史、法律史)之间的界限,在涉及现代化问题或经济发展问题时,往往很难划清,它们彼此之间交叉、重叠的地方越来越多。尤其是在涉及人的现代化这个新的课题时,很难认为某一门专业史同这个课题的关系最为密切,某一门专业史较为次要等等。一个当代的经济史学家决不是仅仅研究狭隘的专业经济史问题的专家,他必须站在更高的层次上,从更广阔的角度来观察历史上的经济问题和经济演变过程,才能在人的现代化问题上有自己的发言权。我认为这正是从现代化研究与人的研究中必然导致的结论。

二、人·环境·现代化

在现代化研究中加入了对人的研究的内容,现代化本身的评价标准也就发生了变化。在这方面,理论的探讨甚至带有偏激的色彩,例如把物质财富的增长说成是违反人的福利的或把生产规模的扩大说成是不符合人的本性的等等。对于这种带有偏激色彩的论点,不应当简单地用"是"或"不是"来加以论判,而应当去分析为什么会出现诸如此类的论点,在它们的背后,究竟还隐藏着哪些东西?

实际上,除了少数从非现代化的角度来研究现代化与人之间的关系的著作而外,大多数即使持有上述偏激观点的著作,仍然是肯定现代化的进程的，它们只是认为不能再像过去那样把现代化与对人的关心割裂开来，不能再脱离人的福利的标准来评价现代化。它们对于今后的经济发展的建议或设想，是希望使现代化成为首先满足人的要求，其次才是增加物质财富或扩大生产规模的经济发展过程。在这些有关现代化问题的研究中，英籍德国经济学家舒马赫在1973年出版的《小的是美好的》一书是颇有特色的。他提出了一系列独到的见解，在国际学术界有较大影响。

首先，舒马赫对经济学做了另一种解释。他指出，随着富裕程度的提高，经济学已经渐渐成为大众瞩目的中心，而经济效率、经济增长、经济扩张等即使不是现代各个社会为之着迷的问题，但也是它们始终关切的问题。同时，如果某件活动是"不经济"的，那么它的存在权利就会受到怀疑。结果，"任何阻碍经济发展的事物都是可耻的，如果人们坚持不放弃，就会被看成是破坏分子或是傻瓜。你尽可以说某一事物不道德、丑恶、毁灭灵魂、使人堕落，或者说它危及世界和平与子孙万代的幸福，但只要你没有证明它是'不经济的'，你就没有真正对它存在、发展与昌盛的权利提出质问。"

因此，在舒马赫看来，经济学的不足之处在于过分强调经济方面的计算的意义，而忽视了超经济学的研究，不了解经济学中的计算方法的适用性是有限的。那么，什么是超经济学呢？舒马赫写道："由于经济学所涉及的是人，处于一定环境中的人，所以可以认为超经济学包含两个部分——一部分涉及的是人，一部分涉及的是环境。"从这个观点来考察，经济学中若干传统的概念将改变。例如，以前曾认为，一个国家要繁荣，就必须幅员广大，越大越好，而现在看来，世界最繁荣的国家中，大多数是小国，而世界最大的国家中，大多数实际上很穷。又如，过去认为公司机构有规模越来越大的趋势,然而小的企业却不断增多,而且十分兴旺,并向社会提供了大部分真正富有成果的新建树。再如,经济学一向是重视手段甚于目的,凯恩斯所确立的现代经济学概念,就是如此,但这样一来,人们选择自己真正向往的目标的自由与权利却遭到破坏。最后,还可以举一个例子。舒马赫指出,一个城市的合适规模的上限大约是五十万居民,如果超过了这个规模,对城市的价值就毫无增进。比如说,在伦敦、东京、纽约这些地方,居民成百万,上千万,不仅没有增加城市的真正价值,反而带来大量难题,造成了人性的堕落。舒马赫通过这样一些例证,得出了如下的论断:"大型化与自动化的经济理论是19世纪条件与19世纪思想遗留下来的产物,完全不能解决今天的任何实际问题。今天需要有一种崭新的思想体系,一种以人为重点而不是主要以物为重点的体系。"

按照舒马赫的思想,现代化过程中有不少问题需要重新探讨和解释。传统的解释被认为既不足以说明过去,更不足以预示未来。

以技术的采用和发展为例,在先进技术与落后技术之间,存在着一种中间技术。假定经济发展过程中只注意发展先进技术,不仅费用昂贵,而且它们会以惊人的速度摧毁落后技术,使穷人处于比以前更加绝望、更加无助的境地。假定在经济发展中采用中间技术,那么它们的生产率比落后技术高得多,而所需的投资又比先进技术便宜得多,穷人所受到的冲击也将小得多。舒马赫认为,在总结20世纪中期以来的第三世界工业化、现代化历史时,从人的角度出发,不能忽视中间技术的选择及其对经济发展的作用。不仅如此,中间技术与先进技术相比,还有一个明显的特征,即它们是植根于本国,而不是依存于外国的。舒马赫由此提出了下述论点:"经济发展的基础建立在经济领域以外,建立在教育、组织、训练上,还建立在政治独立和自力更生的民族意识上,不能靠外国技术人员或脱离老百姓的本国名家施行巧妙的移植手术使它'生长出来'。"

再以所有制形式为例。舒马赫认为,私有企业的经营思想是单一的,即把利润作为目标,私有企业不关心生产什么,只关心从生产中捞取什么。因此,成功的商人往往表现出一种惊人的原始性,他们生活在通过单纯追求利润而变得非常原始的世界中。换言之,私有企业的真正力量就在于这种冷酷无情的单一性。但舒马赫接着指出,如果把规模问题考虑在内,传统的私有制概念就会变得含糊不清,因为"所谓大规模企业的私人所有,与小地主、手艺人或小企业主等人的简单财产绝无类似之处"。据说,这是因为,当企业从小规模进到中等规模时,私有企业就会成为非个人的,而大规模私有企业的财产就不可能再成为哪一家的私有之物,目标也已经不能再简化为追求利润。这样,在分析现代资本主义经济时,就不能沿用过去分析私有企业的方法来分析大型股份制企业。

值得注意的是,舒马赫对资本主义国有化问题发表了下述看法,这些看法对于研究资本主义国有化的历史而言,是有重要意义的。舒马赫认为,所有制不只是一种权利,而是一大堆权利,国有化并不简单地把一大堆权利从 A 转移到 B 手里,也就是从个人转移到国家手里就万事大吉。这是因为,国有化只是消灭了私人产权,但并没有自然而然地建立起任何实际意义上(不同于法律意义上)的新所有制。原所有制的各种权利究竟如何处理,这些权利究竟由谁来行使,并没有确定下来。不仅如此,国有化却带来了过度集中的弊病,带来了目标不确定的后果,以至于连原所有制所具有的管理效率这样一些特征也丧失了。因此,舒马赫认为,对英国国有化的历史,应当根据"宁肯选择小企业,不要大企业"的原则来进行评价。在他看来,国有化的大企业对于社会福利的增进是没有好处的。

舒马赫的思想作为西方学术界关于现代化问题的一种非正统的思想,所影响的实际上不止是现代化的研究。它们对于19世纪以来西方的传统哲学和历史学思想也是公开的挑战。舒马赫曾经归纳说,如今支配着那些"受过教育"的人的头脑的是这样六个最主要的思想:

第一,进化的思想,即认为事物不断从低级形式发展为高级形式是一种自然的与自发的过程;

第二,竞争、自然淘汰、适者生存的思想,并声称可以由此解释进化与发展的过程;

第三,把宗教、哲学、艺术等视为物质生活过程必要的补充,是为经济利益服务的;

第四,把人类生活的高级表现形式说成是下意识的心理活动,而且主要解释为幼年和少年期间欲望未能得到满足的结果;

第五,否定一切不受外在事物影响的绝对事物,取消一切准则与标准的相对主义的普遍概念;

第六,实证主义,即认为只有通过自然科学方法才能得到正确的知识。

舒马赫指出,所有这些思想都起源于19世纪,然而,它们都强调自己具有普遍性,似乎适用于一切场合,因此,"19世纪前辈的思想,使生活在20世纪下半叶的第三与第四代受到惩罚。对它们的创始人来说,这些思想完全是他们智力过程的成果。到第三代与第四代,这些思想已经变成真正的工具和手段,通过它们来体验与解释世界。"舒马赫接着说:"宣称要废除形而上学的19世纪的主要思想,本身就是一种坏的、邪恶的、破坏生活的形而上学典型,我们深受其害,就像身患绝症一样。说知识就是悲哀是不真实的。可是,有毒的谬误将给第三、第四代带来无穷的悲哀。谬误不在科学而在以科学名义提出来的哲学。"在舒马赫看来,在研究现代的社会经济问题时,甚至在揭开历史之谜、重新阐明人类社会经济发展的历史过程时,已经不值得再去为这些悠久的传统思想伤脑筋了。既然它们不足以解释历史、解释世界,不足以预示未来,那又为何不抛弃它们呢?如果说过去的思想偶像已经被证明只是起着扼杀新观点产生的作用,那又何必再对它们顶礼膜拜呢?作为对现代化研究有影响的一种非正统思想的表述者,舒马赫得出了这样的看法:"我们这一代的任务,无疑是哲理的重建。"这就是他对于方法论和社会经济研究的思想依据的基本观点。

　　舒马赫关于现代化与人的观点,不仅给我们以启发,而且是值得进一步探讨的。舒马赫所否定的那些产生于19世纪的思想,有些确实是不符合20世纪的社会经济实际的,甚至在19世纪就没有适用性,例如用下意识的心理活动来解释社会精神文化方面的成果等;有些是具有较大片面性的观点,或者只是在特定的场合适用,而缺乏普遍意义,例如关于实证主义、关于进化论的思想。但也有的却是涉及社会意识形态与社会经济基础之间关系的原则,即认为前者是后者的反映,并又对后者起着积极的反作用等等,这些原则不能被认为是陈词滥调,不能被看成是束缚现代化研究的思想绳索。舒马赫对于所谓19世纪传统思想的一概否定,实际上使自己在研究经济和历史问题时陷于茫然和无从判断的境地。以这种片面的思想来研究现代化的历史和前景,有可能使研究工作陷于混乱之中。假定真的如他所说的,那么在一概否定19世纪传统思想的前提下"重新建立哲理"的说法,也就会成为没有意义的空论。但舒马赫从人的研究出发所提出的"小的就是美好的",以及"经济学不能仅仅研究物"等论点,对于现实经济的研究和对于社会经济发展过程的解释,则是有价值的。他的观点中的可供参考之处,正是在这方面的论述之中。

总之,无论是贝尔还是舒马赫,他们关于现代化研究与人的研究的观点给予我们的最大的启发就是:不要等到工业高度发达之后再重视对人的研究,而要在开始走向现代化的阶段就把现代化问题与人的问题结合起来考虑。现代化过程既然也是人的现代化过程,那么从现代化开始之时起,就有必要从转变社会的评价标准和转变人自身的信念等方面着手。现代化的实现不是单纯以国民生产总值的人均水平为依据的。假定人始终未曾摆脱受物支配的地位,假定人自身总是把自己当作是技术的依附者,那么现代化就难以实现。即使人均国民生产总值达到了较高水准,人与现代化还是不能适应的。

(本文是厉以宁1988年4月在北京大学经济学院研究生讨论会上的发言,后来摘要发表于《现代化》1988年第10期)

第四部分

经济发展和制度调整

技术教育和资本主义工业化——西欧和美国技术力量形成问题研究

任何国家要实现工业化,都必须具备相应的技术力量,包括一定数量和质量的科学研究人员、工程技术人员和熟练工人。但任何国家在开始进行工业化时,本国现有的技术力量总是不足的。工业化的需要和现有技术力量不足之间存在着尖锐的矛盾。西方一些资本主义国家在工业化过程中,曾经采取哪些措施来促进技术力量的形成?它们的经验和教训对我们有哪些借鉴作用?这就是本文所要考察的主题。

一

资本主义工业化开始于18世纪末到19世纪初的英国。资本主义工业化的第一阶段通常称作产业革命,即由工场手工业转变为机器大工业的过程。"大工业的起点是劳动资料的革命,而经过变革的劳动资料,在工厂的有组织的机器体系中获得了最发达的形式。"[①]大工业所使用的新劳动资料是怎样制造出来的?"经过变革的劳动资料"又是如何与劳动者相结合的?对于第一个进行

---

① 马克思:《资本论》第1卷,人民出版社,1975年,第432—433页。

产业革命的国家来说,这些问题尤其值得注意,因为在它的资本主义工业化开始时,社会上还不存在足够数量的技术人员和掌握了先进技术的熟练工人。

中世纪西欧传统的手工业技术为18世纪英国的产业革命提供了必要的物质准备和人力准备。钟表制造业作坊是为未来培养优秀机械工匠的最好的场所,因为钟表匠的手工技艺是高超的,能较熟练地使用当时先进的各种机械,他们的制品达到较高的精密度。英国的制磨匠也是优秀的。据记载,即使是普通的制磨匠,也具有一定的数学知识,懂得水平测量和度量法,能够计算速度和强度,能画平面图等。① 这些钟表匠和制磨匠是产业革命时期英国第一代技术力量的重要组成部分,他们不但成为若干种新产品和新设备的设计者和制造者,而且某些人还改行成为新设备的操作者。

但钟表匠、制磨匠以及其他有较高手工技艺的手工业者(如唧筒制造匠、马车制造匠、装配匠、铁器制造匠等)的人数毕竟是有限的,在数量上不能满足英国资本主义工业发展的需要。特别是各种机械的技术要求不同:纺纱机、织布机和某些工具机械的制造相对说来比较简易,而像蒸汽机这样的机械,则要求有更高的技术来制造。当詹姆士·瓦特领到了特许状,准备制造自己设计的蒸汽机时,英国著名的工程学家约翰·斯米顿就曾预言,瓦特的机器是无法制造出来的,因为它要求的精确度很高。② 瓦特为了制造成可供商业应用的蒸汽机,到处寻找熟练的技术工人,但由于很难找

---

① 参看《剑桥欧洲经济史》第6卷第1册,第296页。
② 参看同上书,第333页。

到合适的工人,以至于气缸铸得不好,活塞漏气,无法操作。瓦特先后共花费了二十年时间来使自己的设计在生产上得到应用。不仅蒸汽机的制造是这种情况,英国产业革命时期炼铁工业的发展也深感技术工人的不足。英国的一些铁厂主往往不惜耗费巨资,到全国各地去招募技术工人,甚至远到比利时去聘请。

由于英国是最早进行产业革命的国家,它的技术力量的形成显然具有历史的特点。英国的技术力量形成是一个比较缓慢的过程:从熟练地运用手工工具进行生产到掌握先进的机器生产和制造技术,从依靠钟表匠、制磨匠到培养出能进行专门的机器生产的机械工匠和"工程师",大约用了两代人的时间。①

英国技术力量形成过程中的另一个历史特点是:学校教育在这一过程中所起的作用是比较有限的。技术人员的成长主要依靠个人的摸索和自身经验的积累,熟练工人的培养主要依靠个人之间技能和知识的传授。这一特点也取决于当时英国所处的特殊经济地位。

马克思指出:"在以前的生产阶段上,范围有限的知识和经验是同劳动本身直接联系在一起的,并没有发展成为同劳动相分离的独立的力量,因而整个说来从未超出制作方法的积累的范围,这种积累是一代代加以充实的,并且是很缓慢地、一点一点地扩大的(凭经验掌握每一种手艺的秘密)。"②第一个进行产业革命的英国,在技术力量的形成方面还不可能摆脱中世纪手工业方式的严重影响。通过学校教育特别是高等教育来培养技术力量的做法,

---

① 参看《剑桥欧洲经济史》第6卷第1册,第334页。
② 马克思:《机器。自然力和科学的应用》,人民出版社,1978年,第206—207页。

不受人们重视。18世纪60年代,当英国开始产业革命,迫切需要高等学校培养技术人员之时,英国没有一所适应这种需要的高等技术院校。只有过了将近一百年,即到了19世纪中期,伯明翰、曼彻斯特、伦敦、利物浦等城市的市立大学才担负了培养技术人员的使命。1851年和1864年,才建立两所专业性的高等技术学院——皇家矿业学院和皇家造船工程学院。

在迫切需要熟练工人的产业革命时期,对熟练工人的培养在英国同样不受重视。产业革命初期,除了在曼彻斯特的一些乡村地区有些私立补习学校传授数学和商业知识之外,中等技术学校之类的机构较晚才受到关切。资产阶级普遍感到,工人最好保持无知状态,以免桀骜不驯。资产阶级对工人受学校教育的任何计划都抱着怀疑和抵制的态度。[1]工业在发展,机器在推广使用,熟练工人人数不足,这是事实。但工厂主们把学徒当作廉价的劳动力。因此宁肯多招学徒,也不要技工学校。产业革命开始60年之后,即1823年,伦敦和格拉斯哥这样一些大工业城市才开办正式的技工学校,以后各城市也相继创设。直到1851年,英国政府才准许建立工业夜校。但这时距离产业革命的开始已经90年了。

为什么英国长时期内一直采取师徒之间个人传授技艺的手工业方式来培养本国的技术力量?英国是最早进行产业革命的国家。在实现资本主义工业化的道路上,它无法借鉴其他国家的发展资本主义大工业的经验,这是可以理解的。当时社会上不存在一支熟悉机器生产的技术队伍,从而英国不得不依靠中世纪手工业的传统技术和传统学艺方式,这也是不可避免的。但应当着重

---

[1] 参看费尔恰尔德:《劳工和产业革命》,伦敦,1923年,第131页。

指出的是,英国的资本主义工业化是在"人皆落后,唯我先进"的环境中开始的。英国丝毫不曾感到"速度问题"的压力,也丝毫不曾觉察到增长率的重要性和迫切性。竞争对手还不曾出现。加速培养技术力量的必要性究竟在哪里?既然廉价的学徒制至此仍能保证英国资产阶级获得高额利润,为什么要花钱开办技术学校来造就一批虽然文化程度较高、知识较多、成长较快,但可能不那么"听话"的技术工人呢?这就是当时英国资产阶级的想法。

二

西欧大陆各国和美国的资本主义工业化晚于英国三四十年甚至更长一些时间。当它们从工场手工业转向机器大生产时,英国已先后建立了当时先进的纺织、机械制造、运输等部门。面临着英国已经建立的工业优势,这些较晚进行产业革命的西方资本主义国家几乎无例外地采取了以下两种做法,一是借用英国的技术力量,二是重视学校教育,培养本国技术力量。

在1825年英国解除技工移居国外的禁令以前,其他国家就一再以高工资来吸引英国技工,鼓励英国技工偷越国境。据统计,1825年时,西欧大陆上的英国技工至少有两千人,可能还要超过这个数字。[①] 禁令解除后,各国更是大量招聘英国技工。英国技工移入西欧大陆,以19世纪40年代以前为第一个浪潮,这时他们主要在纺织工业、机器制造业中工作,19世纪40年代以后为第二

---

① 参看《剑桥欧洲经济史》第6卷第1册,第377页。

个浪潮,他们主要在铁路、运河、桥梁建筑工地工作。① 某些有特殊技能的英国工人,格外受到外国资本家的欢迎。例如,在美国,约翰·菲奇为了想制造蒸汽机,就设法雇用曾替瓦特工作过的英国技工。又如,塞缪尔·斯莱特从英国来到美国后,由于他能凭记忆照样造出一架在英国先进的阿克赖特纺纱机,而且还有所改进,因此大受美国人的欢迎。在19世纪前半期的法国,炼铁厂、机器制造厂、棉纺织厂中都雇用英国技工。有的工厂一家就雇了好几百名英国人,从管理人员、技术专家、工头直到普通工人。荷兰、比利时和德国也大量雇用英国技术专家和技工。西欧大陆上最初建造的一条铁路,从设计到铺轨都依靠英国的技术力量。甚至在铁路建成以后,西欧各国仍聘请英国专家和技工担任经营管理和机车维修工作。英国技术人员在西欧大陆各国资本主义工业化初期的作用是不可低估的。他们的最大作用,并不在于他们本身所干的技术工作,而在于他们对先进技术的推广和传授。②

在美国资本主义工业化过程中,对国外技术力量的依靠也十分重要。据统计,从1820年到1859年,共有105万技术工人和41 200名专业人员移入美国。③ 如果没有这样多的技术人员入境,即使美国从国外输入了先进机器设备或自己制造出先进机器设备,也很难使它们发挥效力。

较晚进行产业革命的西方资本主义各国在工业化过程中,虽

---

① 参看《剑桥欧洲经济史》第6卷第1册,第379页。
② 参看同上书,第378页。
③ 参看诺思:"工业化初期美国的资本形成:问题的重新考察",载福格尔和恩格尔曼编:《美国经济史的重新解释》,纽约,1971年,第279页。《美国历史统计:1739—1945》,华盛顿,1949年,第34页。

然在较大程度上依靠过英国的技术力量,但普遍感到这种依赖不可能是长久的。对美国来说,情况比较特殊,因为入境的技术工人和专业人员随即成为美国本国技术力量的一部分。而对西欧大陆各国来说,招聘来的英国技术人员和熟练工人毕竟是外国人。他们工资高,不那么服从,而且不安心在西欧大陆工作,思乡心切。①同时,随着这些国家的资本主义经济的发展,对技术人员和熟练工人的需求量越来越大,单靠外国的技术力量不能满足这一要求。当然,在这些国家也存在着学徒制,但这些国家并不像英国那样强调依靠学徒制。主要通过学校教育来培养本国技术力量,较早成为这些国家在资本主义工业化过程中技术力量形成的重要途径。

德国和美国是这些国家中两个最突出的例子。德国人感到自己在工业发展方面比英国晚了整整五十年,如果重复英国人用过的老办法,那是永远不会赶上英国的,所以德国要走发展技术教育和创办高等技术院校的道路。② 德国从19世纪初期起,就实行初等教育的义务教育制。学龄儿童入学率不断提高,在普鲁士,学龄儿童入学率在1816年为43%,1846年为63%,60年代达到了97.5%。③ 德国的中等教育和技术教育都驰名全欧。德国的学校不仅强调应用科学教学,而且强调基础理论训练。德国各地开办了许多工艺学校和职业学校。特别是,德国对于工厂中的青年工人和学徒的技术教育十分重视。业余技术夜校和星期日学校相当普遍。德国规定,工厂厂主应对本厂青年工人和学徒的业余技术教育负责,进入夜校学习和星期日学校学习往往是强迫性的。在

---

① 参看《剑桥欧洲经济史》第6卷第1册,第294页。
② 参看威尔本:"英国的工业扩张",载《劳埃德银行评论》,1972年10月,第44页。
③ 参看《剑桥欧洲经济史》第6卷第1册,第569页。

厂方与学徒订立的合同中,就有学徒接受业余教育的规定,双方都应遵守。德国的高等学校也非常着重自然科学理论和应用科学研究人员的培养。据当时的调查和比较研究,德国在国民的读、写、计算能力方面,工人的技巧方面,工程师的科学原理和应用训练相结合方面,高水平的科学研究方面都居于欧洲各国的首位,而英国在所有这四个方面,也许除了第二项(工人的技巧)以外,都远远落后。[1] 以教育经费而言,德国居于欧洲第一位。据统计,1880年的教育费用为6 900万美元,占国民生产总值的1.6%,1900年教育费用为15 000万美元,占国民生产总值的1.9%。[2] 这样的增长速度和在国民生产总值中的比重,只有美国才能与德国相比。

美国也是较早就着重通过学校教育来培养技术力量的。早在1773年,在马塞诸塞州的萨勒姆就有私人开办的一些技术学校,培养当时急需的海员。以后,这一类学校不断增加。到1890年,165个城镇中共有夜校808所,学生达150 770人。[3] 1825年,美国成立第一所高等技术学院,即纽约特洛伊的伦塞莱尔工艺学院。60年代以后,高等技术院校发展很快,到1904年,已经有147所高等技术院校。其中,有36所是国家和州政府支持或部分支持的,有102所是与大学相联系的。[4] 这种情况与英国恰好成为鲜明的对比。

较晚进行产业革命的德国和美国在培养本国技术力量方面不

---

[1] 参看《剑桥欧洲经济史》第6卷第1册,第567页。
[2] 参看费希洛:"十九世纪美国教育投资的水平",载《美国经济史的重新解释》,纽约,1971年,第271页。
[3] 参看德克斯特:《美国教育史》,纽约,1904年,第543页。
[4] 参看同上书,第344页。

重复英国走过的老路,也就是说,主要依靠学校教育和在工业化初期依靠国外技术力量来传授先进技术,这是它们在经济上赶上和超过英国的原因之一。

三

在美国和德国的技术力量不断壮大的同时,坚持以传统方式来培养本国技术人员和熟练工人的英国越来越显得落后。这一点在 19 世纪末和 20 世纪初充分表现出来。

以英国造船业为例,英国在 200 年的时间内保持了海上霸主的地位,它的造船技术是无与伦比的。19 世纪后期起,虽然英国在冶金、机械制造、化学、电力等重要工业部门中相继被美国和德国所赶上,但在造船工业中英国仍遥遥领先。例如,1900 年以后,当德国的克虏伯公司为了设法得到日本的订货,曾强调它的制造军舰的能力与英国设计的最好式样的军舰一样。① 同一时期,美国政府曾打算邀请英国造船业最大企业维克斯公司或阿姆特朗公司在美国建立现代化的船坞和海军兵工厂,以帮助美国发展军舰制造业。② 可是英国究竟能把这种优势保持多久呢?就在 19 世纪末,也就是在英国造船业仍然处于世界最先进地位的时候,了解内情的人就察觉到,英国造船业由于技术力量不足,看来已好景不长了。要知道,直到此时为止,英国造船业仍按传统的方式培训技术队伍,忽视正规的和业余的技术教育。英国资产阶级继续把学

---

① 参看特列比尔科克:"英国的军火工业和欧洲的工业化",载《经济史评论》,1973 年 5 月,第 256 页。

② 参看同上书,第 257 页。

徒看作最廉价的劳动力,在造船厂中大量使用学徒。在海军部各工厂,机械工实行的是七年学徒制。一般私营造船厂中,学徒也要五年出师。五年内,第一年在翻砂场干些升火、拖地等杂活,接着两年在木工方面受些不规则的训练,一年或两年在装配场干些金属活,如果学徒运气好,可能由此进入制图室,在这里再从头学起。学徒期满,他没有什么理论上的知识,并且忘掉了在开始当学徒前学过的一切。① 而且大部分学徒是订好合同的,不能中途离厂。然而这段时期,造船技术发展很快,学徒出身的造船工人适应不了技术发展的需要。有些工厂也办了技术夜校,以便提高学徒和青年工人的技术水平。但由于造船厂工作时间长(上午6时到下午5时),又常有超时作业,业余技校的效果很小。造船业的正规技术教育也与业余技术教育一样不受重视。虽然1864年就创办了皇家造船工程学院(1873年它并入皇家海军学院),但皇家造船工程学院和皇家海军学院的造船班毕业生,在1865年到1904年的40年间一共只有166名。② 另一个培养高级造船技术人才的正规学校是格拉斯哥大学。它的造船班在20世纪初每年大约有40人登记入学。但由于当时规定入学的学生需有五年学徒工龄,而他们在当学徒期间无法作适当准备,结果平均每年只有两人完成自己的学位要求。对比之下,当时德国在夏洛登堡和但泽的全日制造船班则有280名学生,美国在康乃尔大学、麻省理工学院、密歇根大学和韦伯学院的全日制造船班有100多名学生,人数都比英

---

① 参看保罗·罗伯逊:"英国造船和船用引擎工业中的技术教育,1863—1914",载《经济史评论》,1974年5月,第225页。

② 参看同上书,第232页。

国多。① 特别应当注意的是，当时德国规定高等技术院校入学的学生在入学前只要有一年实际经验，美国则不要求入大学前有实际经验。这样，英国过长的学徒制和入学前五年学徒工龄的规定，不仅限制了入学的人数，不必要地增大了在校学生的年龄，而且中断了学习的连贯性，使学生在接受高等技术教育时基础较差，因为过去学过的东西已经被遗忘了。②

为什么英国直到这时仍然不重视技术教育，而坚持通过学徒制来培养技术人员？除了英国资产阶级把学徒看成是廉价的劳动力而外，另一个重要原因是：英国资产阶级始终把学校教育看成是对自己弊多利少的事情。以造船业来说，英国造船业资本家认为，开办技术学校将训练出有能力的技术人才，但这些人才不一定有利于英国（因为他们可能为英国的竞争对手服务），也不一定有利于本公司（因为他们可以被其他公司雇用）。他们认为，只要通过学徒制而培养出来的造船工人能够操纵当时使用的各种机器设备，只要造船工人凭自己的手艺和经验能够制造出当时仍备受国外称赞的各种船舶，这就够了。造船工业的科学研究、设计和生产中的创新和变革，以及它们与技术教育的关系，则是很少被认真考虑的。

轻视技术教育在英国工业发展中的作用，短期内可能看不出其严重后果，但在较长时期内，所造成的损失是难以估计的。这正是教育与物质生产部门的区别之一。工农业生产如果遭到破坏，后果十分显著，而且很快就被觉察到。而教育受到忽视，暂时觉察

---

① 参看保罗·罗伯逊："英国造船和船用引擎工业中的技术教育，1863—1914"，载《经济史评论》，1974年5月，第231—232页。

② 参看同上书，第225、232页。

不到其严重影响,但等到发现这一点时,往往已经带来较大的危害。并且,要弥补这种损失,也困难得多,因为教育的周期较长。以英国造船工业来说,20世纪初期十八九岁的学徒,成为两次世界大战期间造船厂的骨干力量。他们凭个人经验而积累起来的一点本事,越来越不适应科学技术新水平,他们对于同船舶制造有关的其他学科的新成就,毫无接触,也缺乏了解它们的必要的理论基础。他们的个人经验显得片面和狭隘,他们的某些技能落伍了,过时了。尽管这时英国造船业资本家已经改变了对技术教育的态度,已变得比较重视技术教育,但前一时期轻视技术教育所带来的严重后果这时充分暴露出来。20世纪20年代和30年代,英国造船工业一直停留在20世纪开始时的水平上。

19世纪后期以来英国造船业的衰落是有典型意义的。造船业曾经是英国海上霸权地位的支柱之一,是英国高度技术水平的象征,因为一艘战列舰是当时达到的冶金、机械制造、通信、火炮等先进技术的集中体现。然而这个部门在英国却无可挽回地衰落了。英国经济被美国和德国所超过。这是资本主义政治经济发展不平衡规律起作用的结果。由于后起的资本主义国家不受大量旧的固定资本的束缚,可以广泛地利用新的科学技术成果,因而能在较短的时间内跳跃式地向前发展,迅速赶上和超过老牌资本主义国家,而老牌资本主义国家则受到旧工业部门和旧机器设备的束缚,发展速度就比较缓慢。但西方资本主义各国经济发展的历史清楚地表明,技术力量的成长始终是保证经济发展的基本条件之一,而一支能够保证和促进经济发展的技术力量的形成和壮大又取决于教育事业的发展及其水平。因此,不重视技术教育必然会对英国经济的相对落后起着不可忽视的作用。19世纪内英国对技术教育的不重视具有深远的影响。两次世界大战期间英国经济的停滞，在一定程度上正是19世纪内英国不重视技术教育所造成的后果。

四

19世纪末期，科学活动方式上的变化远远没有生产组织形式的变化那样大，科学仍然是一个人或几个人独自研究或简单合作的领域，科学研究还没有被组织到大工业中去，也没有发展为集体活动的事业。这种情况在19世纪和20世纪之交开始发生重大的变化。在工业发展到一定高度之后，科学研究的规模越来越庞大，仪器设备越来越复杂，需要的助手和协作者越来越多，需要的投资也越来越多。于是受到大企业支持的科学研究机构在许多领域内代替了单个发明家的活动。到了20世纪30年代以后，由于生产和科学研究的进一步发展，特别是由于某些高度综合性的科学研究课题的需要，资本主义国家组织的和指导的联合研究机构越来越占据重要的地位。

科学研究的新活动方式加速了研究工作的进展。垄断的存在固然阻碍着某些对垄断本身不利的科技成果的应用，但军备方面的要求和垄断之间竞争的压力，仍把发现、发明和它在实际生产上应用之间的时间差距不断缩短，使近年以来西方资本主义生产技术变革的速度大大加快了。

新的科学活动方式和加速的生产技术变革，对技术力量的成长提出了比以往任何时期更加迫切的要求。甚至连资本主义工业化初期轻视技术教育的作用的英国，也早已改变了对技术教育的看法，它总结自己的历史经验，承认自己在人才培养和训练方面不如美国和德国。如今，包括英国在内的所有西方资本主义国家都把正规的和业余的技术教育看成是发展本国技术力量的重要途径。学徒制尽管依旧存在，但显然已不占重要地位。在现代科学技术条件下，发达的资本主义国家早已不再主张过长的学徒年限，也不把较长的工龄作为进入高等技术院校的必要条件了。

各国越来越认识到技术教育对于经济增长的重要作用。这种作用表现于以下几个方面：

第一，它向社会提供一支能在科学上有发现、发明，在生产技术上有创新、变革的科学研究和设计队伍。如果没有这样一支队伍，在科学技术上至多只能步别国的后尘，很难取得重大的突破。

第二，它向社会提供一支能掌握和运用先进生产方法的技术队伍。如果没有这样一支队伍，即使有了先进的生产工具和生产方法，它们也不可能充分发挥作用。

第三，它向社会提供一支适应于工业化水平的生产和技术管理人员的队伍。如果没有这样一支队伍，就会造成生产过程中人力、物力、财力的巨大浪费，就不能发挥先进生产技术的优越性。

第四，它提高全社会的科学文化水平，为新产品的推广使用，为先进科学技术知识的普及和提高准备条件，同时也为今后技术力量的成长提供广阔的基础，为源源不断地供给高质量的科研人员、工程技术人员、管理人员和熟练工人提供保证。

第五，它使社会积累起来的科学知识和生产经验得以保存和传播，这种传播可以不受国界的限制，也不受时间的限制。积累起来的科学知识和生产经验作为人类共同财富，通过教育从一个民族传播给另一个民族，从这一代传播给下一代。

近年来，随着生产和科学之间的关系日益密切，随着技术变革速度的加快，随着生产技术的精密性越来越高和技术要求越来越复杂，所以包括技术教育在内的整个教育事业，在促进一国经济增长中的作用也就不可避免地越来越显著。

美国经济学家库兹涅茨对各国的经济增长进行了比较研究。库兹涅茨在研究中得出的下述看法对我们说来仍有一定参考性。例如他认为，在现代经济增长中，"知识存量"具有超越国界的性质，任何一个国家在经济增长中都要依赖跨国性的"知识存量"。[①]他解释道，以往的手工工艺是同个人相结合的，它体现在个人的身上，而现代经济增长所需要的经过检验的知识则体现于数学公式中，它具有一种公开性，易于在世界范围内交流和被利用，因此现在必须依靠教育来传授经过检验的知识，而不能再靠手工业方式和师徒关系来传授个人的知识了。[②]

美国经济学家登尼森对经济增长的源泉进行了分析。据他的估算，促使一国经济增长的因素分为三大项：劳动投入量的增加（包括就业人数和工时总数的增加，以及劳动质量的提高等）；资本投入量的增加；每单位投入量的产出量的增加。1929—1957年，美国实际国民收入平均年增长率为2.93%，其中由于劳动投入量和资本投入量的增加，使国民收入平均每年增长2%，由于每单位投入量的产出量的增加，使国民收入平均每年增长0.93%。[③]

根据登尼森的分析，在1929—1957年间，美国国民收入的增长有23%归功于劳动质量的提高，32%归功于每单位投入量的产

---

① 参看库兹涅茨：《现代经济增长》，耶鲁大学出版社，1966年，第287页。
② 参看同上书，第287、290页。
③ 参看登尼森：《美国经济增长的源泉》，纽约，1962年，第266页。

出量增加。同时,就业和工时的增加在经济增长中所起的作用是相对下降的。现代经济增长主要不是靠增加就业人数和增加工时数。① 教育在这里所起的日益重要的作用,是不言而喻的,因为劳动质量的提高与教育有关,每单位投入量的产出量的增加(包括资源利用效率提高、经营规模合理性的增加,科学进步和它在生产中被应用的时间间隔的缩短等)也与教育有关。

登尼森在1967年出版的《为什么增长率不同?西方九国战后的经验》一书中,说明了由于重视教育而造成的劳动质量的提高对西欧主要资本主义国家经济增长所起的作用。以英国来说,1950—1962年间,年平均增长率为2.29%,劳动质量年平均增长率为0.37%,可见,增长总量中有12%归功于劳动质量的提高。劳动质量提高在英国经济增长中所起的作用,已经大于法国、意大利、西德、荷兰、丹麦、挪威等国。这表明,英国在经历了19世纪到20世纪初轻视教育在技术力量形成中的作用的"失败阶段"之后,终于把教育看成是提高经济增长率的重要因素。第二次世界大战以来,只有某些发展中国家或者由于历史的原因,或者由于政府当局对教育在技术力量形成中的作用估计不足,而使得劳动质量提高缓慢。例如,墨西哥自1940年到1964年,年平均增长率为6.34%,劳动质量年平均增长率为0.39%,可见增长总量中只有3%归功于劳动质量的提高,印度自1950年到1960年,年平均增长率为3.74%,劳动质量年平均增长率为0.03%,增长总量中只有1%归功于劳动质量的提高。② 在这里,姑且不去评论登尼森所

---

① 参看登尼森:《美国经济增长的源泉》,纽约,1962年,第266页。
② 参看恩格尔曼:"人力资本、教育和经济增长",载《美国经济史的重新解释》,纽约,1971年,第253页。

使用的经济增长因素法是否有科学的经济理论依据,也不去探讨教育在经济增长中的实际作用能否按照登尼森的方法被准确计算出来,至少,他的下述结论对于了解教育与经济增长之间的关系而言仍有一定的参考性:一国经济越是发达,对技术力量的需要越是迫切,教育对技术力量发展所起的作用越大,从而教育对经济增长的作用也就越重要。

正因为如此,所以美国尽管在技术力量方面居于资本主义世界的首位,但仍然把加速培养高水平的技术人员作为国家的迫切任务之一。据美国劳工部的资料,1968年,美国成年工作者(25岁以上)中,有850万人至少完成四年大学教育,3 700万人高中毕业,大约不到700万人不曾受过八年学校教育,到1980年,美国成年工作者(25岁以上)中,将有1 300万人至少完成四年大学教育,5 200万人高中毕业,大约500万人不曾受过八年学校教育。[1] 据估计,从1968年到1980年,美国大约需要1 040万新的大学毕业生,其中430万人将代替那些死亡的、退休的和因其他原因离开工作岗位的工作者,另外610万人将因适应经济和技术的发展而被任用。[2] 在这段时间内,美国的高等教育将加速发展,与1968年相比,到1980年时,美国得到学士学位的人数将增加2/3,得到硕士学位和博士学位的人数将增加一倍。据美国劳工部的预测,到1980年,美国仍会感到工程师的供不应求;在科学领域内,化学家、地质学家和地球物理学家也将感到不足。此外,美国还需要更

---

[1] 参看美国劳工部:"就业趋势:计划和含义",载罗旺编:《劳动经济学和劳工关系文选》,伊利诺伊州霍姆渥德,1976年,第27页。

[2] 参看同上书,第31页。

多的计划和管理人员。①

五

以上,我们从历史上考察了产业革命以来西方资本主义国家技术力量形成和发展的一般情况。在这一节,我们将着重分析一下资本主义经济发展过程中技术力量形成的局限性问题。随着资本主义经济的发展,资本主义基本矛盾日益尖锐。在技术力量的形成方面,它表现为资本主义各个使用技术力量的单位的有组织性与整个社会在技术力量形成和发展中的无政府状态之间的矛盾。这个矛盾是资本主义经济所固有的。

技术力量的形成和发展从根本上服从于资本主义生产的需要。对技术力量的需要,对这些技术力量的培训和使用,以及技术方面的劳动组织和生产组织,都取决于资本主义企业获得更多的剩余价值的目的。从这一点来看,各个培训和使用技术力量的单位能有某种程度的计划性和组织性。但就整个社会而言,企业与企业处于彼此激烈竞争的状态中,技术力量的培养单位(学校)与使用单位(企业)基本上处于隔绝的状态,包括科研人员、技术人员和熟练工人在内的整个劳动力市场依然受到供求规律的调节,而资本主义经济危机及其周期性不可避免地影响技术力量的培养和使用。因此,不管资本主义各国政府怎样制定所谓"人力政策"和"人力计划",也不可能实现全社会技术力量形成和发展的有计

---

① 参看美国劳工部:"就业趋势:计划和含义",载罗旺编:《劳动经济学和劳工关系文选》,伊利诺伊州霍姆渥德,第32页。

划性。

失业和职位空缺的并存是资本主义制度下固有的现象。马克思在《资本论》中曾引用1866年10月31日《工厂视察员报告》里的一段话,说明当时在英国,一方面有大批工人失业,另一方面"由于缺乏劳动力,许多机器不得不停工"[①]。在科学研究人员和技术人员中,同样存在着失业和职位空缺并存的情况。以美国的现实状况为例,虽然劳工部在抱怨工程师供不应求或化学家人手不足,虽然某些大企业在竭力招聘高级科技人才,但据1972年的资料,大约有10万名工业方面的科学家、工程师和技术人员失业,[②]化学系毕业生中,每四个人中就有一人找不到工作。[③]

在资本主义雇佣劳动制的条件下,劳动力市场上的竞争是激烈的,对科学研究人员和技术人员说来也并不例外。特别是近年来,由于科学研究工作的进展和技术变革速度的加快,某些专业人员即使在某些领域内曾经适应当时先进的技术的需要,但如果没有机会继续从事有关学科的研究和学习,或脱离了最新的生产实际或科研实际,马上就会变得落后于时代,成为雇主所不需要的"多余的人"。1971年美国《幸福》杂志上发表了题为"工程师们正重新设计他们这一行"的调查报告,其中有一个发人深省的小标题:《不再是英雄》。文内写道:技术的发展无情地把工程师的知识很快变为陈旧的东西,刚从大学毕业个过几年的人也感到沮丧,因为具有更新的知识的较年轻大学毕业生正给他们以威胁,他们面临着被淘汰的下场。它接着写道,据调查,有40%的工程师声称,

---

① 引自《资本论》第1卷,人民出版社,1975年,第704页。
② 参看《幸福》杂志,1972年4月,第69页。
③ 参看《商业周刊》,1972年9月23日,第54页。

"如果他们有机会重新开始选择职业的话,他们会选择另一行。"①

失业的存在意味着人力资源的巨大浪费,职位空缺的存在意味着物质资源的巨大的浪费(表现为技术设备的闲置和原材料未能得到有效利用)。失业与职位空缺的并存,是资本主义制度下技术力量形成过程中不可避免的现象。

* * *

对西方资本主义经济发展过程中技术力量形成问题的研究具有重要的现实意义。我们需要弄清楚的是:在培养本国技术力量方面,西方资本主义国家有哪些经验和教训可供我们借鉴?

第一,工业化开始较晚但发展较快的西方资本主义国家,在发展技术教育方面曾经采取的若干有效措施,可供我们学习。例如在工业化过程中对中小学教育的重视,对中学数学和自然科学基础知识教育的强调,积极举办多种形式的正规和业余技术教育等。

第二,随着工业化的进展,西方资本主义国家都曾增加教育经费支出,并且使教育经费支出在国民生产总值中所占比重逐渐增加,这种做法是必要的。

第三,学徒制虽然在培养技术工人方面起过一定作用,但随着工业化的进展,以及科学与生产之间的关系日益密切,不能不把重心转到发展学校教育上来。对学徒应加强业余教育和严格考核。像19世纪英国那样不重视学校教育,热衷于依靠传统的手工业方式传授个人技艺,已被历史证明是失败的教训。

第四,实际工作经验对进入高等技术院校的学生来说是重要的,但不应当片面强调实际工作经验而忽视学习的连贯性、学生的

---

① 《幸福》杂志,1971年6月,第72页。

年龄,以及理论对实践的指导作用。像19世纪英国规定的有五年工龄的造船工厂学徒才能进入造船工程学院和大学造船工程班的做法,是不利于加速培养技术力量的。大学可以招收并照顾有较长工龄的工人入学,但不应当以较长工龄作为必备的入学资格。

第五,在引进国外先进技术的同时,应注意技术队伍的形成和壮大,以便能够掌握先进技术,能够有所创新。如果本国技术力量暂时不足(数量上和质量上),那么在一定时期内,未尝不可以聘请一些外国专家和技术工人。西欧大陆各国在工业化初期都这样做过,成绩是比较显著的。应该让他们起到传授技术和经验的作用,迅速培养起本国技术力量。

我们有优越的社会主义制度。西方资本主义国家技术力量形成过程中那种以能否获取更多的剩余价值作为行动准则的情况,那种伴随着人力资源和物质资源巨大浪费的现象,不应存在于我们的社会主义社会中。历史上,英国用了两百多年的时间才建立今天这样一支适应现代生产条件的技术力量,美国和德国从产业革命开始时算起,也都大体上用了150年的时间。这是漫长的过程。我们坚信,我国必将在较短的时间内建立一支宏大的、优秀的技术队伍。

(本文是厉以宁在1978年春季北京大学经济系举办的科学讨论会上的发言稿,后刊载于《社会科学战线》1978年第4期)

论资本密集型经济和劳动密集型经济在发展中国家现代化过程中的作用

一、关于资本构成的分类

资本密集型经济和劳动密集型经济原是西方经济学中的概念。国外一些经济学家按照产品成本所耗费的物化劳动和活劳动的比例来划分经济类型，把那些物化劳动耗费所占比例大的称作资本密集型经济，把活劳动耗费所占比例大的称作劳动密集型经济。

这两个概念只把物化劳动称为资本，而把活劳动排除在资本范畴之外，这是不科学的。资产阶级一向把资本同生产资料混为一谈，即把资本看作物，而不是看作一种生产关系。我们知道，任何一个产业资本家都必须把他的资本分为两部分，一部分用来购买生产资料，一部分用来购买劳动力。按照马克思主义的概念，前者称为不变资本，后者称为可变资本。马克思把资本划分为不变资本和可变资本是一个伟大的功绩，这对揭露剩余价值的真正来源具有重大意义。

生产资料和劳动力的比例，属于资本构成的范畴。按照马克思主义的观点，资本的构成，从实物形态上看，每一个资本总是由一定数量的生产资料和劳动力构成的。这两者之间存在着一定的比例，这个比例一般取决于生产技术的发展水平。生产技术水平越高，每一个劳动力所推动的生产资料的数量也越多，产品成本中耗费的物化劳动也越多；生产技术水平越低，则相反。正因为生产资料和劳动力之间的这种比例反映着生产技术的发展水平，所以称之为资本的技术构成。资本的构成不仅表现在实物方面，而且也表现在价值方面。从价值形态上看，资本是由生产资料的价值和劳动力的价值即不变资本和可变资本构成的。这两部分资本价值之间的比例，马克思称作资本的价值构成。

资本的技术构成和价值构成之间存在着密切的联系。技术构成的变化通常会引起价值构成的变化，而价值构成的变化则通常反映着技术构成的变化。为了表明二者之间的有机联系，马克思把由资本技术构成所决定并反映着技术构成变化的资本价值构成叫作资本的有机构成（即 C∶V）。资本有机构成是马克思主义政治经济学的一个重要概念，它对于研究和说明资本主义经济过程中的许多重大问题，如相对人口过剩、平均利润和生产价格问题，都具有重要的意义。

由此可见，资本密集型经济和劳动密集型经济，实际上指的是资本有机构成高和资本有机构成低的两种不同经济类型。但由于这两个概念仍能从一些方面反映经济中的要素构成状况，因此可以使用它们。

产品实际生产成本是按劳动的耗费来计算的。生产产品时耗费的生产资料是物化劳动。在生产中还要耗费工人的活劳动。因此产品实际生产成本包括物化劳动消耗和活劳动消耗两个部分。

由于生产技术和产品的特点,各种产品实际生产成本中物化劳动消耗和活劳动消耗所占的比例是不一样的。按产品成本中物化劳动消耗和活劳动消耗的比例来划分经济类型,产品成本中活劳动消耗所占比重较大的那部分经济,可以称作劳动密集型经济,产品成本中物化劳动消耗所占比重较大的那部分经济,可以称作资本密集型经济。这种划分与技术创新的类型相联系:如果采用"节约劳动的"(即能使产品成本中活劳动消耗所占比重有所减少的)技术措施,经济中资本密集的部分将增大;如果采用"节约资本的"(即能使产品成本中物化劳动消耗所占比重有所减少的)技术措施,经济中劳动密集的部分将增大。① 本文准备按照产品实际生产成本中物化劳动消耗和活劳动消耗所占比重的经济类型划分方式,考察发展中国家现代化过程中的经济结构变化,并试图从理论上探讨一条对发展中国家近期和长远说来都比较有利的技术创新途径。

二、资本主义工业化的传统方式是首先发展劳动密集型经济

从经济史考察,最早进行资本主义工业化的国家所采用的新技术中,既有节约劳动的新技术(如采用飞梭、珍妮机,大大提高了织布和纺纱的劳动生产率),也有节约资本的新技术(如以蒸汽机代替水轮机,从而使产品成本中活劳动消耗所占比重增大,资本要

---

① 一项技术改革可能既使产品成本内物化劳动消耗下降,又使活劳动消耗下降,这时将按照产品成本内哪一个部分下降幅度更大来分类。如果物化劳动消耗和活劳动消耗同比例下降,则此项技术改革被称作"中性的"。

素在产品成本中的比重下降)①。但从整个国民经济的角度来看,劳动密集型经济在国民经济结构中占主要地位。英国、法国、美国和德国都是首先发展棉纺织工业。在当时的技术条件下,与国民经济其他部门的产品相比,棉纺织品实际成本中工资成本所占比重较大,棉纺织工业所需要的资本设备投资相应地较少。在这些国家,只是在棉纺织工业发展到一定程度后,钢铁和机器制造等资本密集部门才逐渐发展起来。关于这一点,经济学界早有定论。

发展劳动密集型经济对一国的经济发展主要有三方面的作用:第一,由于所需要的投资较少,见效较快,所以能在较短时间内获得赢利,增加积累;第二,在一定的投资量的前提下,能容纳较多的劳动力;第三,在工资水平较低的条件下,它有较大的国际竞争能力,能使产品迅速进入国际市场。但在资本主义工业化初期,资本主义国家在发展劳动密集部门时,主要着眼于上述第一个方面,而对第二和第三方面考虑较少。

在最早进行资本主义工业化的国家内,工业中可用于投资的资本是不足的。当时还缺少可以广泛动员国内的资金,使之投资于工业的金融机构、证券市场和信用手段,或者,这些机构、市场和手段虽已出现,但未充分发挥作用。较多的资本存在于商业领域内,或掌握在非工业资本家手中。英国(18 世纪末至 19 世纪初)、法国和德国(19 世纪前半期)在工业化开始时,工业资本家的经济力量较小,创办工业企业主要依靠国内的积累,新建企业是中小规模的。美国(19 世纪前半期)虽然能利用由西欧输入的外资,但输入的外资

---

① 参看彼得·特明:"十九世纪初期的蒸汽机和水力",载《美国经济史的重新解释》,纽约,1971 年,第 229—230 页、234 页。

多半用于运输业和公用事业,只有少量投入工业中。① 在美国,资本仍然十分缺乏,以致利息率较高。这样,英、法、德、美等国在工业化开始时共同遇到的迫切问题,首先是资本不足。它们当时不可能发展资本密集型经济,而只可能首先发展劳动密集型经济。

容纳较多的劳动力就业,这在资本主义工业化初期不是突出的问题。当时的城镇人口较少,农业中的劳动生产率一直很低,无固定职业者和失业者有较多的机会移居国外,所以这些资本主义国家的政府并不把安排就业作为一项政策目标,私人资本家则根本不关心这些问题。尽管工业化初期劳动密集型经济的发展不以安置社会闲散劳动力和失业者为着眼点,然而从客观效果上说,当时劳动密集型经济的发展却顺带吸收了一大批城乡待业人口。

使产品具有较大的国际竞争能力,便于占领国外市场,这也不是资本主义工业化初期各国发展劳动密集型经济的着眼点。英国是第一个进行工业化的资本主义国家,它用当时先进的技术生产出来的产品,无论是资本密集部门的产品还是劳动密集部门的产品,都足以在国际市场上占优势,因为它们都是没有对手的。对于法国、美国和德国的产品来说,虽然它们敌不过英国的产品,但它们不仅仍有较大的国内市场,而且还有机会进入毗邻地区的市场,不至于失去销路。国际市场上的商品竞争远没有达到后来那种越演越烈的程度。工资相对水平较高条件下的劳动密集部门的产品,仍是可以销售出去的。当时的特定的历史环境,使得这些工资相对水平较高的最先开始工业化的国家有可能首先发展经济中的

---

① 参看肯尼思·贝里尔:"外资与起飞",载《由起飞进入持续增长的经济学》,伦敦,1963年,第291、293、297页。

劳动密集部门。

三、发展中国家首先发展资本密集型经济的做法是难以奏效的

发展中国家准备进行工业化的时间比先进工业国开始工业化的时间晚了许多年。在这段时间内，世界政治、经济和技术条件都发生了重大的变化。而发展中国家本身由于历史方面的种种原因，也具有若干不同于先进工业国开始工业化时期的特点。一般说来，可以把这些变化和特点归结为以下五个方面：

第一，由于科学技术的不断进步，无论在资本密集部门或劳动密集部门都有先进的技术可以被引进、被采用。

第二，由于资本输出早已成为垄断资本主义的特征，并且由于国际金融机构和信用手段的充分发展，在经济发展中有可能大量利用外资，以弥补国内积累之不足。

第三，政府在经济发展中所起的作用普遍受到了重视。像工业化初期英国、美国和法国那样主要依靠私人资本家来建立新工业部门的做法，被认为是收效较慢的。在建立新工业部门的过程中，要求政府扶植和直接参与的呼声越来越高，而政府也认为自己有责任这样做。

第四，由于生产力的增长，世界市场上的商品量不断增加，各国之间的商品竞争大大加剧。成本高、价格贵、式样旧、质量差的产品迅速被淘汰，被排斥在世界市场之外。

第五，过去长时期的殖民掠夺和统治，使发展中国家处于出口原料、进口工业品的经济附庸地位，加工制成品和初级产品之间的

不等价交换使发展中国家经济上遭受很大的损失。发展中国家的人民迫切要求改变这种状况。工业化、现代化已成为这些国家的当务之急。任何一个执政党都必须把这一点放在施政目标的前列。这种情形是一百多年前最初进行工业化的资本主义国家中未曾出现的。

由于上述这些变化和特点,所以发展中国家很自然地在准备进行现代化时考虑首先发展经济中的资本密集部门,因为资本密集部门是用先进技术装备起来的,劳动生产率高,其产品中活劳动所占的比例是较少的。发展中国家清楚地看到,在现阶段的国际市场竞争中,各个先进工业国正是凭借其资本密集程度,凭借其较高的劳动生产率,而使产品具有很大的国际竞争能力。在发展中国家内,许多人也能够认识到,如果不引进节约劳动的先进技术,不建立本国的资本密集部门,不提高本国的资本密集程度,是赶不上先进工业国的。

从客观条件上说,发展中国家也并不是没有发展资本密集型经济的可能性。在现有的世界生产技术条件下,有现成的节约劳动的先进技术和成套设备可以引进;如果本国资本不足,那么只要答允一定的条件或承担一定的义务,一般是可以得到外资的;如果私人资本家经济力量不够或不愿承担风险,政府往往采取扶植或直接参与的做法。总之,如果发展中国家打算首先发展资本密集型经济,它们将比一百多年前进行资本主义工业化的国家方便得多。①

20世纪40年代和50年代,西方经济学界关于发展中国家实

---

① 参看 P. T. 鲍尔:《关于发展的异议:发展经济学研究和争论》,哈佛大学出版社,1972年,第473—474页。

现工业化、现代化的途径的一些论著中,反映了这样一种主张,即发展中国家必须尽快发展本国的、有先进技术装备的加工工业,以这些产品来替代从外国进口的工业品,并以这些靠先进技术生产的工业品来代替传统的出口商品——初级产品。按照这种主张,发展中国家在进行工业化时应当首先引进节约劳动的技术,发展经济中的资本密集部门,建立劳动生产率高的、足以同先进工业国的资本密集部门的产品相竞争的冶炼、机器制造、运输设备等部门,因为唯有这样,才能减少从先进工业国进口的工业品(主要是资本密集部门的产品)。这种主张恰好符合发展中国家急于实现工业化、现代化,提高本国劳动生产率,改变国内技术经济落后状况的想法。20世纪40年代和50年代着手进行工业化的亚洲、拉丁美洲某些国家,实际上正是以这种主张作为制定经济发展政策的指导的。

但实践证明,发展中国家首先发展资本密集型经济的做法并未取得成效,经济增长率并未提高;不仅如此,这种做法还给经济发展带来了一系列新的困难和阻力。

固然发展中国家在经济发展过程中有可能利用外资,引进节约劳动的先进技术,但这些新建企业的产品一般仍然缺乏在国际市场上的竞争能力。这是因为:

第一,在企业或部门的发展中,存在着规模经济方面的问题。资本密集型的企业只有在一定的规模条件下才能充分发挥其技术经济上的有利性、优越性。[①] 发展中国家建立的资本密集型企业

---

① 参看 M. 麦克奎恩:《发展经济学:问题和政策》,伦敦,1973年,第107—108页。

如果在规模上不如先进工业国同类企业那样适宜,相形之下,其产品仍然缺少国际竞争能力。如果要达到与先进工业国同类企业那样的规模,在财力上和经营管理上都有相当大的困难。

第二,一个用先进技术装备起来的、具有较高劳动生产率的资本密集型企业或部门,只有在其他有关企业和部门的配合和协作之下,才能充分发挥其技术经济上的有利性、优越性。它不是孤立存在的,它应当处于一个先进的生产技术经济体系之中。与先进工业国不同,发展中国家缺少这样一个先进的生产技术经济体系,因此即使建立了个别高度资本密集型的企业或部门,也难以充分发挥作用,使其产品具有国际竞争能力。①

第三,在科学技术不断进步的条件下,资本密集型企业或部门即使是按当时先进水平建立的,但它仍然需要不断创新,不断采用更为先进的科学技术成果。为此,必须有相应的科学技术力量、研究手段。在这些方面,发展中国家的条件远远不如先进工业国的同类部门和企业。所以在隔了一段时间之后,发展中国家按当时先进水平建立的资本密集型企业或部门仍然会落后于国际上同类企业或部门的技术水平,其产品还是缺少国际竞争能力。

发展中国家如果首先发展资本密集型企业或部门,结果并不能达到预期的替代由先进工业国进口的资本密集型企业或部门产品,或替代本国传统出口商品——初级产品——的目标。反之,资本密集型企业和部门所需要的投资多,建设期限长,而其产品由于缺少国际竞争能力,不能靠之取得足够的外汇收入,以致外债难以

---

① 参看 H. W. 辛格:"在讨论罗斯托的《主导部门和起飞》一文的会议上的发言",载《由起飞进入持续增长的经济学》,伦敦,1963年,第303页。

偿还，利息费用增加，使本国的工业化、现代化进程受到阻碍。①

加之，发展中国家往往是劳动力资源比较丰富的国家，过去长时期的经济停滞，使社会上有大量的待业人口，特别是在农业中，劳动力得不到利用的现象是普遍的。在工业化、现代化过程中，随着经济的发展，应当使这些待业人口和从农业中游离出来的劳动力获得就业机会，否则将增加社会不安定因素。但如果着重引进和采用节约劳动的，即资本密集型的新技术，首先发展资本密集型经济，那么新建工业中只能够吸收少量劳动力，而改建的企业和部门还会多余出一批劳动力。这样，发展中国家在开始进行工业化时就会遇到先进工业国在后来才遇到的社会失业问题。相应地，出于政治上的考虑，发展中国家在开始进行工业化时就不得不像先进工业国现在这样把充分就业和非贫困化作为主要政策目标。②但是，一旦把失业救济等费用列入财政支出之内，就会扩大本来就已存在的财政困难。

四、发展中国家只着重发展劳动密集型经济，无法根本摆脱经济依附地位

20世纪60年代，西方经济学界关于发展中国家实现工业化、现代化过程中的技术创新途径问题，形成了另一种观点，即主张发展中国家不宜于采用节约劳动的技术创新，不宜花费较大的力量

---

① 参看P.T.鲍尔：《关于发展的异议：发展经济学研究和争议》，哈佛大学出版社，1972年，第156页。
② 参看欧玛·阿德曼："发展经济学——目标的再估价"，载《美国经济评论》，1975年5月，第306—307页。

去建立和发展本国的资本密集型经济,而应着重发展劳动密集型经济。60—70年代亚洲某些原来经济不发达的国家和地区经济增长率持续保持较高水平与在国际市场上受到先进工业国家重视的事实,使得持有上述主张的西方经济学家们更加振振有词,似乎他们的观点是完全站得住脚的。①

实际上这种观点是片面的,归根到底是不利于发展中国家摆脱其经济依附地位的。

不可否认,发展中国家在开始工业化时着重发展劳动密集型经济可以像最早进行工业化的资本主义工业化的国家在发展劳动密集型经济时一样地收到以下各种效果。第一,需要的投资较少,见效较快,能够在较短时间内获得赢利,增加积累。如果需要利用外资的话,那么可以少借些外债,少负担些利息费用,清偿比较快。第二,在一定的投资量的前提下,可以容纳较多的劳动力,有助于缓和就业问题。第三,有利于使产品进入国际市场。特别是由于发展中国家一般说来劳动力资源丰富,工资相对水平较低,如果发展劳动密集型经济,采用国际上现成的技术进行生产,其产品是具有国际竞争能力的。这样就可以获得外汇收入。

同样不可否认的是,在其他一切条件相等的情况下,发展中国家发展劳动密集型经济比发展资本密集型经济还具有另外两个有利的条件:一是劳动密集型经济相对于资本密集型经济而言,对劳动力的技术熟练程度的要求较低。发展中国家一般缺少庞大的熟练的技术队伍,这对于发展资本密集型经济是一种障碍,而如果着

---

① 参看C.K.海莱纳:"不发达国家的加工出口品和跨国公司",载《经济学杂志》,1973年3月,第22页。

重发展劳动密集型经济,这种障碍相对地将小一些。二是节约资本的或劳动密集型的新技术相对于节约劳动的或资本密集型的新技术而言,较易于实施和推广。如果发展中国家要发展劳动密集型的新技术,一般不要求改变现有的生产体系,往往只需要选择某些现成的生产技术项目,加以采用和推广,或者只需要实行生产活动的重新布局。劳动密集型的技术创新,主要是加工过程的改革,易于模仿。第一个采用这种新技术的企业固然可以得到高额利润,但其他企业也能相继采用同样的新技术,它们之间在技术上的差距不会长久保持,所以技术变革的速度一般是比较快的。①

上述这些情况表明了发展中国家着重发展劳动密集型经济的有利性。但这只是问题的一面。人们在强调这一面的同时,很容易忽略了具有长期战略意义的另一面。

首先,在强调发展中国家着重发展劳动密集型经济的主张的西方经济学论著中,是把发展中国家经济作为纯粹开放型经济来对待的。这就是说,设计中的发展中国家经济将完全建立在依靠世界市场的基础上。大规模的进口与大规模的出口成为这些发展中国家经济借以生存的条件。当然,纯粹封闭型的经济对一国经济发展是十分不利的。但如果走到另一个极端,一国靠对外贸易立国,以世界市场为本国工业品的主要归宿或在原料和资本设备上主要依赖进口,那么这样的经济将是脆弱的、经不起挫折的。从长远的观点看,这样做绝非明智。

其次,如果发展中国家在实现工业化、现代化的过程中,使本

---

① C.K.海莱纳:"不发达国家的加工出口品和跨国公司",载《经济学杂志》,1973年3月,第32—34页。

国的经济建立在依靠世界市场的基础上，那么即使不发生严重世界经济危机、大规模战争或其他巨大的动荡，资本主义世界范围内持续的通货膨胀仍将给国内经济以不利的影响。如前所述，发展中国家如果首先发展资本密集型经济，财政赤字、外债和利息负担、国际收支逆差等将导致国内通货膨胀，反过来，如果只着重发展劳动密集型经济，在完全依赖或很大程度上依赖世界市场的情况下发展经济，那么由世界性通货膨胀引起的物价上涨将会不可避免地促使国内物价上涨。

再次，在发达的资本主义国家与发展中国家贸易之间存在的不等价交换的格局，并未因发展中国家着重发展劳动密集型经济而发生实质性的变化。如果发展中国家出口的是劳动密集部门生产的初级产品，那么它们与发达资本主义国家出口商品的交换性质仍与发展中国家进行工业化以前一样。如果发展中国家出口的是劳动密集型的加工制成品，那么当它们与发达资本主义国家出口的资本密集型加工制成品交换时，不等价交换的性质仍然存在，因为发达资本主义国家出口的资本密集型加工制成品是独占性的，发展中国家自己生产不出来，而发展中国家出口的劳动密集型加工制成品是非独占性的，发达资本主义国家同样可以生产出来，只是由于发展中国家的工资相对水平较低，在价格上处于比较有利的地位。这类产品才能在世界市场上出售。这意味着，发达资本主义国家出口的资本密集型加工制成品生产者可以操纵其产品价格，而发展中国家出口的劳动密集型加工制成品价格将取决于市场上的竞争。发展中国家在贸易中仍然处于劣势，不能免除发达资本主义国家的剥削和勒索。

最后，发展中国家着重发展劳动密集型经济这一主张的设计者们,在提出这一主张时完全回避了发展中国家建立本国的先进国防工业体系问题。而先进的国防工业体系的建立必须以高度资本密集型经济的发展为条件。

因此,可以得出这样的结论,发展中国家只着重发展劳动密集型经济,无法根本摆脱经济依附地位。但这种不利性很容易被国民生产总值增长、国民收入增长、经济增长率提高等总量概念所掩盖,以至于发展劳动密集型经济的有利性被夸大了。国民生产总值并不反映产品的组成状况,并不反映一国经济对世界市场的依赖程度,国民收入增长也不反映国内的收入分配结构的变化,以及一国出口品售价指数与进口品售价指数之间比率的变化。高经济增长率既可能意味着一国出口品单一程度的加剧,也可能意味着一国国内对国民经济有重要意义的部门的急剧衰落,而对国民经济的重要性较小的部门畸形扩张。不进行国民经济的部门分析、结构分析,要想了解发展中国家着重发展劳动密集型经济的实际效果,是不可能的。

五、发展中国家应当从本国具体情况出发,选择技术创新类型

20世纪40年代至50年代一些西方经济学家论著中主张发展中国家采用节约劳动的新技术,首先发展资本密集型经济的观点,已被实践证明是难以奏效的。60年代以来西方经济学家论著中主张发展中国家采用节约资本的新技术,着重发展劳动密集型经济的观点,又具有很大的片面性,其结果仍将不利于发展中国家。那么,发展中国家究竟应当选择什么样的新技术,发展哪一种

密集型的经济呢？这个问题仍是有待于进一步研究的。但至少必须肯定这样一点：一切应从本国的实际情况出发，现实中并不存在一个固定的、不变的发展模式。

从自然资源和人力资源的角度来看，有的发展中国家这两方面都是丰富的，也有一些发展中国家只有丰富的自然资源，但人口较稀少，或者人力资源丰富，但已探明的自然资源不多。从经济发展的现有水平来看，由于历史上形成的不同条件，有的发展中国家还处在工农业都十分落后的状态，而有的发展中国家的现代工业已具有初等的水平。与此密切有关的是，各国的科学文化水平和劳动者的技术熟练程度也不一样。这样，对于自然资源丰富、人口较稀少、但国际收支状况良好的发展中国家来说，引进和推广节约劳动的新技术，建立资本密集型的企业和部门，不是没有条件的。只要其他社会经济条件能配合好，就可以避免和减少首先发展资本密集型经济时将会遇到的困难和阻力。而对于人口密度较大，自然资源比较贫乏，暂时非依靠大宗进出口贸易不足以维持生存的地区和国家来说，如果它们现存的国际收支状况已经恶化，那么在这样的条件下，引进和采用节约劳动的新技术，建立资本密集型企业和部门，简直是不可能的或绝对不利的事情，唯一可能的方式是首先发展劳动密集型经济，缓和已经相当尖锐的就业和国际收支问题。但是，上面所说的这两个极端，只是例外的、非普遍的情形。

比较常见的是那些自然资源比较丰富、人口较多、工业发展已有初等水平、在一般情况下国际收支虽有逆差，但逆差并不过大的发展中国家。在这样的国家中，比较合理的方式是同时采用和推广节约劳动的新技术、节约资本的新技术和中性的新技术（既不偏重于节约劳动,也不偏重于节约资本的新技术,也就是使产品实际生产成本中物化劳动消耗和活劳动消耗同比例减少的新技术[①]),比较合理的经济结构类型是资本密集型经济和劳动密集型经济并重和保持适宜的比例。为什么这种发展方式比较合理?政治上和国防上的理由是很清楚的,因为本国的先进的国防工业生产体系必须建立在高度资本密集型经济之上。从经济上考虑,这样能同时收到发展劳动密集型经济和发展资本密集型经济的效果。

在上述这种类型的发展中国家中,在进行工业化、现代化时,经济方面必须同时注意解决以下五个问题:(一)增加积累和提高投资率;(二)安置社会上的大量待业人口;(三)增加外汇收入;(四)使国民经济有比例地发展,改变历史遗留下来的经济单一性和部门结构畸形状态;(五)在劳动生产率增长的基础上提高实际工资水平。这五方面的问题是彼此联系、相互制约的。如果处理不当,经济停滞、失业率增大、国际收支逆差、国民经济比例失调、实际工资下降之间的恶性循环是难以避免的。50年代以来发展中国家之中不乏反面的教训。发展劳动密集型经济与发展资本密集型经济并重,看来有助于兼顾这些问题。

采用节约劳动的新技术,建立具有先进水平的资本密集型企业和部门,将能迅速提高劳动生产率,为整个国民经济的技术改造提供条件,同时还能填补国民经济部门结构和产品方面的空白,使历史遗留下来的经济单一性和部门结构畸形状态逐步发生变化。

[①] 在概念上,不可把中性的技术与中间技术混为一谈。前者按产品成本各个部分的比例来确定,后者以技术的规模与先进程度来划分。中性的技术可能是大型技术(往往也是最先进技术)或中间技术(往往是比较先进的技术)。而中间技术可能是节约劳动的,或节约资本的,或中性的。

但在建立资本密集型企业和发展资本密集部门的同时，劳动密集型企业和部门必须相应地发展，因为只有这样，才能缓和社会就业问题，使社会上已经存在的待业人口和将要从劳动生产率提高了的企业和部门游离出来的劳动力得到安置，只有这样，才能增加赢利，增加积累，提高投资率，同时也只有这样，才能增加劳动密集型的工业品出口，扩大外汇收入，为进一步引进国外先进技术创造必要的前提。

从技术创新类型来看，发展中国家经济中的任何一个部门，不应当单纯着眼于以高劳动生产率的机器来代替人力，从而偏重于采用和推广节约劳动的新技术。如果那样，即使资金充裕的程度容许这样做，但由于资本密集型经济在国民经济中的比重提高得太快，劳动力安置问题也将难以解决。因此，节约资本的技术创新和中性的技术创新绝不应当被忽视。下面，试举钢铁工业、电视机工业和农业三个部门为例。

钢铁工业中采用节约劳动的新技术可以使钢铁产量在工人人数减少的情况下保持不变，但也可以采用节约资本的新技术，使炼铁焦比下降或使每吨钢的耗电量下降。在钢铁产量保持不变的前提下，前一种技术创新将使社会上增加失业的钢铁工人，后一种技术创新则仍维持原来数量的钢铁工人。两种技术创新都能降低产品生产成本，但在产品成本中，物化劳动消耗与活劳动消耗的比例却朝着不同的方向变化。电视机工业的情况也是如此。建立新的自动化的电视机工厂或把原有的非自动化电视机工厂改造为自动化的电视机工业，表现为每个工人每年电视机生产量的显著提高。如果产量不变，所需要的工人人数就要裁减；即使产量增长，对新工人的需要量将相对减少。这都会增加社会的就业紧张程度。但如果采取技术措施,在现有生产设备和现有人力的基础上,减少原材料消耗定额,降低次品率,则同样可以收到加强产品国际竞争能力的效果,而又不必裁减工人。在农业中,如果不只是着重采用节约劳动的新技术(以机器代替人力),而且也强调采用节约资本的新技术(例如每亩耕地上以较少的化肥、种子、耗油耗电量而获得同样的产量),那么可以防止在技术变革过程中资本密集程度提高得过快,而使大量农业劳动力无法安置。

总之,在发展中国家内,就整个国民经济而言,农业、电视机工业相对于钢铁工业来说是劳动密集型经济;但就其中任何一个部门而言,它都包括资本密集型的部分和劳动密集型的部分。要使发展中国家在进行工业化、现代化过程中兼顾下述五个经济目标——增加积累、扩大就业、增加外汇收入、填补国民经济中部门与产品的空白、在劳动生产率增长基础上提高实际工资水平,不仅整个国民经济范围内劳动密集部门与资本密集部门要按比例地、协调地发展,而且每一个部门中的劳动密集型部分与资本密集型部分也要按比例地、协调地发展。而要实现这一点,那就需要在进行工业化、现代化过程中,根据本国实际情况和每一个经济部门的具体条件,选择技术创新类型,使节约劳动的、节约资本的和中性的新技术同样得到重视和采用,并使各类技术创新保持适当的比例。①

---

① 本文探讨的是按节约资本和节约劳动分类的技术创新,而不涉及引进的技术的先进程度问题。引进的无论是"节约资本的"技术还是节约劳动的技术,都有最先进和比较先进之分。根据 50 年代发展中国家的经验,引进最先进的技术不一定都是最有利的。在某些方面,引进对发达资本主义国家不是最先进的,但对发展中国家仍是比较先进的技术更加有利,收效也更快。参看鲍尔前引书,第 273 页。

六、劳动密集型经济与资本密集型经济并重的做法是否切实可行

从理论上说，发展中国家同时发展劳动密集型经济和资本密集型经济无论对近期或对长期而言都是有利的，因为这样可以兼收二者之长，而避二者之短。但在实践中，将会遇到一系列新的问题，诸如：能否制止通货膨胀？劳动力的部门间和地区间转移是否易于实行？同类产品中劳动生产率较低的企业能否在竞争中继续生存下去？等等。

这里所涉及的问题显然已超出技术创新经济学的讨论范围以外。我们知道，这里所谈到的发展中国家，是就生产力发展水平而言的。而从生产关系方面看，发展中国家中包括建立在不同生产资料所有制基础上和按不同方式组织与管理经济的国家。技术创新有助于解决发展中国家在实现现代化过程中所遇到的某些问题，但不能解决一切问题。而且，即使技术创新有助于解决的那些问题，其解决的程度也因生产关系不同而有所差别。

发展中国家技术创新过程中的通货膨胀问题在资本主义生产关系基础上是难以解决的。即使采取发展资本密集型经济与发展劳动密集型经济并重的方式，使财政与国际收支状况不至于像首先发展资本密集型经济时那样恶化，但由于国内经济与资本主义世界市场密切地联系在一起，世界通货膨胀所引起的物价上涨会波及国内，而国内实行的反通货膨胀措施或者将影响国内的经济增长率和技术变革速度（如采取财政和信贷收缩政策），或者将影响国际收支（如采取收入指数化政策）。在现存资本主义世界贸易

体系和金融体系之下，以资本主义生产关系为基础的发展中国家无法将其国内经济部分与涉外经济部分（开放经济部分）截然分开。所以这个难题看来是长期存在的。

发展中国家如果要同时发展资本密集型经济与劳动密集型经济，并使二者保持协调，那么必须设法合理地配置劳动力，使劳动力适应国家经济发展的需要，配置于各个部门和地区。在资本主义制度下，劳动力市场的供求原则发挥作用。假定劳动者的生活方式、习惯、居住地点等因素不发生作用，劳动者可以自由转移，那么影响劳动力配置的主要因素将是工资率。但雇主是根据预期利润率和劳动力供求来议定工资率的。在劳动生产率过低和预期利润率太少的情况下，雇主或者停止经营，或者把工资率大大降低。在资本密集型经济与劳动密集型经济同时发展，以及在同一个部门内资本密集型企业与劳动密集型企业并存的条件下，必然有一些部门、企业和地区缺乏劳动力，因为雇主不愿增加工资，工人不愿转移到他们认为工资过低的那些地方去。唯一的办法是国家长期给雇主以利润补贴或给工人以工资补贴，从而大大增加财政开支。即使如此，事实上也不能解决劳动力合理配置问题，因为生产技术装备程度不同，资本密集程度不同，对劳动力的技术要求也不同。劳动力在部门间和地区间的转移并不是不受技术条件限制的。

与此相似的是，在资本主义条件下，雇主之间存在着激烈的竞争。当发展中国家同时发展资本密集型经济和劳动密集型经济的时候，当同一个部门或产品有可替代性的部门中资本密集型企业与劳动密集型企业并存的时候，雇主必然力求采取先进的技术装备，以维持自己的生存和扩大自己的生产。技术装备较差的企业会被淘汰、挤垮。资本将向更有利可图的部门转移。在发达资本主义国家中成为惯例的加速折旧、提前更新设备的做法,同样会出现于这样一些发展中国家内。整个经济中的资本密集程度将在激烈竞争中不断提高。于是资本密集型经济和劳动密集型经济的按比例地、协调地发展将变成一句空话。竞争与生产无政府状态也使得节约劳动的技术创新与节约资本的技术创新之间不可能保持恰当的比例。要使得技术装备较差的私营企业不被挤垮,要维持劳动生产率低的私营中小企业的生存,国家必须长期给予大量补贴。这又是财政上的一笔巨大开支。

由此看来,如果听任私人市场经济自行发挥作用,如果最大利润原则仍然是支配经济活动的根本原则,那么资本密集型经济和劳动并重的做法在发展中国家是很难实现的。对社会有好处的并不一定对私人资本家个人有好处。私人资本将朝着对自己最有利的方向发展。国民经济中某些部门将衰落,另一些部门将畸形地、过快地增长。

因此,在私人资本主义生产资料所有制的基础上,同时发展资本密集型经济和劳动密集型经济的做法在发展中国家中遇到很大阻力。这个问题从根本上说是由资本主义工业化、现代化的性质决定的。以资本主义计划化作为私人市场经济的补充,国家调节,若干产业部门国有化,浮动汇率和进口限额制等等,可以在某种程度上使经济中的资本密集型部分与劳动密集型部分在发展过程中的矛盾有所缓和,但这些都不可能是根本解决问题的途径。

这一切清楚地告诉我们,社会主义经济制度在实现现代化过程中具有很大的优越性。资本密集型经济与劳动密集型经济并重,这两部分经济按比例地、协调地发展,有计划地选择适合本国具体情况的技术创新类型，因地制宜地发展不同资本密集程度的农业、轻工业和重工业，充分利用本国丰富的劳动力资源并合理地配置于各个部门和地区，这些都只有在社会主义经济制度之下才真正切实可行。同时，在发展资本密集型经济和发展劳动密集型经济的过程中，由于一方面利用外资，引进先进技术；另一方面依靠本国的有利条件，加强产品的国际竞争能力，扩大出口，国内经济与世界市场的关系将会日益密切起来，这样会不会受到资本主义世界性通货膨胀的强烈影响呢？社会主义经济制度的优越性在这里充分表现出来：它有可能通过外贸、外汇政策的实行，防止或大大减轻资本主义世界性通货膨胀对国内经济的影响，保证社会主义经济建设的顺利进行。而这一点也是资本主义工业化、现代化过程中难以做到的。

（本文是厉以宁在1979年春季北京大学经济系举办的科学讨论会上的发言稿，后刊载于《世界经济》1979年第6期）

关于农业中资本主义发展的古典式道路和非古典式道路

一

农业中资本主义发展道路问题，不仅涉及农业中由前资本主义生产方式向资本主义生产方式过渡的一般经济规律性问题，而且也与资本主义制度下不同的土地关系形式、农业中的社会阶级结构和地租形式问题有关。马克思列宁主义经典作家在阐述这一理论问题时，曾根据对若干主要资本主义国家土地制度历史演进过程的研究，得出了关于农业中资本主义发展不同道路的概括性结论。

如所周知，英国是世界上资本主义生产方式最早确立的国家。无论在工业或农业中，资本主义生产方式都最先在英国得到充分的发展。马克思列宁主义经典作家都把英国看作古典的资本主义生产方式的国家。

关于英国农业中资本主义发展的道路，马克思做了精辟的分析。马克思是从英国土地制度的变化的具体事实出发来论述农业中资产阶级（租地农业家阶级）的形成途径和制定科学的地租理论的。马克思指出：英国农业中资本主义发展的道路就是大土地所有者以非法手段,后来又用合法手段来掠夺土地的过程。代替小农地位的,就是向大土地所有者租佃(按资本主义契约租佃)大片土地,经营农场、牧场的租地农业家阶级。马克思在《剩余价值理论》第2卷第11章"李嘉图的地租理论"中的"安德森和李嘉图发展地租理论的历史条件"一节中,对英国农业中的这条资本主义发展道路做了历史的、科学的概括。马克思写道:除英国以外,"资本主义生产在世界任何地方都不曾这样无情地处置过传统的农业关系,都没有创造出如此适合自己的条件,并使这些条件如此服从自己支配。在这一方面,英国是世界上最革命的国家。"① 简单地说,究竟什么是农业中资本主义发展的英国式道路呢?这就是"清扫领地"(把小农从土地上驱逐出去)的道路,即"毫不考虑定居在那里的居民,把他们赶走,毫不考虑原有的村落,把它们夷平,毫不考虑经济建筑物,把它们拆毁,毫不考虑原来农业的类别,把它们一下子改变,例如把耕地变成牧场,总而言之,一切生产条件都不是按照它们传统的样子接受下来,而是按照它们在每一场合怎样最有利于投资历史地创造出来"②。

恩格斯在许多著作中也对英国农业中资本主义的发展过程加以阐述。恩格斯指出,作为英国农业中资本主义发展道路的基本特征是"自耕农,即小块土地所有者"的消失。③ 这个小农阶级是在暴力掠夺下消失的,"社会革命剥夺了它,结果就产生了一种特

---

① 马克思:"剩余价值理论",《马克思恩格斯全集》第26卷第2册,人民出版社,1973年,第263页。
② 同上书,第264页。
③ 恩格斯:"英国状况,十八世纪",《马克思恩格斯全集》第1卷,人民出版社,1956年,第665页。

殊的情况：当法国的大地产被暴力分割时，英国的小块土地却被大地产侵占和吞没。"①而在小农被消灭以后，"在这些土地的基础上就产生了新的大佃农阶级，他们一租就是50英亩、100英亩、200英亩或者更多的土地，这些人就是所谓的 tenants-at-will（即每年都可以退佃的佃农）。"②这样，由于小农之沦为农业雇佣工人和租地农业家（即大佃农阶级）的出现，在英国就存在资产阶级社会的三个阶级，以及各个阶级所特有的收入：土地所有者获得地租，资本家获得利润，工人阶级获得工资。恩格斯同时还指出，正是由于英国农业中资本主义关系是通过这样一种道路发展起来，所以政治经济学中的地租论是"英国式的"。

列宁在马克思、恩格斯分析的基础上，进一步论述了英国农业中资本主义发展道路问题。列宁曾一再引用上述马克思在《剩余价值理论》第2卷《安德森和李嘉图发展地租理论的历史条件》中论述英国农业发展的那一段话。列宁认为马克思已经讲得"非常透彻"，议论得"极其精辟"，但"鉴于问题的重要"，所以列宁还是要一再引用。③ 列宁在转引了这一段话之后，接着指出："在英国，这种改造是通过革命的方式、暴力的方式来进行的，但是这种暴力有利于地主，暴力手段的对象是农民群众，农民苦于苛捐杂税，被赶出农村，离乡背井，家破人亡，流落国外。"④

---

① 恩格斯："英国状况，十八世纪"，《马克思恩格斯全集》第1卷，人民出版社，1956年，第665页。

② 恩格斯："英国工人阶级状况"，《马克思恩格斯全集》第2卷，人民出版社，1957年，第285页。

③ 参看《列宁全集》第13卷，人民出版社，1961年，第250—254页；第15卷，人民出版社，1961年，第115页。

④ 《列宁全集》第13卷，人民出版社，第253—254页。

总之,根据马克思、恩格斯和列宁对农业中资本主义发展的英国式道路的分析,可以肯定以下两个最基本的论点:

第一,英国式道路是农业中资本主义发展的古典式道路,因为:"英国关系是使现代土地所有权——被资本主义生产改变了形式的土地所有权——得到合适发展的唯一关系。在这里,英国的观点对于现代的即资本主义的生产方式来说具有古典意义。"[①]马克思主义政治经济学中关于近代社会阶级结构的理论、关于近代地租的学说是以英国式道路和英国条件的总结而发展起来的。

第二,英国式的道路是革命的道路、暴力的道路,是清扫领地的道路,它"毫不怜惜地"把一切"同农业的资本主义生产条件相矛盾或不相适应的"东西,用暴力"一扫而光",[②]从而开辟了资本主义最充分发展的关系。

农业中资本主义发展的英国式道路是农业中资本主义发展的古典式道路。从这个意义上说,一切与英国式道路有重大区别的道路都是非古典式道路。因此,首先可以这样划分农业中资本主义的不同发展道路的类型:

$$\begin{cases} 古典式道路——英国式道路 \\ 非古典式道路 \end{cases}$$

二

关于非古典式的农业中资本主义发展道路,按照马克思列宁

---

① 《马克思恩格斯全集》第26卷第2册,人民出版社,1973年,第264页。
② 同上书,第263页。

主义经典作家的论述,又可以分为两条道路:普鲁士式道路和美国式道路。

关于普鲁士式道路,马克思和恩格斯曾多次予以分析,并指出这条道路的基本特征,在于封建地主阶级在保留旧经济基础的条件下逐步使自己适应于新的经济条件。马克思指出:"在德国人那里,经济关系是由各种土地占有的传统关系,经济中心的位置和居民的一定集中点决定的。"① 列宁根据马克思在《剩余价值理论》中的分析指出:"马克思把资本在创造适合自己的土地占有制形式时所采用的各种方式做了比较。在德国,中世纪土地占有形式的改造是通过所谓改良的方式来进行的,迁就旧习惯,迁就传统,迁就缓慢地变为容克经济的农奴主领地,迁就那些经历重重困难由徭役制农民变为雇农和富农的懒惰农民所习惯的地块。"②

关于美国式道路,马克思和恩格斯也做了论述,并且特别从以下两个方面进行了论述。一方面,在不存在农奴制关系的条件下发展起来的土地私有制,主要是自耕农所有制,在一定时期内是没有绝对地租负担的,从而有利于农产品对外销售和农业生产的发展。③ 另一方面,在缺乏劳动力和土地空旷的条件下,农业中的资本主义的发展是和农业新技术的发展趋势相并而行的,从而加剧了农业本身的竞争和生产者的两极分化,加速了大生产对小生产的排挤。

---

① 《马克思恩格斯全集》第26卷第2册,人民出版社,1973年,第263页。
② 《列宁全集》第13卷,人民出版社,1961年,第253页。
③ 参看《剩余价值理论》第2卷,第13章"李嘉图的地租理论(结尾)"中的"李嘉图关于不存在土地所有权的前提。向新的土地推移取决于土地的位置和肥力"一节。《马克思恩格斯全集》第26卷第2册,人民出版社,第347—353页。

可见，马克思和恩格斯都没有把农业中资本主义发展的普鲁士式道路和美国式道路同英国式道路一样地当作古典式道路来看待。相反，他们是在考察古典式道路即英国式道路以外再来分析它们的。马克思和恩格斯认为美国农业的发展过程对于研究移民殖民地的经济是有意义的，认为普鲁士土地关系的演进在欧洲大陆上某些国家有代表性。然而马克思的地租理论和资本主义工农业相互关系的理论，则以英国式道路为依据。

列宁研究了非古典式道路，即普鲁士式道路和美国式道路的理论问题。在《社会民主党在1905—1907年俄国第一次革命中的土地纲领》内，列宁这样概括了普鲁士式道路和美国式道路的特点：

在普鲁士式道路之下，"农奴制地主经济缓慢地转化为资产阶级的容克式的经济，同时分化出少数'大农'，使农民在几十年内受着最痛苦的剥夺和盘剥。"[①]

在美国式道路之下，"地主经济已不再存在，或者已被没收和粉碎封建领地的革命捣毁了。农民在这种情况下占着优势，成为农业中独一无二的代表，逐渐转化为资本主义的农场主。"[②]

从列宁对普鲁士道路和美国式道路的分析可以看出：列宁把普鲁士道路、美国式道路同古典式道路（即英国式道路）之间的区别是分得很清楚的。

普鲁士式道路同英国式道路的区别何在呢？

区别之一：普鲁士道路是在封建贵族力量强大、资产阶级力量

[①] 《列宁全集》第13卷，人民出版社，1961年，第219页。
[②] 同上。

相对微弱的条件下实现的,是在国内资本主义关系没有充分发展的情况下实现的。因此普鲁士式道路在于维护旧的封建经济关系的基础上,使封建经济逐步自身转变为资本主义经济。英国式道路与此不同。英国式道路是在国内资本主义已充分发展和资产阶级经济力量比较雄厚的条件下实现的。它使一切生产关系尽量符合资本主义的需要,它为国内资本主义的进一步发展创造最有利的机会。

区别之二:在普鲁士式道路中,封建主义因素和资本主义因素千丝万缕地交织在一起,对直接生产者则保留了前资本主义的奴役形式,使他们受到双重的剥削。在英国式道路中,所确立的是纯粹资本主义制度的生产方式,对直接生产者进行的是资本主义剥削,一切"传统的农业制度"、"传统的经济形式"都消失了。[1]

区别之三:在普鲁士式道路中,土地所有者和农业企业经营者合而为一,在农业中形成的是两个阶级:进行资本主义生产的容克地主和仍遭受半封建剥削的劳动农民。而在英国式道路中,土地所有者和农业企业经营者是分开的,在农业中形成的是三个阶级:地主、租地农业家和农业雇佣工人。

综合这三点区别,简单地说,英国式道路是资产阶级式的演进道路,普鲁士式道路是地主式的演进道路,是改良的道路。

美国式道路同英国式道路的区别何在?

区别之一:美国式道路是"用革命手段割除农奴制大地产这一长在社会机体上的'赘瘤',然后按资本主义农场的道路自由发展的小农经济占主导地位"[2]的道路,它以暴力所施加的对象是地主

---

[1] 《列宁全集》第13卷,人民出版社,1961年,第253页。
[2] 同上书,第219页。

经济。英国式道路与此相反,它以地主采用暴力来"清洗土地"为前提,暴力所施加的对象是小农。正如恩格斯所说,前者是暴力分割大地产,后者是大地产被保留,小地产被吞并。①

区别之二:美国式道路实现的主体是小农,即"基本背景是宗法式的农民转变为资产阶级农场主"②,但是在这种"逐渐转化"以前,小农"占着优势,成为农业中独一无二的代表"。这就"必然意味着土地更加'平均'。资本主义……从比较'平均的'地产起家,然后用它建立起新的大农业。"③英国式道路则不然。小农不仅不是实现英国道路的主体,恰恰是被剥夺的对象。英国式道路实现的主体是地主和租地农业家,前者"清洗土地",出租土地,后者承租大片土地,雇用农业工人劳动。这种"农业工人同土地所有者没有任何关系。他只同农场主即用办工厂的同一原理办农场的经营资本家发生关系"。④ 大农业很快就被建立起来了。

区别之三:美国式道路是"在资本主义制度下可能有的条件中……对人民群众最有利"⑤的道路;循着这样一条道路发展,不仅使生产力可以充分发展,而且"使农民群众能获得最好的(在商品生产条件许可的范围内)生活条件。"⑥英国式道路则与此不同。尽管英国式道路对生产力的发展是有利的,但它却是一条使农民"离乡背井,家破人亡,流落国外"⑦的道路。英国式道路是使农民

---

① 参看《马克思恩格斯全集》第 1 卷,人民出版社,1956 年,第 665 页。
② 《列宁全集》,第 13 卷,人民出版社,1961 年,第 216 页。
③ 同上。
④ 《马克思恩格斯全集》第 4 卷,人民出版社,1958 年,第 335 页。
⑤ 《列宁全集》第 15 卷,人民出版社,1961 年,第 134 页。
⑥ 《列宁全集》第 13 卷,人民出版社,1961 年,第 223 页。
⑦ 同上书,第 254 页。

群众赤贫化、无产阶级化的道路,它的反农民性质是十分清楚的。

此外,美国式道路一般是在自由土地上实现的(但并非必然和"自由土地"联系在一起,如果以革命的暴力打碎大地产,建立小地产的话)。列宁指出:美国式道路的农业中资本主义发展的基础是"自由农民在自由土地上的自由经济。所谓自由土地,就是它一方面摆脱了中世纪的一切羁绊,摆脱了农奴制度和封建制度,另一方面又摆脱了土地私有制的羁绊。"① 英国式道路的实现则和这个条件完全无关。

综合以上几点区别,简单地说,美国式道路是"农民式的"演进方式,② 英国式道路是资产阶级式的演进方式。

由此可见,在非古典式道路中,无论普鲁士式道路或美国式道路都和古典式道路,即英国式道路有显著不同。普鲁士道路和美国式道路都是在特定条件下,即不同于英国的条件下发展农业中资本主义的道路。马克思在考察英国式道路时,曾"把资本在创造适合自己的土地占有制形式时所采用的各种方式做了比较",③ 也就是说,马克思曾把普鲁士式道路、美国式道路同英国式道路做过比较。为什么马克思的地租理论、关于资本主义社会阶级结构的理论、关于资本主义制度下工农业相互关系的理论不以普鲁士式道路或美国式道路做依据呢?为什么要以英国式道路做依据呢?显然,马克思认为英国式道路是古典的、一般的、正常的,普鲁士式道路或美国式道路是非古典的、非一般的、特殊的。根据一般而总结出来的马克思政治经济学的基本原理,才有最普遍的、最概括的

---

① 《列宁全集》第 15 卷,人民出版社,1961 年,第 114 页。
② 《列宁全集》第 13 卷,人民出版社,1961 年,第 226、225 页。
③ 同上书,人民出版社,1961 年,第 253 页。

理论意义。

现在,我们根据马克思列宁主义关于农业中资本主义发展道路的学说,可以对不同的道路进行这样的划分:

{
　古典式道路——资产阶级式的演进方式——英国式道路
　非古典式道路 { 地主式的演进方式——普鲁士式道路
　　　　　　　　 农民式的演进方式——美国式道路
}

三

但马克思列宁主义关于农业中资本主义发展的古典式道路和非古典式道路的学说,在一些政治经济学书籍中并未做充分的阐释。有些同志对于马克思列宁主义经典作家们关于这个问题的学说的理解是不全面的。他们往往忽视了马克思主义关于古典式道路的学说,而把关于两条非古典式道路的学说当作马克思列宁主义政治经济学理论中关于这个问题的主要内容,甚至全部内容。

在这里,只准备举最近国内出版的两个高等院校试用教材为例。

在南方十六所大学《政治经济学教材》编写组编写的大学试用教材《政治经济学(资本主义部分)》中这样写道:"由于各个国家的历史条件不同,资本主义土地所有制形成的特点也有所不同,不过,概括起来,不外是这样两条道路,一条是封建地主经济逐渐演变的道路,即改良的道路;另一条则是消灭封建地主经济的道路,即革命道路。前一条道路是在保留农奴制的残余的基础上发展资本主义农业,因而发展非常缓慢,农民长期遭受双重剥削的痛苦,在历史上以普鲁士为代表,所以又叫普鲁士式道路;后一条道路是彻底摧毁封建大地主经济,通过小农经济的迅速分化,农民的小土地所有制逐渐为资本主义大土地所有制所代替,历史上美国资本主义农业就是循着这样的道路发展起来的,因此,这条道路也称为美国式道路。"①

由吉林大学经济系组成的编写组编写的高等院校试用教材《政治经济学教科书(资本主义部分)》中这样写道:"资本主义土地所有制是在资本主义剥削下的土地占有形式。它是从封建土地所有制和个体农民的小土地所有制演变而来的。概括起来,它主要通过两条道路:一条是改良的道路。即在保留封建土地所有制的条件下,逐渐用资本主义剥削代替封建主义剥削,形成资本主义土地所有制关系。在历史上以普鲁士为代表,所以叫普鲁士式道路。另一条是革命的道路。即在摧毁封建土地制度的基础上,使小农经济迅速两极分化,封建土地所有制和农民的小土地所有制被资本主义土地所有制所代替。历史上以美国为代表,所以叫美国式道路。"②

以上这两部高等院校试用教材在谈到农业中资本主义道路时,都只谈到普鲁士式道路和美国式道路。

与此有所不同的是北京大学经济系政治经济学第一教研室编写的《政治经济学(资本主义部分)》和赵玉林同志主编的《政治经济学原理》中的有关论述。在前一本书中,是这样论述的:"在英国,农业的资本主义化,是在资本原始积累时期,通过'圈地运动'剥夺广大农民的土地发展起来的。从十六世纪至十八世纪,地主

---

① 四川人民出版社,1980年,第319页。
② 吉林人民出版社,1981年,第226页。

阶级和新兴资产阶级运用暴力手段,强迫农民与生产资料相分离,把农民变成出卖劳动力的雇佣工人,把分散的土地集中成资本主义大农场。在其他国家,资本主义在农业中的发展通过两条不同的道路,即普鲁士式的道路和美国式的道路。"① 后一本书的阐释如下:"资本主义土地所有制的形成,是资本主义在农业中发展的必然结果。在英国,农业的资本主义化,是在资本原始积累时期,通过'圈地运动'剥夺农民土地发展起来的。其他国家的情况与英国不同,它们分别经历了不同的道路。概括起来,不外有两条道路,即列宁所指出的普鲁士式的道路和美国式的道路。"② 由于这两本书在谈到农业中资本主义发展道路时,都先谈英国的情况,并指出在英国以外的其他国家,农业中的资本主义道路才有普鲁士式道路和美国式道路的区分,因此,它们关于这个问题的阐释是较完整的。

有些同志之所以认为不存在英国式道路,可能是出于这样一种考虑:假定存在一条英国式道路的话,为什么列宁的著作中只提"资产阶级农业演进的两条道路",而不提"三条道路"呢?

其实列宁早已做了论述。列宁在《社会民主党在1905—1907年俄国第一次革命中的土地纲领》中,在论述这一问题时把普鲁士式道路、英国式道路和美国式道路并列。列宁先谈普鲁士式道路的特点,再谈英国式道路的特点,最后谈美国式道路的特点。③ 列宁认为把这三条道路并列是马克思的研究成果。列宁是完全同意马克思的这种比较研究的结论的。

---

① 吉林人民出版社,1980年,第352页。
② 广西人民出版社,1981年,第361页。
③ 参看《列宁全集》第13卷,人民出版社,1961年,第253—254页。

不错,列宁在许多场合中只提到普鲁士式道路(即地主式的演进)和美国式道路(即农民式的演进)这两条道路。怎样认识这个问题呢? 必须从列宁提出这个问题的任务和条件来看。列宁是针对俄国当时的情况而提出上述两条道路问题的。俄国根本不存在循英国式道路发展的前提:俄国的资本主义关系微弱,资产阶级力量薄弱。俄国缺乏在农业中可以运用的充足的资本,而充足的资本正是按英国式道路发展资本主义大租佃制的不可缺少的条件。反之,俄国现实生活中存在的则是循普鲁士式道路和美国式道路发展的条件,并且事实上,正如列宁所指出的,这在俄国经济生活中已经是具有现实意义的问题了,即俄国中部地区存在农奴制压迫的地方,是循普鲁士式道路发展的,俄国边疆地区,不存在农奴制压迫的地方,是循美国式道路发展的。① 因此,列宁根据俄国的具体情况提出两条道路择一的问题。

列宁是这样论述的:

"各阶级在**俄国**革命中提出的两种土地纲领,其基础就是这两种**可能的**资本主义农业演进形式"②(黑体是引者加的,下同)。

"我国地方公有派的一切荒唐行为的基本根源,就在于他们不了解**俄国可能有的**两种资产阶级土地变革的经济基础……"③

"**俄国内地的**农业区和**边疆的**农业区,向我们表明了由这种或那种农业演进形式占优势的两种不同地区在所谓空间上或地理上的分布情形……"④

---

① 参看《列宁全集》,第13卷,人民出版社,1961年,第220—221页。
② 同上书,第233—234页。
③ 同上书,第255页。
④ 同上书,第221页。

"在1861年以后,这两条资本主义发展道路在**俄国**都表现得十分清楚……国家今后发展的全部问题就是:这两条道路中究竟哪一条道路取得最后的胜利?"①

"目前在俄国**只有两种可能**,或者是普鲁士容克式的缓慢而痛苦的资产阶级演进,或者是美国式的迅速而自由的演进,**其余一切**都不过是幻影而已。"②

从这里可以看出,列宁对这个问题的分析是从俄国现实条件出发的。

从这里也可以看出,列宁从未否认英国式道路的存在,只是因为这条道路对俄国来说并无实现的可能性,所以列宁只提出两条道路的择一问题,而不提出三条道路的择一问题。

也许有些同志会认为,只有普鲁士式道路和美国式道路才是有典型意义的道路,所以要对它们进行研究;至于英国式道路,即使它存在,算是一条道路吧,但它是没有典型意义的,把它拿来同普鲁士式道路或美国式道路并列,是不相称的,所以不可单独提出它来。

我感到,那种认为英国式道路没有典型意义的看法,是不正确的。试问,如果英国式道路没有典型意义,那么马克思怎么会根据它制定资本主义地租理论、社会阶级结构理论呢?当然,在发达的资本主义国家中,有些国家的农业发展过程与普鲁士式相似,有些国家的农业发展过程则与美国相似,它们的发展过程和英国是有所不同的。但这只能说明经济现象的复杂性,并不表明英国式道

---

① 《列宁全集》第15卷,人民出版社,1961年,第114—115页。
② 《列宁全集》第13卷,人民出版社,1961年,第307页。

路没有典型意义。英国式道路,即资产阶级式的农业演进途径,对于农业中从封建生产方式向资本主义生产方式过渡而言,是最典型的。正因为它具有这种典型性,所以才被马克思当作典型分析的对象。这个问题正如马克思在分析荷兰商业资本时的情形一样。马克思指出,在商业资本发展方面,荷兰是典型的、标本式的国家。但是,世界上又有其他哪一个国家的商业资本的发展会有荷兰那样纯粹的、完善的形式呢?其他哪一个国家的商业资本的发展道路同荷兰完全相同或相似呢?但这一点并不妨碍马克思选择荷兰作为分析商业资本国家的典型。

有些同志可能认为,上引马克思列宁主义经典作家们所谈的是英国资本原始积累的道路,而不是什么农业中资本主义发展的英国式道路。这些同志实际上不了解资本原始积累和农业中资本主义发展二者之间的关系。以英国为例,"清扫领地"是英国资本原始积累的内容之一,但清扫领地本身不等于农业中资本主义发展的英国式道路,它只是英国式道路的一个前提。必须在清扫领地的基础上,即在地主驱逐了小农之后,地主把土地大片租佃出去,小农沦为农业雇佣工人,资本主义大农业才发展起来。这两个过程是衔接的。

其实,普鲁士式道路和美国式道路同普鲁士的资本原始积累和美国的资本原始积累之间的关系不也与此相同么?

强迫赎买,即地主强迫农民缴纳大笔货币,是普鲁士资本原始积累的内容之一。容克地主正是利用这种赎买,自身逐步适应于资本主义生产条件,把被迫缴纳赎金的农民变为自己奴役的对象。

掠夺另一个民族的土地,是美国资本原始积累的内容之一。美国的自由农场制正是在这种自由土地(即原来属于印第安人的土地）的基础上发展起来的。

由此可见，农业中资本主义发展的不同道路是和资本原始积累的不同方式相适应的。这更说明了农业中资本主义发展的英国式道路是一条不容与普鲁士式道路或美国式道路混淆的道路。

要知道，农业中资本主义发展道路问题不在于它们是英国的、普鲁士的、美国的道路，即不在于每一条道路的国别意义，而在于每一条道路所代表的阶级内容和它所体现的阶级性质。

英国式道路是资产阶级式的资本主义农业发展道路，普鲁士式道路是地主式的资本主义农业发展道路，美国式道路是农民式的资本主义农业发展道路。可能成为农业中资本主义发展的中心人物的，只有这三个阶级。如果地主自身向资产阶级转化，这就是地主式的演进道路。如果租地农业家成为资本主义农业中的中心人物，这就是资产阶级式的演进道路。如果自耕农在资本主义农业发展中占着优势，这就是农民式的演进道路。因此农业中资本主义发展的道路存在着上述三种类型。至于英国、普鲁士、美国以外的其他各个资本主义国家的农业发展过程，则分别按其所具有的阶级性质而分列到上述三条道路之一中去。例如，俄国有农奴制的地区，农业中的资本主义有可能循着普鲁士式道路发展，边疆的无农奴制地区的农业有可能循着美国式道路发展；又如1792年以后的法国农业是循着美国式道路发展的，虽然法国不存在空闲土地，但雅各宾专政打碎了封建土地所有制，形成了小块的自耕农地产，然后再在小自耕农的土地上分化出资本主义的农业资本家。这种以暴力即以革命方式打碎大地产，建立小地产，不是英国式的演进，而是农民式的演进。从这个意义上说，法国农业中资本主义的发展道路同美国农业中资本主义的发展道路是相似的。如果把美国式道路说成是美国—法国式道路,也未尝不可。①

当然,这是就资本主义国家中的农业发展道路而言。关于第一次世界大战,特别是第二次世界大战以后发展中国家的农业中的资本主义道路,可能另有典型形式和非典型形式。在马克思、恩格斯和列宁的著作中还不可能对这种现象进行细致的分析。这个问题需要结合发展中国家的具体情况进行研究、分析。同时,在这里还应当考虑到发展中国家历史上所遭受的殖民主义统治以及目前还存在着封建势力和帝国主义势力,那里的资产阶级又明显地分为大资产阶级和民族资产阶级,因此不能把上述三条道路生硬地套用于发展中国家。

四

可以把本文所述小结如下:

根据马克思、列宁等经典作家的论述,可能成为农业中资本主义经济代表人物的有三个阶级:资产阶级、自身向资产阶级转化的地主、作为小私有者的农民。与此相应,农业中资本主义发展有三条道路。

第一条道路,即资产阶级式的演进道路。在历史上,英国是这条道路的代表。这是一条古典式的道路。它的前提是:资本主义关系在农业以外的领域(即在工商业中)已有相当程度的发展,资产阶级的经济力量比较强大。这条道路在英国是通过圈地方式来

---

① 当然,这并不等于否认法国农业中资本主义的发展具有自身的特点,也不是说法、美两国农业中资本主义的发展是没有区别的。这正如农奴制废除后的俄国农业中资本主义的发展虽然属于普鲁士式道路的类型,但仍有其自身特点一样。

实现的。圈地使地主驱逐了小农,把大片土地租给农业资本家。这条道路是有利于剥削阶级的。通过这条道路,建立了典型的资本主义农业,在农业中存在着以下三个阶级:地主——作为土地所有者;农业资本家——作为农业经营者;农业雇佣工人——作为受剥削的农业劳动者。

第二条道路,即地主式的演进道路。在历史上,普鲁士是这条道路的代表。这是非古典式道路之一。它的前提是:资本主义的发展很微弱,地主的政治经济力量强大。这条道路在普鲁士是通过赎买方式实现的。赎买使地主积累了巨额资本,自身转化为农业资本家。这条道路也是有利于剥削阶级的。通过这条道路所建立的农业,是保留了封建残余的资本主义农业。在农业中,一般说来只存在两个阶级:地主兼资本家(既是土地所有者,又是农业经营者)、劳动农民(受到前资本主义和资本主义双重剥削的生产者)。

第三条道路,即农民式的演进道路。在历史上,美国是这条道路的代表。这也是非古典式道路之一。它的前提是,在资产阶级革命比较彻底的条件下,用革命的暴力摧毁了封建土地大地产,建立小农经济,或者是,在没有封建主义关系的土地上所建立起来的小农经济。在这里,土地所有者、农业经营者和农业劳动者三者通常是合一的,即小农一身三任。这条道路是在资本主义社会中可能出现的一条最有利于劳动者阶级的道路,但小农经济是十字路口的经济,它必然向两极分化,在小农经济分化的基础上再形成大资本主义农业。

(本文是厉以宁1983年4月在北京大学经济系研究生比较经济史讨论班上的报告,后收入《厉以宁经济论文选(西方经济部分)》,河北人民出版社,1986年)

评都留重人关于资本主义"变质"问题的研究

都留重人是日本著名经济学家，1935年毕业于美国哈佛大学，第二次世界大战结束后历任日本经济稳定委员会副主席、一桥大学教授、经济学部主任、一桥大学校长。

都留重人关于资本主义"变质"问题的中心思想是他的"剩余社会化"学说，其中主要包括他以"剩余形式"来判断社会性质，并主张通过改变剩余形式来导致资本主义"变质"等一系列论点。

马克思指出："分配的结构完全决定于生产的结构，分配本身就是生产的产物，不仅就对象说是如此，而且就形式说也是如此。就对象说，能分配的只是生产的成果，就形式说，参与生产的一定形式决定分配的特定形式，决定参与分配的形式。"① 在资本主义之下，资本家阶级之所以无偿地占有剩余价值，正是凭借着它对生产资料的所有权，而都留重人则否定了生产决定分配的原则，把分配看成是不依赖生产资料所有制为转移的过程，认为只要对资本主义的分配形式进行调整（如政府管制价格、实行社会保险制度、征收累进率更大的赋税、实行最低工资法等），就可以使资本主义

---

① 马克思："《政治经济学批判》导言"，《马克思恩格斯选集》第2卷，人民出版社1972年版，第98页。

改变性质。这就是他的剩余社会化学说。由于剩余社会化学说在当代西方社会有一定影响,所以我们有必要进行专题讨论剖析。

一、都留重人论资本主义"变质"问题

都留重人主编的《资本主义改变了吗？关于现代资本主义性质的国际讨论集》一书,1961年出版于东京。这本书在英、美经济学界很受重视。讨论集包括以下几篇文章。都留重人写的四篇:"序言"、"资本主义改变了吗？"、"未解决的问题——代结论"、"对资本主义的看法";约翰·斯特拉彻(英国)写的"资本主义改变了吗？";保罗·斯威齐(美国)写的"资本主义改变了吗？";夏尔·贝特兰(法国)写的"评都留重人的'对资本主义的看法'";雅可夫·克隆罗德(苏联)写的"资本主义经济中的结构变化和周期性危机问题";莫里斯·多布(英国)写的"资本主义改变了吗？";保罗·巴兰(美国)写的"论消费不足";约翰·肯尼思·加尔布雷思(美国)写的"经济权力和资本主义的继续存在"。其中,都留重人的文章占全书篇幅的一半。其他人写的文章中,有三篇针对都留重人提出的观点进行评论:斯特拉彻基本上同意都留重人的观点;斯威齐部分地、有保留地同意都留重人的观点;贝特兰不同意都留重人的观点(他把都留重人提出的通过改变剩余形式而促使资本主义逐渐"变质"的主张称作"反动的乌托邦"[①])。

都留重人关于资本主义"变质"问题的看法可以简单归结如

[①] 贝特兰:"评都留重人的'对资本主义的看法'",载都留重人主编《资本主义改变了吗？——关于现代资本主义性质的国际讨论集》,东京,1961年,第107页。

下。他认为资本主义与其他社会经济制度的区别在于彼此剩余形式的不同;要使资本主义"变质",就要改变它的剩余形式,即削弱私人资本对剩余的占有,使剩余成为社会控制的基金;只要剩余形式变了,社会性质也就变了。

都留重人的这一观点对于"资本主义变质论"的发展而言,是相当重要的。"资本主义变质论"在 20 世纪 40—50 年代内就已出现。当时虽然已有一些西方经济学家从收入分配、福利设施等方面来论证资本主义的变质,但一般来说,"国有化"学说和"人民资本主义"的"股权民主化"学说是当时的"资本主义变质论"的主要代表。后者是在生产资料所有制方面着手论证,认为资本主义所有制如果发生了变化(变为国有制了,或"人人是资本家"了),资本主义也就变了质。都留重人与此不同。他以批判"人民资本主义"的姿态出现,他不同意股权分散的论点,他认为资本主义的基本性质由剩余采取利润形式这一点决定,股权的分散并未否定剩余采取利润形式,从而他得出资本主义至今尚未"变质"的结论。① 他所提出的改变剩余形式来使资本主义"变质"的论点,就是从理论上把"变质"问题由生产资料所有制领域引入分配领域。这一点正反映了 60 年代以来"资本主义变质论"的特色。

当然,正如资本主义"变质"问题并非都留重人首先提出来的一样,甚至收入社会化方面的主张也不是他首先提出来的,同时,剩余学说原是经济学中早已存在的。都留重人理论的特点是:把"变质"问题和剩余问题从理论上联系在一起,强调以剩余形式的

---

① 参看都留重人:"资本主义改变了吗?",载都留重人主编:《资本主义改变了吗?——关于现代资本主义性质的国际讨论集》,东京,1961 年,第 53、56 页。

变化来判断社会性质的改变与否。

1. 都留重人认为,应根据不同的剩余形式来区别各种社会经济制度

都留重人说:第二次世界大战以来,有些经济学家谈到了资本主义的"变质",但他们的主要问题是不能划清资本主义和社会主义这两种社会经济制度之间的基本区别。有些人甚至认为资本主义和社会主义二者已变得越来越难以区分了。这些人通常提出这样的论据,即某些资本主义国家内,公有制成分在经济中占据着相当大的比重,而同时,社会主义国家近来却转入分散化的决策方面,并较大程度地利用着价格调节作用。另有一些经济学家对社会主义下了错误的定义,如丁伯根把社会主义的定义表述为"对全体人民的福利的社会共同负责"。因此都留重人认为很有必要论述一下区分各种不同的社会经济制度的标准问题。在他看来,只有把这个问题弄清楚了,才能讨论和判断资本主义是否已经"变质"。①

都留重人认为,要区别各个不同的社会经济制度,那就需要回答这样一个问题:谁掌握剩余?或者说,剩余采取何种制度形式?他认为这是在经济方面确定一种社会经济制度与另一种社会经济制度的"最有成效的方法"、"最便利的方法"。②

关于这一点,都留重人论述道:任何一个社会,当它在总生产率方面取得进展而超过满足该社会成员生活必需的阶段时,可以认为它有了生产一种剩余的潜力。随着生产力的进一步发展,通

---

① 参看都留重人:"资本主义改变了吗?",载都留重人主编:《资本主义改变了吗?——关于现代资本主义性质的国际讨论集》,东京,1961年,第40—41页。

② 参看同上书,第41页;都留重人:"对资本主义的看法",载同上书,第210页。

常被看作生活必需品的那一部分,在数量上和质量上可能逐渐变化,而潜在的剩余的数额也会逐渐发生这种变化。这就是剩余的技术方面,它可以多多少少独立于该种经济制度的形式来讨论。但剩余还有另一个方面,即它的制度方面。剩余的这个方面与经济组织的特定形式不可分割地联系在一起。例如,在封建制度之下,剩余是被封建统治阶级所占有,并以它所特有的方式来处置;在资本主义之下,它采取为资本家阶级所占有的剩余价值的形式,仍然以该制度所特有的方式进行处置。剩余的处置方式虽然看起来主要取决于技术条件,但在很大程度上是同剩余所采取的制度形式有关的。在资本主义之下,剩余基本上采取利润的形式。私人占有的资本构成资本主义社会中的经济活动的基本单位,它的基本特性是继续不断地增殖。如果资本是呆滞的,或者资本不继续增殖,它也就不成为资本了。在社会主义之下,剩余采取社会基金的形式。在技术条件给予的限度之内,剩余的大小由社会所控制,并直接取决于集中计划规定的投资额。如果中央计划机构因某种理由而决定降低投资水平,它们可以通过下列措施而达到这一目的,即适当地降低消费品的价格,从而自动地把剩余的数额减少到所要求的水平。剩余的减少并不妨碍对资源的充分利用。[①]

总之,都留重人的论点可以归结为:应根据剩余形式(the form of surplus)来区分封建社会、资本主义社会和社会主义社会。

封建社会——剩余采取向封建领主直接交付实物和劳务的形

[①] 参看都留重人:"资本主义改变了吗?",载都留重人主编:《资本主义改变了吗?——关于现代资本主义性质的国际讨论集》,东京,1961年,第42页;都留重人:"对资本主义的看法",载同上书,第211页。

式,供封建领主个人挥霍。

资本主义社会——剩余采取利润的形式,归生产资料的主人所占有,主要用于对新生产资料的投资。

社会主义社会——剩余采取社会基金的形式,按照社会的决定来使用。①

2. 都留重人对资本主义社会中剩余形式的分析

都留重人根据剩余形式这一标准来区别各种社会经济制度,并提出以"剩余采取利润形式"作为资本主义的特征之后,接着表述了资本主义社会中剩余形式的以下四方面的内容。

(1)利润是推动经济活动的动力。

都留重人说,私人资本总是力图追求最大限度的利润,并通过竞争来达到这一点。

(2)利润是在私人资本的控制之下实现的。

都留重人说,尽管剩余是社会生产率发展的成果,但在资本主义制度下,它采取利润的形式。私人资本认为利润应当归于自己,并且实际上确实把利润据为己有。

(3)利润一般用于投资。

都留重人说,由于资本主义的竞争,私人资本必须不断扩大,而要使资本不断扩大,就需要不断把利润用于投资。这因为在资本主义竞争条件下,如果不把利润用于投资,改进设备,资本就会在竞争中失败。

都留重人表述了上面三点之后写道:看起来,利润的水平越

---

① 参看约翰·斯特拉彻对都留重人观点的归纳。载都留重人主编:《资本主义改变了吗?——关于现代资本主义性质的国际讨论集》,东京,1961年,第75页。

高,资本主义经济的增长就会越快,但这里还包含着另外一个主要问题:利润能不能实现呢?利润不是自动实现的。为了实现利润,每个个别资本必须采取各种各样的手段,即每个个别资本必须想方设法把自己的产品卖出去。这样就引出了资本主义社会中剩余形式的第四方面的内容。

(4)为了使利润得以实现,资本主义到处存在一种销售的压力(pressure to sell)。

都留重人说,销售的压力的存在,是与下述情况直接有关。每个个别资本根据市场中的各种"晴雨表"(如价格、利息率、工资率等等)的指示来决定自己的生产量,它们的生产计划是各自一套,而不构成预定的社会计划的一部分;加之,各种"晴雨表"远远不能完善地起作用,所以各个个别资本生产出来的产品不能保证卖掉。在资本之间竞争的影响下,销售的压力必定越来越强烈。这种销售的压力在资本主义社会中到处存在。[①]

都留重人说,资本主义社会中剩余形式的上述四方面的内容并不是什么新东西,但他感到仍有必要再表述一遍,这一方面因为便于进行资本主义"变质"问题的讨论,另一方面因为现在有些讨论这一问题的人未能充分了解这些基本点,因此在讨论资本主义是否"变质"时,不能对资本主义的特征、即它的剩余形式进行分析,而得出错误的结论。

都留重人的看法是:从资本主义的剩余形式来看,以美国来

[①] 参看都留重人:"资本主义改变了吗?",载都留重人主编:《资本主义改变了吗?——关于现代资本主义性质的国际讨论集》,东京,1961年,第45—46页。

说,不能认为美国的资本主义的基本性质已经改变了。①

3. 都留重人认为,从上述标准来判断,在美国,资本主义的基本性质并没有改变

都留重人是这样展开论证的:

他问道,第一,我们能够说利润不再是推动经济活动的主要动力吗?

他接着说:19世纪末期以来,公司理论是在利润最大化的原则之上发展起来的,公司行为事实上也符合利润最大化这一原则。目前,虽然公司负责人中只有少数人会承认自己力图使利润最大化,虽然一家公司在决策时也常常考虑利润最大化以外的因素,但如果问题在于对一家资本主义公司行为进行客观的分析,而不是资本家主观上感觉到他们在从事什么,那么应当说,一切关于利润最大化以外的因素的考虑的焦点仍是保证所投资的资本赚取利润的能力,资本所固有的使自身增殖的本性至今本质上没有改变。资本家要进行任何一笔投资,总要考察预期的利润如何,这一基本观点仍然是不成问题的。

第二,能够说利润不再归资本家掌握了吗?

都留重人认为利润至今仍然归资本家掌握。关于公司所有权分散的问题,以及公司所有权和管理权分离的问题,他说道:不管公司所有权是否分散了,或分散到何种程度,人数众多的外界的小股东不能支配利润的处置方式,而且分给股东们的股息只是总利润的一部分,总利润中越来越大的部分是公司保留利润,它仍然在

---

① 参看都留重人:"资本主义改变了吗?",载都留重人主编:《资本主义改变了吗?——关于现代资本主义性质的国际讨论集》,东京,1961年,第61页。

公司经理部门手中。至于公司经理成绩好坏的判断标准,则是他能否保持资本赚取利润的能力。所以公司所有权的分散,以及公司所有权与管理权的分离,并不否定利润仍然归资本家掌握这一命题。

关于公司所得税的问题,都留重人认为,这里首先涉及公司所得税能否转嫁出去。通常认为公司所得税是从已赚得的利润中直接抽走的,所以它不能转嫁,但如果考虑到美国的垄断企业常常能够"管理"自己的产品的价格,所以不能排除垄断企业把公司所得税实际上当作一种间接营业税来对待的可能性。总之,公司所得税转嫁问题是个复杂的理论问题,暂且把它搁在一边。如果从美国的统计资料来看,可以这样认为,在征收公司所得税后,1956年美国公司税后利润同公司净资产之比(11.3%)还高于1929年的数字(10.6%)①,这表明利润归私人资本掌握的情况并没有什么变化。

第三,能够说利润不一定用于投资了吗?

都留重人说,尽管利润中有一部分是用作个人消费基金,但基本情况仍同过去一样,大笔利润仍然是用于投资的,这是因为在当前资本主义竞争的条件下,资本只有通过不断致力于设备更新,才能保住自己的地位。特别是由于股息在总利润中所占的比重比战前减少了,公司保留的利润所占的比重增大了,公司保留利润不用于投资,又用于什么目的呢?

第四,能够说资本主义社会中销售的压力比以前减弱了吗?

---

① 都留重人:"资本主义改变了吗?",载都留重人主编:《资本主义改变了吗?——关于现代资本主义性质的国际讨论集》,东京,1961年,第52页,第2表。

都留重人认为,虽然对于一部分产品,如农产品和原料之类的基本商品,实行了价格支持,但就一般工业品来说,销售的压力反而增大了。在帝国主义时代盛期通常看到的那些确保市场的露骨的方法现在不再被容许,但代之而起的是影响消费者去购买特定产品的巧妙得多的方法。销售费用大为增加。美国经济的神经中枢如今已由华尔街转到麦迪森大街。人们一时一刻也摆脱不了资本主义社会中现代商业活动的狡猾的或粗鲁的袭击。

都留重人指出,从资本主义社会中剩余形式的上述四方面的内容来分析,可见美国资本主义的基本性质没有改变。尽管出现了一些新的倾向,甚至可以预料有更多的新倾向将会出现,但资本主义的特征在美国仍然肯定存在。[1]

他认为,既然如此,可见战后一些年来美国经济中的持续繁荣并不是由于美国资本主义的基本性质改变的结果,这一繁荣仍可以用资本主义所固有的因素来说明。同时也可以预料,美国资本主义经济将继续保持它多年来作为特征的经济繁荣与萧条。

都留重人说,像美国这样的资本主义经济之所以不可能持续繁荣,这是由资本主义的剩余形式决定的。在资本主义制度下,剩余采取利润的形式,利润是主要动力。如果没有高利润,就不能保持充分就业;而高利润意味着高投资,但高到足以保持充分就业的投资水平常常会超过该制度所产生的购买力,所以萧条仍是不可避免的。当然,这并不一定意味着要发生1929年那样的危机。资

---

[1] 参看都留重人:"资本主义改变了吗?",载都留重人主编:《资本主义改变了吗?——关于现代资本主义性质的国际讨论集》,东京,1961年,第56页。

本主义制度下经济波动所采取的具体形式必定随着该制度的发展而变化；正如许多年前的那种粗暴的帝国主义侵略方法已不再适用了一样，极端猛烈的波动形式也很可能一去不复返了。①

4. 都留重人提出：要使资本主义"变质"，应当改变剩余形式

都留重人认为，尽管美国资本主义的基本性质至今仍未改变，但无论在美国，或者在西欧和日本，资本主义是可以改变的。所以，"资本主义是否已经改变"的问题将无疑转入另外一个问题，即"如何才能改变资本主义"。资本主义可以改变，对这一点，在参加讨论会的人看来，似乎没有什么争论。有些人会说，当然可以改变资本主义，许多国家中的工人运动如今不正是为了改变资本主义吗？所以，重要的问题是如何改变它。都留重人指出，在分析资本主义与其他社会经济制度的区别时已经说过，不同的剩余形式是区分各种社会经济制度的标准，所以，要使资本主义"变质"，就应当改变资本主义所特有的剩余形式。

都留重人说：资本主义的特征是剩余归私人资本占有，社会主义的特征是剩余成为社会控制的基金，所以资本主义转变为社会主义的战略应着重于改变剩余形式，即削弱私人资本对剩余的占有，而使之逐步成为社会控制的基金。这样一种战略与传统的想法，即根据生产资料所有制形式来区分资本主义和社会主义的想法，并不矛盾。生产资料是一个存量（stock），剩余是一个流量（flow）。要使资本主义"变质"，采取与流量形式有关的措施来改

---

① 参看都留重人："资本主义改变了吗？"，载都留重人主编：《资本主义改变了吗？——关于现代资本主义性质的国际讨论集》，东京，1961年，第57页；都留重人："对资本主义的看法"，载同上书，第220页。

变流量的形式,在战略上是比较容易的。①

都留重人接着说:像英国和日本这样一些国家中的社会主义政党现在面临的问题是如何和平地和逐渐地完成由资本主义向社会主义的转变。当然,不同的经济和政治环境呈现不同的可能性。只要不局限于突然推翻资本主义的战略,那就可以有多种多样的方法。资本主义向社会主义的逐渐转变,并不一定是"糖衣裹着的丸药"。也不能认为存量社会化(socialization of the stock)是"丸药",而流量社会化(socialization of the flow)是"糖"。正如某一种存量的社会化比其他某种存量的社会化要难一些,流量的社会化方面也存在类似程度的困难。但根据工业的性质、所有制的性质和分配以及目前的经济条件,流量的社会化很可能比存量的社会化更易于尝试,从而应当充分利用这样一种可能性。特别是在垄断资本主义阶段,在普遍存在管理价格的场合,有可能利用价格管制来达到使一部分剩余流量社会化的目的。为什么利用价格管制能达到这一目的呢?这是因为在管理价格的条件下,平均利润率规律不再充分起作用了,政府就能比较容易地采取价格管制的政策,尤其是对于一些中间产品的价格而言是这样。政府对价格的管制,能压低价格中的剩余价值部分,使得受到管制的产品的售价低于它的"价值"。受到这种价格管制的工业则将从政府监督的公共来源中得到投资基金。换言之,这种价格政策在某种程度上类似苏联在生产资料价格管制方面的做法。都留重人认为,通过

---

① 参看都留重人:"资本主义改变了吗?",载都留重人主编:《资本主义改变了吗?——关于现代资本主义性质的国际讨论集》,东京,1961年,第64—65页;都留重人:"对资本主义的看法",载同上书,第220—221页。

这样一种办法,就能特别有效地实现流量的社会化。①

除了通过政府对价格的管制办法以改变资本主义的剩余形式之外,都留重人还谈到了其他一些办法。

他列举了这样几项办法:②

1. 改进社会保险制度;
2. 实行有更大的累进率的赋税制度;
3. 实行最低工资法。

他认为这些政策只要有力地推行,将"影响到有利于赚取工资的阶级的收入重新分配","意味着对于在资本主义制度下采取利润形式的剩余的某种侵占"③。这些措施甚至在一个以资本主义为方向的政党当权时也是可以实行的。他接着说:"人们有时断言,由一个资产阶级国家提议和实施的社会保险制度或最低工资法无非是欺骗工人的一种手段,或者说,如果没有一个当权的社会主义政党把生产资料社会化,那么国家权力是不能够增进工人阶级的阶级利益的。我认为这些看法在使用国家的阶级性的概念方面是过分机械了。"④

关于国家的性质问题,都留重人是这样解释的。他说:在一个阶级社会中,国家肯定不是阶级冲突中的中立的仲裁人。任何一个政党,如果它致力于真正的社会主义纲领并为在资本主义社会中执掌政权而奋斗,那么在议会中获得多数席位这一首当其冲的

---

① 参看都留重人:"未解决的问题——代结论",载都留重人主编:《资本主义改变了吗?——关于现代资本主义性质的国际讨论集》,东京,1961年,第193—195页。
② 参看同上书,第190页。
③ 同上。
④ 同上。

困难就好比是一道极难逾越的障碍。即使它能够克服这一困难，只要资本主义制度依然是完整的，那么它也必将遇到资本家阶级的强烈抵抗和使经济解体的怠工。但如果一个资本主义社会中的社会主义政党经受得了资本家阶级的抵抗和怠工，并且尽管可能遇到暂时性的经济解体，仍能在群众的忠诚支持下保持自己的权力，那么这必然意味着该政党处于使基本生产方式发生转变的地位中，而国家将不可避免地具有从资本主义国家向社会主义国家过渡的性质。①

都留重人最后声明道：他是主张采取流量社会化的办法的，"当然，这样一种战略并不排除利用生产资料公有化的传统方法。但在我们看来，如果把我们注意的重点放在剩余形式上，我们就能够以逐渐演进的和灵活得多的方式来使我们的社会变得较好。"②

5. 都留重人论资本主义可能采取的各种维持繁荣的办法

都留重人从资本主义制度下剩余采取利润形式这一点出发，还提出了这样一个问题：既然利润是经济活动的主要动力，利润在私人资本控制之下，利润一定用于投资，所以资本主义制度下生产和消费之间的割裂是必然的，是越来越严重的，那么，现代资本主义有什么办法来维持繁荣呢？都留重人认为它有以下五种可供选择的办法。

1. 无偿地处理过剩产品（如援外、救济、免费分配一些产品等）；
2. 增加浪费性的支出（如和平时期的防务费用，机器的加速报废等）；

---

① 参看都留重人："未解决的问题——代结论"，载都留重人主编：《资本主义改变了吗？——关于现代资本主义性质的国际讨论集》，东京，1961年，第189页。
② 都留重人："对资本主义的看法"，载同上书，第222页。

3. 借用未来的需求;

4. 通过财政或其他办法来重新分配收入,改变收入分配的阶级结构;

5. 扩大公共经济领域,例如增加用于社会经营资本的支出。

都留重人说:这五种办法都是19世纪的资本主义所不能轻易容许的,20世纪20年代美国的繁荣也显然不是依靠其中任何一种办法来维持的,而在第二次世界大战以后,这几种办法才受到重视和得到相当大程度的运用。但这五种办法又可分为两类:前三种为一类,后两种为另一类。前三种办法在资本主义的现阶段是可以被接受的,今后也能够被更有力地推行。主要的问题是,其中像对外援助、军费、消费信贷年净增值等项目,如今同国民生产总值之比已经很高了,所以怀疑它们今后能否以大于整个国民收入增长的比例而扩大。至于第四种办法(重新分配收入)和第五种办法(扩大公共经济领域),看来今后有较大的发展余地,尤其在美国(因为它们过去发展缓慢)是如此。但必须注意到,这两种办法在本质上是对资本主义固有的原则的挑战。只要资本主义依然保持它的生命力,那么这两种办法在超过一定点之后就可能遇到顽强的抵抗;但如果美国经济不想落后于今后社会主义经济的增长率,它又不得不越来越多地采用这两种办法。这样就出现一种自相矛盾的情况:当资本主义有力量时,它不需要这些办法,当它开始需要这些办法时,采用这些办法本身却进一步导致资本主义的削弱。①

应当指出:都留重人(包括一些基本上同意都留重人观点的西

---

① 参看都留重人:"对资本主义的看法",载都留重人主编:《资本主义改变了吗?——关于现代资本主义性质的国际讨论集》,东京,1961年,第197—201页。

方经济学家)的确发现了一个问题,即第二次世界大战结束之后,西方资本主义国家尤其是西欧国家,已经开始了资本主义社会的制度调整,都留重人主张的剩余社会化也属于进一步制度调整的建议。但制度调整,是在保留资本主义制度的前提下进行的。资本主义的本质不因制度调整而变化,但制度调整却有利于资本主义社会矛盾的缓解,有利于资本主义制度的继续存在。

二、国外经济学界对都留重人观点的评论

1. 约翰·斯特拉彻

斯特拉彻说:都留重人教授认为"一种社会制度与另一种社会制度的区别在于生产超过消费的社会剩余所采取的形式。……我同意这是区分社会制度的基本特征。"[①]

斯特拉彻声称,虽然他自己在《现代资本主义》一书中曾说过这样的话:"主要决定居民大众生活水平的并非积累所采取的社会形式(例如不管它是私人利润或一种社会基金),而是它的数量",但不要把他的这句话误解了。他说:"我认为社会形式对区别各种社会类型来说是最重要的;但我也认为:经验表明,决定生活水平的,与其说是形式,不如说是数量。这是两个十分不同的问题。"[②]

关于都留重人提出的如何使资本主义逐步变为社会主义的问题,斯特拉彻也表示同意。他认为都留重人提出的办法只有在行使国家权力的条件下才能实行,因为只有国家有能力来重新分配

[①] 约翰·斯特拉彻:"资本主义改变了吗?",载都留重人主编:《资本主义改变了吗?——关于现代资本主义性质的国际讨论集》,东京,1961年,第75页。
[②] 同上书,第76页。

国民收入以及进行调节和管制等等,如果没有强大的国家机器,不可能从实质上改变资本主义制度。关于"民主力量,首先是政党,以及代表工资收入者的工会,是否有可能利用一个资本主义社会中的国家来达到它们特有的目标"的问题,斯特拉彻认为存在这种可能性。他说:现代的列宁主义者当然绝对否认这种可能性;在他们看来,国家依然像马克思在一百多年前描述的那样,是"资产阶级的执行委员会";他们认为通过暴力革命才能使权力由财产所有者手中转到工资收入者手中,工资收入者才能通过自己的代表来利用国家,以达到自己的目的。然而在今天的英国,实际上很难说工资收入者是一个无权的阶级,并且,无论是英国的工资收入者,还是美国的工资收入者和农场主们,目前正在利用国家来为自身利益服务,而美国和英国的典型的企业如今却憎恨和害怕国家对自己的经济活动的侵犯。①

此外,关于资本主义是否已经变质的问题,斯特拉彻是这样看待的,他说:整个说来都留重人得出了资本主义基本上没有改变的结论。"如果他指的是这个制度本身的固有趋向并没有基本变更的话,我将同意这一点。但如果他指的是资本主义不曾改变,那么我是不同意的。我相信,在英国,特别是在美国,它已经因施加于其上的民主压力而深刻地改变了。"②

2. 保罗·斯威齐

斯威齐说:"我认为都留重人教授关于向社会主义过渡的战略的观点是有趣的和引人深思的。我本人并不相信长期的和逐渐的

---

① 参看约翰·斯特拉彻:"资本主义改变了吗?",载都留重人主编:《资本主义改变了吗?——关于现代资本主义性质的国际讨论集》,东京,1961年,第80—81页。
② 同上书,第77页。

过渡的可能性,虽然这当然不意味着我相信有可能或最好用暴力革命手段在先进国家推翻资本主义。我所确信的是:一个通过投票而赢得政权并认真着手实行其社会主义纲领(或者用都留重人教授的使剩余流量社会化的方法,或者用老式的使生产资料存量社会化的方法)的社会主义政党,将不可避免地遇到资本家阶级的挑战,资本家阶级或者迫使该党抛弃自己的纲领,或者迫使它迅速接受经济的'最高指挥权'(我指的是所有权)的有效控制。我相信,如果获得胜利的社会主义政党,(1)对资本家的挑战有充分准备,(2)受人民的明确的委托,要实行社会主义,而不止是进行资本主义的改革,那就能和平地和合法地做到这一点。如果这个看法是正确的,对社会主义政党来说,无疑更明智的是在一切场合都明确声称社会主义最终意味着和要求具有决定性的生产资料公有制。但这并不意味着在任何时候都不应当提倡或采用除了社会主义以外的改革,我认为都留重人教授提出的那些影响剩余流量形式的主张之中,有些是值得最认真考虑的。"①

斯威齐和都留重人一样,也认为迄今为止资本主义并没有变质。斯威齐主要从两个方面来论述。

一是从技术革新方面来看。斯威齐认为,不可否认,由于基础科学和应用科学的进步而引起的技术革新在战后资本主义活动过程中起了很大作用,革新的速度甚至加快了,但这种技术革新不是破坏,而是增强现有的垄断组织的地位。因为现代技术革新主要是由原有大企业以折旧提成形式获得的货币来进行的,而不体现

---

① 斯威齐:"资本主义改变了吗?",载都留重人主编:《资本主义改变了吗?——关于现代资本主义性质的国际讨论集》,东京,1961年,第90—91页。

于代表新投资并引起原有企业资本贬值或毁灭的新企业之中。同时,这样一种技术革新使得直接解雇的工人人数多于因投资而使工人就业的人数,从而为资本主义增添了困难。所以技术革新决不是"资本主义的救星"。①

二是从收入分配方面来看。斯威齐认为在收入分配方面,最稳妥的结论是承认已经发生了一些变化,但这些变化肯定还不足以影响资本主义制度的结构。今后,如果要在收入分配方面有所改进,那就将依赖于政府的有力干预,特别是依赖于政府在创造充分就业和管制价格变动方面的政策。②

3. 克罗斯兰(C. A. R. Crosland)

克罗斯兰认为都留重人一方面在重复马克思主义的老一套说法,即认为资本主义并没有改变;另一方面又打算给资本主义下一个比较详细的定义,即试图按"剩余采取利润的形式"来规定资本主义。

关于资本主义是否已经改变的问题,或者说,"资本主义,特别是美国资本主义,能否避免另一次 1931 年型萧条"的问题,克罗斯兰说道:"如今新赫鲁晓夫时代的官方思想家倾向于作出肯定的答复;那就是说,他们不把他们关于共产主义制度优越性的主张建立在美国衰落的或然性之上,而宁肯把它建立在增长率的比较之上,这个问题是该书中几乎不曾涉及的。因此,赫鲁晓夫先生是胜过了都留重人教授和他的某些同事的一个修正主义者。"③

---

① 参看斯威齐:"资本主义改变了吗?",载都留重人主编:《资本主义改变了吗?——关于现代资本主义性质的国际讨论集》,东京,1961 年,第 84—85 页。

② 参看同上书,第 86—87 页。

③ 克罗斯兰:"评都留重人主编的《资本主义改变了吗?》一书",英国《经济学杂志》,1962 年 9 月,第 700 页。

关于都留重人给资本主义下的定义,克罗斯兰发表了以下四点看法:

第一,克罗斯兰认为都留重人的"资本主义之下剩余采取利润形式,社会主义之下剩余采取社会基金形式"的说法极其含糊,因为在资本主义之下,剩余的一大部分由国家获得,用于社会投资、防务、行政等方面,而在社会主义之下,剩余的一大部分是以企业利润的形式得到的。

第二,都留重人说:"在资本主义下,利润是经济活动的主要动力"。克罗斯兰认为这种说法不对。克罗斯兰说:"在共产主义国家中,利润也是强有力的推动力——因为在苏联,经理们是部分地按照实际利润和计划利润之比得到鉴定和酬报的,在南斯拉夫,经理们既能利用利润来自己提供资金,又能利用利润来增加工资和薪水,在波兰,国家依照利润的变动情况而对经理们下达指示。"①

第三,都留重人说:"在资本主义之下,利润受私人资本的控制。"克罗斯兰认为,"这种说法在某种意义上显然是正确的,但那些在帝国化学公司中控制利润的人们的动机和目标同共产主义国家中经理们的动机和目标的相似性,至少不下于它们同传统的资本主义企业家的动机和目标的相似性。"②

第四,克罗斯兰就都留重人关于"资本主义之下利润必定用于投资"的说法问道:"但是,共产主义经济与西方经济相比,难道纳

---

① 克罗斯兰:"评都留重人主编的《资本主义改变了吗?》一书",英国《经济学杂志》,1962年9月,第700页。
② 同上。

税后利润中的更大的一部分不是被用于投资吗?"①

总之,克罗斯兰认为都留重人给资本主义下定义的尝试"并无显著的成就"。

4. 琼·罗滨逊

琼·罗滨逊对都留重人关于"资本主义是否改变了"这一问题的提法本身发表了自己的看法。她说,尽管都留重人认为美国资本主义的基本性质没有改变,但都留重人是从美国经济在战后一段时间内维持繁荣和不曾发生严重萧条的前提出发提出问题的,所以都留重人对问题的提法是:"就资本主义现在免除了严重萧条这一点而言,资本主义变得较好了吗?"琼·罗滨逊认为问题似乎应该换一种方式提出来。问题的提法应该是:"就资本主义不再有能力长期保持与潜在的生产增长率相适应的有效需求增长率这一点而言,资本主义变得更坏了吗?"②

琼·罗滨逊认为:都留重人之所以对问题有那样一种提法,这是因为他不了解现代技术革新在经济中的作用,不了解剧烈危机的避免决不排除慢性的停滞。琼·罗滨逊写道:"对都留重人论点的最有说服力的讨论是由斯威齐提出的。他论证道,虽然持续的技术进步使得持续的积累成为可能,但它并不一定构成新投资的动力。它可能通过把折旧基金用于日益节约劳动的资本设备形式而竭蹶。在这一点上,看来斯威齐的批评无疑是正确的。把'发明'当作引致投资的'冲击',这是从静态分析得出的概念。如果技

---

① 克罗斯兰:"评都留重人主编的《资本主义改变了吗?》一书",英国《经济学杂志》,1962 年 9 月,第 700 页。

② 琼·鲁滨逊:"评都留重人的《资本主义改变了吗?》一书",美国《政治经济学杂志》,1961 年 10 月,第 505 页。

术进步不是采取偶然的、意外的冲击形式,而是采取这个制度持续不断的、嵌进去的倾向的形式,考虑到当投资计划被制定而总储蓄相应地被调整时,它就因此失去促进有效需求的力量。的确,技术进步的速度使它更有必要,而不是更没有必要刺激有效需求,因为要维持就业的话,每人平均产量增加得越快,总产量的增加也必然越快。"①

5. 莫里斯·多布

多布说:在关于现代资本主义性质的讨论中,有两种相反的立场。一种人认为最近三四十年来资本主义没有任何重要的变化,因此也就没有什么问题可以讨论。另一种人则夸大今天的资本主义与五十年前的资本主义的区别,认为资本主义已经进入新的阶段,受一些十分不同的规律和趋势所支配。多布认为这两种立场"看来是同样错误的"②。

多布本人的看法是:

"我自己在这场讨论中的观点是,最近几十年内,资本主义在某些方面已经改变,因此它的规律和趋势的作用也有一定的变化。我相信,这样一些变化是相当重要的,以至于可以自由地和非教条主义地加以讨论,可以按科学探讨的精神来具体地进行研究。与此同时,我并不把这样一些变化看成是有理由来谈论资本主义'新阶段'的重要根据,更不认为由此可以得出矛盾日益减少或无危机

---

① 琼·鲁滨逊:"评都留重人的《资本主义改变了吗?》一书",美国《政治经济学杂志》,1961年10月,第505页。
② 多布:"资本主义改变了吗?",载都留重人主编:《资本主义改变了吗?——关于现代资本主义性质的国际讨论集》,东京,1961年,第139页。

和无斗争地发展为社会主义的前景。"①

资本主义已经发生了哪些使"它的规律和趋势的作用"有所变更的变化呢？多布主要列举了以下三点：

第一，国家对经济的干预加强了。第二次世界大战似乎成为国家资本主义发展的某种分水岭。就这方面而言，"国有化"之类的直接控制生产的措施相对说来是不重要的。"重要的是对市场、特别是对资本品（马克思的第一部类的产品）市场有影响的国家支出的数额。"②

第二，技术革命。"许多人倾向于对这一点所给予过去二十年来事件的影响估计不足，这也许是因为他们太轻易地接受了关于垄断的发展会压抑技术进步的说法。这显然是一个错误，其原因在于过分简单地集中于垄断资本主义的一个方面，而排除了还与之相伴随的'社会生产'的增长。"③

第三，企业内部积累具有日益增加的重要性，使企业能在较大程度上不依赖于资本市场和银行，使投资受到传统的金融方面的限制减少了。

多布最后写道："关于讨论得很多的所谓'经理革命'和'收入革命'，我在其他文章内已说过了，这里不必展开。只需要说明这样一点就够了：我相信，关于这种变化的讨论曾被大大夸张，事实上是几乎没有什么根据的。虽然我不想否认大公司的上层管理部门的人员和关系中已有一定变化，甚至在某种程度上收入分配形

---

① 多布："资本主义改变了吗？"，载都留重人主编：《资本主义改变了吗？——关于现代资本主义性质的国际讨论集》，东京，1961年，第140页。
② 同上书，第141页。
③ 同上书，第144页。

式中也有一定变化,但这些并不等于社会关系制度中的质的变化。至于说到收入分配,比如说,过去二十年来无论在英国或美国,获得收入较少的一半人口所得到的份额,或者工资在国民收入中的份额,只有很小的变化。特别是在这些方面,我将否认资本主义有足以成为谈论'新阶段'的理由的变化,或在任何基本方面改变我们对作为一种制度的资本主义及其未来的估计的变化。"①

由此可见,"左派"经济学家们在资本主义是否已经"变质"方面的争论还将持续下去,至今他们仍无法取得一致意见。但是,如果把问题提高到资本主义制度调整的高度来探讨,我相信对资本主义"变质"问题会有不同的答案:即资本主义制度未变,但制度的调整在第二次世界大战结束之后就已经开始了。

(本文是厉以宁1983年12月为北京大学经济系研究生比较经济史讨论班的报告稿)

---

① 多布:"资本主义改变了吗?",载都留重人主编:《资本主义改变了吗?——关于现代资本主义性质的国际讨论集》,东京,1961年,第145—146页。

对殖民主义历史作用的非伦理判断

关于亚细亚生产方式的研究，很自然地会涉及这样一个问题，即如果不是像日本这样的非典型的亚洲国家，或者不是像俄国这样的"半亚细亚式的"欧亚型国家，在东方，一个国家或一个民族能不能依靠自己内部的力量来结束亚细亚生产方式的支配地位，而转入现代化的道路？这就是说，殖民主义，即外来入侵的势力，在促使亚细亚生产方式的转变中究竟起过什么样的作用？

看来，这个问题可以在不做出伦理判断的前提下展开讨论。假定对外来入侵势力的是非曲直做出伦理的判断，那么毫无疑问，殖民主义者在东方国家的掠夺、压榨、杀戮等等行为是必须受到谴责的，几乎所有的正直的作者都不讳言殖民主义在东方国家的暴力，并且都曾加以揭露和抨击。但是，如果把伦理的判断视为既定，而从人类社会历史发展的角度来探讨殖民主义对东方的侵入，那就势必会遇到亚细亚生产方式的命运问题。换言之，对殖民主义历史作用的非伦理判断有助于揭示东方国家现代化过程的更深层的东西。

让我们首先从马克思关于印度的这样两段话说起。

一是马克思在《不列颠在印度的统治》中所说的："而英国则破坏了印度社会的整个结构，而且至今还没有任何重新改建印度社会的意思。印度失掉了他的旧世界……并且使不列颠统治下的印度斯坦同自己的全部古代传统,同自己的全部历史,断绝了联系。"

另一是马克思在《不列颠在印度统治的未来结果》中所说的:"英国在印度要完成双重的使命:一个是破坏性的使命,即消灭旧的亚细亚式的社会;另一个是建设性的使命,即在亚洲为西方式的社会奠定物质基础。相继征服过印度的阿拉伯人、土耳其人、鞑靼人和莫卧儿人,不久就被当地居民同化了。野蛮的征服者总是被那些他们所征服的民族的较高文明所征服,这是一条永恒的历史规律。不列颠人是第一批发展程度高于印度的征服者,因此印度的文明就影响不了他们。他们破坏了本地的公社,摧毁了本地的工业,夷平了本地社会中伟大和突出的一切,从而消灭了印度的文明。英国在印度进行统治的历史,除破坏以外恐怕就没有别的什么内容了。"

马克思的这两段话的意思是很清楚的,以英国入侵印度来说,其结果只是破坏印度的旧制度,但并未在印度建立起一个西方式的社会。英国在印度的双重使命,只完成一个,即只实现了破坏,而没有实现建设。尽管在英国统治印度期间,印度有了铁路,有了工厂,有了港口,有了高等学校等等,但印度的社会不曾变成西方式的社会。这一点也很少引起怀疑。问题是:不依靠英国的入侵,印度的传统生产方式会不会遭到这样大的破坏呢?推而广之,除印度以外的其他东方国家,如果没有殖民主义的入侵,传统的亚细亚生产方式是不是会原封不动地保存下来呢?这就是一个值得我们冷静地考察的问题。

不仅如此,由此还会遇到两个新问题:

第一,假定说英国殖民势力对印度的入侵破坏了印度的传统亚细亚生产方式,那么是不是任何殖民势力的入侵和统治都能造成被侵入和被统治的东方国家的传统亚细亚生产方式的破坏？短暂的入侵和占领可以不计，那么长期的入侵和占领的结果又是怎样的呢？例如，西班牙殖民者对拉丁美洲的长期统治，是不是破坏了那里的传统亚细亚生产方式呢？

关于这个问题，梅洛蒂引用了德桑蒂斯所著"印加族、阿兹蒂克族和马雅族人的村社：对亚细亚生产方式研究的贡献"（原载巴黎出版的《思想》杂志1965年8月号）中的观点。德桑蒂斯认为："征服者（总督、朝臣、士兵、神甫、冒险家和有产者）从未认真打算把封建生产制度引进拉丁美洲。他们想的是淘金热，因此几乎在整个殖民地时期，拉丁美洲经济完全建立在被掠夺和采掘贵金属的基础之上，这不是偶然的。……由于这一制度具有这些特点，西班牙王室并未完全破坏旧的公社专制制度而以'古典的'所有制形式来替代它，企图取代以前的'亚细亚'权力。"德桑蒂斯得出了这样的结论："古老的村社没有被破坏，而是继续用传统方式集体占有并耕种土地……保持旧的公社专制结构的重要好处，是使村落居民处于他们过去的普遍奴隶制状态。"由此可以认识到，即使英国殖民势力破坏了印度的传统亚细亚生产方式，那么这主要是由于英国的机器制成品发挥了它的威力，对传统的印度手工业与农业相结合的经济结构起了侵蚀作用，这并不等于殖民的军事政治势力也能起到同样的作用。西班牙本身的经济是不发达的，它又不打算把西欧的封建制引入拉丁美洲（何况它也做不到这一点，即封建经济摧毁不了印第安人的传统经济结构），这样，即使西班牙长期占领了拉丁美洲的大部分地区，那里的亚细亚生产方式却一直保存下来了。

根据这样的观点，对于葡萄牙的非洲殖民地、长期由荷兰人统治的印度尼西亚、比利时占领下的扎伊尔等等地区之所以经济始终处于停滞状态,以及那里的传统社会经济结构实际上毫无变化,也就可以理解了。

第二,如果根据印度的实际经济状况进行判断,那么只能得出这样的结论,即使英国的机器制成品占领了印度的市场,印度的传统手工业产品(如棉织品)受到了排挤,印度的手工业与农业相结合的方式遭到了破坏,但印度社会经济的更深层的结构是否真的受到破坏呢?或者说,它究竟在多大程度上受到破坏,它是不是就消失了呢?

这个问题仍是有待于研究的。这是因为,直到第二次世界大战结束以前,甚至在印度独立以后,印度农村中的深层社会结构并未被英国的经济势力所摧毁。城市与乡村是两个不同的世界。大城市(新德里、加尔各答、孟买等地)按西方的方式进行经济活动,资本主义的经济势力(包括印度自己的资本主义企业)已有较大的影响,但广大乡村并没有摆脱传统的生产方式。当然,商业高利贷资本对农村经济的破坏和包税制的推行等等所起的破坏传统农村社会经济结构的作用也不可忽视,但它们都还没有大到足以改变农村原来的社会经济结构的地步,甚至可以说,它们在某种程度上还想维持这些传统的社会经济结构,以便使自己得到更多的利益。这正是印度在长时期内所经历的经济缓慢发展的痛苦的过程。

对殖民主义在促使亚细亚生产方式解体中的作用的研究,不仅为比较经济制度的历史的研究,而且也为比较经济发展的历史的研究开辟了一个新的领域,这就是:如何评价第二次世界大战结束以后,特别是20世纪60年代以后某些经济发展速度较快的发展中国家和地区的社会结构和经济结构变化?这些变化的原因是什么？一个比较引人注意的例子是南朝鲜。它被认为是较成功地摆脱传统的生产方式，转入资本主义现代化轨道，并在经济发展中取得较大成就的发展中地区。为什么它在第二次世界大战以前的很长时期内经济是停滞的，居民收入水平是很低的，日本殖民势力的长期统治并没有触动它的传统社会经济结构，而从60年代起，它的经济却增长很快？是什么力量在60年代以后使它的传统社会经济结构解体了？如果说南朝鲜的亚细亚生产方式的破坏不能归因于日本殖民主义的作用，而必须归因于其他某种力量的话，那么这种促成它的传统社会经济结构解体的力量究竟是来自它的社会内部呢，还是来自外部（比如说美国资本的作用或日本资本的作用）？在20世纪60年代以后的南朝鲜能够实现的，为什么在同一时期内的其他一些亚洲国家（如印度和缅甸）、非洲国家（如苏丹和摩洛哥）却未能实现呢？是后者的社会内部的力量不足呢，还是外部方量的不足？

所有这些问题都值得深入探讨。亚细亚生产方式的命运问题涉及广泛的知识领域，在这方面还有很多未被阐明的奥秘或难以理清头绪的难点。这是比较经济研究者的一个大有希望的用武之地。考德威尔在梅洛蒂所著《马克思与第三世界》一书英译本前言中这样写道："亚细亚生产方式有什么特殊和独特的特点使它同资本主义的种子不相容呢？……这在过去是，而且现在还是令人感兴趣的难题，它经常重新引起辩论，并使这个概念获得新生。"关于战后兴起的发展经济学，考德威尔评论道："那些关于克服不发达状态的早期主张是十分天真和简单的，只要看一眼50年代的一些一度受到重视的教科书，就能很快地、明确地发现这一点……早期那种热情、有力的发展主义，实际上把必要的解决方案缩小为资本加计划。"很明显，这种肤浅的研究如今已经不被人们所重视，于是"确实对这个问题探讨得比较深的某些人却又重新发现了经常提出的亚细亚生产方式。"这说明关于殖民主义历史作用或亚细亚生产方式命运的研究的深入可能大大推动学术界对现代化进程及其规律性的研究。

（本文是厉以宁1987年下学期在与北京大学经济学院研究生课间讨论时的发言，后刊载于《理论内参》1988年第3期）

比较经济史研究与中国的现代化

一、从经济史学谈起

经济史学是以人类经济活动的历史过程,即以经济制度的演变、生产力的发展以及二者之间相互作用的历史过程作为研究对象的学科。它是经济学和历史学的交叉学科。从经济学说史上看,虽然从重商主义者到古典经济学家,曾经有不少人论述过历史上的经济现象和经济问题,提出过有关经济和历史的相互关系的观点,但这些非系统的论述还不构成经济史学。作为一门独立学科的经济史学,于19世纪晚期产生于西欧。德国新历史学派的代表人物,如施莫勒(G. von Schmoller)、谢夫莱(A. E. F. Schäffle)、毕歇尔(K. Bücher),以及同一时期英国的罗杰斯(J. E. T. Rogers)、吉宾斯(H. de B. Gibbins)、阿诺德·汤因比(Arnold Toynbee)、艾希利(W. J. Ashley),法国的勒瓦瑟尔(P. É. Levasseur),美国的登巴(C. F. Dunbar)、法尔南(H. W. Farnam)、格罗斯(C. Gross)、伊利(R. T. Ely)等人,都为西方经济史学的建立做出了成绩。在20世纪前半期,在欧洲和美国,经济史学有较大的发展。德国的桑巴特(W. Sombart)、瓦格曼(E. Wagemann),英国的克拉潘(J. H. Clapham)、波士坦(M. Postan)、托尼(R. H. Tawney),法国的亨利·瑟(Henri Sée),瑞典的赫克歇尔(E. F. Heckscher)、奥地利的道布希(A. Dopsch),比利时的皮朗(H. Pirenne),美国的汤普逊(J. W. Thompson)、罗斯托夫采夫(M. I. Rostovtzeff)、阿歇尔(A. P. Usher)等人,都是在经济史学的一定领域内有重要著作问世的知名学者。

在经济史学的发展过程中,不同的研究者由于受到不同的哲学思想、史学思想和经济学思想的影响,在理论与历史之间的关系、地理环境或人口因素在经济发展过程中的作用、政府在经济发展过程中的作用、人类社会经济的发展是单线的还是复线的、人类社会经济的发展是渐进的还是突变的这样一些重大问题上,存在着意见分歧。他们对人类经济活动的历史、经济制度演变的历史、甚至生产力发展的历史都有自己的看法;尽管其中不少看法可能是较片面的,或者是以西方世界作为中心来概述全世界的经济史的,但应当承认,无论在经济史料的收集与整理方面,或在某一具体经济史事实的考证与辨析方面,他们的研究成果都值得以后的研究者们重视与参考。

比较经济史学是经济史学的一个分支,它考察世界上各个不同国家和地区经济史过程的差异和共同点,分析这些差异和共同点的原因与后果,以加深对人类社会经济活动的历史过程的认识。比较经济史学产生与发展的时间要比经济史学晚得多。要知道,在经济史学产生以后的较长时期内,虽然像施莫勒、毕歇尔、艾希利、亨利·瑟、皮朗、赫克歇尔、克拉潘等人都曾对不同国家的经济史进行过比较研究,但这些比较研究并不是系统的。并且,由于他们研究的重点主要放在某种经济史理论模式的建立上,因此对不同国家的经济史资料的编排、整理往往服从于他们固有的经济史理论模式。换言之，在当时的条件下，比较经济史学还没有成为一门独立的学科，经济史的比较研究附属于一般经济史研究。

二、比较经济史学的形成

比较经济史学的形成和经济史比较研究的重要性被学术界所认识，主要是在第二次世界大战结束以后，尤其是在20世纪60年代中期以后。这是与当时的世界政治经济形势分不开的。第二次世界大战结束后，随着旧的世界政治体制的解体和不少后进国家先后走上现代化的道路，关于经济制度、经济发展、经济政策的历史比较成为学术界广泛感到兴趣的课题，这方面的研究为比较经济史学的形成创造了重要的条件。像讷克斯(R. Nurkse)、库兹涅茨(S. Kuznets)、罗斯托(W. W. Rostow)、赫尔希曼(A. O. Hirschman)这样一些以研究经济增长著称的经济学家，都在比较经济史学领域内进行了专门的论述。尽管除了罗斯托以外，其他几位学者都不被归入经济史学家范畴，但他们的著作在比较经济史研究中的地位却是不容忽视的。此外，诸如人力资本理论、制度创新理论、技术创新理论、政治周期理论、长波理论、政治市场与公共选择理论等等的产生和发展，也使得比较经济史研究有了新的理论依据或更为生动的研究内容。

在比较经济史学形成过程中，另一个起着重要作用的因素就是计量经济史学(econometric history)或历史计量学(cliometrics)的兴起。计量经济史学有时也被称作新经济史学(new economic history)，它出现于20世纪50年代末期，自60年代中期以后有较大的发展。福格尔(R. W. Fogel)、诺思(D. C. North)、恩格尔曼

(S. L. Engerman)等美国经济史学家是主要代表人物。他们把以往的经济史学称作传统经济史学,认为后者停留于历史编纂学的水平,而未能把经济理论同经济史结合在一起,以及未能运用现代数量分析方法来研究历史上的重要的事件、经济的发展过程。他们认为新经济史学弥补了传统经济史学的上述缺陷。20世纪60年代至80年代,新经济史学在技术创新史、制度创新史、铁路史、美国南部经济史、西欧中世庄园制、历史上国民收入与劳动生产率的计算、经济周期史等领域内所发表的若干论著,引起了学术界的注意,并给予比较经济史研究有力的推动。这种推动主要是在研究方法上。正如福格尔和恩格尔曼在1971年出版的《美国经济史的重新解释》一书中所指出的:"如果资料十分完备,简单的统计方法通常就够用了。资料越是贫乏,就越需要使用高深的统计方法。但无论如何,可以利用的资料的确总是低于标准统计方法所要求的最低限度。在这种情况下,如果要获得成就,关键就在于研究者要能够设计出在利用资料方面特别有效的方法,也就是说,研究者要能够发现一种可以靠有限的有用资料来解决问题的方法。"[①]比较经济史学研究除了有赖于一定的理论作为依据而外,研究方法特别是数量研究方法的进展也是使不同的国家、不同地区经济发展过程的比较研究取得成就的一个不可忽视的原因。

从方法论的角度看,比较经济史研究中既可以采取纵向比较分析,又可以采取横向比较分析。纵向比较分析是指按照经济发展的历史过程分析一国不同历史时期或若干国家不同历史时期的变化,以探求经济发展的历史规律性。横向比较分析是指对一定

---

① 福格尔和恩格尔曼:《美国经济史的重新解释》,纽约,1971年,第8页。

时期内或一定时点上一国国内不同地区或若干国家的经济状况进行比较,以说明待比较的各国或各个地区的历史上的经济特色。在纵向比较分析时,重要的问题一是指标的选择,另一是年代的选择。在指标方面,越是往前推,统计资料越不完整,从而比较越困难,并且不同的统计资料还必须经过换算,口径取得一致,然后才能使比较具有意义。在年代的选择上,主要的考虑在于防止选择的随意性,用来标志历史时期的年份或用来说明经济发展转折点的年份应当具有充足的依据,只有这样,才能通过纵向比较分析而得出较为可信的结论。再就横向比较分析而言,除了同纵向比较分析一样要注意指标的选择(以及指标的可比性)与年代的选择而外,横向比较分析同纵向比较分析之间的联系也是必须重视的。这是因为,只有使横向比较分析与纵向比较分析相结合,才能更清楚地说明经济的历史发展的规律性,并能在某种程度上弥补一些国家的某个历史时期内统计资料的不足,而用另一些国家相应历史时期内已有的统计资料进行推算,得出近似值,作为参考。这也就进一步说明了数量研究方法的进展对于比较经济史学形成的意义。

三、比较经济史学与现代化问题研究

第二次世界大战结束以后,有关现代化问题的研究日益成为国际学术界注意的重大课题。发展经济学与比较经济史学都把现代化作为自己的研究任务。但比较经济史学在研究现代化问题时有着自己的特色,它更多地从经济史方面,也就是从人类社会经济的历史过程的比较方面来研究这一问题。较确切地说,在有关现代化的研究中,发展经济学侧重于从生产要素配置与流动、储蓄与消费之间的关系、市场机制与政府职能的作用、部门结构与地区经济结构、经济发展与技术创新、发展过程中的内外均衡等方面来研究经济发展的模式与政策。发展经济学虽然也把现代化问题同制度、文化等因素的作用结合在一起，但它的重点是放在当前，而不是放在历史的总结上。比较经济史学对现代化问题的研究的重点与此是有所不同的。

比较经济史学作为经济史学的一个分支，它不仅侧重于研究经济的历史发展，而且通常探讨一些更为广泛、更为深刻的问题。例如，传统文化、宗教、伦理观念在不同国家、不同地区的社会经济发展的历史过程中曾经起过多大的作用？不同国家、不同地区的社会经济史的差异在多大的程度上可以用传统文化、宗教、伦理观念的差异来加以解释？这些问题是比较经济史学考察的内容，而并非发展经济学的研究者们注意的焦点。又如，亚细亚生产方式的真正含义是什么？东方的前资本主义社会在经济上与西方的前资本主义社会的区别何在？这种区别是怎样形成的，它同此后的资本主义经济发展有着什么样的关系？如果不重视地理环境在这方面的作用，或者，过分渲染地理环境在这方面的作用，将会导致什么样的结论？这些结论是否经得起科学的检验？这些问题同样是比较经济史研究者关心的，而发展经济学则较少涉及这一类问题。

现代化是一个经济、社会、政治、文化的持续发展的过程，而以经济发展过程作为其主要的内容。尽管学术界对世界的现代化的开始日期有不同的看法，如有人认为应当从16和17世纪的科学革命算起，有人认为应当从18世纪末的工业革命算起，也有人认为应当从更近一些算起，但不管怎样，至少从19世纪晚期以来的一百年的历史，都被承认是人类社会经济发展中的现代化阶段，因此,对现代化的研究无疑包含了对世界上各个国家最近一百年经济发展的经验与教训的总结。已经实现现代化的国家固然需要总结自身经济发展的历史经验,以便正确对待经济发展所遗留下来的社会经济问题,寻求妥善的对策,但目前正在进行现代化的国家则更需要总结本国和其他国家这些年来经济发展的经验和教训,如果没有这种总结,现代化过程中就会走弯路,就会重复自己走过的和别人走过的错误道路。从这个意义上说,不仅现代化的研究与比较经济史的研究是一致的,而且比较经济史研究还为现代化研究的深入准备条件,比较经济史研究甚至可以被看成是现代化研究的一项不可替代的基础性研究。

在这里,不妨以布莱克(C. E. Black)等人合著的《日本和俄国的现代化》(纽约,1975年)一书中关于传统与现代化之间关系的比较研究为例,以说明比较经济史研究与现代化研究的结合。布莱克等人之所以选择日本和俄国的现代化过程进行比较,正因为这两个国家有着不同于西欧的传统,而同时又力求在适应过去传统的基础上实现现代化。关于传统与现代化的关系,根据布莱克等人对日本和俄国近代经济史的考察,日本和俄国现代化过程的一个显著特点是传统的东西在现代化过程中被保存下来,并且同现代化相适应,但这种传统已经不再是原来的传统了,它们变成了同现代化适应的传统。布莱克等人得出的一个重要结论是:现代化不等于西方化和欧洲化;西方化和欧洲化的含义在于:西方或欧洲的制度本身和价值观念本身被看成是现代化的主要内容,似乎其他社会可以忘掉自己的历史传统而采纳西方的或欧洲的价值标准与制度;但事实上,日本和俄国的现代化表明,现代化总是在传统与现代化相适应的基础上实现的。一个国家只有最大限度地利用过去遗留下的财富,才能使现代化的努力富有成效,也才能对现代化的战略做出有益的选择,否则现代化可能是徒劳的。

应当承认,布莱克等人的比较经济史研究可以给人们以这样一种启示,即现实与传统不可能割裂,任何一种成功的现代化必然是传统与现代化的统一。

四、为什么比较经济史研究引起了中国学术界的浓厚兴趣?

进入80年代后,中国社会各阶层都对现代化问题感到浓厚兴趣。这种兴趣不仅反映于对中国现代化的途径和前景的关切,而且反映于对世界上其他许多国家和地区的现代化过程的注意。关于社会经济发展战略,也就是现代化战略的研究之所以成为中国学术界深感兴趣的课题,正由于这种战略的研究是以其他国家现代化经验和教训的总结作为背景,而这些战略研究总结的是非得失又紧密地联系到中国今后的发展前途,联系到中国未来的体制模式和发展模式,从而具有十分重要的意义。不少学者从80年代一开始就参加了这方面的讨论。可以认为,比较经济史研究在80年代日益被中国的学术界所重视,与当时对社会经济发展战略的研究,即对其他国家现代化过程中经验和教训的总结是分不开的。

在中国学术界的比较经济史研究中,一种有深远意义的思路是:对人类社会经济发展而言,重要的不是经济增长,或者不仅仅是经济增长,而是经济与社会发展的协调,或主要是这种协调。以往,在长期的历史发展过程中,工业化往往被抬高到不适当的位置上,所以18世纪末期以来的传统发展战略是片面强调国民收入的增长,忽视为这种增长所付出的代价;片面强调工业,尤其是重工业,忽视农业的发展;片面强调对技术装备的投资,忽视对人力开发的投资;片面强调消费品的丰裕,忽视消费品丰裕和生活方式变化以后可能带来的不确定的后果,等等。总之,经济与社会发展的协调要比单纯的经济增长更加重要,更加值得后进的国家去追求。

根据这样一种思路,在对西方国家的工业革命进行评价时,十分自然地出现了如下的看法,这就是:18世纪末和整个19世纪内所经历的工业化主要以生产技术的革命作为特征,而不曾把智力的解放、智力资源的开发作为特征,后一方面的问题只是到了20世纪,甚至是到了20世纪中期以后才被重视。也就是说,与现代化有关的教育投资问题到很晚才被摆到恰当的位置上,这正是后进国家在现代化过程中必须汲取的教训。中国的现代化如果忽略了这一根据比较经济史研究所得出的经验、教训,仍然像18至19世纪某些国家的做法那样,开始时把人仅仅看成工具,看成机器设备的附属物,直到后来才重视智力的解放、智力资源的开发,那就会拖延现代化的进程,并会以经济与文化差距的扩大作为现代化的沉重代价。

需要指出,在80年代内,中国学术界的一些人从比较经济史研究的角度考察现代化问题时,对德国社会学家、经济史学家马克斯·韦伯(Max Weber)的理论感到兴趣,于是世界范围内的"韦伯热"也就对中国有所影响。为什么会有这种影响?这仍然要从中国现代化过程中所遇到的问题以及中国对世界上其他国家现代化的经验和教训的总结谈起。通过比较经济史研究,不难提出下列问题:为什么工业革命在不同的国家和地区有不同的进程?是哪些因素促成了这个国家或那个国家的工业革命?在促成工业革命的若干因素中,最重要的因素是什么? 当然,经济史的研究者们可以列出资本形成、市场、劳动力及其素质、技术进步、政府的有关政策等因素在促成或阻碍某一国家的工业革命方面的作用。但在研究中也会出现:难道仅仅有了资本、市场、劳动力、技术或政策,就一定能够实现工业革命吗? 毫无疑问,这些因素都是不可缺少的,但仅有这些,还不足以实现工业革命,需要从更深的层次上去发现促成或阻碍工业革命的因素,也就是需要从社会结构、文化、伦理等方面去寻找工业革命的原因。马克斯·韦伯在他的著作中,把经济史的研究同文化史、制度史的研究结合在一起,这就是他的论点引起目前研究现代化问题的学者们注意的基本理由。

关于马克斯·韦伯的论点,无疑是有争议的。但即使不同意韦伯论点的人,也并不否认这些论点有某种启发性。从韦伯的论述中可以得到的启发是:一个民族,虽然在某个发展阶段具备了生产要素条件,但如果不具备意识形态、伦理道德观念的条件,即缺乏产生工业革命或经济进步的社会环境和精神动力,那么工业革命仍然难以发生。换言之,在工业革命的背后,存在着一种不易被人们察觉的精神力量,它引导人们去为经济的成果而孜孜不倦地开拓,经营,获取利润。此外,按照韦伯的说法,工业发展过程同时也是人际关系的调整过程,前工业社会的人际关系(如世袭关系、家族统治、人身依附等)是不利于工业发展的。例如,在罗马帝国最盛时期,不是没有为工业发展所需要的资本和劳动力,市场的范围也不可谓不广,但当时的社会结构、制度的范围以及在此基础上形成的人际关系却不利于工业的发展,所以在罗马帝国不可能发生近代意义上的工业革命。又如,14至16世纪的意大利,资本相当充足,市场范围也相当宽广,那么,为什么这时的意大利不会发生工业革命,这同样只有从社会结构、制度环境和人际关系方面来解释。当时意大利的经济与社会进取精神并不是吻合的。结果,在意大利,已积累的财富转化为非生产性的事业,而没有成为发展技术,发展工业的动力。韦伯的这些论述不仅表明了比较经济史研究对于现代化研究的意义,而且也表明对现代化问题的深入研究要求在社会、文化、伦理等领域内广泛开展研究。中国学术界中一些对韦伯理论感兴趣的人,认为韦伯著作所给予中国现代化研究者的启发,与其说是韦伯的理论本身,不如说是韦伯所提供的一种可以用于观察现代化过程的方法。

五、经济波动的历史比较

一个国家,在实现现代化以前,经济也可能有波动,但这种波动或者是由非经济原因(如战争、自然灾害、瘟疫)造成的,或者是外界传递而来的,因此这种经济波动一般并不引起比较经济史研究者的注意。进入现代化之后,情况便有所不同。现代化过程中,很可能由于内部原因、经济原因而发生经济的波动,波动带有一定的规律性。正因为如此,所以在中国现代化的研究中,对经济波动进行历史比较也成为一个新的课题。

约翰·希克斯(John Hicks)1969年所著《经济史理论》一书对中国的研究者在这个领域的探讨有参考价值。和熊彼特(J. A. Schumpeter)一样,希克斯感兴趣的是提出一种解释人类社会经济史的理论,而不是专门去研究某一时期的某一类具体的经济史课题。在希克斯看来,当经济还是一个封闭体系的时候(例如工业革命以前),金银数量的变化引起物价的升降和经济的波动,是可以理解的。甚至在金本位制度下,货币数量的变化仍然可以作为物价升降和经济波动的一个原因。然而到了 20 世纪,由于货币的金属基础削弱了,对经济波动的原因必须寻找另外的解释方式,这时,经济的波动既不可能再用货币数量来解释,也不可能单纯归因于某种货币政策的实施,而必须从经济内部投资、储蓄、消费的相互关系的角度,探讨经济增长与衰退的更替,并且还应当从商业的作用、劳动力的供求、市场规模等方面来说明经济波动的过程。这就是说,前工业社会的经济波动史、工业革命时期的经济波动史、20 世纪中期以后的经济波动史,在性质上是不一样的,在研究方法上也应当有所不同。按照希克斯在《经济史理论》和他的其他一些著作(如《经济周期理论》、《经济学展望》、《凯恩斯经济学的危机》)中所表述的观点,现代化进程中的经济波动不仅是正常的,而且波动并不会阻碍经济增长,波动只是历史过程中的某种曲折或间歇而已。

中国现代化的研究者显然不会以希克斯对经济波动的理论解释为满足。但从方法上看,历史比较研究方法(包括希克斯的周期分析方法在内)依然是一种有用的工具。80 年代,有关近四十年来的中国经济周期波动的过程和原因的分析,尽管观点不一致,但仍有两个基本结论是大体上接近的。一个基本结论是:中国和其他已经实现现代化或正在进行现代化的国家一样,在经济发展的道路上不可能是直线上升的,经济的波动在所难免;另一个基本结论是:同其他国家一样,中国在现代化过程中发生经济波动的原因应当主要从内部去寻找,来自国际市场的影响虽然存在,但却是次要的。至于造成波动的因素和波动时间的长短、间隔时间的大小,观点的分歧也相当明显。例如,究竟是货币数量重要还是商品供求状况重要;究竟是以投资因素为主还是投资与消费并重;在历次引起波动的部门中,究竟是农业起的作用大些还是建筑业起的作用大些;还有,波动过程中的变化,应当更多地归因于财政,还是应当更多地归因于金融;应当更多地归因于计划,还是应当更多地归因于市场,等等。肯定地说,中国现代化过程中的经济波动具有自身的特殊性,不仅不能用西方国家、东南亚国家的情况来类比,甚至也不能用苏联、东欧国家的情况来类比,这一切都有赖于研究的继续深入。比较经济史研究可以为此提供较多的依据。

实际上,关于经济波动的历史比较研究必然同经济体制的历史比较研究联系在一起。这是因为,如果说投资数额或投资增长率的变动是导致现代化过程中经济波动的一个重要因素,那就会出现另一个问题:投资方面的变动难道不同一定的经济体制有关吗?同样的道理,如果说货币数量或货币供应增长率的变动是导致现代化过程中经济波动的一个重要因素,难道这些变动不是一定的经济体制下的产物吗?从宏观经济体制来考察,投资和货币供应量的变动在不同的经济体制之下有不同的原因和效应,这同财政体制、金融体制、计划体制和市场结构有密切关系。从微观经济体制来考察,投资和货币供应量的变动又同企业体制直接有关。例如,企业是不是真正的、有自主权的投资主体和利益主体,企业对于信贷和利率变动的反应是否灵敏,企业有没有技术进步和降低流动资金占有额的利益动机等等,都同投资和货币供应量的变动有着不可分割的联系。这样,对经济波动的比较研究实际上也就是对不同经济体制下经济波动原因和效应的比较研究。

在谈到经济体制的比较研究时,中国的现代化研究者们倾向于两种看法。一种看法是:中国的经济体制与苏联、东欧国家的经济体制有较大的可比性,特别是与苏联的经济体制在历史上有较大的可比性。如果把1917年以后七十余年内苏联各个历史阶段的经济体制拿来同中国四十年来各个历史阶段的经济体制对应地进行比较，那么在某些历史阶段，这种相似性是相当明显的。所以，在分析中国现代化过程中的经济波动时，可以以苏联、东欧国家的经济体制同各自国家的经济波动之间的历史关系作为参考。

另一种看法是：按人均国民收入和农业人口在总人口中所占比例来看，中国的经济体制（就社会经济结构、市场组织、价格体系等方面而言）可能更类似于现代化程度较低的某些发展中国家，中国同它们之间有较大的可比性。这些发展中国家在现代化过程中，或者由于产业结构失调和资源供给不足，或者由于初级产品滞销和居民收入减少，都会引起经济波动，这种经济波动在很大程度上是同经济体制方面存在的问题有关的。因此，如果要联系经济体制来研究现代化过程中的经济波动，更需要把中国同某些发展中国家做一番经济的历史比较。

显然，以上两种看法都是有道理的，而且它们之间也没有什么不能相容之处。中国现代化过程中的经济波动，从经济体制上看，也许既有同苏联、东欧国家的情况相似之处，又有同某些发展中国家相似之处。

六、一个深层次的问题：传统社会结构制动作用的评价

对经济体制的历史比较必然导致一个深层次的问题，这就是：一国在现代化过程中，传统的社会结构对于现代化是否存在制动作用（或阻滞作用）？如果存在这种作用的话，那么制动（阻滞）的

程度有多大？如何才能减少这种制动的作用？格辛克隆（A. Gerschenkron）的比较经济史论著之所以引起了中国学术界的注意，梅洛蒂（U. Melotti）关于第三世界与多线发展模式的研究之所以也对中国学术界有所启发，都因为他们涉及了上述这个深层次的问题，并提出自己的独特的见解。

格辛克隆的论点是：传统社会结构对于现代化的制动作用主要反映于生产要素供给的约束上，这正是许多后进国家在发展中所遇到的严重障碍。与西欧国家相比，俄国和巴尔干半岛各国都表现出传统社会结构对于大工业发展的束缚和牵制。但值得注意的是，格辛克隆一方面承认传统社会结构对现代化的制动作用的存在，另一方面又强调后进国家一旦决心实现现代化，也可能有着比较有利的条件。他使用了这样两个概念，即后发性优势与后发性劣势。比如说，传统社会结构之下的劳动力价格低廉，可能是后发性优势之一，后进国家在技术上同先进国家的差距的扩大，则是后发性劣势之一。他指出，后发性优势往往与后发性劣势同时存在，并且二者可以相互转化。只要后进国家充分利用自己的优势（如工资低），那么劣势是可以克服的。反之，如果这些国家错过了机会，那就好像赶班车一样，错过了这一趟班车，就必须等很久才能搭上下一班车，后发性优势也就发挥不了作用，现代化也会延误。正是由于机会难得，所以经济发展中的"大突发"（指工业革命中的猛烈的冲刺）对传统社会结构有较大影响的国家说来是必要的，也是有利的。

梅洛蒂从不同的角度探讨了后进国家的传统社会结构对现代化的制动作用。他认为后进国家（主要指亚洲、非洲、拉丁美洲国家）辽阔土地上无数分散的村落经济成为一种特殊的稳定机制，它是封闭的、自给自足的,生产者被牢固地拴在土地上,拴在狭小的活动范围内,从而阻碍这些国家的经济发展以及与经济发展联系在一起的社会结构的变更。那么,为什么亚洲的日本能够在明治维新之后成功地实现了现代化呢?难道单纯用政治因素就能说明这一问题吗?梅洛蒂指出,不可否认,日本的社会结构和意识形态具有明显的亚洲特点,与西欧国家有一些差异,但重要的是,日本即使在明治维新之前,仍不像亚洲其他国家那样从社会经济上扼杀资本主义经济因素的产生。明治维新后日本之所以能够迅速转入资本主义发展轨道,主要不是取决于外部力量,而是由日本传统社会结构的特点决定的。

无论是格辛克隆的研究还是梅洛蒂的研究,对于研究中国现代化问题的人来说,都可以作为研究中国传统社会结构对现代化的制动作用的一种参考。实际上,对中国传统社会结构的上述作用的研究具有十分深刻的意义,它不仅与中国的经济体制改革的设计与进程有关,而且与中国的政治体制改革的设计与进程有关。在学术界有两种影响较为广泛的意见。一种意见是:根据中国传统社会结构的特点,中国在现代化过程中的政治体制改革和经济体制改革的难度很大,因此改革应当是渐进的,欲速则不达;改革与发展必须相互配合,稳步推进,这样才能既促进中国的现代化,又促成传统社会结构的逐渐转变。另一种意见是:由于传统社会结构对中国的现代化有很大的制动作用,如果不首先使传统社会结构解体,使其影响大大减弱,中国的现代化将难以获得进展,为此,不仅中国的经济体制改革要加快,而且政治体制改革也要加快,渐进的改革只可能延续传统社会结构的存在,使得传统社会结构对现代化的制动作用依然是强有力的。介于这两种意见之间有下述这种折衷见解,即认为经济体制改革应当加快,政治体制改革不妨以渐进的方式进行,也就是说,在经济体制改革取得一定的进展,经济发展取得一定的成就之后,政治体制改革的实行将较为顺利,传统社会结构变更过程中所带来的社会震荡也就相对地小一些,从而易于被社会所承受。中国的比较经济史研究者在分析各国现代化过程中发展与传统社会结构之间的关系时得出了不同的论点,虽然见仁见智,各持一端,但有一点是一致的,这就是:全都承认传统社会结构对中国现代化事业有着不可忽视的制动作用,因此必须正视这一问题,慎重地选择对策。由于中国的现代化是社会主义现代化,中国的经济体制改革和政治体制改革以社会主义制度的完善与发展作为目标,所以对策的选择应当以社会主义为方向,中国的比较经济史研究者探讨现代化问题时对这一点是有清醒认识的。

七、比较经济史研究的另一结论: 世界现代化过程的多样性

从有关传统社会结构与现代化之间的关系的比较研究,必然导致另一个重要问题的探讨,即就全世界范围而言,现代化过程是单线的还是多线的?经济史资料充分说明,西欧的社会发展模式和工业革命的途径不一定适用于发展中国家的现代化。再往上推,究竟什么是典型的封建社会,它究竟存在于西欧,还是存在于东方,或者存在于东方的中国?甚至可以假定,西欧的、东方的、中国的封建社会都是典型的封建社会。这种观点也不一定就不正确。总之,在这个领域内,供讨论的问题还有很多,意见的分歧不

可能在短期内消失。

早在第一次世界大战结束后不久,施本格勒(O. Spengler)在所著《西方的没落》一书中就曾指出,人类历史无非是各种不同的文明自行生长和衰亡的历史,这些文明彼此自成体系,自生自灭。施本格勒在研究了文明兴衰史之后认为,历史发展中,因果关系是不存在的,因此,西方文明同其他文明一样,也面临着衰亡的命运,这种衰亡仅仅是重复以往的一些文明(如埃及文明、巴比伦文明、玛雅文明等)经历过的路程而已。尽管施本格勒对历史规律性的否定,对历史继承性和连续性的忽略,以及对不同文明之间内在联系的漠视,都有争论之必要,但他能够突破西欧单线论,提出历史发展多样性的观点,无疑开拓了比较历史研究的视野。此后,阿诺德·约瑟夫·汤因比(Arnold Joseph Toynbee)在所著《历史研究》中,进一步发展了历史进程多样性的学说,认为各种文明的发展是平行的,一切文明都有自己的成长与衰亡的过程。而且,他不把每一种文明看成是孤立的、封闭的体系,而认为文明之间是相互联系的:即使历史上一种文明衰亡了,但如果由它所创造的或在它影响之下产生的下一代文明能够成长,那么一种文明的衰亡可能就是另一种文明产生的起点。汤因比对人类历史的发展和文明的兴衰的论述中,确有过分夸大宗教的作用之处,但他同施本格勒一样,也强调历史发展的多线论,即以文明的多中心替代文明的单一中心。这一论点已被当代的比较历史研究者中的多数人所认可。

施本格勒和汤因比都是历史学家、历史哲学家,他们不是经济史学家。尽管他们在自己的著作中涉及了不少经济史问题,但他们并没有专门研究经济发展和经济变更的历史过程。希克斯在《经济史理论》中写道:"汤因比和施本格勒创制的历史模式,就其艺术感染力而言,在其科学吸引力之上。"①然而,不可否认的是,文明的比较研究作为一种历史哲学或作为一种历史研究方法,对经济史的比较研究是有启示的。虽然人们不一定接受施本格勒的历史悲观主义,也不一定赞同汤因比那种把宗教视为文明产生和发展的推动力量的观点,但仍应当承认,传统社会结构和传统观念的影响是综合的影响,它们从若干不同的方面对一种文明或一个区域的经济发生影响,从而形成文明之间的差异或不同区域经济活动方式、经济发展途径的差异。

在分析人类社会经济发展的多样性、现代化过程的多样性时,比较经济史的研究者时常考虑到:如果没有西方势力对东方社会的侵入,东方传统的社会结构是不是会自行解体呢?东方社会是不是会凭借自己的内部力量实现工业革命,走上现代化的道路呢?的确,在东方国家,传统的社会结构是强大的经济发展制约因素,古代和中古历史上的战争、社会动荡、朝代更迭等等并没有使社会结构发生实质性变化。古代和中古的东方也曾出现过较长时期的、阶段性的经济昌盛,但这与近代意义上的经济发展或工业革命不是一回事。因此,从表面上看,西方势力的入侵同东方传统社会结构的解体是直接有关的,似乎没有前者,就没有后者,而没有后者,也就没有工业革命和现代化了。尽管有些人同意这种推论,但这个问题仍然没有解决,争议继续存在。

关于传统社会结构是否由外部力量所破坏的讨论,研究者们表述过不同的看法。一种对中国现代化进程的研究可能有较大借鉴意义的见解是:外部力量的侵入所能破坏的只是传统社会结构

---

① 希克斯:《经济史理论》,商务印书馆,1987年,第5页。

的表层,传统社会深层结构的瓦解则是内部力量作用的结果。拉丁美洲是较早的例证,西班牙的入侵和占领并不曾摧毁当地的社会经济结构。印度是较后的例证,直到 20 世纪 40 年代中期为止,印度的传统社会深层结构也未被英国经济力量所破坏,城市和乡村是两个不同的世界,如果说城市中的资本主义有一定程度的发展的话,那么广大农村却仍旧维持传统的社会结构。再一个例证是南朝鲜,为什么它在第二次世界大战前的长时期内经济是落后的,日本的统治并没有破坏其传统社会结构,而从 60 年代以来,南朝鲜的经济却有较快的发展,传统社会结构解体的速度大大加快了?难道这种促成传统社会结构解体速度加快的力量不是主要来自社会内部吗?从这些例证可以看出,所谓没有外来入侵就没有东方传统社会结构的解体,从而也就没有东方的工业革命和现代化的论点,是片面的、肤浅的。不从传统社会的深层结构进行分析,不对社会内部力量的作用进行研究并给予足够的重视,既说明不了东方传统社会结构解体的实际过程,也说明不了世界历史的多样性和现代化过程的多样性。当然,这并不否认西方势力入侵在东方传统社会结构解体过程中的应有的作用,这只不过是表明在现代化问题的研究中,包括在传统社会结构解体与现代化进程之间关系的研究中,要把社会内部力量的作用放在主要的位置上。

八、一国内部现代化进展的不平衡性

在研究各国现代化进程时,比较经济史的研究者几乎都注意到各国现代化进展的不平衡性。这一结论是很有价值的,它实际上等于否定了各国现代化按统一的模式进行的论点。在这方面,悉尼·波拉德(Sidney Pollard)的假设引起了中国的比较经济史研究者的兴趣。

波拉德指出,欧洲的工业化不应当按国别模式研究,而应当从工业发展本身的规律来考察,工业化过程好像"发疹"的过程:新兴工业城市好像一个个小红点,起初各国都有红点出现,但有稀有密;隔了一段时间之后,有些地方的红点增多了,红点更密了,红点与红点之间连成片了,而另一些地方的红点仍然是稀疏的、点缀性的。因此,波拉德认为,对工业化过程的研究不能采用国别研究方法,而只能采用区域研究方法,即用红点的分布和红点的扩散作为工业化进展的标志。波拉德写道:"19世纪欧洲的工业化是单一的过程,它有自己的经济逻辑。它像一场瘟疫,不受边界的限制;它轻而易举地越过了边界,但却使相邻的国内领土未受瘟疫的波及。"①

波拉德的"发疹"假设不仅有助于说明各国现代化进程的不平衡性,而且也有助于说明一国内部现代化进程的不平衡性。但波拉德的假设还包含了这样一个内容,即上述发展的不平衡性并不妨碍各国共同构成一个经济的整体,以及一国国内各个发展不平衡的区域共同构成一个经济的整体。他认为,在工业化时期,全欧洲是一个整体,欧洲市场也是一个整体,任何一个欧洲国家发展工业时,都离不开这个整体,一个地区所实现的工业化从资本、劳动力、技术、进出口商品等方面对另一些地区的影响固然是重要的,但反过来,周围各个地区对这个工业化地区的影响同样不可忽视。

---

① 波拉德:"工业化与欧洲经济",载英国《经济史评论》,1973年11月,第647页。

一个地区在工业化方面先走一步之后,它往往给另一些后进的地区带来发展的机会,而后进的地区的工业化虽然开始得较晚,但它们的周围还有一些更落后的地区,所以它们仍然有利可得,仍然有相对的优势可以利用。

在进行现代化的比较研究时,从波拉德的假设可以得到一些有益的启示。比如说,在一定时点上,中国各个不同的地区(或不同的省份)都存在若干工业发展程度较高的城镇。它们好像是"红点",分散在不同的地区,但与此同时,在任何一个地区,即使是工业发展程度较高的地区,仍会有大块空白,其中一个"红点"也不存在。不同的地区之间的区别表现为"红点"多少不等,"红点"分布的稀密程度不等,以及"红点"本身的大小不等。这就是国内发展的不平衡。在研究时需要弄清楚的是:不同地区的上述区别是怎样形成的?各个地区的"红点"的扩散趋势如何?各个地区的"红点"之间有什么样的联系?

其实,波拉德的假设和他的区域研究方法不仅可以作为中国的研究者在分析现代化进程时有参考之处,而且也可以用于对经济史上的地区发展不平衡性的探讨。例如,在研究明清两代带有工场手工业性质的较大型的雇工企业的地区分布状况时,在研究19世纪末和20世纪初的近代工厂的地区分布状况时,都可以参考波拉德的假设,避免得出简单化的论断。

九、中国的比较经济史研究还有待于继续深入和拓宽

正如前面已经提到的,比较经济史学作为一门独立的学科,形

成较晚。而在中国,只能认为比较经济史方面的研究近年来开始受到重视,对它感兴趣的学者逐渐增多,但还不能认为比较经济史研究在中国已经有较大的发展。加之,在现阶段的中国,关于比较经济史领域内的研究,主要围绕着现代化问题而进行。这个问题以外的许多重要的问题,或者尚未被研究者所涉及,或者只是在探讨现代化问题时才被提到。从方法上看,新经济史学的方法整个说来在中国还没有产生影响,个别的研究者在研究现代化问题时,曾使用经济计量方法来研究近几十年的历史过程,但这一方面由于经济史资料的限制,另一方面由于在中国经济发展过程中,制度因素起的作用相当大,从而历史的计量研究的局限性是很明显的。当然,这并不等于说在研究中国经济史问题时不可能采取计量方法。可以认为,随着中国的经济史和比较经济史研究的深入与研究范围的拓宽,随着经济史资料整理工作的进展,历史计量研究是有前途的,研究的开展必然是渐进的。并且,在计量研究中,如何结合影响中国经济史的制度因素进行分析,也会有一个探索的过程。在这方面,不能急于求成。

1985年,罗伯特·索洛(Robert M. Solow)在《美国经济评论》[①]上谈到经济史与经济学的关系时,曾经这样写道:"现代的经济是十分复杂的体系。既然我们不能在其规模较小的一些局部进行有控制的试验,或者哪怕对它们做孤立的观察,我们就无法使用经典的硬科学的手段来甄别相互挑战的那些假设。可供选择的另一种基本手段,就是按历史顺序进行统计分析。"索洛的这番话是有一定道理的。这表明,既然不可能用物理或化学的实验方法来

---

① 《美国经济评论》,1985年5月。

验证社会经济现象,于是历史统计方法就成为可供选择的一种替代了。但人们会进一步思考:假定经济的发展过程还不明朗,历史本身的许多事实还不清楚,那么历史经济方法即使可以被应用,但这又能在多大程度上说明问题呢？假定历史资料残缺不全,而某些年份的统计数字并不准确,那么历史统计方法又怎能得到有效的利用呢？我们丝毫没有贬低历史统计方法的意思,我们想指出的只是:在中国经济史的计量研究中,更为基本的工作应当以整理历史统计资料、去伪存真、填补某些空白为先,在这个基础上,计量研究才有用武之地。

索洛在谈到经济史与经济学的关系时还说过:"经济史学家能够使用经济学家提供的工具,但除此以外还需要有想象力,想象事物变为如今这种状况以前,可能是怎样的。"①索洛在这里提到的"经济史学家在研究中需要有想象力",很耐人寻味。其实,不仅索洛一个人有这种看法,在新经济史学的作品中,这已经不是一种设想,而且已被用于经济史分析之中了。例如,福格尔在研究美国经济在历史上所起过的作用时,可以假定1890年的美国不存在铁路,然后进行考察;福格尔和恩格尔曼在研究美国南部奴隶制经济史时,可以假定1861—1865年的南北战争不曾发生,并由此出发来探讨种植园经济的前景。无怪乎诺思和托玛斯(Robert Paul Thomas)在评论莱恩(Frederic C. Lane)的"政府在近代初期经济增长中所起的作用"时这样写道:"对比较经济史或任何其他经济史来说,最重要的是提出富于想象力的理论。"②我们不应把经济

---

① 《美国经济评论》,1985年5月。
② 莱恩的论文和诺思、托玛斯的评论文章均载于美国《经济史杂志》,1975年3月。

史研究中的"想象"理解为毫无根据的、漫无边际的臆测。经济史学家的"想象"——如果我们同意采用这一概念的话——必须以比较经济史的事实和研究成果为基础,这样的"想象"才是有学术价值的。

　　为什么在这里要强调比较经济史研究同经济史学家的"想象"之间的关系？理由是很清楚的。通过经济史的纵向比较与横向比较的结合,可以用历史上其他国家或地区在相似的阶段所经历的发展过程和当时面临的经济、社会问题来推测另一个国家在某一时期可能经历的发展过程和可能遇到的问题。这就是经济史学家想象力的一种应用。虽然历史不会简单地重复,但建立在比较经济史研究基础上的对一定阶段、一定国家或地区的经济演进过程的推断,要比纯粹主观的臆测具有大得多的可信性。从这个意义上说,中国的比较经济史研究者还有大量的工作需要去做。比较经济史的研究越扎实,越有成效,对经济演进的推断(包括对现代化过程中将会遇到的各种问题的估计和评价)就越有说服力。

　　(本文是厉以宁 1992 年秋季在北京大学经济学院研究生讨论会上的发言稿,经补充后发表于《社会科学战线》1993 年第 1 期)

市场经济文化建设观念转变

一、文化建设也是一只"看得见的手"

在经济学中,市场机制被认为是一只"看不见的手",市场机制在社会经济生活中无形地起作用,时时刻刻起作用,使资源按经济效益进行配置。那么,什么是与"看不见的手"相对的"看得见的手"呢?对此,学术界有一个逐步认识的过程。

"看得见的手",开始时,人们的视野仅仅放在政府调节上。政府采取计划的或随机的方式来调节经济,这就是"看得见的手"对资源配置的作用。以后,人们的视野开阔了一些,给"看得见的手"增加了内容。人们认识到,大公司、企业集团是另一只"看得见的手",这既可以被看成是对市场机制的某种程度的破坏或限制,也可以被看成是对市场机制局限性的一定的补救。再以后,大约到20世纪六七十年代,人们又发现,企业管理也是一只"看得见的手",因为企业管理是通过企业内部的资源配置来影响社会的资源配置的。除此而外,在社会经济中还有一只"看得见的手"——文化建设,可惜这一直没有受到人们的重视,也就更谈不到研究了。

在经济中,文化建设不是"看不见的手",而是"看得见的手"。这是因为,"看不见的手"是对经济的自发的调节,而"文化建设"中的"建设"二字,则意味着人的主观能动性、自觉性。文化建设从以下三个方面作用于经济,影响资源配置,影响资源使用效率。

第一,文化建设向社会提出了经济行为的道德约束问题。在社会经济生活中,如果各个行为主体没有道德约束,经济肯定是混乱的。没有道德约束,行为主体必定缺乏稳定的预期,对经济前景失去信心,结果导致普遍的行为短期化。这一切都会大大扭曲资源配置,大大降低资源使用效率。通过文化建设,正是要在社会上形成道德约束,以有利于行为主体的行为规范化,有利于资源配置的正常化。

第二,文化建设对人们进行信念的引导。在市场经济中,对企业和个人有各种各样的引导。市场本身的引导是利益引导。政府进行的是目标引导,也就是采取政策措施把企业和个人引导到符合政府制定的目标方面去,以便实现这些目标。文化建设作为"看得见的手",通过各种方式,告诉人们什么是值得去做的,什么是不值得去做的,什么是应该争取实现的,什么是不应该实现的。由文化建设所建立的信念引导,有助于市场秩序的完善,有助于资源的合理配置。

第三,文化建设对社会风气的形成产生影响,而社会风气对社会的资源配置的作用则是不容低估的。一个最明显的例子就是社会风气对消费行为的影响,并通过对消费行为的影响而影响资源配置。当然,社会风气不是一朝一夕形成的,文化建设在这方面的累积性的作用、潜移默化的作用,可以通过多年的影响,作用于社会。

在市场经济中,市场这只"看不见的手"对资源配置的调节是基础性调节,政府调节作为"看得见的手"是高层次的调节,而文化建设作为另一只"看得见的手",则是从更高的层次上对社会经济发生影响,对资源配置发生作用。

当然,文化建设这只"看得见的手",与政府调节不同的是:文化建设对人们还有潜移默化的作用:润物细无声。所以说得更确切些,它似乎介于"看不见的手"和"看得见的手"之间:道是无形却有形,道是有形又无形。我们不应当忘记这一特点。此外,文化建设作为一种自律方式,似乎又可归入道德调节一类。

二、关于"韦伯热"的问题

在讨论文化建设对市场经济的影响时,有必要联系到马克斯·韦伯的理论,再做一些探讨。韦伯的《新教伦理与资本主义精神》一书,是一部世界名著。20世纪初它刚刚问世时,并未引起人们的注意。但第二次世界大战结束以后,尤其是60年代以来,却在世界上掀起了一阵"韦伯热"。为什么会出现"韦伯热"?因为韦伯的理论涉及经济发展的精神动力问题。

韦伯提出,资本主义为什么首先兴起于西欧。韦伯从宗教伦理着手,解释了这个问题。资本主义萌芽最早出现于14—15世纪的意大利,即出现于南欧。从宗教上看,旧教在南欧的影响很大。按照旧教的观点,人是上帝的仆人,人都是有罪的。那该怎么办呢?一是要苦苦修行,禁欲,以便赎罪。二是把钱捐给教会,这也是为了赎罪。无论是苦修还是捐钱给教会,都不能促进经济的进一步发展,不能导致资本主义的产生。

在韦伯看来,东方,尤其是中国,在历史上是相当繁荣的。然而,东方的宗教伦理却不利于资本主义产生。比如说,佛教徒重来世,而不重现世。不重现世,就不可能导致资本主义的产生。再如道教,道教主张清静无为。清静无为的思想显然不利于产生资本主义。以后,道教的思想还有如下的转变,如上层信道教,是为了长生不老;农民起义军信道教,向往的是平均主义,这同样是不利于产生资本主义。韦伯还认为,在东方,儒家的影响大,但儒家注重修身,追求个人道德的完善化,这同样与产生资本主义所要求的伦理观不同。

那么,为什么资本主义于16—17世纪产生于西欧呢?在英国和荷兰,新教的影响占支配地位。根据新教的伦理观,人是上帝的仆人,人是有罪的,需要赎罪。靠什么赎罪呢?只能靠工作勤奋,生活节俭,积累财富。工作,是为上帝而工作,所以必须勤奋,不怕艰苦。事业成就越大,越表明为上帝的服务工作做得越好。财富积累来自勤奋与节俭,这正是为上帝工作有成绩的表现。因此,勤奋,节俭,积累财富,是人们最好的赎罪方法。韦伯认为,资本主义正是在新教伦理的指导下产生与发展起来的。

韦伯关于伦理与经济发展的观点不尽完善,也不一定符合后来经济发展的实际,所以围绕韦伯理论的争论是很多的。但韦伯的著作给人们很重要的启示。为什么韦伯的观点在第二次世界大战以后能有如此广泛的影响呢?因为从韦伯的观点可以得出这样的结论:要发展经济,要建设物质文明,必须有一定的精神的动力。日本人从韦伯的著作中受到启发。他们有一种危机感,这是指:日本战败了,日本民族在世界上还能不能立足?于是必须努力把日本经济发展上去,这是精神的动力。"四小龙"的经济发展,也各自从精神上找动力。这在新加坡尤其明显。

我国1949年以后,经过一段艰苦创业,经济恢复起来了。我们可以把解放初期的那种艰苦创业的精神称作"第一次创业精神"。但为什么没有持久呢?没有持久的原因很多。其中一个重要原因是"大跃进"、"反右倾"、"文化大革命",把人的精神挫伤了,创业的热情消失了。"文革"的影响尤其恶劣,黑白混淆,是非颠倒,人们还有什么发展经济的积极性?精神上的创伤不是短时期内就能治愈的。"文革"后,社会上不少人在精神上处于一种空虚状态,似乎把什么都看淡了,看穿了,看透了。得过且过,无所作为。而那种虚无、颓废、消极的思想至今还有不少的市场,并且还在影响青年人。这是极其不利于社会主义现代化建设的。所以现在提出"第二次创业",发挥"第二次创业精神"是必要的。"第二次创业"必须有精神上的动力,要在社会上树立如何为中国的繁荣昌盛而奋发图强的观念,大家都为实现中国的社会主义现代化这一目标而努力。

三、文化建设与观念转变

在文化建设中,社会上有一些与社会主义市场经济不适应的观念需要转变。经济过程可以分为生产、分配、交换、消费四个环节,每一个环节都有观念转变的问题。

第一,生产。与生产有关的观念转变,最重要的就是要抛弃不顾消费者利益,片面追求赢利的观念,树立为消费者服务的观念。社会主义市场经济与资本主义市场经济是指两种不同制度下的市场经济。就市场运行本身来说,无论在这种制度下还是在那种制度下，没有什么区别。市场经济就是市场经济，区别在于制度环境不同。社会主义制度下的市场经济就是在公有制为主和按劳分配为主条件下的市场经济。在这里，有一个很重要的区别常常被忘掉，即两种制度下的生产目的是不同的。社会主义生产目的是最大限度地满足人们日益增大的物质文化需要，资本主义生产目的是追求剩余价值，生产目的不同是所有制不同、分配方式不同的必然结果。我们在建立市场经济体制，发展市场经济的过程中，需要认真注意社会主义生产目的的实现问题。社会主义制度下的企业无疑要追求更高的经济效益，争取实现更多的赢利，但不应当把这一点同实现社会主义生产目的对立起来。企业不为满足人们的需要而组织生产，进行生产，企业只顾自己的赢利而把消费者的需要置于不顾，这就违背了社会主义生产目的。社会主义制度下，仍应当强调为人民服务。对企业来说，为人民服务体现在生产领域内，就是要尽力去满足人们的物质文化需要，满足消费者的需要。生产假冒伪劣商品，不顾产品质量，坑害消费者等等行为，是与社会主义生产目的不相容的。

第二，分配。与分配有关的观念转变，最主要的就是抛弃平均主义的观念，树立效率优先、兼顾公平的观念。过去，在旧体制下，一直强调平均主义，现在社会上仍受平均主义影响，危害很大。在市场经济中，一定要强调效率优先，发展生产力，在效率提高的基础上，兼顾公平，最后达到共同富裕。

第三，交换。与交换有关的观念转变，最主要的就是抛弃封闭观念，树立开放观念。在传统经济体制下，各地总想走"大而全"、"小而全"的道路，处于一种封闭状态，结果不但规模效益差，而且不能很好地发挥各自的资源优势，不能通过交换来实现资源优势的转化。今天我们要强调开放观念。开放,既指对国外的开放,也指国内的开放。开放,不仅指商品的交换,生产要素的流动,信息的沟通,而且也指创造这样一种公平竞争的环境,让一切交易者按照机会均等的原则参与竞争。封闭,实质上就把交易者封闭在狭小的范围内,对一部分交易者,是特殊的照顾、保护,对另一部分交易者,则是排斥,是歧视,是抵制。从这个意义上说,封闭是同市场条件下的公平竞争相对立的,是不利于发展生产力的。

第四,消费。与消费有关的观念转变,最重要的就是要抛弃那种不顾生活质量的观念,树立重视生活质量的观念。生活质量,包括自然方面的和社会方面的生活质量。过去,长时期内,不注重提高生活质量,甚至不考虑人们的生活质量。例如,在谈到"只抓生产,不顾消费"时,仅仅是指生产的发展与消费品的供应不相适应而言,而不了解,"不顾消费"这四个字的完整含义是"不顾生活质量"。比如说:假如只顾生产而造成对生态的破坏,对环境的破坏,这就是严重的问题。人们赖以生存的环境被破坏了,今后怎么生活?怎么生存下去?不顾生活质量的状态必须改变。社会生活质量也是值得重视的问题。例如,病人有病而得不到及时的、良好的治疗,这不就是生活质量低下的反映么?消费者去商店购买东西时,受到售货员的冷遇、歧视,不也是生活质量低下的反映么?此外,城市住房紧张、城市公共交通拥挤不堪、社会上犯罪率上升等等,都反映了低的生活质量。可见,在转变观念时,社会生活质量同样是不能被忽略的。

总之,在市场经济建设过程中,文化建设方面有很多工作要做。在经济发展与文化建设的关系上,需要经济界和文化界的同志共同努力,争取在这个领域内不断取得新的研究成果。

（本文是厉以宁1993年10月15日在中共中央党校召开的"市场经济条件下思想文化建设研讨会"上的发言稿,刊载于《党校科研信息(半月刊)》1993年第20期）

论制度调整——从封建社会的刚性体制和弹性体制说起

一

一种制度之下可以有不同的体制。我们不妨把一种制度下的体制大体上分为两个类型,即刚性体制和弹性体制。不同制度下的刚性体制和弹性体制的内容不一样,但总的说来,刚性体制是一种僵硬的、不灵活的体制,弹性体制则是一种柔性的、较为灵活的体制。刚性体制和弹性体制代表着该种制度下两种不同的统治方式,刚性体制同僵硬不变的统治方式相联系,弹性体制同灵活可变的统治方式相联系。

从一种体制转换成另一种体制,被称为制度调整。这种调整是在同一种制度之下进行的。体制转换了,但制度不变,这只不过是制度本身的调整而已。从制度调整的角度来考察已往的历史,我们可以对社会的发展和变迁有新的认识。

二

以封建社会来说,在西欧,封建社会中的体制就是一种刚性体制。那里实行的是农奴制,体制的刚性在农奴身份问题上反映得十分明显。农奴连同土地依附于封建领主,农奴身份的存在表明农奴没有人身自由,他们未经封建领主的许可不能离开庄园,逃亡的被拘捕后要受到严惩。农奴为了获得人身自由,必须向领主缴纳赎金,而这是绝大多数农奴做不到的。这正是体制刚性的反映。

又如,西欧封建社会中,社会流动受到严格限制,每个人生下来以后就在制度所固定了的模式下,按自己所隶属的社会等级和身份的规定生活和工作,从生到死基本上是注定的、不容改变的。贵族就是贵族,农奴就是农奴。贵族是高贵的,农奴是卑贱的,身份不容改动。垂直的社会流动不可能在体制内实现,正常的社会水平流动对卑贱的农奴来说虽然是可能的,但农奴必须为此付出一定的代价。

看起来,由于等级制和身份制的存在以及对社会流动的严格限制,西欧封建社会似乎非常稳定,封建统治者的统治十分牢固,实际上却不是这样。刚性的体制就好比一口铁锅,外表上很坚硬,但经不起打击,一砸就碎裂了。西欧的封建社会的刚性体制就像表面上坚硬、实际上很脆弱的铁锅,经不起打击。农奴竭力想摆脱自己不自由的处境而向往城市,一心想逃入城市。城市不仅在经济上给一切前来谋生的卑贱者以生存之路,更重要的是向他们提供了一个可以摆脱对封建领主的人身依附关系和争取得到平等地位的机会。刚性体制的西欧封建社会越是限制社会流动,卑贱出身和等级低下的人们就越想挣脱这种限制。流亡是一种迫不得已的社会流动的选择,赎买则是另一种选择,而最好的选择,在力求改变处境的人看来就是反抗,以便实现自己的愿望。城市中聚集的人越来越多,城市的力量越来越大,形成了反对封建主的力量,终于敲起了西欧封建社会的丧钟。

如果封建社会不是这样一种刚性体制,而是一种弹性的体制,情况便会有巨大的差异。在弹性的体制下,身份是可变的,社会流动是容许的,土地的拥有不一定同人们的身份或等级联系在一起;地主不代表贵族身份,也不是只有贵族才能成为地主;平民可以做官,做官的后代也可以成为普通的平民百姓……所有这些都是弹性体制的封建社会的特征,尽管这些都不会改变封建社会的性质,只不过表明封建统治方式的灵活性,但它却有助于使封建社会延续下来。

三

中国封建社会前期体制也是具有较大刚性的。以人身依附关系为标志的身份制、以血缘关系为基础的社会等级制以及社会流动都受到严格限制,尤其是东汉末年以后,三国时期、西晋时期、南北朝、隋朝、直到唐朝前期。从公元755年(天宝十四载)爆发安史之乱起,唐朝由盛而衰,进入中晚唐时期。唐朝亡于907年,从此开始了五代的历史,中原地区先后出现了后梁、后唐、后晋、后汉、后周五个政权一共存在53年,到960年,赵匡胤发动兵变,夺取后周政权,建立宋朝,五代时期结束。从755年到960年,共205年。如果以宋代统一和消灭割据的年份(公元979年)作为下限,那么,从公元755年到979年,共224年。这是中国封建社会从刚性体制向弹性体制的转变时期或体制过渡时期。

宋朝以后,中国封建社会的弹性体制主要表现于以下三个方面:

第一,地主土地所有制同地主本人的社会等级不发生联系,而社会等级尽管是客观存在,但同祖上的血缘也没有必然的联系:官员的后代可能失去土地,成为穷人;穷人的后代如果有钱购买土地,可以成为地主。也就是说,任何人只要有钱购买了土地,都可以成地主,而不论门第、出身、血缘关系。

第二,科举制的完善使得仕途变得公开化,有钱有势的人的后代如果科场失利,就不能由此进入仕途,而只能走其他的道路通往官场;而穷人的后代只要能通过科举考试,就有进入仕途的机会。高官的位置不是靠血缘关系取得的,而是科场的获胜者。

第三,向地主租佃土地的人,对地主没有人身依附关系,他们同地主之间只是租佃关系,而租佃关系就是一种契约关系。地主和佃户的租约期满后,可以续订,也可中止,地主另找人来租佃土地,种地的人也可以另找地主订约。佃户家里的孩子是自由的,他们可以外出做工,当学徒,经商,或读书,参加科举考试。

在宋朝以后的长期封建社会弹性体制下,中国封建社会一直持续不变。中国封建社会长期存在,并不意味着社会不会发生大动荡,不会发生社会危机,而是指:不管发生什么样的大动荡和什么样的社会危机,封建制度依然存在,封建社会照常运转。宋朝开国以后的历史充分说明了这一点,比如说,宋太宗继太祖承继皇位,明成祖夺了建文帝的宝座,都是皇族内部权力斗争,夺权成功后,封建制度不变,弹性体制也不变;又如,金灭了北宋,元灭了金,再灭了南宋,明朝赶走了元朝的统治,清朝又代替了明朝,这些都是皇朝的兴亡更替,封建社会一直照样运转着,封建社会中的弹性体制继续起着作用;再如,元末明初群雄割据,割据者不管是起义军的领袖,或是乘元朝衰微而独霸一方的军阀,还是亲元的旧势力残余,他们混战不已,但在所统辖的区域内仍然维持着封建秩序。此外,像明末李自成建立的大顺政权,张献忠建立的大西政权,依旧按照封建王朝的统治方式来发号施令,封建制度既未因此瓦解,也谈不上制度的更替。这一切表明,中国封建社会的超稳定性主要指弹性体制下封建的超稳定性。统治舞台上的角色可以变换,朝代名称可以变换,某些具体的统治方式也可以变换,甚至一个朝代之下对不同地区实行了不同的政策,但制度始终不变。封建制度在中国,从宋朝以后又延续了将近一千年,才退出历史舞台。

四

以封建社会为例,从不少国家的历史可以看出,封建制度刚刚建立时,几乎都是刚性的体制:层层分封,等级森严,强调血统纯正、门第高贵,人身依附关系严格,社会流动(无论是垂直流动还是水平流动)受到限制,权力结构基本上固定不变,行使权力的代表都同特定的等级、身份相联系。问题在于:为什么不少国家和地区封建社会的刚性体制一直持续下来,而有些国家和地区,封建社会的刚性体制却逐渐朝弹性体制度方面转化?比如说,层层分封的体制消失了,等级不再那么森严了,血统和门第即使仍被看重,但不再是唯一被强调的了。又比如说,人身依附关系逐渐放松了,垂直的社会流动和水平的社会流动都放宽了条件,权力结构也逐渐发生变化,行使权力的代表不再同特定的等级、身份联系在一起,而是采取了较公开的选拔方式。这些国家和地区的封建社会是在什么条件下由刚性体制转变为弹性体制的,这一转化过程又是怎样实现的,值得我们认真研究。

一个关键的问题是：封建制度有没有一种调整机制？如果具有这种调整机制，那么在封建制度受到冲击和威胁的条件下，体制会发生一些变化，即由刚性体制向半刚性体制转变，再由半刚性体制向弹性体制转变，以维护封建制度的生存。这就是封建制度的调整。实际上，岂止是封建制度如此，任何制度都会遇到能否调整这一重大问题：制度不变，维持制度的成本过大，制度将根据"适者生存"原则而被淘汰。调整制度以降低维持制度的成本，有利于制度继续存在。

历史还表明，稍有眼光的最高封建统治者会总结前朝衰亡的历史教训而采取相应的措施来巩固自己的统治。假定分封制被认为是导致前朝败亡的主要原因，那就设法对分封制加以调整，甚至取消它。假定地方割据势力的强大导致了前朝的覆灭，那就设法削弱地方割据势力，加强中央集权统治。假定因赋税过重，横征暴敛，激起民变而使得前朝灭亡，那就设法减轻赋税，舒缓民怨，以保证封建统治的延续。假定是因仕途堵塞，仅以门第高下录用官员，以致有才之士投奔到异己力量麾下而引起前朝的倾覆，那就设法广开仕路，把一切能为封建者效力的人吸引到自己这边来。所有这些封建统治的经验教训都是多年积累而成的。封建社会中的制度调整机制就由这样一系列旨在缓和社会矛盾的政策措施所构成。由于封建制度调整机制不断起作用的结果，刚性的封建制度逐渐具有弹性。封建制度从刚性变为弹性，正是为了维护封建制度，维护封建统治必需的制度调整。

当然，制度调整有一个时间早晚的问题。在西欧，刚性体制一直不变，直到封建社会晚期也如此。等到封建统治当局想调整时，为时已晚，因为城市的力量已经壮大了，城市中的资产者已经有相当大的势力了,这时再想进行制度调整,收效已不大,即使做了一些调整,也未能使封建制度继续保存。

五

以上讨论了封建社会的制度调整问题,对于资本主义制度,也可以用刚性体制、弹性体制,以及制度调整等概念来分析,不过我们需要给资本主义社会的刚性体制和弹性体制做出恰当的解释,而不能套用封建社会中刚性体制和弹性体制的定义。

刚从封建制度演变而来的资本主义制度,是不是属于刚性体制?经过这些年的变动,在某些国家,资本主义刚性体制是不是已经演变为弹性体制?或者说,正在逐步从刚性体制走向弹性体制?1961年,都留重人主编的《资本主义改变了吗?》一书于东京出版。这是一部论文集,论文集中除了收集了都留重人本人的论文而外,还收集了约翰·斯特拉彻、保罗·斯威齐、夏尔·贝特兰、莫里斯·多布、保罗·巴兰、加尔布雷思等英、美、法国著名学者的论文。都留重人认为,由于社会保险制度的改革、累进税制的推行、最低工资法的实施等,资本主义确实发生了一些变化。他在书中写道:"人们有时断言,由一个资产阶级国家提议和实施的社会保险制度或最低工资法无非是欺骗工人的一种手段,或者说,如果没有一个当权的社会主义政党把生产资料社会化,那么国家权力是不能够增进工人阶级的阶级利益的。我认为这些看法在使用国家的阶级性的概念方面是过分机械了"。① 莫里斯·多布也在书中

---

① 都留重人主编:《资本主义改变了吗?》,东京,1961年,第145、146、190页。

指出:"最近几十年来,资本主义在某些方面已经改变,因此它的规律和趋势的作用也有一定的变化。我相信,这样一些变化是相当重要的,以至于可以自由地和非教条主义地加以讨论,可以按科学探讨的精神来具体地进行研究"。① 多布接着说:所有这些变化"并不等于社会关系制度中的质的变化"②,所以他否认"在任何基本方面改变我们对作为一种制度的资本主义及其未来的估计的变化"③。

根据上述制度调整、刚性体制和弹性体制概念,能不能做这样的思考:资本主义制度依然是资本主义制度,但同19世纪相比,当代资本主义社会的体制却改变了,转换了,(20世纪30年代以前,资本主义的体制可以称为自由市场经济体制;20世纪30年代以后,尤其是第二次世界大战结束以后,资本主义的体制可以称为混合市场经济体制)从而在西方国家,资本主义制度延续下来了。正如在弹性体制下,封建社会又延续了若干年,最终仍将退出历史舞台,体制转换后的资本主义社会,虽然延续下来,但它能延续多久?很难讲。不管怎样,可以相信,社会发展的规律是不会改变的。

六

所有的社会主义国家在胜利后所建立的都是计划经济体制。计划经济体制是一种刚性的体制,而市场经济体制则是一种弹性的体制。后来,有的社会主义国家不进行制度调整,不从计划经济

---

① 都留重人主编:《资本主义改变了吗?》,东京,1961年,第145、146、190页。
② 同上。
③ 同上。

体制转向市场经济体制，结果丢掉了社会主义制度。而中国自中共十一届三中全会以后，确定了改革开放的方针，体制逐步由刚性走向弹性，即从计划经济体制逐步走向市场经济体制，成效是显著的，社会主义制度持续下来了，而且发展得更好，这就是说：不改体制，迟早将丢掉制度，改革了体制，制度继续存在。因此，改革是社会主义社会的重大的制度调整，也就是社会主义制度的自我完善。

2004年是邓小平同志诞辰100周年。邓小平同志关于建设中国特色社会主义的一系列重要论述，为社会主义的体制改革奠定了理论基础。社会主义体制改革是一项前无古人的开创性事业，必须勇于探索，敢于试验，善于把马克思主义基本原理同中国的国情紧密结合在一起，把解放思想同实事求是统一起来，才能使中国在改革开放的道路上取得成就。在社会主义条件下，中国改革的目的是什么呢？是改革束缚生产力发展的体制，建立有利于生产力发展的新体制，从而在生产力发展基础上实现共同富裕。

改革是社会主义条件下经济发展的动力。如果忽略了改革作为社会主义经济发展的动力，就难以在生产力不断发展的基础上实现共同富裕这一目标，而且会使社会主义失去活力，失去吸引力。在苏联、东欧国家发生剧变后，我们对此有了更深的体会。不能错过改革的时机。不抓紧时机进行改革，最后将丢掉社会主义制度。只有致力于改革，使社会主义经济充满活力，使社会主义制度的优越性在适应生产力发展的新体制下不断发挥出来，使人民群众热爱社会主义，拥护社会主义，社会主义制度才能得到维护，社会主义才能继续前进。今天当我们怀念邓小平同志，回顾改革历程时，更加体会到中共十一届三中全会的伟大历史意义，体会到中国选择的改革道路的正确。

（本文是厉以宁2004年2月在北京大学光华管理学院2003级硕士生班上的发言，后来经过摘编，收入《厉以宁经济评论集》，经济科学出版社，2005年）

论社会主义的制度调整(上)：
思想解放、理论创新、经济改革

从 1978 年到 2008 年，中国的改革经历了整整 30 年。在我们高兴地看到这 30 年辉煌成绩的同时，不要忘记这 30 年的艰难历程和我们是怎样一步一步走过来的。对这段历史的回顾，可以总结出哪些经验，得出哪些体会，这就是这篇文章中所要阐述的主要内容。

一、为什么计划经济体制转向市场经济体制竟如此艰难？

改革是体制的创新，制度的调整。要让中国的经济体制由计划经济体制过渡到市场经济体制，需要从以下三个方面着手：(一)使没有摆脱行政机构附属地位的企业成为自主经营、自负盈亏的商品生产者；(二)使越来越多的产品在市场调节之下生产和经营；(三)使政府职能得到切实的转换，包括使政府作为资产所有者的职能同政府作为经济管理者的职能分离，使政府从企业主宰者转变为企业的服务者，并且使政府的经济管理逐步转向间接管理、运用经济调节手段的管理。

上述第一个方面的改革是最重要的,也就是说,必须首先明确产权关系和确立与市场经济体制相适应的企业制度。只有这样,才能改变企业的经济和法律地位,使企业转向为市场而生产。如果不从产权改革着手,就无法建立市场经济秩序;政府与企业的关系、企业与市场的关系、政府与市场的关系也就无法重新确立。

可以从政府、市场、企业三者关系的调整来说明改革任务的艰巨。

1. 政府与企业的关系。在计划经济体制下,政府成为企业的主宰者。企业在人、财、物各方面都受政府支配,成为政府所属各机构的附属物。企业没有自主经营权,更谈不上自负盈亏。这一切都由当初制定的法律、法规和规章制度巩固下来了,企业本身是无法突破这些限制的。

2. 企业与市场的关系。在计划经济体制之下,不仅市场的范围极其有限,而且市场从性质上看也不是本来意义上的市场。企业与企业间的经济活动,或者不通过市场进行,即使通过市场进行,由于交易双方都缺乏可供选择的机会,所以市场是名不副实的。这些也体现在计划经济体制时期所建立的各种规章制度之上,企业难以摆脱。

3. 政府与市场的关系。这种关系同样清晰地表明了在计划经济体制之下用法律、法规、规章制度的形式所巩固下来的市场从属于政府的关系。政府是市场的主宰者,这还不够,政府还以高度垄断者的身份直接支配市场,并从市场中取走了自己所需要的各种资源。这种关系同样是无法消除的。

因此,改革一开始,人们就感到改革的艰难。人们也许会提出一个疑问:比如说,50年代初期,为什么计划经济体制以及与此相适应的经济秩序的建立相当顺利,而进入80年代以后,为什么市场经济体制以及与此相适应的经济秩序的建立却那么困难呢？现在回顾起来,似乎不能简单地从既得利益集团的阻挠或利益调整、利益再分配等因素来解释。应当注意的是:

1. 50年代内,我国是从当时处于很不发达,也很不完善的市场经济体制转入计划经济体制的。这样,转入计划经济体制要容易得多。到了80年代,计划经济体制已高度发达,由此转入市场经济体制必定困难得多。换言之,计划经济体制这时已经形成一个庞大的体系,要改革这一体制必定困难重重。

2. 50年代内,中国经济转入计划经济体制主要依靠行政力量的运用,如农村的统购统销、城市的物资统配、城乡二元体制的形成、人民公社制度的建立等,都是运用行政手段推进的,阻力很小。然而到了80年代,当计划经济体制向市场经济体制转变时,必须减少政府对经济的控制和直接干预,让企业、农村和城市居民在市场中有自我发展的机会,这样,市场经济秩序的建立只可能是一个渐进的、缓慢的过程。

3. 计划经济体制之下,经济中存在着各种刚性,如价格、工资、福利、住房、就业、户籍都具有刚性。不仅如此,企业本身的地位和企业领导人的职务也都没有灵活性。企业一经建立,似乎就注定要长久存在。即使是亏损的企业,除非主管部门让它关闭,否则它将一直照常经营下去。所以从计划经济体制转入市场经济体制的道路不是通畅的。计划经济体制下所形成的各种刚性,自然而然地成了改革的阻力。

4. 50年代内,当中国经济转入计划经济体制时,主持这一大规模行动的主体就是政府,并且只可能是政府,而且纯利益主要是归政府的,政府可以利用所得到的资源从事自己所希望从事的各种事业。进入80年代以后,当中国经济准备从计划经济体制转向市场经济体制时,尽管政府依然是主持这一行动的主体,然而,制度创新的纯利益究竟有多大,纯利益主要归于谁,对于政府下面的各个部门和机构来说,始终是不确定的。政府下面的这些部门和机构不一定从大局考虑,其中有些部门和机构很可能成为改革的阻力。这样,政府在政策选择中,必然不像当初建立计划经济体制时那样敢于决策,有时会迟疑、困惑、拖延不决。

5. 在当初建立计划经济体制时,只有政府是真正的行为主体,其他行为主体实际上并不存在,一切听命于政府。但在从计划经济体制转向市场经济体制时,虽然政府依然是主要的行为主体,但已经不是唯一的行为主体了。企业就是另一个重要的行为主体;个人无论是作为劳动者、消费者,还是作为投资者,也是行为主体。于是政府同其他主体之间的关系变得复杂多了。这就增加了改革的困难。

6. 最大的困难还在于观念的陈旧和对改革本身的认识远远不足。在开始施行计划经济体制时和计划经济体制确立后,政府所遵循的理论就是:只有计划经济体制才符合马克思主义原理,只有计划经济才是社会主义,违背了计划经济原则,就等于放弃了社会主义,滑到了资本主义道路上。全国上下统一了思想认识,计划经济体制不仅能顺利实现,而且一直牢固地存在。如果在经济实践中出现了问题,很少有人把这些问题与计划经济体制联系起来,而只归因于对计划经济理论领会得还不够深刻,没有真正把握计划经济理论。但在从计划经济体制转向市场经济体制的过程中,却缺少必要的理论认识。包括负责推进社会主义市场经济体制的某些领导人,对于什么是社会主义市场经济体制的理解也是不深刻的。普遍的想法是:在"文化大革命"结束后,都感到再也不能沿过去的老路走下去了。至于改革,选择既要符合马克思主义的基本原理,又要切合中国国情,把计划经济体制一步一步转变为社会主义市场经济体制,认识同样是不清楚的。这就是改革的最大困难。

二、没有思想解放,就不会有经济体制的转轨

中国的改革开始于1978年年末的中共十一届三中全会。在这之前大约半年多的时间内,国内展开了"实践是检验真理的唯一标准"的大讨论。这是思想解放的大讨论,把人们从"本本主义"的束缚下解放出来了。中国今后选择建设社会主义,需要对社会主义理论有新的认识,也需要通过实践来不断总结,不断探索,不断思考。从1979年到80年代中期,中国在经济改革中突出的成绩主要表现于:第一,农村家庭联产承包责任制的推广;第二,乡镇企业的兴起;第三,经济特区的建立。城市的经济改革当时还没有真正开始,计划经济体制仍牢牢地支配着中国的城市经济生活。这时,虽然个别地方已经出现股份制这种新的公有制企业组织形式,但它们对中国经济还没有产生重大影响。"放权让利"是当时城市经济改革、企业改革的主导思想。严格来说,这算不上什么改革,而只是计划经济体制下的一点松动而已。

传统的计划经济体制在相当长的时间内支配着中国经济。要想打破这种经济体制的支配地位不是容易的事。历史表明,没有思想解放,就不会有理论的创新,也不会有正确理论的指导。在这

种情况下,要冲破计划经济体制的重重束缚和建设社会主义市场经济体制都是不可能的。这一指导中国经济改革的理论,就是邓小平同志提出的建设有中国特色的社会主义理论。当时,许多人已经认识到,中国正面临着实现社会主义现代化的任务,而社会主义现代化包括相互联系的两个方面的问题:一是如何坚持社会主义道路,使社会主义制度的优越性充分发挥出来;二是如何使中国从一个发展中国家逐步成长为现代化国家,使中国进入发达国家的行列。在以往的社会主义经济理论中,对社会主义现代化问题并没有系统的论述,对社会主义体制创新和制度调整问题,更没有触及。因此,中共十一届三中全会以来,在邓小平理论指导下展开的有关社会主义理论的研究是具有开创性的。

要知道,在马克思恩格斯的著作中,社会主义是在生产力高度发达的基础上建立的,社会主义作为有计划、按比例分配社会总产品的社会组织,可以充分发挥出自己的优越性。然而,后来的实际情况表明,社会主义制度产生于经济不发达的国家。经济不发达的社会主义国家,在革命胜利后,面临着既要坚持社会主义道路,又要实现现代化的任务。这是马克思、恩格斯没有遇到的问题。不仅如此,在生产力水平较低的条件下,社会主义不可能自觉地有计划、按比例分配社会总产品,假定硬性地靠命令来分配社会总产品,那就只能阻碍生产力的发展,使社会主义社会的效率低下;使社会主义制度失去吸引力。这同样是马克思恩格斯当初不曾遇到的问题。

十月革命以后,列宁曾经有过实现社会主义的设想。但实践中所遇到的困难,使列宁转而采取新经济政策。从列宁的一些论述中可以看出,新经济政策带有让步的色彩,也就是计划经济对市场经济的一种让步,所以其中包含了兼用市场和计划两种方法的思想,不过列宁并未从理论上对市场和计划的关系进行深入的分析,加之,新经济政策并没有实行多久,列宁就逝世了。此后,在斯大林主持下,在苏联确立了高度集中的计划经济体制,原以为它能够给社会带来物质产品极大丰富,结果却表明,高度集中的、由国家制定价格和分配资源的体制是不适应生产力发展要求的。而从理论上说,在苏联当时的著作中,计划经济被视为社会主义的主要特征,被当作区别社会主义与资本主义的基本标志。理论的僵化使得体制僵化不变。在计划经济体制占支配地位的苏联,长时期内,生产力发展受阻,物资匮乏,人民生活水平难以提高,以至于不少人对社会主义失去了信心,最终导致苏联的解体。

因此,从1979年开始,对社会主义理论研究者来说,中国面临着一个全新的任务,即如何使计划经济体制转向社会主义市场经济体制,实现现代化。改革的方向既已确定,那就必须探讨中国的经济改革究竟从何处着手,改革的重点应该放在哪个方面。正是在中共十一届三中全会精神的指引和鼓励下,学术界展开了持久而富有建设性的各种经济改革方案讨论,随着改革的推进,终于有越来越多的人把产权改革放在最重要的位置。这对中国经济改革具有十分重大的意义。这是促使中共十五大和十六大以来中国经济得以持续迅速增长的一个主要因素。

产权改革之所以被放在中国经济改革的最重要位置,理由在于:要建立社会主义市场经济体制,必须重新构造社会主义经济的微观经济基础,使企业真正成为市场主体,使投资者承担投资风险,使经营者承担经营风险。经营者不承担经营风险,经济运行怎么可能同市场相适应?

从理论上说，产权改革是所有制改革的核心部分，所有制改革要比产权改革更广泛些。所有制改革包括以下三部分：

第一，产权改革。通过产权改革，界定产权，明确产权，建立产权清晰的现代企业制度。国有大中企业的改革和乡镇企业的改革，都属于产权改革的内容。

第二，所有制结构的调整，或者说，从所有制的单一化走向所有制的多元化。这是指：建立以国有经济和国家控股经济、城乡集体经济、个体经济、私营经济、混合所有制经济、中外合资经济、外商独资经济各占一定比例的所有制体系。也就是把国有经济保持在适当的、但必要的范围内，扩大非国有经济的比例、非公有制经济的比例。

第三，探索并建立新的公有制形式，例如公共投资基金、职工持股制度、农民专业合作社制度等等。

建立了多种经济成分为内容的所有制体系和建立了新公有制的微观经济基础，中国的市场经济体制就确立了，中国经济也必将以崭新的面貌展现在全世界的面前。这一切无疑都以思想解放和理论创新为前提。这正是中国改革30年给人们的最大启示。

三、继续解放思想、创新理论，实现政府职能的切实转换

在市场经济体制之下，政府作为管理者，起着调节经济和管理经济的作用，起着服务企业、服务社会的作用；政府作为所有者、投资者，起着保护、占有和运用国家资产的作用。此外，政府作为全体人民利益的代表者、国家利益的代表者，负有协调国家利益、集

体利益与个人利益之间关系的责任。三者利益不一致时,政府要从全体人民的根本利益、长远利益出发,对这种不一致之处加以协调。当然,这并不等于说国家利益可以代替集体利益和个人利益,也不等于说政府可以运用有损集体利益和个人利益的方式来增加国家利益。政府在缓和各方面利益冲突时,必须从兼顾三者的利益方面着手。

政府在这些方面究竟可以发挥多大的作用,需要进行实事求是的分析。政府所掌握的信息毕竟有限,政府对实际情况的判断不一定与事实完全相符,政府还难以控制经济生活中若干意想不到的事情的发生,再加上政策效应本身的滞后性和微观经济单位的预防措施的作用,都不能不影响政府在缓和各方利益冲突中所做的努力。国家、企业、个人三者利益的兼顾与协调不是依靠政府单方面的设想和努力就能完满地实现的。但政府在这方面的努力不能放松,政府可以通过以下途径发挥自己的作用:

1. 建立与完善市场经济体制有关的一系列制度创新,并以法律、法规的形式把它们巩固下来。有制度优于无制度,有法可依优于无法可依。这些法律、法规应当是国家利益、集体利益、个人利益的共同体现。

2. 在法律、法规执行过程中,有可能造成制度创新不同主体之间的利益冲突。为此,政府应加强法律、法规执行情况检查、监督,使国家、集体、个人三者利益被有效地维护,使市场经济秩序得以在三者利益协调的情况下建立起来。

3. 地区和地区之间,企业和企业之间,集体与集体之间,以及个人与个人之间,可能因利益差距的扩大而引起不协调。这就是说,某一方可能感到自己的利益没有另一方那么多,或者感到自己的利益的增长幅度没有另一方那么大,它就会认为受到损失。针对这种情况,政府作为经济调节和全体人民利益的代表,除了使各方对于相对利益及差距问题有比较正确的认识而外,还应当通过一定的政策措施缓和各方的利益冲突,促进各方利益的协调。

4. 如果政府作为交易活动中签订合同的一方,那么政府必须遵守合同的规定,尊重合同的严肃性,实际上也就是尊重签订合同的另一方的地位和权利。交易活动中的合同对签订合同的双方都有约束力,政府作为一方绝不是处于高踞于他人之上的地位。政府部门必须认识到,取消合同或违背合同的行为,是与市场经济秩序不相容的。政府必须自身成为遵守合同的模范,才能对社会尊重合同的行为起示范作用,也才能具有处理社会上合同纠纷的权威性。

必须指出,对合同的任何一方,不仅需要有道德的约束、即信用的约束,更重要的是需要有法律的约束、经济的约束。如果违约一方经济上的赔偿与受到的处罚大大超过因故意违约而获取的利益,以至于每个原来准备故意违约的交易活动参加者不得不重新考虑违约的成本与收益之比,这也可以减少违约事件的发生了。在这方面,政府不能例外。

改革30年,我们取得了很大的成绩,但改革尚未完成。一系列重要改革任务正摆在我们面前,需要继续努力,这都与进一步解放思想有关。例如,企业改革如何深化,国有企业的行业垄断如何破除?如果对这个问题在理论上认识不足,前进中就会遇到困难。又如,为什么要打破城乡二元体制?这同样需要解放思想,不受计划经济观念的束缚,这样才能走出一条新路。总之,没有思想的继续解放,理论既无法创新,改革也会停步不前。

在完善市场经济体制的过程中,切实转换政府职能的迫切性已经越来越明显,这同样需要我们继续解放思想,创新理论,破除产生于以前计划经济体制下,并且至今仍存在的有关政府职能的各种旧观念的束缚。

对经济发展和经济改革中的是与非,要联系社会主义的本质来进行判断,判断的依据首先是生产力标准。转换政府职能的目的是:只有政府职能切实转变了,才有利于发展生产力,增强综合国力,提高人民的生活水平。如果不破除计划经济时代有关政府职能的旧观念,例如"政府无所不能"、"政府应当支配一切"、"凡是政府能做的都由政府做"、"大政府是社会主义特征"、"政府的利益必定是全体人民的利益"等等,结果不仅束缚生产力的发展,阻碍共同富裕的实现,而且必定使社会主义市场经济体制难以最终建成。

具体地说,有关政府职能同计划经济体制紧密联系在一起的若干观念是必须破除的:

1. "政府无所不能"。在计划经济体制下,政府被认为是无所不能的,这是因为法律即使存在,但通常被认为有了法律,政府反而束手束脚;法律的限制、约束、制衡作用,被看成是多余的。这种观念的实质就是:权大于法,在权力面前,法律退居次要的地位。不仅如此,各种违背客观规律的事情也都在"政府无所不能"的思想指导下层出不穷,甚至碰得头破血流也不会改正。

2. "政府应当支配一切"。在计划经济体制下,政府被认为有权支配一切,有力量支配一切,应当支配一切。在理论上,这被解释为:只有集权于中央,集权于政府,计划经济才能贯彻;也只有集权于中央,集权于政府,才能防止出现资本主义、修正主义。

3. "凡是政府能做的都由政府做"。这是一种同市场经济体制下截然不同的指导思想。在市场经济体制下,指导思想是:凡是市场能做的都由市场做,政府只做市场做不到或做不好的事,如个人收入分配的调节,地区经济发展差距的协调,宏观经济调控,以及社会效益高但经济效益低的部门的发展等。计划经济体制下的指导思想则是:凡是政府能做的都由政府做,只是由于政府目前力量还不足,所以不得不让出一小块地盘,让市场发挥作用。

4. "大政府是社会主义制度的特征"。在计划经济体制下,由于权力集中于中央,集中于政府,所以必定需要大政府。加之,由于"凡是政府能做的都由政府做",大政府的存在就是不可避免的。既然计划经济体制被认定是社会主义制度的特征,大政府也必然被看成是社会主义制度的特征。

5. "政府的利益必定是全体人民的利益"。这同样是计划经济体制下对政府职能的一种传统的理解。这种理解是错误的。第一,这种理解忽视了市场经济体制下主体的多元性。第二,这种理解设立了一个错误的前提,即政府所做的一切都是符合全体人民的利益的。其实,实践一再表明,计划经济时期"以人民的名义"所做的错误决策难道还少吗?第三,这往往成为某些政府部门工作人员损害人民利益的一种借口。政府所作所为是否符合人民的利益,同样需要经过实践的检验。

由此可见,不继续破除旧观念,不切实转换政府职能,改革进行到一定阶段后就又会墨守成规,那就不仅会使社会主义难以继续前进,难以在生产力不断发展的基础上实现共同富裕这一目标,而且会使社会和经济失去活力。在纪念中国改革开放 30 周年之际,我们应该保持清醒,不要错过改革的时机。只有致力于继续解放思想,继续改革,使社会和经济充满活力,使社会主义制度的优越性在适应生产力发展的新体制下不断发挥出来,社会主义中国才能继续前进。

(为纪念中国改革开放30年而作,载《北京大学学报(哲学社会科学版)》,2008年9月)

论社会主义的制度调整(中)：
关于改革的两个问题

从 1978 年 12 月中共十一届三中全会召开算起，到 2008 年，中国的改革开放已经走过了整整 30 年。这 30 年，中国的变化是惊人的、举世瞩目的。我们每一个人，都在这个过程中有亲身的经历。我们谁都不是先知先觉者，谁都不可能在 1978 年就能预知此后的中国经济会怎样一步步发展起来。我们都在改革开放的道路上学习、提高、成长。回顾这 30 年，使我感触最深的是：第一，计划经济体制为什么异常牢固？第二，中国经济体制改革是怎样起步的？

一、计划经济体制为什么异常牢固

在已经建立社会主义计划经济体制的国家，改革是非常艰难的。尽管中国同发达国家在经济和技术上的差距越来越大，但传统的计划经济体制仍然可以照常维持下去。这一体制的性质决定了它有可能顽强地存在下去。原因是：

第一，计划经济体制把企业置于行政部门附属物的地位，企业既不能自主经营，又不能自负盈亏。企业的生产数量、生产品种、价格以及企业的生产要素供给与生产成果的销售都处于政府计划部门和有关行政主管机构的控制之下，企业如果想自行决定生产和经营，稍稍摆脱一下计划的安排，稍稍违背一下行政主管机构的意愿，就会受到制裁，直到把企业领导人撤职或给予其他处分。行政权力支撑着整个计划经济体制的运转。因此，一个企业想背离计划经济的轨道，是十分困难的。同样的道理，在计划经济体制之下，居民个人实际上也处于行政部门附属物的地位。个人作为劳动者，在什么工作岗位上就业和担任什么工作，都由劳动人事机构按计划安排好，流动难以如愿，抵制这种安排等于自己断送了继续工作的机会。个人作为消费者，也要由计划部门安排，具体表现为生活必需品是凭票证供应的，住房是由单位提供的，甚至子女的升学、就业也无一不与行政主管机构的安排有关。假定居民个人想离开计划经济所安排的居住地点或工作单位，他在生活上将遇到很大的困难。这样，从居民个人的角度来看，同样可以认为计划经济的运转得到了行政权力的支撑。

第二，计划经济体制是由若干个次一级的体制组成的，例如，计划的企业体制、计划的财税体制、计划的金融体制、计划的价格体制、计划的劳动用工体制与人事体制等等。它们彼此紧密地结合在一起，这个次一级的体制依存于另一个次一级的体制，而另一个次一级的体制又依存于第三个次一级的体制，盘根错节，难解难分，此存则彼存，此损则彼损。于是，要想冲破计划经济体制的束缚，对任何单个的企业或单个的居民个人来说，简直是不可思议的事情。而且，就算某个企业或某个居民个人在某种情况下能够违背计划经济体制的规定而使自己的经济活动有所发展，那也只能被当作偶然的、非常规的事情，而不可能成为经常性的、别人可以效仿的行为。在这种情况下，绝大多数企业或单个居民都只好对计划经济体制下的安排采取默认和顺从的态度,企业和个人都感觉到自己的力量同强大的计划经济体制相比是太微不足道了,无法挣脱计划经济体制的束缚。

第三,计划经济体制有一种被认为是正确无误、不容怀疑的计划经济理论体系作为支柱,这种经济理论为计划经济体制进行辩护,把计划经济体制的建立说成是社会主义社会的唯一选择,把任何背离计划经济体制的经济行为都说成是"修正主义"的。这就是说,通过计划经济理论的解释,选择计划经济体制是天经地义的事情,即使计划经济体制之下出现了这种或那种问题,但一来这是历史所注定的选择,无法更改,二来如果要离开计划经济的轨道,那就是滑到了资本主义的邪路上去了,对社会、对企业、对个人的后果都是十分严重的,因为这等于背叛。计划经济体制既有行政权力作为支撑,又有计划经济理论体系为之进行辩护和论证,要想冲破计划经济体制的难度之大可想而知。不仅如此,由于长时期内计划经济理论在意识形态方面占据着统治地位,被确定为正统的经济理论,任何对计划经济提出怀疑,甚至想做出修正的观点都被打成异端。由于人们从学校里、从书籍报刊上、从电影电视中所读到的和看到的都是宣传计划经济的东西,于是人们也就自觉地或不自觉地对各种想摆脱计划经济束缚的行为加以谴责、加以抵制。某个企业或某个居民个人如果在摆脱计划经济体制方面有些举动,就会陷于非常孤立的境地,周围的人鄙视他、嘲笑他、斥责他,使他不得不屈从于舆论的压力、周围人的压力。尽管这些压力往往是无形的,以致到后来,连最初怀疑过计划经济体制的人也会进而怀疑自己可能真的错了:立场错了,观点错了,于是本来正确而且很有创新意义的改革尝试,就这样被扼杀了、消失了。

二、中国的经济体制改革是怎样起步的

从当初迷信计划经济体制到怀疑计划经济体制，最终到下决心摒弃计划经济体制，必须归功于邓小平同志关于建设中国特色社会主义理论的指导，归功于中共十一届三中全会做出的历史性的决策，归功于理论工作者和经济实践者这些年来在推进改革与开放中的努力。

可以回想一下，当时，在"两个凡是"的思想禁锢下，要在改革开放方面迈出第一步是何等困难。1978年5月11日，《光明日报》发表"实践是检验真理的唯一标准"一文，从而引发了关于真理标准的讨论。这场讨论受到了"左"的方面的压制。邓小平同志支持了这场讨论，并领导了全国范围内的思想解放运动。

邓小平同志在社会主义经济理论中进行了重大创新。他领导的中国改革开放事业，他所设计的实现中国社会主义现代化的方案与道路，以及他对社会主义现代化的理论研究，填补了社会主义经济发展史上的空白，揭开了这一理论的新的一页，并用中国社会主义经济建设的实践丰富了社会主义经济理论的宝库。毫无疑问，假定没有理论的指导，没有理论上的突破，中国的经济改革不可能取得进展，计划经济体制也就不可能被逐渐打破。

改革开放初期，从1979年到80年代中期，经济体制改革在农村家庭承包制的推广、乡镇企业的兴起和经济特区的建立这三个方面取得了成绩。正是这些冲击的结果，导致了计划经济体制逐步失去阵地，最终不得不趋于解体。

要知道，农村家庭联产承包责任制的推广、乡镇企业的兴起、

经济特区的建立，无一不依赖于改革开放政策的制定，依赖于真理标准问题的讨论以及由此带来的思想解放。如果没有这些，即使有的农村中出现了家庭联产承包这种生产组织形式，它也不可能持久，而且更不可能在全国范围内推广，甚至有可能出现这种情况：在农村普遍挨饿的条件下，可以容忍家庭承包，只要经济形势稍好一些，马上就展开攻势，把家庭承包取消了。再说，即使有的乡镇办起了一些不受计划经济控制的小企业，那它们也顶多只是小型企业，在计划经济体制之下，生产一些被计划经济体制下的国有大中型企业所不注意或不屑于生产的小商品，起着拾遗补阙的作用，不可能扩大生产规模，不可能成为与国有大中型企业一争高下的经济力量。而更有可能的是：它们迟早会被上级主管部门以各种方式纳入计划经济的轨道，朝着所谓"更高级的公有制形式"过渡。

至于经济特区的建立，那更是绝不可能的。经济特区的建立与农村家庭联产承包责任制的出现、乡镇企业的兴起之间的一个重要区别是：农村家庭联产承包责任制的出现和乡镇企业的兴起，最初纯粹是自发性的，而不是政府部门有意识地倡导的，只是在政府领导人发现了农村家庭联产承包责任制的好处及其意义，发现了乡镇企业的作用及其在中国经济中的不可替代性之后，经过研究甚至辩论，统一了认识，才加以肯定，给予扶植。经济特区则不然，在计划经济体制之下，经济特区没有自发建立的任何可能性，经济特区的建立完全是政府的有意识的行动，只有这样，在中国这块土地上才有可能出现深圳等经济特区。从经济特区建立与发展这一事实，可以更清楚地了解到计划经济体制与行政权力怎样牢固地、紧密地结合在一起。假定不是政府采取有意识的行动，那是不可能在计划经济体制与行政权力牢固结合的条件下使某一个地区冲破计划经济体制的束缚,按市场经济的规则来发展经济的。

到20世纪80年代中期,中国经济终于发生了具有深远意义的变化。农村家庭联产承包责任制推广了,乡镇企业兴起了,经济特区建立了。农村经济改革的成就给人们这样一种启示,即只要摆脱计划经济体制的僵硬控制,让农民能够自主经营,自己承担生产经营的风险,并得到自己劳动成果中应当归于本人的部分,蕴藏于广大农村中的生产潜力就会充分发挥出来,使农村的经济走向繁荣;经济特区建设的成就给人们这样一种启示,即中国与发达国家在经济技术上的差距是可以通过改革与开放而大大缩小的,只要计划经济少一些,市场调节多一些,经济就会以较快的速度增长,人民的生活水平也就会以较大的幅度提高。

启示的威力是巨大的,农村经济改革和特区经济建设的成就向全国人民传达了一个信息:城市经济改革,尤其是国有企业的改革,已经滞后了,必须抓紧时机,推进改革。20世纪80年代前期的经济改革预示着一场更深刻、更艰巨的改革即将展开。它们就像投向死气沉沉的计划经济体制湖面的大石头,激起层层波浪。它们打破了长期的、不正常的寂静,造成了再也平静不下来的经济格局,使中国经济不可逆转地走向改革,走向开放,走向市场经济。

这就是中国经济体制改革最初历史的写照。

(本文是厉以宁2008年9月3日在北京大学光华管理学院EMBA班上的讲话,载《北京日报》,2008年11月3日)

论社会主义的制度调整(下)：中国的实践为制度创新理论提供了新的内容

一、在从计划经济体制向市场经济体制转轨过程中，民间蕴藏着极大的积极性，许多制度创新最初是由民间自发开始的

一个例子就是1979年开始的农村的"大包干"，也就是后来通称的农村家庭承包制。这是民间自发进行的制度创新尝试。一旦试验成功了，各地纷纷前来参观学习。由此在全国范围内掀起了"承包热"，这表明民间蕴藏的极大积极性迸发出来了。

另一个例子就是紧接在农村家庭承包制以后掀起了大办乡镇企业的热潮，这同样是民间蕴藏的积极性迸发的表现。从此，在中国出现了不在国家计划之内的乡镇企业产品市场，国家计划产品一统天下的格局被打破了。

再一个例子是城镇所掀起的股份制热。这是20世纪80年代前期所出现的。各地相继出现了一些由投资人集资所建立的股份制企业。尽管都是一些中小企业，但毕竟是民间蕴藏的积极性的

反映。简要地说，同农村承包制、乡镇企业的建立一样，这些都是创业精神的体现。

还可以举一个最近的例子，这就是21世纪初一些山区农民首创的集体林业的承包制，也就是民间所说的包山到户。包山到户也是创业活动。它把农民经营自家山林的创业积极性调动起来了。

二、"摸着石头过河"是指改革的总体思路和配套措施而言的，这是改革领导层必须考虑的问题，而对于民间自发的制度创新而言，最初仅限于小范围的试验，并不存在"摸着石头过河"问题

中国从计划经济体制转轨到市场经济体制，这在全世界没有先例。因此，既要大胆改革，又必须谨慎从事。对改革领导层来说，"摸着石头过河"的做法是对的。改革的实践使改革得以产生经验和教训。任何一项改革都要经过实践检验后才能总结。

因此，"摸着石头过河"是改革领导层必须考虑的问题，其中包括改革的总体思路，改革的配套措施，以及这些措施推出的时机等等。

然而，正如前面所说，在体制转轨过程中，许多制度创新最初来自民间，具有自发性。他们出于自身的亲身体验，感到这种改革试验是有效的，既有利于自己脱贫致富，又有利于创业。对他们来说，没有什么"摸着石头过河"问题，而是凭着自己的判断，闯出一

条新路来。这里带有一种冒险精神,这正是一切创业者共同的品质,它是难能可贵的。

计划经济时代,一些地方的一些人也曾有过承包制、乡镇办企业、集资办企业的做法。但在当时情况下,都受到压制、打击,一些人也因此遭到不幸。这不算"摸着石头过河",因为当时的领导层是计划体制下的当权者,他们根本没有想到要"过河"。

中共十一届三中全会以后形势发生了变化。改革开放由此开始。民间自发的制度创新走上了正道。容许他们创业,容许他们试验,即使失败了,这并不是政府干预的结果,而是被市场经济的实践证明不合适或时机未到或条件尚未成熟而已。自发的试验仍在继续。

三、社会主义制度下的制度创新是指体制的转换,即由计划经济体制逐渐过渡到市场经济体制,这不可避免地是一个社会主义制度自行调整的过程,从而必定是渐进的

由于改革是前人从未做过的事情,所以从改革的总体思路和配套措施的角度来看,改革一定是循序渐进的,而不是急风暴雨式的。这符合"摸着石头过河"的道理。换句话说,那种在较短时间内就能完成改革的设想不符合中国改革的设定目标。

那么,什么是中国改革的设定目标?这不是制度的更替,不是从社会主义制度转为另一种社会制度,而是社会主义制度的自行

调整,即从社会主义的计划经济体制转为社会主义的市场经济体制。体制的转换就是制度调整。

在社会主义社会,计划经济体制是一种刚性体制,市场经济体制是一种弹性体制。所以社会主义制度的自行调整就是由社会主义的刚性体制转变为社会主义的弹性体制。

体制转换,即制度调整,是必要的。不改体制,丢掉制度。改革了体制,社会主义制度不仅将继续存在,而且一定会发展得很好。社会主义制度的优越性才能充分发挥出来。

四、社会主义制度的自行调整是前所未有的,这本身就是一种创新。所有的经济学家都从未遇到过这样的问题,大家都在学习,都在思考,都在提出自己的建议,但谁都不是先知先觉者,谁也不可能是先知先觉者

当1979年中国开始改革的时候,既没有先例可援,又没有现成的改革理论可供参考。有的只是资本主义制度调整的经验(如第二次世界大战结束以后西德的改革)或不成功的东欧某些国家的改革教训(如波兰、匈牙利的改革)。中国的政府官员和经济学者不可能从书本上学到社会主义制度调整的理论。

因此,对中国所有的政府官员和经济学者来说,都只能边参与改革边学习,谁都不是先知先觉者,谁也不可能是先知先觉者,大家都在学习,都在思考,任何人提出的建议,也只不过是一家之言

而已，因为经济学的经验都是滞后的。

中国改革的初期，只可能"摸着石头过河"，经济学者不可能违背这一原则。否则，中国改革就会不符合改革或体制转换是社会主义制度自行调整这一目标。同样的道理，中国改革必定是循序渐进的，经济学者也不可能设想任何一种速成方案，否则只会失败。

但这些都不妨碍经济学家进行独立思考。这里所说的"独立思考"，是指从民间自发进行的许多制度创新的试验中，去总结，去判断，去提炼，去完善，以便从中找出适合中国国情的进一步改革的途径，为社会主义制度创新理论增添新的内容。

（本文是厉以宁 2008 年 12 月 8 日在北京大学光华管理学院博士后年终聚会上的讲话，收入《厉以宁论文选(2008—2010)》，中国大百科全书出版社，2011 年）

后　记

从20世纪60年代起，我先后在1962—1964年的《北京大学学报（人文科学版）》发表了三篇有关美国经济史的论文。1978年起，在一些杂志上我陆续刊载了与经济史有关的文章。所以，最早在1986年，我在河北人民出版社出版的《厉以宁经济论文选（西方经济部分）》一书，就包括了一部分西方经济史的论文和一部分西方经济学说史的论文。感谢河北人民出版社的责任编辑何瑞桐同志，当时，她为这本论文选的编辑、出版，出了不少力。

20世纪80年代中后期，北京大学经济学院招收了一批专业为经济史的研究生。陈振汉先生和我为他们合开了《西方经济史学》课程。课程是公开选修的（对经济史专业的研究生则是必修课），选修课程的、旁听的学生很多。我负责讲授20世纪中后期的西方经济史学，我执笔撰写了十多章讲义。当时，北京大学出版社的彭松建同志和林君秀同志（他们两人都是我的学生）曾想把陈振汉先生和我所撰写的讲稿合编为一本书，书名暂定为《西方经济史学概论》。我的研究生章铮博士这时已毕业留校任教，我让他帮助陈振汉先生整理讲稿，他确实花了不少时间，但不幸从90年代中期以后陈振汉先生身体一年不如一年，终于难以完稿，只有一部分书稿编入经济科学出版社1999年出版的陈振汉著《社会经济史学论文集》之中（其中包括"熊彼特与经济史学"、"西方经济史学与中国经济史研究"、"'西方经济史学'释名和定位"、"经济增长与社会史研究"等)。原定交给北京大学出版社出版的陈振汉、厉以宁合著《西方经济史学概论》一书既然因陈振汉先生逝世而无法完成,我就把自己撰写的书稿编入了这部经济史论文选。为此,我应当向彭松建同志和林君秀同志表示感谢,因为他们促成了我的这部分讲义的最终定稿。

我有关美国经济史的四篇论文(见本论文选第一部分),于2010年纳入《北京社科名家文库》中的《西方经济史探索:厉以宁自选集》,由首都师范大学出版社出版。在这个过程中,我认识了责任编辑张巍同志。他十分认真,心细,勤奋,帮我改正了不少打印稿或手写稿上的错误。这次收入这部经济史论文选中的关于美国经济史论文,都是经过张巍同志仔细校对过的。特此对他表示感谢。

尤其应当感谢的是商务印书馆的杨宝兰、黄一方等同志。我的《希腊古代经济史》(上下编)、《罗马—拜占庭经济史》(上下编)、《资本主义的起源——比较经济史研究》和《工业化和制度调整——西欧经济史研究》几部经济史专著都是商务印书馆编辑出版的,感谢这几位同志对作者的帮助。这部经济史论文选得以迅速在商务印书馆以单行本出版,同样需要感谢商务印书馆的编辑同志。

最后,我的学生和同事章铮、郑少武、张文彬、傅帅雄、尹俊、吴玉芹等同志在复印、核查诠解出处、校对等方面帮了我不少忙,特在此一并致谢。

厉以宁
2012年4月7日